U0506233
索恩
THORN BIRD
忘 掉 地 平 线

此中文版根据

History of Aurangzib（Sarkar&Sons press, Calcutta, 1912）版本译出。

Jadunath Sarkar

I

HISTORY OF AURANGZIB

皇位之争

〔印〕贾杜纳斯·萨卡尔 / 著

孙力舟 李珂 / 译

奥朗则布和他的时代

社会科学文献出版社
SOCIAL SCIENCES ACADEMIC PRESS (CHINA)

图书策划人
THORN BIRD
视觉设计师
联合创立

序

尚劝余 *

这几年，我在波罗的海边的拉脱维亚大学孔子学院担任院长。2017 年 10 月 27 日早上，和往常一样，我起床后的第一件事，便是打开电脑，查看与学院工作相关的邮件，结果先看到的是一封陌生的信，落款是西南政法大学教师孙力舟和河南大学学生李珂。他们读了我翻译的《莫卧儿帝国》（原名《莫卧儿在印度的统治》，青海人民出版社 2009 年版）和我撰写的《莫卧儿帝国》（中国国际广

---

* 尚劝余，1961 年出生于陕西，拉脱维亚大学孔子学院中方院长，华南师范大学外国语言文化学院教授，中国南亚学会理事。

播出版社2014年版，系我撰写的《莫卧儿帝国》三秦出版社2001年版增补修订版），于是萌生了翻译贾杜纳斯·萨卡尔所著《奥朗则布史》*的念头。他们给我发了试译内容和该书简介，请求我把《莫卧儿帝国》译著附录“主要人名、地名和有关名词索引”译名表电子版文档发给他们，以方便检索，节省翻译时间。我把《莫卧儿帝国》译著前言、目录、附录以及与奥朗则布相关的第四章和第五章电子版文档全部发给了他们。我非常钦佩两位年轻学人有志于翻译《奥朗则布史》，为我国的南亚史研究添砖加瓦。

2017年12月5日，李珂来函报告了好消息，他们与社会科学文献出版社签订了出版合同。2018年4月26日，我又收到了李珂的邮件，她告诉我，已经快译完《奥朗则布史》第一卷，下学期她去白罗斯国立大学历史系读研，圣诞

* 本书英文版书名直译为《奥朗则布史》，共分五卷。中文版将合为三卷出版，书名分别为《皇位之争：奥朗则布和他的时代Ⅰ》《暴君降临：奥朗则布和他的时代Ⅱ》《帝国残影：奥朗则布和他的时代Ⅲ》。此序中均指五卷本英文原版。

节假期顺便到拉脱维亚旅游。2019 年 1 月 7 日，李珂发来《奥朗则布史》第一卷和第二卷初稿，并说很快来里加见面聊一聊。第二天，我在里加老城的丽都（LIDO）餐馆招待李珂。原以为李珂是个男生，没想到是个女娃娃。她聊到了她与这本书结缘的前因后果。她是研究俄罗斯车臣问题的，为了更全面地了解伊斯兰历史，就读了《莫卧儿帝国》，然后发现注释里经常引用《奥朗则布史》（五卷），就顺藤摸瓜在网上查阅到了这套书，在读第一卷时发朋友圈做读书笔记，青年学者孙力舟发现她的笔记，觉得这套书很有价值，就提出要联系出版社，之后社会科学文献出版社很爽快地签下这套书；他们用一年多时间译完了前两卷，现在还有后三卷，计划到 2020 年译完。我感觉这两个年轻人有思想、有抱负、有闯劲、有韧劲、很勤奋、很刻苦，在学术领域应该会有一番作为。

莫卧儿帝国（1526~1857）是中亚外族征服者在印度建立的一个庞大帝国，在印度历史上具有举足轻重的地位。首先，它是印度历史上的一个重要时期。莫卧儿帝国是印度封建社会由发展中期向晚期转变的阶段，是衔接中世纪印度与近代印度的重要历史时期，在古代印度和现代印度之间架起了一座桥梁。其次，它开创了印度次大陆政治统一和社会经济发展的伟大时代。莫卧儿帝国前几位君主文韬武略，励精图治，锐意进取，开疆拓土，建立了几乎囊括整个南亚次大陆的政治统一、经济繁荣的空前大帝国。再次，它开启了璀璨辉煌的印度文明新阶段。莫卧儿帝国时期，伊斯兰教文明与印度教文明彼此影响和碰撞，波斯文化和印度文化互相融合和汇流，二者相映生辉，交织融汇，呈现出异彩纷呈的迷人图景。最后，它留下了永不磨灭的历史遗产。莫卧儿帝国不仅为印度留下了巨大的物质和精神财富，而且也为世界留下了不朽的历史丰碑，每年来自世界各个角落的游客络绎不绝，无不为莫卧儿时期的辉煌遗产称奇惊叹和流连忘返。正因为如此，莫卧儿帝国的历史历来受到印度学界和西方学界的重视和青睐。

莫卧儿帝国经历了17代君主的统治，共计331年的历史。莫卧儿帝国的历史可以奥朗则布去世为标志划分为前后两个时期，前期为创始与兴盛时期，后期为衰落与灭亡时期。在前6位君主统治的181年间，莫卧儿帝国由初创进入极盛时期。享有猛虎之誉的巴布尔和有幸无运的胡马雍，为莫卧儿帝国的创立开拓进取，戎马一生。怀有帝王雄心的阿克巴大帝文韬武略，四处征战，开疆拓土，励精图治，锐意革新，奠定了莫卧儿帝国繁荣强盛的基石。此后历经贾汉吉尔、沙贾汗和奥朗则布三帝，莫卧儿帝国达到辉煌的巅峰，疆土空前辽阔，政治、经济、军事、文化、艺术、建筑等强大繁荣。

在后11位君主统治的150年间，莫卧儿帝国由极盛转入衰落，最终走向灭亡。这一时期，朝臣专权，左右朝政，驾驭国君，任意废立，王室更迭频仍；外敌入侵延绵不绝，阿富汗人三番五次恣意蹂躏、掠夺印度；离心倾向滋生蔓延，各行省总督纷纷脱离有名无实的德里皇帝，拥兵自立；各路势力争斗不止，以图在莫卧儿帝国的废墟上建立自己的霸权。在这一片群龙无首、干戈不息的混战中，西方列强乘虚而入，英国殖民者利用莫卧儿帝国衰落时期的印度分裂状态，巧施政治手腕，利用内讧，收买内奸，挑拨离间，兼以武装干涉，联此伐彼，分化瓦解，各个击破，在不到100年的时间里，征服了整个印度，最终将名存实亡的莫卧儿帝国送进了历史的博物馆。1857年印度民族大起义后，英国最终完全征服了印度，将莫卧儿皇室成年男性屠戮殆尽，流放了老朽衰弱的巴哈杜尔沙二世。莫卧儿王朝覆宗绝祀。

奥朗则布（1618~1707）统治时期（1658~1707），是莫卧儿帝国史上的一个重要时期，它既是帝国的巅峰期，也是由盛及衰的转折期。奥朗则布长达50年的统治可以划分为两个相等的时段：第一个阶段（1658~1681），帝国中心和重镇在德里或阿格拉，所有重大政治和军事活动都发生在北印度，南印度则是一个天高皇帝远的地方；第二个阶段（1681~1707），政治和军事活动中心转到南方，奥朗则布余生在德干度过，陷入了与穆斯林和印度教徒马拉塔人的长期争斗之中。这场争斗与其他因素结合在一起，加速了莫卧儿帝国的衰落。当奥朗则布在1658年登基时，帝国处于最繁荣时期，而在他在1707年去世时，帝国衰败的症状已经昭然若揭。由阿克巴大帝所建立、由贾汉吉尔和沙贾汗维护的伟大的帝国政治大厦，在奥朗则布去世后20年里显示出即将瓦解和崩溃的迹象。正是莫卧儿历史的这一特征，给研究奥朗则布的统治增添了特殊意义。

奥朗则布可能是莫卧儿帝国史上最有争议的皇帝，也是个性最为复杂的皇帝。勇敢无畏、目标坚定、无穷活力是他的突出特性。他的赫赫战功足以证明他的将帅之才，他高超的谋略表明他是外交和治国方面的能手，他的记忆力惊人，励精图治，勤政多劳，他亲自阅读所有申诉书并亲自批示。他胸怀大志，既不沉迷酒色，也不贪图享乐。他的一生致力于扩展莫卧儿的领土，使帝国版图达到最大范围，囊括了整个南亚次大陆及阿富汗地区，使自己成了从喀布尔到吉大港、从克什米尔到高韦里河的至高无上的君主。他的个人生活以俭朴、虔诚和严肃著称。他谨慎地不染上他那个时代的诸多恶习，避免沉迷于禁忌的食物、饮料和衣着，他妻子的数目甚至还不到《古兰经》所允许的四个。因此，他被他的同时代人看成是“生长于帝王之家的托钵僧”，而穆斯林则尊他为“当世圣人”。

奥朗则布有着许多足以称得上伟大的品质，却是一个失败的统治者，就像一个印度网友所说，“在精神上，他是虔诚的穆斯林，但是，他更应该学学如何在现实中做人”。任何人都不能否定他在宗教信仰方面的虔诚，但是，这种宗教上的极端拘谨使他变得冷酷而严厉，而且使他在感情上的温柔品质的源泉枯竭。因此，他缺乏同情心、想象力、开阔的眼界和选择方法时的灵活性。奥朗则布彻底改变了之前莫卧儿五帝统治下的国家性质。他妄图按《古兰经》的信条，把一个印度教传统根深蒂固、印度教徒人口占压倒多数的大国变成正统的逊尼派伊斯兰帝国。奥朗则布把国家利益与跟他宗教信仰相同的人的利益等同起来，却伤害了与他宗教信仰不同的人。这种政策在臣民中激起了强烈而持久的不满情绪，在他统治的后期，这种情绪演变成了实质性的叛乱。他的敌人从四面八方崛起，他能够在短时间内打败他们，却不能一劳永逸地平定他们，这使他和整个国家疲于奔命，从而成为莫卧儿帝国衰落和崩溃的主要原因之一。他似乎一切都得到了，事实上却一切都失去了。

尽管奥朗则布极其勤勉，忠于职守，但他长达 50 年的统治却以悲剧告终。不可一世的奥朗则布，到了他生涯末期才认识到，他长达 50 年的统治是一个失败。在他于病榻上写给儿子们的信中，这位将近九十岁的老人为他的某些行为深深懊悔，他以非常哀婉的语言倾吐了心声：

> 我孑然一身地来到这世上，又将独自离去。我是谁？我的命运是什么？我对此茫然不知。荣华富贵转瞬即逝，只余悲伤悔恨。我未曾使帝国河清海晏、江山永固，而是虚掷光阴，徒劳无功。我知道，在冥冥之中自有神庇护，然而我的昏花老眼却看不到他的荣耀之光。
>
> 我对于即将到来的救赎和可能来临的惩罚心怀恐惧。尽管我对真主的仁慈和慷慨深

信不疑，一旦念及昔日所作所为，就无法遏制心中恐惧。但是，当我撒手人寰后，身后事仍无法了断。无论如何，离别之舟已经驶上浪头。

现在，呈现在读者面前的《奥朗则布史》第一卷和第二卷，讲述的是莫卧儿帝国历史上著名的“皇位继承战争”（1657～1658），亦即奥朗则布力压群雄、登上皇位的过程。奥朗则布的父皇沙贾汗有4个儿子，达拉·舒科、舒贾、奥朗则布和穆拉德·巴赫什，1657年皇位斗争开始时，他们都已经到了成熟的年龄。达拉·舒科是长子，43岁；舒贾41岁；奥朗则布39岁；穆拉德·巴赫什约33岁。他们都曾执掌军政大权，具有一定的实力。四兄弟个性鲜明，在皇位之争中有令人印象深刻的表现。长子达拉·舒科久居深宫，深受父皇宠爱。他具有一定的天赋，同时具有某些严重的性格缺陷。他脾气暴躁，举止傲慢，在贵族中树敌不少。更有甚者，他还刚愎自用，轻视别人的忠告。此外，他在宗教问题上的宽容态度也成了他的软肋，因为正统逊尼派穆斯林将他看成异端，不予支持。次子舒贾长期在偏远的孟加拉行省担任总督，有一定的作为，但是在当时的历史记载中他的个性没有达拉·舒科和奥朗则布那么突出。他也耽于安逸享乐，这最终损坏了他的智力，使他不能在关键时刻采取果断行动。此外，他还有另外一个劣势，即他宣信什叶派信仰，从而引起正统逊尼派的不满。另外，奥朗则布后来在争夺王位的斗争中脱颖而出，除了个人才能之外，他还有与达拉·舒科和舒贾不同的一点，即他是最严格类型的穆斯林，受到帝国正统逊尼派贵族的完全信任，而正统逊尼派贵族一直是朝廷中的一支非常强大的势力。与穆拉德和舒贾一样，奥朗则布也不乏军事胆量和勇气，但是他头脑更清醒，而且目标明确，意志坚定。穆拉德·巴赫什是一个勇敢的战士，但放荡不羁，酗酒无度，有勇无谋。而且，他头脑简单，容易受骗。这就是皇位继承战争中的四兄弟，虽然他们一母同胞，但彼此之间没有兄弟之爱，为争夺孔雀王座而互相厮杀。奥朗则布最终战胜了三个兄弟，处死达拉，驱逐舒贾，软禁并处死了穆拉德。据信，达拉的长子苏莱曼也是被他毒死的。而沙贾汗皇帝被囚禁在阿格拉红堡，整日遥望亚穆纳河对岸的爱妻陵墓——泰姬陵，以泪洗面，在孤寂中了却残生。

在我国，有关莫卧儿帝国史的专著和译著寥寥无几，屈指可数；有关奥朗则布的专著和译著更是付诸阙如，处于空白状态。李珂和孙力舟合译的《奥朗则布史》是我国学界第一部有关奥朗则布的译著，具有重大的开拓意义和学术价值，必将为我国的奥朗则布研究乃至莫卧儿帝国史和南亚史的研究提供宝贵的史料和视角。值得一提的是，印度宝莱坞著名导演卡兰·乔哈以莫卧儿皇位继承战争为主题，拍成了历史大片《宝座》，该电影将于2020年上映。《奥朗则布史》的翻译出版适逢其时，是我国民众了解这一段历史的不可多得的参考资料。

2019年3月15日

于里加　拉脱维亚大学

前　言 / ***001***

上　册

第一章　童年与教育，1618~1634 / ***003***
第二章　邦德拉战争，1635 / ***018***
第三章　第一次出任德干副王，1636~1644 / ***036***
第四章　婚姻与家庭　古吉拉特副王 / ***064***
第五章　中亚的战争，1647 / ***094***
第六章　担任木尔坦和信德总督，1648~1652 / ***128***
第七章　第一次围攻坎大哈，1649 / ***141***
第八章　第二次围攻坎大哈，1652 / ***168***
第九章　第二次出任德干总督，1653~1658 / ***189***
第十章　入侵高康达王国，1656 / ***234***
第十一章　攻占比贾普尔王国 / ***281***
第十二章　沙贾汗病重 / ***326***
第十三章　穆拉德自行称帝 / ***356***
第十四章　奥朗则布从德干起兵，1658 / ***380***

下 册

第十五章 达尔马特之战，
1658年4月15日 / ***421***
第十六章 萨穆加尔之战，
1658年5月29日 / ***453***
第十七章 占领阿格拉城堡，俘虏穆拉德·巴赫什，1658年6月 / ***486***
第十八章 在旁遮普和信德追捕达拉·舒科，
1658年6月至11月 / ***525***
第十九章 舒贾争夺王位——哈吉瓦之战，
1659年1月5日 / ***556***
第二十章 德奥拉伊战役（阿杰梅尔战役），
1659年3月 / ***592***
第二十一章 达拉·舒科的结局 / ***621***
第二十二章 苏莱曼·舒科的结局 / ***655***
第二十三章 追击舒贾及比哈尔的战争 / ***673***
第二十四章 舒贾的结局 / ***712***
第二十五章 奥朗则布的登基大典 / ***732***

参考书目 / ***745***
译名对照表 / ***776***

前 言

奥朗则布的历史，其实就是印度的60年历史。他统治的时期（1658~1707）包含了17世纪后半期，代表了我们国家历史上的一个重要时代。在他的统治下，莫卧儿帝国扩张到了最大范围，这是印度自有史以来到英国统治开始时最大的单一国家。从加兹尼到吉大港（Chatgaon），从克什米尔到卡纳塔克（Karnatak），印度大陆服从于一个王权；在这一统治之外，在遥远的拉达克和马拉巴尔，在讲道圣坛上宣示同一个统治者的宗主权。①

① 即“呼图白”，在主麻日和宗教节日礼拜时，由伊斯兰教长或阿訇对穆斯林宣讲教义。通常也会提及君主，表示其仍在位。——译者注

在他的统治下，伊斯兰教在印度的势力最后一次得以扩展。

这个帝国有着史无前例的广阔疆域，也是一个单一的政治单位。它的各部分不是由附庸诸王间接统治，而是由皇室的仆人直接统治。因此，奥朗则布的印度帝国比阿育王、笈多王朝、戒日王（Harshavardhan）的领土都要广大。没有一个行省的总督能够自立为政或扣留税收，他们都服从于中央政府。某些地方也会发生叛乱，但是没有人敢自立为王，没有人敢在帝国治下的行省公开反抗德里的皇帝。

但是，他的统治既目睹了前不列颠时期最伟大的印度帝国的形成，也见证了这一帝国开始衰落和瓦解的征兆。很久之前，波斯人纳迪尔沙和阿富汗人艾哈迈德沙就证明莫卧儿皇帝只是皇权虚幻的影子，而德里仅仅是过去辉煌的记忆，远远早于马拉塔人在自身动荡不定的局面中蛰伏，尚未在这片土地上建立稳固统治之前。甚至在奥朗则布去世之前，莫卧儿帝国在财政和威信方面都已破产，政府已经失败，帝国政权已经表现出无力维护秩序也无力维持庞大的疆域的迹象。

奥朗则布统治期间具有标志性的事件，是马拉塔人在他们的短命王国的废墟上发动叛乱以及锡克教徒开始武装起来反抗当权者。因此，18～19世纪印度政治中的最重要因素都起源于奥朗则布的统治和政策。在德干，在阿迪尔沙（Adil Shah）、库特布沙（Qutb Shah）、桑巴吉（Sambhaji）和拉姆王公（Raja）[①]等向莫卧儿俯首称臣以后，当地人民却奋起反击，并赶走北方来的掠夺者。在印度各族中，马拉塔人享有第一个起来反抗莫卧儿帝国南进，从外来侵略中拯救祖国的荣誉。他们在下一个时代才变成征服者和袭击者。

当莫卧儿帝国的权势达到顶点并且开始衰落的时候，在我国的政治天空中出现了新黎明的曙光。我们国家未来的主人迈出了稳定而安全的步伐。1653年和1687年，马德拉斯（Madras）[②]和孟买分别成为英国东印度公司总部所在地。1690年，加尔各答建城。这个欧洲人

① 意为王公，也常用作男子名。——译者注

② 即今天的金奈，在印度东南部、孟加拉湾沿海。——译者注

的避难所成为国中之国，它筑起防御工事以抵御周边强国的猛攻。“商业冒险家”在这里开始进行组建东方政府的实验，这一实验最终促成了一个比罗马帝国还要大，比查理五世的帝国的人口还要多的帝国的形成。这一帝国拥有文明、进步的政府，世界上从古至今无与伦比。①

17 世纪末，莫卧儿帝国已经显露出内在腐朽的迹象。阿克巴建立、沙贾汗和奥朗则布扩展的这个巨大的建筑物，看起来还是和过去一样牢固，但是已经像纸牌垒砌而成的房子一样，在外来入侵者长矛的第一次触碰下便倒塌。国库已经空了。帝国军队被击败，在敌人面前畏缩不前。离心的力量变得强大，帝国即将瓦解。帝国道德上的弱点比物质上的弱点还要严重，政府不再让臣民敬畏；公务人员不再诚实也不再有效率；大臣和亲王们都缺乏政治家的才能；军队已经不再是有效的武装力量。年老的奥朗则布在一封接一封的信中，为他的军官们和儿子们的无能感到忧伤，并用犀利的笔触斥责他

① 本书第一版出版时，印度尚为英国殖民地，作者对大英帝国的夸耀有讨好之嫌，并不客观。——译者注

们，却无法改变这种状况。与他同时代的比姆森（Bhimsen）、哈菲汗（Khafi Khan）等人，在奥朗则布统治的最后几年中，将贵族和人民的堕落和惨状与他前辈的荣耀相比较，并且想知道为什么会这样。

为什么会这样呢？这位统治者并无恶习，也并不愚蠢或懒散。他的聪明才智众所周知，同时他对治理国家充满热情，而这种热情一般人只有在追逐享乐时才会有。在对待公共事务的勤奋和专注方面，任何职员都不会超过他。他的耐心和执着与他对纪律和秩序的热爱一样引人注目。在个人生活方面，他很简朴，而且很节制，就像一位隐士。他像久经沙场的士兵一样，对战役或被迫进行的远征中的匮乏状况毫无怨言。恐惧不会让他气馁，软弱和怜悯也不会软化他的心房。他对道德书籍中描述的古代智慧了如指掌。此外，在他父亲执政时期，他就在战争和外交方面经受了长期的成功历练。

然而，这样一位君主五十年统治之后的结果竟是失败与混乱！这一政治悖论的原因可以从奥朗则布的政策与行为之中找到。因此，他的统治不仅让印度历史的研究者很感兴趣，而且也让政治哲学的研究者很感兴趣。

令人欣喜的是，波斯文文献中有大量研究奥朗则布的材料，波斯文是莫卧儿印度的书面文字。首先，我们有官方记录——《皇帝书信集》（*Padishahnamah*，由三位作者各整理一部分）和《阿拉姆吉尔[①]书信集》（*Alamgirnamah*）——包括从沙贾汗即位到奥朗则布执政第十年41年的历史。这些作品根据保存在帝国档案馆里的国家文书按顺序撰写而成。国家文书包括官方通信、报告、简报、条约和税收返还记录等。这些作品在日期和地理信息方面非常详尽，价值很高，但是由于它们是对皇帝宣读，由皇帝修改，然后再向公众公布的，所以它们隐瞒或弱化了所记载的任何败坏皇帝或政府名誉的事件。在奥朗则布统治的后四十年中，我们有《阿拉姆吉尔之路》（*Masir-i-Alamgiri*），它也由同样类型的官方记录编辑而成，却是在他死后编成的，这样就免除了之前两部史书中过分恭维

① 阿拉姆吉尔是奥朗则布登基后选择的封号，意为“宇宙征服者”。——译者注

的吹捧和歪曲。不幸的是，这部作品非常简短，不如常规官方记录那样全面与详细。

还有一些历史学家的私人著述，如马苏姆（Masum）、阿奎勒汗（Aqil Khan）和哈菲汗的作品。这些著作是由官员写的，但其目的并不是让皇帝阅读。这些著作给我们提供了皇家记录隐藏的很多事实，尽管其中的日期和姓名有时不正确，叙述有时也贫乏，但这些著作包含了被更正式的官方历史排除的很多人物的个性和形象描写。在奥朗则布去世 26 年后，哈菲汗完成了他的著作，这部著作是欧洲作家所参考的主要资料。在叙述沙贾汗时期和奥朗则布统治前期的部分，他的历史著作就像宫廷记录的节选本。但是从 1688 年开始，他使用了他收集到的他的父亲及朋友亲历的情景。莫卧儿帝国贵族的传记集《统帅之路》（*Masir-ul-umara*）也是同类作品。这部作品根据当时尚存的波斯文记录写作于 1780 年，但是加入了很多具有传统特征的轶事，并且包含了关于过去几代人行为的趣闻。

甚至还有印度教徒用波斯文写的两本关于奥朗则布的历史著作。一本是比姆森·布尔汉普里（Bhimsen Burhanpuri）写的《美景地图》（*Naskha-i-Dilkasha*），他是奥朗则布的将军达勒帕特·拉奥·邦德拉（Dalpat Rao Bundela）的合作商人。比姆森是一位活跃的旅行家，善于观察地形的细节，详细地记录了他从马图拉（Mathura）到马拉巴尔（Malabar）的见闻。他的著作对于德干事务来说具有特殊的价值，因为他在那里长大并且几乎度过了一生。他与皇室离得足够近，可以正确地观察事件，但又不是近得足以成为一个溜须拍马之人。另一部著作是伊萨－达斯·那加尔（Isar-das Nagar）写的《伊斯兰的智者》（*Shaikh-ul-Islam*）。他居住在古吉拉特的巴坦（Pattan）。这部著作对了解和拉杰普特人相关的事很重要。

除了介绍奥朗则布统治的综合性著作之外，还有只涉及那一时期某个具体时段或人物的波斯文专著，例如尼阿马特汗·阿里（Niamat Khan Ali）对围攻高康达（Golkonda）的记述，西哈布丁·塔里什（Shihabuddin Talish）在征服库什·比哈尔（Kush Bihar）、阿萨姆和吉大港时写的日记，伊拉达特汗（Iradat Khan）的回忆录，以及巴哈杜尔沙一世的其他几位仆人从奥朗则布晚年开始记叙的回忆录。关于德干的两个王国高康达和比贾普尔（Bijapur），有单独的历史著作，其中包括了莫卧儿帝国与它们的关系。关于马拉塔人，有讲述西瓦吉（Shivaji）、桑巴吉和拉姆王公事迹的编年史（Bakhars），由他们的官员和其他人撰写。拉杰瓦德（Rajwade）先生据说收集了17世纪很多马拉塔文的信件，将其纳入《历史文献档案》（*Aitihasik Lekh Sangrahax*）系列之中。

伦敦皇家亚洲历史学会收藏了一箱奥朗则布时代的《皇家公告》（*Akhbarat-i-Darbar-i-Muala*），它们只是光秃秃的枝干——枯燥、非常简洁，只对弄清日期有帮助。在他前22年的统治中只有一小部分被保存下来，但是从他统治的第36年开始，数量变得多起来。

目前印度对奥朗则布统治的记述，特别是乌尔都文的记述，是基于《伊斯兰王室史》

（*Tarikh-i-Muhammad Shahi*）和《被遗忘的历史》（*Tarikh-i-Farah-Bakhsh*）等著作。这些著作出现于事件发生很久之后，基本是根据市井流言和民间故事编写而成。由于著作不是根据官方记录和其他同时代的信息所写，当它们的记述与有关奥朗则布统治的更早并且更权威的历史记述冲突时，就不能被采用。这些不可信却笔触生动的作品启发了道（Dow）的《印度斯坦史》（*The History of Hindustan*）和斯图尔特（Stewart）的《孟加拉史》（*History of Bengal*），并且在印度大众信仰中继续促进了虚假历史观念的形成。

幸运的是，关于奥朗则布统治的部分时期，我已经获得了原始的历史资料——这种信息来源甚至比上面提到的官方记录还要宝贵，那就是17世纪政治舞台上“演员”的信件，我收集了近3000封信件。在这些信件中，我们看到了一天天发生的事件，而不是由作者在之后带有某种目的装饰过的事件记录。在这些信件中，我们看到那些创造印度历史的人的真实的希望和恐惧、计划和看法。这类资料包括奥朗则布的信件（形成很多不同的和庞大的选集，将在参考书目中描述），他的父亲、兄弟和姐妹们的信件［在《皇室通信集》（*Faiyaz-ul-qawanin*），勒克瑙 MS.］，贾伊·辛格（在《几周之间》（*The Haft Anjuman*），贝拿勒斯 MS.）的信件，奥朗则布第四子阿克巴的信件［在《阿拉姆吉尔书信集》（*Adab-i-Alamgiri*），《信仰的外在》（*Zahuir-ul-insha*）和《西瓦吉书信集》（*Khatut-i-Shivaji*）］，以及阿巴斯二世的信件（我从勒克瑙的集市上获得）。莫卧儿与马拉塔之间的通信收藏在《西瓦吉书信集》之中。一些官员，如努－乌尔－哈桑（Nur-ul-Hassan）、拉丹达兹汗（Radandaz Khan）、鲁特夫拉汗（Lutfullah Khan）的信件和其他一些信件，存放在孟加拉亚洲学会的图书馆、伦敦印度办事处的图书馆和兰普尔（Rampur）的纳瓦布的图书馆。孟买的 P.V. 马乌吉（P.V. Mawji）收集了寄给西瓦吉和他父亲的波斯文书信，但他拒绝别的学者使用这些书信。

关于奥朗则布的非常有意思的轶事集，是哈米杜丁汗·尼木查（Hamiduddin Khan

Nimchah）编纂的 *Ahkam-i-Alamgiri*，它收录了奥朗则布的很多话语和对他人请愿的命令。我将其翻译为《奥朗则布轶事集》。

在奥朗则布统治的初期和末期，我们有很多证据——公开的历史著作和信件集；但是，相比起来，1667~1696 年这三十年则是一片黑暗。然而，我相信，如果我的受过教育的同胞们能够有兴趣在私人收藏中仔细地用知识来搜寻波斯文的原稿，这三十年中的很多历史书信就能够在印度被找到，特别是在联合省的阿格拉（Agra）和奥德（Oudh）。

欧洲的旅行者塔维尔尼尔（Tavernier）、伯尼尔（Bernier）和曼努西（Manucci）在奥朗则布统治期间访问了印度，留下了对这个国家长长的记录。他们的著作毫无疑问富有价值，为了解印度人民的状况、贸易和工业的状态以及基督教会的历史提供了线索。此外，外国观察者对印度制度的批评具有新意，本身就具有意义。但是，就政治史而言，除了他们亲身参与或目睹的事件之外，他们只是记录了市井流言和当时的民间故事，不能与当时的历史著作和波斯文信件相比。塔维尔尼尔和伯尼尔只涉及了奥朗则布执政的初期；前者从伯尼尔的记述中引用了大部分事实，而伯尼尔则得益于曼努西才了解到一些细节。曼努西的著作《莫卧儿的历史》（*Storia do Mogor*）涵盖了奥朗则布整个统治时期，但是他到达印度时还只是一个只受过很少教育的叛逆的小伙子。他的能干的编辑承认，他是一位容易轻信的倾听者。他所描述的大部分事件都是在很久之后依靠记忆追溯的，因此我们不能对他记述的准确性抱有多大期望。这些外国旅行者限于地位，无法接触最好的信息源；国家档案馆对他们是不开放的。他们仅仅是偶然造访了印度历史的塑造者，而且是以祈求帮助的人的身份去的，与军营和宫廷中的位高权重者并不熟悉，因此这些人不会向他们提供口头信息。最后，他们波斯文水平并不高，这让他们无法使用当时的波斯文文本，也无法核实他们口头获得的报告。例如，曼努西写的奥朗则布在很少保卫人员的陪同下，在贾伊·辛格的一支军队前与其会面，把贾伊·辛格称颂为好友（《莫卧儿的历史》第一卷，第

320 页）。根据已知的日期，这个故事被证明是不可能发生的。官方记录如此详细，以至于任何错误的日期，如果它们与此前或此后的记录相冲突的话，会马上被发现。我们应当采纳官方的日期记录，而不是欧洲旅行者提供的日期。因此，在我的叙述中，我无法采用伯尼尔和曼努西的著作，除了他们补充了官方史书或者记录下个人经历的部分之外。

在我把这部历史著作呈现给公众之前，我必须表达对已故的威廉·欧文（William Irvine）先生，即《晚期莫卧儿人》的作者在学术上深深的感激之情。他把自己的波斯文原稿免费借给我，花费了很大力气为我从欧洲公共图书馆获得复制它们保存的原稿的许可，还让伦敦和巴黎使用专业设备（被称为“旋转感光印刷”）复制波斯文原稿的摄影师降低了价格。我每次遇到困难和疑惑求助于他时，他总是迅速给我提供帮助和建议。一位印度的纳瓦布[①]有一卷稀有的波斯文历史信件。我获得他的同意，由我来花钱聘请了一位抄写员，将其复制。但是这

① 纳瓦布（Nawab），意为总督。——译者注

位纳瓦布的下属在一年多的时间里以各种理由拒绝我的人接近手稿。最后，绝望的我给欧文先生写信讲了这件事。他给一个在联合省担任高级公务员的朋友写了信，此人联系了纳瓦布。这卷手稿的所有者此时自己承担费用复制了手稿，用丝绸和摩洛哥羊皮革把抄本包裹起来，送到欧文先生那里。欧文先生收到抄本后马上借给了我！

欧文先生对这部历史著作的前五章认真仔细地提出了批评并且进行了修改，就像这是他自己的著作一样。他的过世令人悲痛，使我失去了将这几卷著作呈送给他的荣幸；然而，让我高兴的是，我至少给他看了这本书的一部分。我在我所承担的这项工作中，被他的经验和理解力产生的持续热情及诚恳的批评打动：

> “我喜欢这个风格——从第一印象开始——它是我的《晚期莫卧儿人》过于生硬的文风和时下流行的新闻笔调的明智的折中。”还有，“我非常喜欢你对宗谱和地形学的关注，还有你援引的所有现代信息资源

——《印度地图集》和现代旅游者”。

《英国人在孟加拉的早期记录》的作者、历史学家 C.R. 威尔逊鼓励我从事历史学研究，并且主动把我介绍给孟加拉国政府，让我获得帮助，这令我感激不尽。孟加拉国政府教育部在他的要求下，拨款 39 英镑 5 先令，用于复制原稿。我需要来自牛津大学图书馆、大英博物馆、巴黎国家图书馆的原稿。在我使用完复制件之后，作为政府资产，它们被保存在加尔各答的帝国博物馆。负责印度事务的国务秘书把波斯文原稿借给我。我从印度事务部图书馆四次借出原稿，从伦敦皇家亚洲学会两次借出原稿，我深深地感谢它们。

我向孟加拉的库达·巴赫什图书馆、牛津大学图书馆、大英博物馆、剑桥大学图书馆、巴黎国家图书馆、柏林皇家图书馆的负责人致谢。我还要感谢兰普尔的纳瓦布·阿布杜斯·萨拉姆汗·巴哈杜尔（Nawab Abdus Salam Khan Bahadur）（之前奥德地区的候补法官）、退伍少校瓦曼·达斯·巴苏（Vaman Das Basu）和贝拿勒斯（Benares）的作家穆什·施阿姆·苏达尔·拉尔（Munshi Shyam Sundar Lal），他们开明而礼貌地让我复制了他们拥有的波斯文原稿。

在花费力气帮助我获得原稿的复制许可和联系抄写员的印度朋友中，我十分感激哈菲兹·艾哈迈德·阿里汗（Hafiz Ahmad Ali Khan）（兰普尔邦）、D.N. 马立克（D.N.Mallik）先生（电气工程师）和马克布尔·阿拉姆（Maqbul Alam）先生（文学学士、法学学士，居住在贝拿勒斯）。我也不能忽略我之前的同事、巴特那（Patna）学院的讲师茂尔维·阿卜杜勒·海（Maulvi Abdul Hai）。我在解释波斯文遇到困难时都找他，他还花费了大量的时间校对那些我复制的波斯文原稿。

在拼写东方词语时，我采用了亨特系统（Hunterian system），一般只用 u 来表示 oo 的发音，仅有少数例外（例如 Jumna，nullah，Calcutta 等）。在少数情况下（如 Barhamdeo），我没有把印度教姓名梵文化，目的是避免让读音与大众的读音相差太远。所有伊斯兰教历的日期都被转换为基督教旧历的日期。

现在，前两卷已经展现在公众面前。第三卷的手稿将在一年后完成。为了完成对奥朗则布长达50年统治的记述，并且书写那个时代的人民、贸易、生活和习俗，至少还需要两卷。我现在站在我的主题的门槛上，可以隐约地望见它那遥远的终点。

贾杜纳斯·萨卡尔（Jadunath Sarkar）

1912年7月

皇位之争：奥朗则布和他的时代 I

第一章　童年与教育，1618~1634

出生

在德里登基成为阿拉姆吉尔一世的穆希乌德丁·穆罕默德·奥朗则布（Muhiuddin Muhammad Aurangzib），是沙贾汗和慕塔芝·玛哈尔（Mumtaz Mahal）的第六个孩子。沙贾汗夫妇安眠于著名的泰姬陵。他的祖父贾汉吉尔皇帝，在镇压了马立克·安巴尔（Malik Ambar）企图恢复艾哈迈德讷格尔（Ahmadnagar）王位的叛乱之后，轻松地从古吉拉特前往阿格拉。沙贾汗和他的家庭也在贾汉吉尔皇帝的行列之中。在通往乌贾因（Ujjain）的路上，在一个叫多哈德（Dohad）[①]的地方，奥朗则布降生了。他出生于伊斯兰教历1027年11月15日[②]（或是根据欧洲的计算方法，旧历1618年10月24日星期日之前的那个夜晚）。几天之后，皇室队伍到达马尔瓦（Malwa）的首府乌贾因，皇孙的出生被以妥当的方式加以庆祝。[③]

奥朗则布怀有对他的出生地充满深情的记忆。我们发现，在他年长的时候，在给他儿子穆罕默德·阿扎姆的信中写道："亲爱的儿子，古吉拉特行省的多哈德村——我这个有罪的人出生的地方，要仁慈地对待这里的居民；安抚这里驻军的指挥官，此人已经担任这个职务多年，要让他继续任职。"[④]

沙贾汗对他的妻子慕塔芝·玛哈尔的感情很深，在幸福和苦难之时都没有离开她。只要他出行，不论是出征、访问各行省还是为了躲

---

① 多哈德（北纬22° 50′，东经74° 20′，*Indian Atlas*, Sheet 36 S. W.）是孟买总督辖区内的潘奇玛哈尔（Panch Mahal）地区的一个小镇，正好位于B.B.&C.I.铁路上多哈德车站的南方。

② *Tuzuk-i-Jahangiri*, ed. by Syud Ahmud, p.250.

③ *Tuzuk*, p.251.

④ *Ruqat-i-Alamgiri*, lithographed ed., No.31.

避贾汉吉尔晚年的狂怒从特林甘纳（Telingana）的荒野上逃往孟加拉，玛哈尔总在他的身边。因此，奥朗则布出生在从德干归来的征途中，而穆拉德·巴赫什[①]出生在南比哈尔的罗赫塔斯城堡（Fort of Rohtas）。

奥朗则布代父亲做人质

从1622年到他父亲的统治几乎结束的时候，沙贾汗的前途一片暗淡。头脑糊涂的老皇帝，完全被他自私而专横的宠妃努尔·贾汉（Nur Jahan）支配，剥夺了沙贾汗的职位和封地，最后迫使他为了自卫而造反。但是这位皇子的努力总的来看是失败的。他不得不从特林甘纳、奥里萨、孟加拉一路逃往江普尔（Jaunpur），之后又沿着同样荒凉可怕的路线回到德干。他的妻子和孩子们与他一路同行。最后，无助的皇子只好向父亲屈服，交出自己两个年幼的儿子达拉和奥朗则布作为人质。两个儿子在1626年6月抵达贾汉吉尔位于拉合尔的宫廷[②]，并在

① *Tuzuk*, 391.

② *Tuzuk*, 380-391, 397, 410. Gladwin, 69-75, 78.

努尔·贾汉的照料下生活。贾汉吉尔去世后不久，沙贾汗即位，两个儿子在阿萨夫汗的陪同下前往阿格拉，此时最感人的一幕出现了，满怀思念的母亲把阔别已久的两个宝贝儿子紧紧地抱在胸前，郁积已久的情感喷薄而出①（1628年2月26日）。奥朗则布每天的津贴固定为500卢比。

教育

因此，在10岁时，他的生活安定下来，（他的父亲）对他的正规教育显然做了安排。沙贾汗的维齐尔②中最负盛名的萨杜拉汗，据说③成为奥朗则布的老师之一。另一位老师是吉兰的米尔·穆罕默德·哈希姆，他在麦加和麦地那学习了12年之后来到印度，追随阿里·吉拉尼医生学习医学，然后在阿默达巴德执掌一所著名的学校，随后成为民事法官。作

① Abdul Hamid's *Padishahnamah*, I.A. 70, 97, 177.

② 伊斯兰国家的宫廷大臣或宰相，通常由多人担任。——译者注

③ Hamiduddin's *Ahkam-i-Alamgiri*, Ir. MS. 23a. 但是萨杜拉从1640年12月开始为沙贾汗效力（*Pad*, ii.220）。

为奥朗则布的家庭教师，他一直为这位皇子服务到沙贾汗统治结束的时候。①伯尼尔②说萨利赫毛拉是他的老教师，但是波斯历史并不支持这一说法。我们读到，有一位来自巴尔赫的学者——巴达赫尚的萨利赫毛拉③，他第一次被沙贾汗接见是在1647年1月4日，此时奥朗则布已经29岁——年龄太大以致无法去上学了。

语言知识

我们可以确信，奥朗则布天资聪颖，对所读的内容学习得很快。他的通信证明他完全掌握了《古兰经》和穆罕默德的传统语录（“圣训”），并且从《古兰经》和“圣训”中做了很多引用。他的阿拉伯语和波斯语读写都达到了学者的水平。奥朗则布的母语是印度斯坦语，莫卧儿皇室在私人生活中使用这种语言。他对印地语也有所了解，可以与人交流，并且可以背诵印地语中一些广为流传的谚语。④他

① *Padishahnamah*, I.B.345.

② *Bernier's Travels*, ed. by Constable, p.154.

③ *Padishahnamah*, ii.624.

④ *Masir-i-Alamgiri*, 334. *Alamgirnamah*, 1095.

在巴尔赫和坎大哈服役时掌握了察合台突厥语，莫卧儿军队中的士兵有不少是从中亚征召来的。在同样的条件下，贾伊·辛格也学会了这门外语。①

书法

奥朗则布以大师般的誊抄体孜孜不倦地书写阿拉伯文。他曾抄写《古兰经》，这在穆斯林眼中是信仰虔诚的表现。他把两份抄写的手稿加以精美的装订并配上插图，送到麦加和麦地那。②第三本手抄本被保存在德里附近的尼扎姆丁·奥利亚（Nizamuddin Auliya）的墓地。其他抄本被这位清教徒式的皇帝在有生之年出售了，他认为懒惰是有罪的，经常在闲暇时间抄经和制作帽子，以赚取生活费。这些《古兰经》的抄本在印度各地都有。

萨奇·米斯塔汗（Saqi Mustad Khan）说："他的波斯悬体（nastaliq）和施卡斯塔（shikasta）

① *Dilkasha*, p.63.

② *Masir-i-Alamgiri*, 532.

字体[①]的书法都堪称完美。”我们可以相信这点，因为奥朗则布撰写了很多书信，并且在所有的请愿书上亲手写下指令。[②]阿克巴家族的皇子们十分认真地学习书法，例如，沙贾汗和达拉·舒科（Dara Shukoh）在他们的图书馆中一些波斯文典籍上的签名，以及贾汉吉尔在他的命运之书（一份哈菲兹诗集的抄本）上的亲笔签名，看起来都特别清晰且美丽。[③]

最喜爱的研究

在他的信件和演讲中，他经常引用诗句来表明观点。但是，这些“熟悉的引用”是有教养的伊斯兰教徒心灵知识的一部分，并不表明对诗歌的特别爱好。确实，他的历史学家评论“这位皇帝不喜欢听无用的诗歌，更不喜欢赞美的诗句。但是，例外的是，他喜欢包含忠告的诗歌”。[④]他显然在青年时代就已经把萨迪

① 一种波斯语花体，由字体在纸上组成各种形状。

② *Alamgirnamah*, 1092–1094.

③ MSS. 包含这些皇子的亲笔签名，保存在班基普尔（Bankipur）的库达·巴赫什图书馆。

④ *Masir-i-Alamgiri*, 532.

(Sadi)和哈菲兹的道德训诫铭记在心，直到生命的最后一刻都在不断地引用它们。但是，他在晚年似乎没有研究这些诗人。有一次，他询问关于一位名叫穆拉沙(Mulla Shah)的诗人的作品。[①] 他提到了另一位诗人，笔名是法尼(Fani)。我们可以认为，他与他祖父不同，对诗歌不感兴趣；他与他父亲也不一样，对历史缺乏热情。“他最喜爱研究的是宗教著作，如对《古兰经》的评论、穆罕默德的传统、教法、伊玛目穆罕默德·安萨里(Ghazzali)的著作、穆尼尔的酋长沙夫·叶海亚和酋长扎因丁·库特卜·穆哈·设拉子的书信选集，以及其他类似的著作。”他利用下午的休闲时光钻研神学问题，思考哲学真理(确定无疑的科学)，阅读智者和圣人的书籍和小册子。奥朗则布说，他读了安萨里的两本书。我们还知道他高度评价阿卜杜拉·塔巴赫毛拉的《尼海雅》(*Nihaiyya*)。像很多虔诚的穆斯林——甚至包括一些女性一样，奥朗则布把《古兰经》熟记于心。

① Asiatic Society of Bengal Pers. MS.F. 27，5a.

这样的思想倾向，使奥朗则布在托钵僧的社团中感到愉悦。在他担任德干副王的时候，他拜访了本省的伊斯兰教圣人，与他们交谈，恭敬地学习他们的智慧。

对艺术没有兴趣

他从不欣赏绘画。确实，对生灵样貌的绘制，在一位正统的伊斯兰君主看来都是难以忍受的，因为试图效仿造物主乃是不敬之罪。在他执政第十年结束的时候，他信仰的力量爆发了，下令在宫廷中禁止音乐。贵族和商人们赠送给他精美的陶瓷器，他喜欢这些艺术品。但是，他没有他父亲那样对建筑的热情。他在位期间没有建造大师级的建筑，没有建造卓越或精美的清真寺[①]、礼堂或陵墓。他的所有建筑都表现出实用主义的思想。它们往往是一般的、必需的建筑，由砖块和灰泥建造而成，很快就朽坏了，如为了庆祝胜利而修建

① 一个例外是德里皇宫中的珍珠清真寺。该寺于1659年12月10日动工，5年后竣工，花费16万卢比。（*Alamgirnamah*, 468, *Masir-i-Alamgiri*, 29）他在拉合尔修建的清真寺不是那个城市里最好的清真寺。

的清真寺和通往南部与西部的皇家大道上的客店。[①]

在阿格拉斗象

在他少年时期发生的一件事，使他誉满印度，并且显示了他的秉性。那就是在1633年5月28日他与一头狂怒的大象遭遇。那天早晨，平时就热爱观看斗兽的沙贾汗，让名叫“苏德哈卡尔”（Sudhakar）和“苏拉特-森达尔”（Surat-sundar）的两头大象在离阿格拉行宫不远处的朱木拿河畔表演斗兽。这幢行宫虽然已经归他所有，但他还尚未入住。两头大象从远处奔来，随即在行宫中用来进行清晨宣礼的露台下面扭打起来。沙贾汗急忙策马到露台上观看，他的三个年长的儿子在他身后不远处骑马跟随。奥朗则布为了看斗兽，离大象非常近。

---

① 当我于1909年10月19日访问奥朗则布在法提哈巴德（Fatihabad）或者称达尔马特（Dharmat）的清真寺时，该清真寺已是一片废墟。这是他击败贾斯万特·辛格（Jaswant Singh）的地方。关于他修建的客店，见 *Alamgirnamah*, 1084。

大象冲向奥朗则布

过了一会儿，两头大象不打了，各自后退几步。“苏德哈卡尔”的情绪完全激动起来。因为一时看不见对手，它的雷霆之怒无处发泄，就转而对一旁观战的皇子发起进攻。这头庞然大物狂啸着冲向奥朗则布。当时这位才 14 岁的皇子冷静地停在原地，勒住受惊掉头的坐骑，用手中的长矛刺击大象的头。人群一片混乱，人们争相逃命，相互踩踏。贵族和侍从狂呼奔逃，有人放烟花试图吓退大象，但是毫无效果。大象冲向奥朗则布，用它的长鼻子一下子扫倒了他的马。但是，奥朗则布已经跳到地上，手持长剑与这头愤怒的野兽继续对峙。这场不平等的对决，可能会很快让这个勇敢的男孩丢掉性命，好在有人助了他一臂之力。他的二哥舒贾，穿过人群和烟雾，向大象疾驰而来，用长矛刺伤了大象。但是，舒贾的马也跪倒在地，他从马上被抛了下来。贾伊·辛格王公也冲了过来，一手操纵着他受惊的坐骑，一手拿武器从右边攻击大象。沙贾汗大声呼喊他的亲兵卫队，让他们飞奔入场。

就在这时，一个意想不到的转机出现了，并救了皇子们的性命。另一头大象“苏拉特－森达尔”跑了过来，重新开始战斗。而“苏德哈卡尔”或许是无心再战，或许是对矛刺和烟火感到恐惧，竟逃离场地，而“苏拉特－森达尔”在它身后紧追不舍。

奥朗则布获奖

这次危险就这样过去了，皇子们获救了。沙贾汗把奥朗则布紧紧抱在怀里，称赞他的勇气，授予他“巴哈杜尔”（意为英雄）的称号。侍臣惊呼道，这个男孩遗传了他父亲的勇气。而且，侍臣告诉每一个人，沙贾汗年轻时是如何当着先皇贾汉吉尔的面持剑杀死一只猛虎的。[①]

勇敢的话语

此时，奥朗则布显示出他的崇高精神和对死亡的高贵蔑视。他的话语被哈米杜丁汗

---

① Abdul Hamid, I.A. 489-495, Khafi Khan, I.474. 在一份 MS. 中，我们有 *Madhukar* 的关于 *Sudhakar* 的记载。

（Hamiduddin Khan）记录下来。当父亲慈爱地责备他的莽夫之勇时，他回答说：“如果这次战斗要了我的命，它不会是一个耻辱。死亡也降临在帝王身上，这并不丢脸。我的兄弟们的行为则是可耻的！”①

此事发生三天后，奥朗则布迎来了 15 岁生日。皇帝称量了他的体重，把相当于他的体重的5000莫哈尔（mohars②）金币、大象“苏德哈卡尔”和其他总计价值 20 万卢比的礼物送给他。奥朗则布的英勇举动被乌尔都语和波斯语诗句传颂。桂冠诗人赛代·吉拉尼（Saidai Gilani），又名贝迪尔汗，因他的颂诗获得 5000 卢比的奖励。另有 5000 莫哈尔金币被分发，作为慈善之用。③

① Hamiduddin Khan's *Ahkam-i-Alamgiri*, Ir. MS. 15a&b. 在上面的语句中，达拉·舒科遭到不公正的嘲笑。他当时离舒贾和奥朗则布都有一定距离。由于事件在几分钟之内就结束了，他即使想来帮忙，也赶不到奥朗则布身边。关于这一事件的另一个版本，参见 Dow, iii.136。

② 莫哈尔，莫卧儿帝国及英属印度法定金币，广泛流通，1 莫哈尔大约重 11.6 克，等于 16 银卢比，1 银卢比重 5.59 克。——译者注

③ Abdul Hamid, I.A. 493.

此后，我们时不时能看到有关奥朗则布的记载。第二年，皇帝视察克什米尔。奥朗则布陪他出行，并被赏赐靠近萨希人阿巴德（Sahibabad）或称阿奇巴尔（Achbal）的卢克-巴哈万（Lukh-bhavan）区作为封地（1634年9月）。①

初次担任曼萨卜②

到目前为止，奥朗则布像其他莫卧儿皇子一样，在成长到能够担任军事职务之前，每天获得500卢比的津贴。但是，1634年12月13日，在他还未年满16岁的时候，他在莫卧儿贵族阶层中获得了第一个职位，被任命为管理1万匹马和指挥4000名骑兵的司令。他还被允许使用

① Abdul Hamid, I.B.52. 阿奇巴尔位于库哈尔（Kuhar）的帕尔加纳（Pargana），在东经75° 17′、北纬33° 41′，因伯尼尔描述了其美丽的春天而闻名。（Constable's ed.p.413）在帕尔加纳西面、阿奇巴尔西南5英里处，是罗科巴万（Lokbavan）村。拉利达迪蒂亚（Lalitaditya）王据说在这里建立了一座城镇。莫卧儿时代修建的花园式宫殿就在泉水旁边，使用了部分旧材料。（Stein's *Rajatarangini*, i. 50n, ii. 468）

② 贵族军事长官，通常称为曼萨巴达里制度。——译者注

红色的帐篷，这是皇家的特权。[①] 皇帝有意让他出任德干总督，在那里，在他父亲最高级将领的指导下，他将获得关于行动力和领导力的最好教育。为了为将来担任高级而任务艰巨的职位做准备，1635 年 9 月他被派往加入远征邦德拉的军队，他从中学习了战争艺术和管理士兵的第一课。[②]

① Abdul Hamid, I.B.65.

② Abdul Hamid, I.B.99.

第二章　邦德拉战争，1635

邦德尔坎德

瓜廖尔坐落于从阿格拉到德干的老路上，它的左边有一大片丛林广布的地区，叫作邦德尔坎德。亚穆纳河与盖穆尔山在米尔扎普尔（Mirzapur）附近陡然交会，从北、东、南三个方向环绕这一地区。它的西部边界是马尔瓦高原的边缘。贝图瓦河向东北方流入亚穆纳河，将其一分为二。

邦德拉人

这个国家得名于占主导地位的民族——邦德拉人。邦德拉人是生活在嘉哈瓦（Gaharwar）的拉杰普特人的一个部落，其神话般的谱系可以追溯到潘沙（Pancham）王公，是温迪亚-巴西尼（Vindhya-basini）女神[①]的忠实信徒，甚至还可以进一步追溯到《罗摩衍那》中的英雄罗摩。[②]从大量的传说中，我们能提取到的事实是，这个家族的一位伟大祖先从贝拿勒斯穿过米尔扎普尔地区来到邦德拉，赶走之前的统治者阿富汗人和土著居民，建立起自己的统治。[③]贝图瓦河沿岸的奥拉奇哈（Urchha）是他们最早的首都（建立于1531年）。部落的领袖居住在那里。邦德拉人迅速繁衍，部落的新生分支在这片土地上建立了多个公国，每个公国都以一座城堡为中心建立。其中一个公国叫马霍巴，被一系列山谷环绕。17世纪上半叶，这个公国处在查姆帕特·拉奥（Champat Rao）和他的儿子查特拉·萨尔（Chatra Sal）统治之

① 印度教女神，雪山神女的化身之一——难近母的仁慈面。——译者注

② Pogson's *History of the Boondelas*（1828），3-11, *Masir-ul-umara*, ii. 317.

③ Elliot's *Memoirs*…*of the Races of N. W.P.* ed. by Beames, i. 45-46. *Imperial Gazetteer*（ed. 1906）ix, 68, 70, *Masir-ul-umara*, ii. 131.

下，国势勃兴，长期给莫卧儿帝国政府制造麻烦。这个家族的其他分支统治着西姆拉哈（Simroha）、斯哈赫普尔及其他许多城镇。[①]

比尔·辛格·德夫

邦德拉人的势力在比尔·辛格·德夫（Bir Singh Dev）统治时期达到顶峰。贾汉吉尔招募此人杀害了他父亲宠爱的大臣阿布·法兹勒。皇帝不能拒绝这位王公的任何要求。[②]比尔·辛格·德夫的财富和权势都得以增长，当他主人的统治进入晚期的时候，帝国政府的统治变得松懈，他恣意地从附近的公国征收捐税，没有人敢于控诉这位受宠者。他获得主人宠爱的显著标志是他获准在马图拉、奥拉奇哈等地建立大型寺庙，穆斯林历史学家对此的解释是这位

① Pogson, 11. 奥拉奇哈位于占西（Jhansi）要塞东南方 7 英里处。马霍巴（Mahoba）位于占西和曼尼克普尔（Manikpur）之间铁路的中点处。

② Blochmann's *Ain-i-Akbari*, i. 488 和 xxv-xxvi *M.U.* ii. 197-199。

伊斯兰君主[1]已经老迈昏聩！[2]比尔·辛格·德夫在修筑寺庙、山路、宫殿、城堡和湖泊，以及向婆罗门赠送礼物等方面耗资巨大，他于1627年去世，留下了价值2000万卢比的财宝，这些财宝按照邦德拉人的方式埋藏在井里和没有路的灌木丛中，只有很少的人知道这一秘密。[3]

胡吉哈·辛格被惩罚

比尔·辛格·德夫的长子胡吉哈·辛格（Jhujhar Singh）在沙贾汗登基后不久擅自离开帝国首都返回家中，因而冒犯了沙贾汗。

一支由34500名骑兵、火枪兵和工兵组成的军队从三个方向攻入他的国家，猛攻艾瑞奇（Irich）要塞，杀死2000名守军，其中包括“很多年轻人和老人”，很快迫使王公屈服。他承诺交纳一大笔贡税，并且派出由他的族人组成的部队参加皇帝在南方的战争，这才得到宽

---

① 指贾汉吉尔。——译者注

② *M.U.* ii. I99. Abdul Hamid's *Padishahnamah*, I.A. 293.

③ Abdul Hamid, I.B. 117.

怨。[①] 对于这个原始的武士民族来说，和平的生活是不可能的。战争是他们唯一的职业，是他们获得荣誉和财富的唯一方式和唯一的娱乐。在整个 17 世纪，这种不安分的精神驱使邦德拉人在不打仗的时候抢劫和制造骚乱。[②]

攻陷乔拉格尔

胡吉哈不可能长时间地保持安静。他派出军队进攻位于讷尔默达河另一边的冈德人的旧都城乔拉格尔（Chauragarh），夺取了这个城市。他违背了誓约，杀害了当地的王公普列姆·那拉扬（Prem Narayan），夺取了后者祖传的 100 万卢比积蓄。受害者的儿子向沙贾

① Abdul Hamid, I.B. 240-242, 246-248. 胡吉哈的生活在 *M.U.* ii. 214-217. 中有介绍。逃跑的原因被说成是他担心沙贾汗更严厉的统治会迫使他交出他父亲未经授权而吞并的领土。道说："在阿格拉向皇室致敬之后，他发现帝国金库中的书籍中记载的要向皇室进贡的数目，要多于他和他的祖先向帖木儿宫廷进贡的数目。他没有恳求皇帝减少贡税，而是在没有向皇帝告辞的情况下逃走了。"（iii. 108.）哈菲汗（Khafi Khan, i. 406）说胡吉哈听到沙贾汗正在考虑消灭他的父亲，因为他的父亲在贾汉吉尔晚年时犯下了吞并和攫取的罪行，他因此警惕起来，逃走了。艾瑞奇位于贝图瓦河拐弯处、占西东北方 40 英里处。（*Indian Atlas*, sheet 69 N. W.）

② *The Imperial Gazetteer of India,* ix. 70.

汗求助，但是奇怪的是，这种掠夺行为并没有引起这位莫卧儿皇帝正义的愤怒，他只是要求分享战利品，[①]他还提出胡哈吉可以保有征服所得，只要他把一块相等的土地割让给莫卧儿人即可。但是，邦德拉人大多不想这么做。胡吉哈决定采取抵抗政策，他秘密召回他的儿子优格拉吉（Yograj）[别名“维克拉马吉特”（Vikramajit）]，此前他把优格拉吉留在巴拉卡德负责指挥军队。这个年轻人悄无声息地溜走了。但是，一位精力充沛的莫卧儿军官汗－伊－道兰（Khan-i-Dauran）迅速前去追赶他，强行军5天，从布尔汉普尔（Burhanpur）抵达阿

① Abdul Hamid, I.B. 95，给出冈德王的名字是比姆·那拉扬。*The Imperial Gazetteer of India*，xviii. 387，有普列姆·那拉扬（Prem Narayan）。沙贾汗给胡吉哈的信中是“因为你们屠杀了比姆·那拉扬和他的家庭成员，而且未经我的同意占领了嘉哈（Garha）国，你们最好把这个国家交给我的官员。如果你们想保留那个国家，你们必须交出靠近你们家乡的封地（jagirs）作为交换。还要交给我从比姆·那拉扬那里夺取的100万卢比的现金”。这是沙贾汗亲自修改的官方记录。其中没有一个词提到对被杀害的王公的儿子进行补偿。哈菲汗承认他从这本书中获取了事实，但他这么说：“沙贾汗多次写信给胡吉哈，要求将比姆·那拉扬的财产归还他的继承人，但是毫无效果。”（i.507）.

什达，追上了维克拉马吉特。维克拉马吉特被击败，带着伤逃到他父亲在达姆尼（Dhamuni）的驻地。[①]

不能放任掠夺者和难驾驭的酋长于通往德干的道路上恣意妄为。沙贾汗组织了一次远征去追捕他。三支军队将在叛乱者的国家会合，赛义德汗－伊－贾汗率领10500人从布道恩进攻，阿卜杜拉汗·巴哈杜尔·菲鲁兹·江带领6000人从北面进攻，汗－伊－道兰率领6000人从西南面进攻。邦德拉军队少于15000人，但是拥有熟悉当地山岩丛林的地利之便。[②]

在莫卧儿军队的印度教徒雇佣兵中，有一位邦德拉王位的要求者，沙贾汗把他看作有用的工具。提毗·辛格是奥拉奇哈王公中最年长一派的代表人物之一，贾汉吉尔却无意让他继承王位。贾汉吉尔将王位传给他最喜欢的比尔·辛

① Abdul Hamid, I.B. 95-96. 乔拉格尔位于中央邦（C.P.）讷尔辛格布尔（Narsinghpur）区加达尔瓦拉（Gadarwara）车站东南方大约10英里处。达姆尼靠近达桑（Dhasan）河，位于中央邦萨加尔以北24英里处。（*Indian Atlas*, 70 S.W.）

② 邦德拉军队由5000名骑兵和1万名步兵组成，而在莫卧儿军队中，马匹比步兵多几倍。

格·德夫。胡吉哈正当地继承了王位，但是在提毗·辛格的眼中，篡位行为仍在持续，他才是邦德拉王位合法的继承人。他此时正在莫卧儿军队中担任队长，一直等待机会赢得皇帝的欢心，以取代他的对手。沙贾汗现在提议让他担任奥拉奇哈的王公。这支军队充满了对胡吉哈的仇恨，而且提毗·辛格急于率领入侵者穿越丛林、击溃自己祖国的邦德拉军队，他从中获益不少。①

奥朗则布被任命为最高指挥官

三位莫卧儿将军是平级的，如果由他们自行指挥，很难保证计划的完整性和他们之间的相互协调。所以需要一位最高指挥官，以保证纪律和服从。因此，皇帝派出了他的儿子奥朗则布——这个16岁的小伙子出征，让他带领10000名步兵、1000名弓箭手和1000匹马。他将作为远征军队名义上的主将部署在后方。三位将军将就每次军事行动向他提出建议，而他

① Abdul Hamid, I.B. 96-98, 106. *M.U.* ii. 295，213.

的意见是决定性的，三位将军在和他商量之前不得采取任何行动。[①]

占领都城奥拉奇哈

同时，帝国把一份最后通牒送给胡吉哈·辛格，要求他必须屈服，赔款 300 万卢比，割让一个地区。这些条件被拒绝了。雨季过后，三支军队在位于占西东北方向约 25 英里的班德尔附近会师，并且向奥拉奇哈推进。每天都由先锋部队砍伐丛林，拓宽道路。邦德拉散兵在树木的掩护下向他们射击，但是没有成功。1635 年 10 月 2 日，大军抵达距离奥拉奇哈 2 英里的一个村庄。帝国阵营中的邦德拉王子，怀着家仇与野心，猛攻敌军集聚的小丘，抓获了很多俘虏。此时胡吉哈失去了信心，将他的家

① Abdul Hamid, I.B. 99-100. 道的花哨的记录读起来很有趣："奥朗则布被派去对抗他。这是赐予年轻的、热血澎湃的'狮子'奥朗则布的第一个机会……战争持续了两年……尽管奥朗则布只有 13 岁，但他在战场上展现出了勇敢……这种勇敢是无法抵挡的。他出现在每个危险的场合。&c."（iii. 132）如果说这场战役是对奥朗则布的洗礼，那么这一洗礼是在远离战火的地方完成的。在整个战争中，年轻的皇子由他的卫兵保护着，很安全，一直在后方，离交战前线数英里远。

人撤往达姆尼，不久之后自己也逃往那里。10月4日清晨，莫卧儿人登上邦德拉都城的城墙。胡吉哈统率的小规模守军从相反的城门逃跑。[①]

攻克达姆尼要塞

随后，莫卧儿军队渡过贝图瓦河，向南面的达姆尼急行军。但是他们的猎物再次逃跑了。胡吉哈·辛格感觉在达姆尼不安全，继续南撤，翻越温迪亚山，渡过讷尔默达河，来到冈德人土地上的乔拉格尔。但是，达姆尼已经做了抗击围攻的准备。要塞周围的房屋被夷为平地，一位勇敢的拉杰普特人拉特奈（Ratnai）被留下来指挥战斗。10月18日，帝国军队抵达要塞，开始围攻。守军战斗到半夜，然后派出一个人向汗－伊－道兰求和。但是，鲁赫拉斯（Ruhelas）所率军队中的一支，已经把壕沟挖到了竹林边，逼近要塞的东侧城墙，并且趁着夜幕降临，悄悄占领了这片竹林。午夜之后，这支军队中的部分士兵从这一侧进入要塞，并且开始抢掠。

① Abdul Hamid, I.B. 98-100, 106-107.

汗－伊－道兰很快赶到，试图在黑暗中恢复秩序。要塞中很快挤满了得胜者。突然，一位粗心大意的抢劫者手中的火把点燃了南墙塔楼上的火药库，引发大爆炸，把厚厚的城墙炸开了 80 码，炸死了城墙下站立的 300 名拉杰普特人和 200 匹马。①

穿越冈德瓦纳追击胡吉哈

逃亡者逃跑的确切路线被莫卧儿军队知晓，10 月 27 日追击继续进行。帝国军队到达查拉嘎日后发现胡吉哈已经放弃了这个要塞，拆毁了火炮，烧毁了所有财产，炸毁了冈德人的旧宫殿。莫卧儿军队派出一部分兵力驻守查拉嘎日，但是军队主力在 4 英里外的萨布尔扎营。在这里，他们得知胡吉哈正在向南逃窜，穿越冈德人的代奥格尔（Deogarh）和钱达王国。胡吉哈的军队包括 6000 名士兵和 60 头大象，每天大约行军 16 英里。尽管他已经逃亡了 14 天，但莫卧儿军队还是从萨布尔派出一支轻装部队进行追击，这支部队每天行军 40 英里。在钱达王

① Abdul Hamid, I.B. 108-110.

国的边境，追军发现了胡吉哈的踪迹，就把追击速度提高了一倍。胡吉哈在绝境中掉过头来，疯狂地向莫卧儿军队反击，但是被击败了，被赶到丛林中，莫卧儿军队继续追击。逃亡者被妇女和财产拖累，也因为缺乏马匹速度受到影响，胡吉哈得不到一刻的安宁。他没法抽空睡觉，或者让他累坏的马匹恢复精力。在夜里，当他一听到追兵接近时，就结束宿营，催促他疲劳的人畜再次上路。为了逃脱，他尝试了各种方法：抹去大象的足迹；驱使驮伏财宝的大象走另一条路，以使莫卧儿人远离邦德拉人逃跑的路线。但是帝国军队非常机敏，他们不管别的东西，一心只追击叛军。莫卧儿军队给本地的地主以好处，让他们随时报告胡吉哈的行踪，因此丛林对于胡吉哈来说，已经不再是隐蔽所，而是障碍。在偷窃成性的冈德人那里，没有一个邦德拉人能够幸免。[①]

现在，胡吉哈的军队被分割包围，每一支军队都茫然不知所措。他的儿子们被追上，没

① Abdul Hamid, I.B. 110-113.

有时间杀掉随行的女人（拉杰普特人的传统是死亡要比失去名节好）。但是，在莫卧儿军队追上他们，杀掉护卫并俘虏家眷之前，还是有一些女人被他们刺伤。[①]

胡吉哈被冈德人杀死

叛军首领和他的长子维克拉马吉特也逃进丛林深处，但他们这次是在劫难逃了。冈德人被他们劫掠的天性和想从莫卧儿人那里获得奖赏的心理激励，突袭了睡梦中精疲力尽的王公，把他们残忍地杀死。[②]1635 年 12 月，他们的

① Abdul Hamid, I.B. 114-115.

② 下面非常生动的、看起来真实的对他们结局的记录来自道（iii. 133）；但是，我们不知道他是从哪里翻译的波斯文历史文献，因此我们不能验证和接受他的记录："不幸的王公终于被疲乏击倒。他来到一片树林，在林中找到一片平地。他决定停下来；他以为在这无法进入的树林的中心没有危险。他和他的随从排成一条线，把马拴在树上，开始休息。一群野蛮人占据着这片地区。他们没有看到这位王公的军队，但是他的马匹的嘶鸣声把他们中的一些人引到了王公休息的地方。他们从灌木丛中向逃亡者休息的狭窄的平地张望，吃惊地发现一些人衣着华丽，睡在地上；许多良马拴在附近，身上披挂着金银。对于从未见过如此多财富的人来说，诱惑太大以至于无法抵御。他们冲向睡梦中的陌生人，将他们刺死。当这群野蛮人还在分配赃物的时候，努色伊特（Nuserit）率军赶到，匪徒被杀死，王公的首级被带回军队。"

首级被砍下来送到皇帝那里，并在他在塞弗尔（Saihur）营地的大门处展示。[①]

胡吉哈的女人被纳入莫卧儿后宫

但是，相比起来，他们算是幸运的了。幸运的还有受伤而死的比尔·辛格·德夫的遗孀拉尼·帕尔瓦迪（Rani Parvati）。更残酷的命运等待着被俘的女眷们。胡吉哈的母亲和女儿们被剥夺了宗教信仰，被迫在莫卧儿后宫中过着耻辱的生活。[②]有时，她们成为不为主子所爱的玩物，然后像女奴一样终日叹息，失去作为妻子的尊严和作为母亲的快乐。对于她们来说，死于自己的亲人之手要比向一个对于失败者毫不宽容、对女性毫无骑士精神的种族投降好得多。

儿童改信伊斯兰教

三位年幼的俘虏（胡吉哈的两个儿子和一个孙子）被迫改信伊斯兰教。胡吉哈的另一个

---

① Abdul Hamid, I.B. 116-117. 哈菲汗在 i.506-516 中描述了这场战争。

② Abdul Hamid, I.B. 133. Khafi Khan, i.519.

儿子乌代巴汗（Udaybhan）和王室忠心耿耿的老臣希亚姆·达瓦结伴逃往高康达王国，却被高康达苏丹交给沙贾汗。他们拒绝放弃信仰，被残忍地处死。①

拥有大炮和战争物资的占西要塞在10月底被迫投降。帝国军队的军官们开始寻找比尔·辛格·德夫埋藏的财富。他们仔细搜索了丛林，在杳无人迹的深处找到很多填埋金银的井。战利品价值高达1000万卢比，还有其他有价值的财产。②

至于冈德人，他们协助攻击胡吉哈的功劳被遗忘。追击胡吉哈的帝国军队到达在冈德人中居于领导地位的钱达王国的边境。这一荣耀价值千金。钱达王国的国王被迫亲自在他的边境——布兰希达河畔等待胜利者，向他们支付60万卢比的现金，承诺每年进贡20头大象或等值的8万

---

① Abdul Hamid, I.B. 133, 139. Khafi Khan, i. 519, 523. 根据后者，改信者是胡吉哈的一个儿子杜尔嘎汗（Durgabhan）以及他的孙子杜尔扬·萨尔和纳尔辛格·德夫（Narsingh Dev）。

② Abdul Hamid, I.B. 133, 139, 119, 以及（关于被埋藏的宝藏）110, 117, 123。

卢比。[1] 这打开了未来麻烦的大门，他的王国在下一位莫卧儿皇帝统治期间被反复勒索。

印度教神庙被改建为清真寺

在与冈德人战争期间，奥朗则布则来到达姆尼，这是远离他的战士的后方。在他的要求下，沙贾汗视察了这个刚刚被征服的国家，11月底来到达提亚（Datia）和奥拉奇哈。在邦德拉人的都城，“虔诚信仰伊斯兰教的皇帝拆毁了比尔·辛格·德夫在宫殿附近修建的宏大而奢华的神庙，并且在其原址上修建了一座清真寺”。[2] 新任命的国王德威·辛格对此没有反对。他的神庙也许会被亵渎，他的勇敢而高傲的同胞也许会被杀戮，粗野的异邦人的“马蹄”也许会践踏他的祖国，他王室的公主也许会陷入比死亡更糟糕的屈辱之中，但是他现在可以坐在奥拉奇哈的宝座上，自称为国王和邦德拉人的首领，因此他是高兴的。为了这个目标他付出了很多努力，现在他得到了奖赏！

---

① Abdul Hamid, I.B. 117-118.

② Abdul Hamid, I.B. 121-122.

马霍巴的邦德拉人坚持反抗

在信仰印度教的拉杰普特人中，为莫卧儿帝国卖命打仗的有西琐迪阿人（Sisodias）、拉瑟尔人（Rathors）、卡科瓦人（Kachhwahs）和哈达斯人（Hadas）。[①]

但是，最高贵的邦德拉人没有向叛徒屈服。他们团结在马霍巴勇敢的查姆帕特·拉奥周围，拥立胡吉哈幼小的儿子普锐斯瑞拉吉（Prithwiraj）为王，袭击了奥拉奇哈。这个婴儿国王很快被俘，被囚禁在瓜廖尔的监狱里。[②] 然而，尽管一位接一位无所事事的国王统治着奥拉奇哈，查姆帕特·拉奥和他英雄的儿子查特拉·萨尔继续战斗，直到 17 世纪结束。但是，

---

① 被派往征讨胡吉哈的部队中有很多拉杰普特人。他们首领的名字被记录在 Abdul Hamid, I.B. 96-97, 99-100 中。为了把印度教徒和穆斯林的精神加以对照，让我们设想一个虚拟的相似场景。假设在赢得普拉西之战后，克莱武到达穆尔希达巴德（Murshidabad），并且让米尔·贾法尔（Mir Jafar）登上王位。他下令将城镇的主要清真寺变为基督教教堂，在每年赎罪日用猪来祭祀。米尔·贾法尔会同意以此为条件登基吗？东印度公司军队中的穆斯林官兵能够接受对他们宗教这样的侮辱吗？

② Abdul Hamid, ii. 136, 193-194.

对他们来说，斗争没有取得成果。他们可能指望永久占领奥拉奇哈，并且把邦德拉人团结在单一的王权之下；他们只是蹂躏了莫卧儿人的疆土，并且为那片土地带来浩劫与不安，直到下一个世纪，一个更强大的劫掠民族出现在历史舞台上。穆斯林和邦德拉人一样，将会屈服于马拉塔人。①

奥朗则布从达姆尼返回，在奥拉奇哈附近等待他的父亲，他们一起在这个国家巡游，便赏风光旖旎之景，尽探曲径通幽之处。经过锡龙杰（Sironj），他们抵达道拉塔巴德（Daulatabad）。1636年7月14日，奥朗则布正式向他的父亲道别，出任德干副王。②

① Pogson, 108, 123, et seq. Abdul Hamid, ii. 221, 303, 304（查姆帕特屈服，开始为达拉效力）。*Alamgir-namah,*（支持奥朗则布，92），301. *Masir-i-Alamgiri,* 169, *M.U.* ii. 294, 321.

② Abdul Hamid, I.B. 118，122-123，134，&c.，205. *Topographical Notes.* 勒奇哈（L'Rchha）要塞的城墙由石块堆砌而成，石块之间没有用泥或砂浆填塞。没有城垛。城墙长约8英里。贝图瓦河冲刷着它的东面（I.B. 122）。达姆尼要塞的北面、东面和南面过于陡峭，以致围攻者无法挖掘地道或堑壕。在西面，地面是平坦的，挖有20腕尺深的壕沟，接近城墙下的竹林。（107）

第三章　第一次出任德干副王，1636~1644

莫卧儿人进入德干

在阿克巴统治末期，莫卧儿帝国开始越过讷尔默达河，这条河曾长期作为帝国的南部边界（从古吉拉特到苏拉特的狭长海岸地带除外）。1599年，莫卧儿帝国吞并了坎德什（Khandesh）和富饶的达布蒂（Tapti）河谷地。[①] 阿克巴利用艾哈迈德讷格尔（Ahmadnagar）的混乱与虚弱，从它手中夺取了贝拉尔（Berar），即今天中央省的南半部分。1600年，狡猾的贵族杀害了英勇的昌德·比比[②]

① Berar in Elliot, VI. 84, 94, 98. Khandesh, VI. 134-146.

② 艾哈迈德讷格尔王国的公主，嫁给比贾普尔苏丹，曾为两国的女摄政王，在抵御莫卧儿军队入侵时因内讧被杀害。——译者注

(Chand Bibi)，把艾哈迈德讷格尔城交给阿克巴。年幼的苏丹被废黜，王国被吞并。[①]这样，几年时间里，莫卧儿帝国的边界从讷尔默达河推进到了克里希纳河上游[这里叫作比马(Bhima)]，但是这一吞并只是形式上的。新的疆土不能得到有效治理，甚至不能被完全征服。各地区特别是南部和西部的地方官员拒绝服从征服者，或者建立傀儡公国来遮掩他们的野心。比贾普尔和高康达的苏丹从覆灭的邻国那里获得了邻近的地区。

贾汉吉尔统治时期的停滞

在贾汉吉尔虚弱的统治下，莫卧儿军队向南的进军停顿，甚至被打退。皇帝躺在妖娆的努尔·贾汉身边。他的将军们从德干的苏丹们那里收取贿赂，致使战争久拖不决。[②]南方也崛起了一位伟大的领袖。具有罕见天

---

① Elliot, Ⅵ. 99-101.

② 贾汉吉尔统治时期莫卧儿帝国在德干的战争，参见 Abdul Hamid, I.B. 182-201, Khafi Khan, i. 282-294, 304-307, 314-324, 347-350. Gladwin, 19, 21, 25, 37-39, 51-54, etc。

赋和能力的阿比西尼亚人[①]马立克·安巴尔成为艾哈迈德讷格尔“影子国君”的首相，并在一段时间里让王室重现辉煌。他明智的税收系统让农民高兴，同时也让国家富有。作为一位天生的领袖，他说服各方达成一致意见，维护秩序，留下了公正、魄力和服务公众的美名，至今没有被遗忘。[②]他组建了德干诸国联盟，以压倒性优势进攻莫卧儿人，将他们赶回到布尔汉普尔，并将他们的总督包围在城里（1620）。这一危机惊醒了沉浸在美梦中的贾汉吉尔。他睿智的儿子沙贾汗被派往德干，带去了一支强大的救援部队。沙贾汗的坚定意志和手段，让他收复了自从阿克巴去世以来丢失的大部分土地。但是，贾汉吉尔晚年昏聩时期莫卧儿宫廷内部

---

① 即今天的埃塞俄比亚人，当时的阿比西尼亚人多为被贩卖到印度的奴隶。——译者注

② 关于马立克·安巴尔，参见 Abdul Hamid, I.B. 34, 197-200, Khafi Khan, i. 273-276, 282-285, 291-294, 304, 305, 314-322, 347-350, Gladwin, 51-54, 73-76, *Dilkasha*, 10-11, 90-92, Grant Duff, i.94-97, India Office Persian MS. No. 1957 (*Tarikh-i-Shivaji*), 6b-7b。

的混乱，使德干未能被征服，帝国的事业未能兴旺发达。

沙贾汗时代的活动

随着沙贾汗在德里即位，情况发生了变化。他开始在德干推行积极的政策。他的将军们很快察觉到皇帝无法欺骗，也不能违背。1633 年，尼扎姆·沙希（Nizam Shahi）王朝的最后一位国王侯赛因·沙（Husain Shah）被俘，他家族的领地开始被征服者夺取。[①]

但是，新的复杂情况出现了。比贾普尔和高康达苏丹觊觎艾哈迈德讷格尔邻近本国的城堡和地区，并且试图夺取这一灭亡的王国动荡国土的一部分。尼扎姆·沙希王朝的军官们转而为比贾普尔苏丹效力，或者在反抗莫卧儿人

① 艾哈迈德讷格尔的这位国王仅仅是他的大臣法提赫汗（Fatih Khan，安巴尔的儿子）手中的傀儡。1633 年道拉塔巴德沦陷之时，他被交给莫卧儿人（Abdul Hamid，I. A. 528），并在 9 月被投入瓜廖尔的监狱（540）。沙吉（Shahji）拥立了另一位王子，又于 1636 年 11 月或 12 月交出了他。这个男孩被称为尼扎姆沙（Nizam Shah）的儿子（I.B. 135），在别的地方被称为他的亲属（*Khesh*）。（I.B. 36, 229, 256）

的斗争中得到他的秘密支援。比贾普尔苏丹收买了这些军官，以获得他们前主人的城堡。著名的西瓦吉的父亲沙吉·邦斯勒（Shahji Bhonsle）率领的轻骑兵给莫卧儿人带来很大的麻烦。如果不先控制比贾普尔和高康达的话，就不能让他屈服。[①]

为战争所做的大规模准备

时势呼唤着英雄般的努力，沙贾汗为此做了妥善准备。为了更有效地管理，道拉塔巴德和艾哈迈德讷格尔现在被从坎德什（Khandesh）行省分割出来，有了自己的总督和省会（1634 年 11 月）。1635 年初，一支莫卧儿军队从道拉塔巴德出发，长途追击沙吉，但是未能赶上迅捷的马拉塔人，只能返回艾哈迈德讷格尔。1636 年 2 月 21 日，沙贾汗亲自抵达道拉塔巴德指挥军事行动。[②] 如果比贾普尔和高康达不屈服，总计 50000 人的三支军队将向它们发起进攻。第四支军队有 8000 人，由沙

① Abdul Hamid, I.B. 35, 135, 140.

② Abdul Hamid, I.B. 62, 68-69, 138.

斯塔汗（Shaista Khan）指挥，被派去夺取尼扎姆·沙希王朝在西北部的城堡，并且占领久纳尔（Junnar）和纳西克（Nasik）地区。①

高康达屈服

大军压境的消息吓坏了高康达苏丹库特布沙，他没有为保卫独立做出一点努力，就同意成为莫卧儿帝国的附庸。他头顶王冠，失魂落魄，承诺每年进贡，在本国都城以沙贾汗的名义铸造金币和银币，还有人在讲道台上高呼莫卧儿皇帝才是他的君主，自己则恭敬地站在旁边！（1636年4月）②

比贾普尔被毁

比贾普尔苏丹没有像高康达苏丹那样卑躬屈膝。他为捍卫权力和祖先的尊严而拒不屈服。三支莫卧儿军队从三个地点——东北边的比达尔（Bidar）、西边的索拉普

① 关于沙斯塔汗的军事行动，参见 Abdul Hamid, I.B. 135-141, 146-150, Khafi Khan, i. 521-523。

② Abdul Hamid，I.B. 145.

(Sholapur)和西南边的因达普尔(Indapur)同时攻入他的王国。莫卧儿入侵者的残暴比毁灭巴拉丁奈特(Palatinate)[①]的法国人有过之而无不及。他们破坏了一切耕作的痕迹，烧毁房屋，赶走耕牛，杀戮村民，或者把他们抓走作为奴隶贩卖。为了方便，他们还迫使俘虏自己背负财物。繁荣的村庄被永久毁灭，人口变得稀少。[②]

就像之前那个时代[③]的荷兰人那样，比贾普尔人在绝望中鼓起勇气反击敌人，他们挖开了萨普尔(shahpur)湖的水坝，让洪水淹没了首

① 巴拉丁奈特，德国西南部的一个地区，位于莱茵河畔，在1794~1814年被法国军队占领。——译者注

② 汗-伊-道兰在卡利安(Kalian)村屠杀了2000人(Abdul Hamid, I.B. 151)。他也在其他地方杀人。汗-伊-扎曼(Khan-i-Zaman)在廓哈普尔(Kolhapur)区将2000名男女战俘卖为奴隶(Abdul Hamid. I.B. 163)。汗-伊-道兰军队的行动在Abdul Hamid. I.B. 151-154中有描述，赛义德汗-伊-贾汗(Syed Khan-i-Jahan)军队的行动(Abdul Hamid, I.B. 155-160)、汗-伊-扎曼的军队的行动(Abdul Hamid, I.B. 160-165)，全部见Khafi Khan, i. 520-521, 525-530。

③ 指荷兰反抗西班牙的八十年战争(1568~1648)，其中1609~1621年为和平时期，之前和之后是不同的革命时期，而莫卧儿帝国入侵高康达是在1638年。

都周围的国土，从被入侵的危险中拯救了首都。莫卧儿军队受阻，不得不退回国内。[①]

与比贾普尔的和平条款

双方都感到需要和平，于是很快达成了妥协。沙贾汗和比贾普尔苏丹签订了条约[②]，条约条款如下：

> 1. 比贾普尔的国王阿迪尔沙必须承认皇帝的霸主地位，并且承诺将来服从他的命令。
>
> 2. 尼扎姆·沙希王国就此消失，其全部疆土被皇帝和比贾普尔苏丹分割。阿迪尔沙不得侵犯帝国的新边疆，也不得让其属下阻碍莫卧儿军官占领和平定新吞并的地区。
>
> 3. 比贾普尔苏丹将保留所有祖先传下来的疆土，加上从艾哈迈德讷格尔王国分割出

① Abdul Hamid, I.B. 153, Khafi Khan, i. 527.

② 关于与比贾普尔的和约，参见 Abdul Hamid, I.B. 168-173, 203；Khafi Khan, i. 531-534, 537。关于与高康达的和约，参见 Abdul Hamid, I.B. 177-180。

来的地区：西部的索拉普土邦（mahals[①]），位于比马河与锡纳（Sina）河之间，包括索拉普和伯伦达（Parenda）城堡；东北部的巴哈奇（Bhalki）和切丘帕（Chidgupa）的帕尔加纳（Parganahs）；曾经属于尼扎姆·沙希王国的康坎（Konkan），包括普纳（Puna）和恰坎（Chakan）地区[②]。这些获得的土地包含50个产出为200万浑（hun）（或800万卢比）的帕尔加纳。尼扎姆·沙希王国的其他领地被承认并入帝国，这是毫无疑问的。

4. 阿迪尔沙应该以现金和实物，向皇帝支付200万卢比的和平赔款，但是不必交纳年贡。

① mahal，印地语，意为村庄，庄地，此处译为土邦。——译者注

② 旺吉（Wangi），北纬18° 11′，东经75° 12′，位于比马河东1英里、伯伦达西南21英里（*Indian Atlas*, 39 S.E.）。伯伦达，北纬18° 15′，东经75° 31′（同上）。巴哈奇（Bhalki），北纬18° 2′，东经77° 15′，卡利安尼（Kaliani）东北19英里（同上，56）。钱德格帕（Chidgupa），北纬17° 42′，东经77° 17′，卡利安尼东南21英里、霍姆纳巴德（Homnabad）以西10英里（同上，57）。恰坎，北纬18° 45′，东经73° 55′，久纳尔以南30英里（同上，39 N.W.）。

5. 高康达已经成为帝国保护下的国家，阿迪尔沙未来应该友好地对待它，尊重其边界［确定在曼吉拉（Manjira）河，或大约在东经 78°］，并且永不向它的苏丹索要贵重的礼物，必须像“大哥哥那样”对待它的苏丹。

6. 双方都不得引诱对方的官员叛逃到本国，不得接待叛逃者，沙贾汗承诺，他和他的儿子们永远不会要求比贾普尔苏丹将本国官员送往帝国服务。

7. 拥立尼扎姆·沙希王室年幼的王子沙吉·邦斯勒，只有在向沙贾汗交出仍在他手中的久纳尔、特里姆巴克（Trimbak）和其他城堡之后，才能在比贾普尔任职。如果他拒绝交出城堡，他将不得在比贾普尔居住，甚至被拒绝入境。

条约被批准

1636 年 5 月 6 日，沙贾汗向阿迪尔沙送去庄严的国书，他用沾满朱砂的手掌盖下印记，承诺上述条款，并要求真主和先知作证。沙贾汗还应阿迪尔沙的要求，将他本人的肖像画和国书一起送去，画框四周镶嵌着珍珠和翡翠。5月20日，比贾普尔苏丹收到国书，交给莫卧儿帝国的使节一封盖有自己印章的亲笔信，正式批准条约，并在使节在场的情况下对着《古兰经》发誓遵守条约的条款。[①]

为了批准条约，条约的概要被刻在金盘上，送交阿迪尔沙。

与高康达的条约

他们与高康达苏丹达成了更愉快的解决方式。6月25日，高康达苏丹送给皇帝价值400万卢比的礼物，以及他向皇帝宣誓效忠的亲笔信。在高康达苏丹原来付给艾哈迈德讷格尔国王的40万浑年贡中，一半转付给皇帝，另一半被免除，留作将来使用。[②]条约规定贡金以“浑”计算，这是一种南印度的金币，大约52谷重。但是，由于此后浑和卢比的比价发生变动，高

① Abdul Hamid, I.B. 167, 173, 175.

② Abdul Hamid, I.B. 177-179.

康达苏丹为自己将来与莫卧儿人的纠纷埋下了种子。[①]

莫卧儿帝国在德干的地位得以保证

经过40年的动荡，德干的事务终于得以解决。皇帝的地位得以巩固，帝国疆域的边界明确划定，他对南方王国的宗主权正式确立。除了追捕沙吉（他还带领着尼扎姆·沙希王朝的影子国王）和攻占还在尼扎姆·沙希王朝军官手中的乌德吉尔（Udgir）和奥萨（Ausa）等城堡之外，可以期待一段长时期的和平。于是，比贾普尔苏丹请求沙贾汗返回北印度，因为他继续带领一支大军留在德干，会让德干的农民不敢回家和种田，阻碍生产的恢复。至于沙吉手中的五个城堡，阿迪尔沙从篡位者手中夺取它们，并交给莫卧儿人。

这样，沙贾汗在德干就没有什么可做的了，他离开了道拉塔巴德，向曼杜（Mandu）进发。三天后，他任命奥朗则布为德干副王，并将他

① *Adab-i-Alamgiri*（Khuda Bakhsh MS.），56a.

送走。[1]

当时的莫卧儿德干[2]包括如下四个行省：

坎德什或达布蒂谷，在北部的萨特布拉（Satpura）山脉、南部的萨亚德里和西高止（Sahyadri）山脉之间，省会在布尔汉普尔，城堡在阿西尔加尔（Asirgarh）。

贝拉尔，位于坎德什东南方，北边以默赫代奥（Mahadeo）丘陵和位于现代中央邦中心的冈德人的疆土为界，南边以阿旃陀（Ajanta）山脉和潘干噶（Painganga）河为界。省会是埃利奇普尔（Ellichpur），城堡是迦维里迦（Gawilgarh）。

特林甘纳，一片辽阔的神秘的丘陵和森林，居住着分散的未开化的人。它位于贝拉尔南部，从钱达和韦恩根格（Wainganga）河延伸到高康达王国的北部和东北部边界。

① Adbul Hamid, I.B. 202, 205.

② Addul Hamid, I.B. 205, 62-63.

整个都是山地（Balaghat）。[①]

道拉塔巴德，以及艾哈迈德讷格尔和其他附属领地。这是德干的本土，包括副王驻地道拉塔巴德城堡，几英里之外是马立克·安巴尔在克利克（Khirki）设立的驿站。这个驿站在奥朗则布统治下迅速扩展，变得富丽堂皇，并且有了一个新名字"奥兰加巴德"（Aurangabad）。这个行省北部的边界是阿旃陀山脉和潘干噶河。其东部边界现在确定为一条想象的边界，大约是在东经77° 15′，沿着曼吉拉河，从楠德尔（Nander）延伸到钱达哈（Qandaha）[②]和乌德吉尔。从刚才最后提到的城堡开始，边界线陡转，正西到达奥萨（在北纬18度线稍稍偏北），以及维撒普尔、帕尔纳（Parner）、久纳尔三个城堡，直到西高止山脉。在这一部分，古德（Ghod）河是其南

① 高康达边疆是沿着曼吉拉河，在克里木吉（Karimungi）以西，比达尔东北9英里（sheet 56）处。Abdul Hamid, I.B. 230中有*Kumgir*，显然是个错误。

② 德干的钱达哈，位于乌德吉尔以北35英里外（*Indian Atlas*，56）。乌德吉尔和阿苏亚（Asua）之间的城堡尼朗（Nilang），归属比贾普尔。

部边界。在久纳尔以北，边界沿着高止山脉向北延伸，直到在以尚多尔（Chandor）丘陵东向分支形成的三角处与坎德什的西南边界相接。①

在这四个行省中，一共有64个城堡，其中大部分分布在丘陵上。总收入是5000万卢比，奥朗则布要承担所有的管理责任。德干所有的封地所有人都接到了命令，带领他们的分遣队等待皇子，因为还有10个城堡有待征服。

夺取乌德吉尔

沙贾汗在离开之前将军队交给两位将军，其中一位去包围东南方的乌德吉尔和奥萨，另一位去征服西边的久纳尔并捉住沙吉。

6月19日，汗-伊-道兰率军进抵乌德

① 查马尔干达（Chamargunda）说起来像是接近莫卧儿帝国的艾哈迈德讷格尔（Abdul Hamid, I.B. 137）。道拉塔巴德行省包括艾哈迈德讷格尔的萨尔卡尔（sarkars）（行政区名。——译者注）、艾哈迈德讷格尔、帕坦（Patan）、比尔（Bir）、詹纳普尔（Jalnapur）、久纳尔、桑贾尼尔（Sangamnir），以及法提哈巴德或塔鲁尔（Dharur）（同上，62）。

吉尔[①]，立即占领了城堡下面的村庄。在南面、西面和西南面挖掘了战壕，在西面准备坑道爆破。当坑道接近城墙的时候，守军丧失了信心，守军的指挥官是一位名叫西迪・米福塔赫（Siddi Miftah）的阿比西尼亚人，他开始准备谈判投降。但是他的要求太高，因此围攻继续。一个填有火药的坑道被引爆，外层土工（Shir Haji，工程术语）100码的范围内，所有的火炮、抛石机和其他武器装备均被炸毁。但是，由于城堡本身没有受损，莫卧儿军队并未发起进攻。最终，到了9月28日，在坚守了3个多月之后，城堡投降。西迪・米福塔赫被编入帝国军队序列，被授予“哈布斯汗”（Habsh Khan）的头衔和指挥3000人军队的职务。[②]

奥萨陷落

同时，围攻奥萨的任务被交给拉希德汗

---

① 乌德吉尔，北纬18° 21′、东经77° 10′（*Indian Atlas*, Sheet 56），巴哈奇以北24英里。奥萨，北纬18° 15′、东经76° 33′，陶腊吉（Towraj）河以南5英里处。陶腊吉河流入曼吉拉河（同上）。

② Abdul Hamid, I.B. 217-219, 248.

（Rashid Khan）带领的部队。乌德吉尔的陷落使大量部队腾出手来参与对奥萨的进攻，也让奥萨守军士气低落。一个名为博吉巴勒（Bhojbal）的拉杰普特人是守军司令，他用不间断的炮火回击围攻者。但是当战壕挖到壕沟边缘，开始准备坑道爆破的时候，博吉巴勒最终失去了信心，放弃了城堡（10月19日）。他投降之后被编入帝国军队，被任命为指挥1000人的军官。[①]

追击沙吉

汗－伊－扎曼的部队在久纳尔和康坎同样成功。[②]根据新签订的和约，兰道拉汗（Randaula Khan）率领的一支比贾普尔军队与汗－伊－扎曼联合作战。汗－伊－扎曼大约在6月底离开艾哈迈德讷格尔到达久纳尔。久纳尔市镇在莫卧儿人手中，而城堡则由马拉塔人据守。一支2000人的军队被派去攻打

① Abdul Hamid, I.B. 220–221.

② Abdul Hamid, I.B. 225–230. 久纳尔，北纬 19° 12′、东经 73° 56′（*Ind Atlas*, 39 N. W.）.

这个城堡，而将军本人则带着余下的军队进攻沙吉接近普纳的家乡。由于大雨，他在古德河岸边停留了一个月。① 最终，莫卧儿军队到达位于印德拉雅尼（Indrayani）河岸边的劳高（Lauhgaon），与沙吉的营寨相距34英里。这位马拉塔人的首领向南逃到康达哈纳（Kondhana），即辛哈加尔（Sinhagarh）和托纳（Torna）的丘陵地区。②

沙吉屈服

莫卧儿人不能马上追击沙吉，因为他们需要渡过三条大河，还因为他们等待兰道拉汗能否说服沙吉和平交出他控制的城堡。最后，他们兵分三路通过波尔隘口（Bhor-ghat）。同时，沙吉从卡木哈（Kumbha）隘口逃往康坎，并且徒劳地在丹达－拉吉普日（Danda-Rajpuri）等地寻求庇护。

① 他显然在西儒尔（Sirur）停了下来，此地是古德拿迪（Ghodnadi）的宿营地（*Indian Atlas*, 39N.W.）。

② 罗霍贡（Lohogaon），在普纳东北10英里、印德拉雅尼河以南3英里处（*Indian Atlas*, Sh. 39 S.W.），在去西儒尔的路上。托纳的文字是Tornad。

然后，他经过同一个关口回来。当听说莫卧儿人已经进入康坎时，他不知所措，逃往马胡里（Mahuli）城堡，城堡大约位于孟买东北方 32 英里处。汗－伊－扎曼跟踪追击，将他的辎重落在后面。他得到消息，沙吉位于穆兰詹（Muranjan），在前方 30 英里处。莫卧儿人不顾道路泥泞向前追击，但是当他们在距离其 6 英里处从一个小丘上冲下来时被发现，马拉塔人失去了勇气，扔掉他们的很多财物逃跑。此时莫卧儿人骑马飞驰，杀死沙吉的很多殿后人员，追击他远达 24 英里，直到他们的马匹精疲力竭。沙吉逃了出去，但是他的营地、行李、换乘用马、骆驼、定音鼓、雨伞、轿子以及他拥立的小男孩尼扎姆沙，都被俘获。这位马拉塔人的领袖快速逃跑，24 小时后到达马胡里，他遣散了不必要的仆人，准备对抗围攻。汗－伊－扎曼再次在大雨和泥泞中艰难行军，夺取了城堡脚下的村庄，缴获了储备物资，然后在马胡里两个大门前驻军，禁止任何人进出。沙吉在讨价还价之后最终投降：他加入比贾普尔的军队服役，向莫卧儿人交出了他手中的尼扎姆·沙希王朝年幼的王子，还交出了他的部下仍在据守的久纳尔及另外 6 个城堡。显然，他从帝国政府获得了许多好处，但是帝国历史学家们小心翼翼地对条约细节保持沉默。10 月底，战役结束，汗－伊－扎曼回到道拉塔巴德，担任奥朗则布的首席顾问。

对冈德王侯的勒索

汗－伊－道兰[1]在攻占乌德吉尔和奥萨之后，从高康达苏丹那里敲诈得来一头有名的大象，名为“加吉马提”（Gajmati），意为“大象中的珍珠”。这头大象的价格是 10 万卢比，汗－伊－道兰又花费 10 万卢比在大象身上覆盖金片和财物，让它能够被进贡给皇帝。他接下来行军进入冈德人的国家，在瓦尔达（Wardha）和韦恩根格之间征收贡税。首先，他从顽强的冈德人首领手中夺取了阿斯塔（Ashta）和卡塔吉哈尔（Katanjihar，即 Katanjhiri），然后围攻库吉亚的根据地那格浦尔（Nagpur）。库吉亚是代奥格尔的冈德王公，

① Abdul Hamid, I.B. 230-233.

他拒绝纳贡。三个填入火药的坑道被引爆，摧毁了两座塔楼和城墙的一部分。莫卧儿军队发起冲锋，守军司令迪奥吉（Deoji）被俘。库吉亚屈膝投降。他在1637年1月16日会见了汗－伊－道兰，向他求和。库吉亚献出了15万卢比的现金和他所有的大象（170头），并且承诺每年进贡13.3万卢比。那格浦尔被交还给他。

获胜的汗－伊－道兰带着从冈德人首领和其他人那里搜括来的80万卢比回到皇帝身边，从皇帝那里得到的赞赏比其他将军都多，还获得了“努斯拉特·江”（Nusrat Jang）的高贵称号，这一称号的含义是“战争的胜利者”。[1]

帝国政府的收获

战争时代从1635年9月邦德拉远征开始，又以此结束。价值2000万卢比的贡金和战利品进入莫卧儿帝国的国库。莫卧儿帝国还多了一片耕种之后收入达1000万卢比的土地。皇帝

① Abdul Hamid, I.B. 246-247.

骄傲地向波斯国王发出信件，吹嘘这些征服和收获。①

但是，奥朗则布不会长期无所事事。与比贾普尔和高康达签订的新条约及冈德人国家的臣服，阻止了他向南方和东南方扩张。因此，皇帝授权他自行致富，并且通过征服巴格拉纳（Baglana）使他的领地向东北延伸。②

对巴格拉纳的描述

巴格拉纳坐落于坎德什和苏拉特（Surat）海岸之间。这是一小片土地，从北面的达布蒂河延伸到南面纳斯科区的加特马塔（Ghatmata）丘陵，面积共约160平方英里，从东到西跨越高止山脉，大约宽100英里。它拥有1000个村庄、9个城堡，但是没有值得一提的市镇。尽管地域狭小，其灌溉良好的谷地和山坡分布有玉米地和花园；那里种植着各种水果，很多水果因其品质闻名于全印度。除了雨季之外，那里的气候凉爽宜人。长期以来，

① Abdul Hamid, I.B. 257-266, 181.

② Abdul Hamid, I.B. 280.

这个地区还由于德干和古吉拉特之间的主要交通线位于其境内而更加富裕。[①]

巴格拉纳的统治者

拉瑟尔（Rathor）家族自称是古代卡瑙季（Kanauj）王室的后代。这个家族已经连续14个世纪统治这片土地。从行事风格来看，他们很像伊朗国王，并且拥有独特的头衔“巴哈尔吉”（BAHARJI）。他们将自己的名字铸造在钱币上，并且从国家的优越位置和坚不可摧的山冈城堡中获得很大的权力。其中萨勒尔（Saler）和莫勒合（Mulher）两个城堡在全印度范围内以无法攻克而闻名。[②]

但是，这一地理位置和这些要塞成为他们毁灭的原因。当莫卧儿人征服了古吉拉特和坎

---

① 关于巴格拉纳的介绍，见 *Ain-i-Akbari*, ii.251, Abdul Hamid, ii. 105-106, *The Imperial Gazetteer of India*, Ⅵ. 190-192。 Tavernier's *Bergram*（i.37）可能表示巴格拉纳。Khafi Khan，i.561. Finch and Roe（Kerr, viii. 277, ix. 256）.

② 萨勒尔，北纬20° 43′、东经70°，海拔5263英尺，在莫勒合以西南9英里处（*Indian Atlas,* 38N.W）。莫勒合，北纬20° 46′、东经70° 7′，在萨勒尔以南9英里处（38 N.W.）。

德什之后，想通过巴格拉纳把控制区连在一起。不能容忍一个控制帝国在这两个行省之间路线的独立的王公继续存在。伟大的阿克巴曾经侵入这一地区，但是经过7年毫无成果的围攻，[①] 他与王公普拉塔普沙（Pratap Shah）达成妥协。阿克巴割让给他一些村庄，换取他为一切穿越他的土地的商人提供保护。拜拉姆沙（Bairam Shah）现在端坐在普拉塔普的王位上。

围攻莫勒合

奥朗则布派出一支7000人的军队前去围攻都城莫勒合。指挥官是德干帝国的军官马罗基（Maloji）和穆罕默德·塔赫尔·胡拉萨尼（Muhammad Tahir Khurasani）[之后是瓦齐尔汗（Wazir Khan）]。[②] 这个城堡坐落在一座低矮宽阔的山顶，在萨勒尔东北方9英里处。与德干的其他城堡一样，它保护着山脚下一个有围墙的村庄，名叫"巴日"（Bari），在更南方

① *The Imperial Gazetteer of India*, vi. 191. 我在Abul Fazl或Badauni中都没有找到对这一表述的支持。

② *M.U.* iii. 937, 522.

的语言中称为“培塔”（Pettah）。这里居住着拜拉姆沙和他的家庭。1638 年 1 月 16 日，莫卧儿军队兵分三路猛攻山下的村庄，双方都损失惨重。[①] 国王带领 500 人撤往山上的城堡并被封锁。一个月的严密封锁迫使他投降。

巴格拉纳被吞并

拜拉姆沙派出他的母亲和大臣向奥朗则布交出他剩余的 8 个城堡的钥匙，并请求在帝国军队中任职（2 月 15 日）。这一提议被接受，他被任命为指挥 3000 人的司令官，还在坎德什的一个区——苏尔坦普尔（Sultanpur）获赐一块地产。苏尔坦普尔在达布蒂北面。6 月 4 日，拜拉姆沙撤出莫勒合。他的王国被吞并的，当时的收入是 40 万卢比。一个月之后，他的亲戚卢德巴（Rudba）交出了位于萨勒尔以南 9 英里

① 哈菲汗说，一位勇敢的莫卧儿军官——赛义德·阿卜杜勒·瓦哈布·坎德什（Syed Abdul Wahhab Khandeshi），带领四五个擅长爬山的勇士、一位标准的搬运工人、一位号手和一个运水工，在少有人走的丛林小路上连续行军三夜。第四天，他们出现在巴日的山脊上，突然发动进攻，声势浩大。平原上的莫卧儿军队在他的激励下冲上山坡，猛攻巴日。

的皮拉（Pipla）城堡。从各个城堡中一共缴获了大小火炮 120 门。[①]

拜拉姆沙的女婿山德夫（Somdev）统治着拉姆纳加尔（Ramnagar）。由于这个小国的财政收入不抵其公共开支，莫卧儿人认为不值得吞并它。但是，莫卧儿人向他勒索了 1 万卢比贡金。

奥朗则布获得晋升

奥朗则布第一次担任德干副王是从 1636 年 7 月 14 日到 1644 年 5 月 28 日。在这八年中，他四次到北印度拜见父亲，其间让大贵族——通常是他的舅舅沙斯塔汗代他处理政务。他逐步晋升，于 1637 年 8 月 14 日被提拔为指挥 12000 人的司令官（另外他还有 7000 名骑兵），后来又于 1639 年 2 月 23 日被提拔为指挥 15000 人的司令官（另有 9000 名骑兵）[②]。这段时间只有几件事被记录。

① Abdul Hamid, ii. 106-109; Khafi Khan, i. 542, 561-564.

② Abdul Hamid, I.B. 277, ii. 138.

克洛基·邦斯拉（Kheloji Bhonsla）是沙吉的堂兄弟，在尼扎姆·沙希王朝军队中担任高级军官。1629年，他带着两个兄弟马罗基和帕苏基（Parsuji），获得了指挥5000人司令官的职务。在新主人的旗帜下他战绩卓著。但是，1633年当尼扎姆·沙希王朝的最后一个据点道拉塔巴德即将被帝国军队攻取时，克洛基叛逃到比贾普尔，并且多次与莫卧儿军队作战。这位马拉塔将军的夫人，在去往戈达瓦里（Godavari）沐浴的路上被莫卧儿帝国行省总督（subahdar）俘获。行省总督给他捎去口信，说“男人的财富就是用来保卫他的荣誉的。如果你给我40万卢比，我将释放你的夫人，不玷污她的贞洁”。没有丈夫能够拒绝这样的要求，克洛基付出了巨额赎金。此后不久，比贾普尔苏丹与沙贾汗议和，解除了克洛基的职务。在受到严重损失的打击下，克洛基回到他先辈在道拉塔巴德的家乡，以非法劫掠为生。大约在1639年10月，奥朗则布得知了他藏身的位置，派马立克·侯赛因带领一支队伍杀死了这个马拉塔强盗。[①]

1640年，冈德瓦纳（Gondwana）的柴明达尔（Zamindar）（即代奥格尔的新王公）在布尔汉普尔等待这位年轻的总督。为感谢奥朗则布允许他继承去世的父亲的王位，他赠给奥朗则布40万卢比。[②]

1642年3月25日，奥朗则布给父皇送去了一套贵重的礼物，包括宝石、镶嵌着珠宝的器皿、德干的稀有产品，以及大象。这些礼物在皇帝面前被展示。皇帝接受了其中价值12万卢比的礼物，并且回赐奥朗则布。[③]

① Abdul Hamid,ii. 166, *Masir-ul-umara,* iii. 520-521.

② Abdul Hamid, ii. 197.

③ Abdul Hamid, ii. 289.

第四章　婚姻与家庭　古吉拉特副王

波斯王子到印度寻求庇护

波斯萨法维王朝的国王塔赫玛斯普（Tahmasp）将坎大哈城堡及附属地区赐予他的侄子侯赛因·米尔扎（Husian Mirza）苏丹作为封地。侯赛因的儿子米尔扎·穆扎法尔·侯赛因（Mirza Muzaffar Husain）投奔阿克巴，用贫瘠的坎大哈换取了阿克巴军队中一个俸禄优厚的高级军官职位。他的弟弟米尔扎·鲁斯塔姆（Mirza Rustam）也在阿克巴统治时期移居印度，并在贾汉吉尔统治时期飞黄腾达。

与皇室的婚姻

莫卧儿皇帝们充分利用这一机会与波斯王

室联姻，尽管来到印度的只是波斯王室一个年轻的分支。穆扎法尔·侯赛因的女儿嫁给了沙贾汗，米尔扎·鲁斯塔姆的两个女儿分别嫁给了帕尔维兹（Parviz）皇子和舒贾（Shuja）皇子。鲁斯塔姆的儿子现在是一个高级贵族，拥有“沙纳瓦兹汗”（Shah Nawaz Khan）的封号。[①] 沙纳瓦兹汗的一个女儿——迪勒拉斯·巴努（Dilras Banu）1637年与奥朗则布订婚。第二年，他的另一个女儿嫁给了穆拉德·巴赫什（Murad Bakhsh）。[②]

奥朗则布与迪勒拉斯·巴努成婚

1637年4月15日，奥朗则布抵达阿格拉并完婚。[③] 沙贾汗用韵文为他写了一封十分最富有爱意的邀请信，并且很快会见了他，没有举行仪式。第二天，沙贾汗作为新

① 关于米尔扎·穆扎法尔·侯赛因，见 *M.U.*iii. 296；关于米尔扎·鲁斯塔姆，见 *M.U.* iii.434；关于沙纳瓦兹汗，见 *M.U.* ii. 670。

② 一代人之后（1683年3月4日），沙纳瓦兹汗的孙女阿扎姆·巴努（Azarm Banu）嫁给了奥朗则布最小的儿子卡姆·巴赫什（Kam Bakhsh）。（*M.A.* 225.）

③ Abdul Hamid, I.B. 255, 207-270.

郎的父亲陪伴在奥朗则布身旁。皇家占星官确定5月8日为婚礼日。在前一天晚上，举行“痕那班底”（henabandi）仪式，用指甲花（Lawsoniainermis）的红色汁水把新郎的手脚染红。遵循这个印度习俗，新郎的父亲在一大队家族的男宾、女宾、仆人和乐师的注视下送上指甲花。随着指甲花一起到来的是种类繁多的礼物，如为新郎准备的昂贵的套装、厕所必需品，为亲属准备的刺绣披肩、香精、糖果、大量的点心、干果、整理好的芦苇叶以及焰火。

痕那班底仪式

在宫殿的私人大厅里，奥朗则布的手和脚被指甲花染成红色，女宾们藏在屏风的后面。他穿着新娘做的新郎服，抹上香水，吃着能带来好运的糖果。然后，他招待男性宾客，他的叔叔亚米努达拉（Yaminuddaula）和其他贵族也会出席，此时女宾们在格子屏风后面观看。在装饰精美的大厅，礼物被放在盘子中，披肩、点心和芦苇叶被一一分发。外面点起了焰火。

歌舞一直持续不停。新郎坐下来和宾客共进晚餐，一晚的节目就此结束。

举行婚礼

第二天晚上，举行婚礼。占星官选择了黎明前的四个小时作为举行婚礼的最佳时间。在婚礼时间到来前很久，大维齐尔亚米努达拉·阿萨夫汗和皇子穆拉德·巴赫什来到奥朗则布位于朱木拿河畔的宅第，陪伴他沿着河边的道路来到宫殿，他向皇帝鞠躬，皇帝赐给他各种各样的礼物——长袍、宝石、短剑、马匹和大象。皇帝还亲手在他的头巾上系上闪闪发光的塞拉（sehra），即一串串珍珠和宝石，它们垂在他的脸前，像是面纱。然后，婚礼开始。穆拉德、亚米努达拉和其他贵族骑在马上，引导着长长的队伍走过首都的街道，配以音乐、灯火，以及令人惊叹的焰火表演。当队伍到达新娘的房间时，新娘的父亲接待了众宾客。沙贾汗在婚礼开始前夕乘船抵达。在沙贾汗的见证下，卡齐（Qazi）宣布这对新人正式成为夫妻。新郎承诺给他妻子价值 40 万卢比的彩礼（kabin）；如果离婚，她就可以从丈夫那里拿到这笔钱。在这个仪式中，她的父亲表现冷淡，这正是印度穆斯林的习俗。

招待会

婚礼结束后，在奥朗则布的宅邸举行了另一场招待会（5 月 14 日）。沙贾汗出席了招待会。婚庆的礼物呈送给贵族。贵族先向沙贾汗后向奥朗则布鞠躬致谢。新婚的奥朗则布在阿格拉与他的父亲一起度过了愉快的三个多月，然后于 9 月 4 日离开阿格拉，向德干进发。[①]

奥朗则布的妻子：迪勒拉斯 · 巴努

我们可以在这里顺便描述一下奥朗则布的妻子和孩子们。他的配偶迪勒拉斯 · 巴努拥有“贝甘姆”（Begam）或王妃的头衔。1657 年 10 月 8 日，她在奥兰加巴德死于产后疾病。[②] 她

---

① Abdul Hamid, I.B. 280.

② Kambu, 6b. *Adab-i-Alamgiri*, 198a. *Kalimat-i-Tavyibat*, 36&39a.

以“这个时代的春晖”（Rabia-ud-daurani）的头衔安葬在奥兰加巴德。后来，奉奥朗则布的旨意，她的儿子阿扎姆（Azam）修缮了她的陵墓。她的陵墓现在是奥兰加巴德的景点之一。她看上去是一位骄傲而固执的女士，她的丈夫有点怕她。[①]

纳瓦布·笆伊

皇帝的第二等妻子被称作“笆伊”（Bais）和“玛哈尔”（Mahals）。拉玛特－恩－妮萨（Rahmat-un-nissa）是其中一位，别名纳瓦布·笆伊（Nawab Bai），是巴哈杜尔沙一世（Bahadur Shah I）的母亲。她是克什米尔的拉乔里（Rajauri）王国拉珠（Raju）王的女儿，具有山地拉杰普特人的血统。[②]但是，当她的儿子继承皇位以后，虚假的家谱被制造出来，目的是让巴哈杜尔沙有权称自己为“赛义德”。吹捧帝国皇室的人说，一位穆斯林圣人赛义德·沙米尔（Syed Shah Mir）是著名的赛义德·

① *Anecdotes of Aurangzib*, §27.

② Irvine's *Storia do Mogor*, ii. 57n, 276n.

阿卜杜尔·卡迪尔·吉拉尼（Syed Abdul Qadir Jilani）的后代。他在拉乔里的山中隐居。这个国家的国王等待着他，并且随着时间的流逝，越来越倾慕这位圣人。国王把自己待嫁闺中的女儿献给了他。圣人接受了国王的处女贡品，让她改信伊斯兰教并娶了她，并且生下一儿一女。后来他去伊斯兰教的圣地朝圣，从此失去踪迹。国王把被他抛弃的外孙作为印度教徒抚养成人，把他们父亲的身世作为秘密埋藏心底。当沙贾汗要求国王送一个家里的女儿时，国王送来这位外孙女，她因美貌、善良和智慧而闻名。在皇帝的后宫中，许多男女老师和精通礼仪的波斯女士教授她语言和文化。她与奥朗则布在合适的时间成婚。这是关于纳瓦布·笆伊的出身相互冲突的说法中的一种。哈菲汗仅仅将其当作道听途说加以记录。[①] 我们可以拒绝这种说法，将其看作急于取悦主子的侍臣们的

① Khafi Khan, ii. 604.

编造。[①]

她在法达浦（Fardapur）关隘附近修建了客栈，还在奥兰加巴德辟出名为“笆伊吉普拉”（Baijipura）的郊区。[②] 她的儿子穆罕默德·苏尔坦和穆阿扎姆（Muazzam）忤逆皇帝，在邪恶的顾问的影响下做尽坏事，这让她的晚年变得痛苦。她对穆阿扎姆的建议甚至是恳求都无济于事[③]。穆阿扎姆最终身陷囹圄。纳瓦布·笆伊看起来很早就失去了魅力，也就是说失去了丈夫的宠爱。她于 1691 年年中之前的某个时间在德里去世[④]。她在去世前与丈夫和儿子们分离多年。

另一位第二等妻子是奥兰加巴德·玛哈尔

① 但是，这个故事中也没有什么是不可能的。在克什米尔的另一个区比姆巴尔（Bhimbar），印度教徒和穆斯林经常相互通婚。妻子不论自己父亲的信仰如何，将尊重自己的丈夫作为印度教徒或穆斯林的丧葬习俗，被火葬或土葬。然而，1634 年 10 月，沙贾汗禁止了这种习俗，下令每个已经娶穆斯林女子为妻的印度教徒必须改信伊斯兰教，然后重新举行婚礼，否则丈夫必须放弃妻子，让妻子嫁给穆斯林。这一命令被严格执行。（Abdul Hamid, I.B.57）.

② Khafi Khan, ii.605.

③ *M.A.* 101，293，（关于苏丹）30，121.

④ *M.A.* 343.

（Aurangabadi Mahal），她之所以取这个名字是因为她在奥兰加巴德被纳入莫卧儿后宫。1688年10月或11月，她在比贾普尔的一座城市死于鼠疫。[①]

乌迪普瑞·玛哈尔

纳瓦布·笆伊死后，奥朗则布最宠爱的妃子在后宫中别无敌手。这位妃子名叫乌迪普瑞·玛哈尔（Udipuri Mahal），她是卡姆·巴赫什的母亲。当时的威尼斯旅行者曼努西说，她原本是达拉·舒科后宫中的一个格鲁吉亚女奴，在她的第一个主人被打败之后，她成为获胜的对手的妃子。[②]她那时似乎很年轻，在1667年才第一次做母亲，此时奥朗则布已年近五十。直到奥朗则布去世，她都保持着青春美貌和对皇帝的影响力，是奥朗则布晚年心爱的人。在她魅力的影响下，奥

---

① *M.A.* 318. 曼努西描述了她的陵墓："国王命令为王妃建造了一座宏伟的陵墓。陵墓有非常高的圆顶，整个建筑都是用来自阿杰梅尔（Ajmer）的大理石修建的。"（*Storia do Mogor*, iii. 269）

② Irvine's *Storia do Mogor*，i.361，ii.107.

朗则布宽恕了卡姆·巴赫什的很多缺点，甚至忽略了卡姆酗酒的毛病。[①]对于一位如此虔诚的穆斯林来说，这应该是很让他震惊的恶习。[②]

泽娜哈迪

除了这四个妻子外，还有另外一个女人，她拥有温柔和顺的优雅风度，精通音乐和舞蹈，这使她成为这位清教徒皇帝一生当中浪漫故事

① Irvine's *Storia do Mogor*，ii.107，108.

② 乌迪普瑞曾是女奴，也未正式举行婚礼，这是被奥朗则布自己的话证实的。后来她的儿子卡姆·巴赫什在围攻金吉（Jinji）时与敌人勾结，奥朗则布愤怒地评论道："女奴的儿子终归不好，尽管皇帝是他的生父。"（*Anecdotes of Aurangzib*，§25.）他还被称为"舞女的儿子"（*Storia do Mogor*, ii. 316n）。Orme（*Fragments*，85）说她是切尔克斯人，这种说法明显建立在曼努西的权威基础之上。奥朗则布去世前在病床上给卡姆·巴赫什写了一封信，信中说："乌迪普瑞，你的母亲在我生病时陪伴我，她希望随我而去（一起死去）。"从他的表达中，托德（Tod）（*Annals of Mewar*, Ch.XIII，note）推断"她想要自焚以表明她曾是拉杰普特人"。这一推断是错误的，因为印度教公主在嫁给穆斯林国王的时候就失去了她的种姓和宗教，并依照伊斯兰教的风俗举行葬礼。我们没有读到莫卧儿帝国任何一位皇帝后宫里的拉杰普特后妃在丈夫去世时自焚，因为穆斯林的尸体需要埋葬，而不是被烧掉。显然，乌迪普瑞的意思是，如果奥朗则布去世，她会非常难过，并因此自杀。

中的唯一女主角。希拉·笆伊·泽娜哈迪（Hira Bai Zainahadi）是一个年轻的女奴，她的主人是米尔·卡里尔（Mir Khalil），他是慕塔芝·玛哈尔（即奥朗则布的母亲）的一个姐妹的丈夫。奥朗则布担任德干行省总督期间，曾去布尔汉普尔看望他的姨母。当他在达布蒂河边的扎伊纳巴安公园散步时，看到了河对岸的希拉·白，她正在接受他姨母的培养，这是在此期间她第一次外出。

这个曼妙的佳人“抬头仰望一棵果实累累的杧果树，一边欢笑一边嬉戏玩闹，跳起来摘了一个杧果，对皇子的存在浑然不觉”。她那无与伦比的魅力，像一阵风暴一样，瞬间就俘获了奥朗则布的心；“他不顾一切地把她从他姨母家带走，恨不得和她同生共死”。他是如此疯狂地爱她，以致有一天她给了他一杯酒，逼迫他喝。所有的恳求和借口都被她置之不理，无助的情人正准备品尝禁酒时，这个狡猾的女巫从他嘴边拿走杯子说：“我这么做是想要考验你爱我有多深，我可不想让你陷入酗酒的罪孽中！”当她还青春美貌的时候，死神让这个故事戛然而止。奥朗则布对她的死感到十分悲痛，并将她埋葬在奥兰加巴德附近的湖边。[①]

奥朗则布是如何得到泽娜哈迪的

半个多世纪以后，当这段早年的爱情变成一段记忆的时候，奥朗则布宠信的一名仆人——哈米杜丁汗在他的《阿拉姆吉尔轶事集》里记录了一个版本，我们不能确定它百分之百是真实的。这个故事非常搞笑，它表明这个清教徒一样的家伙在爱情面前也是束手无策的，他以往那些诡诈的伎俩都施展不出来了！

当奥朗则布作为德干总督前往奥兰加巴德时，他经过了布尔汉普尔……他是去看望姨母的。奥朗则布走进了她家，没有表明自己的身份。希拉正站在一棵树下，右手抓着一根树枝，低声歌唱。看到她的那一瞬间，奥朗则布全身无力地瘫坐在地上，然后仰面倒地，不省人事。这消息传到他姨母那里。她把他抱在怀里，开始哀号起来。过

① *Masir-ul-umara*, i. 790-792. 米尔·哈利勒在奥朗则布第二次担任总督之前不久被派往德干，因此这件事最早发生在1653年，当时奥朗则布35岁。

了一两个小时[①]，皇子才醒过来。无论他姨母怎么询问他："这是什么病？以前你有过这种症状吗？"他都一言不发，保持沉默。到了午夜时分，他才开口说话："如果我告诉你这是什么病，你会想办法治好它吗？"她回答道："有什么办法？我愿意拿命来换，只要能治好你的病！"于是奥朗则布就把前因后果告诉了姨母，她回答道："你是知道的，我的丈夫是个混账，他生性残暴，无法无天。就算是沙贾汗或者是你来了，他都不放在眼里。就算你只是在心里想想希拉，他知道了都会暴跳如雷，先杀了她再杀了我。把你的念头告诉他，不会有什么好结果的。"

第二天早上，奥朗则布回到自己的住处，和他的好友穆尔希德·库利汗（Murshid Quli Khan）详细商讨了这个问题，后者是德干行省的迪万[②]。穆尔希德·库利汗说："让我先去见你姨父，把他解决，如果我死于非命，也没什么，就当是拿我的命去换你的命了。"奥朗则布

① 原文为 3~4 嘎里（ghari），嘎里是印度的时间单位，1 嘎里约等于 24 分钟。——译者注

② 迪万（Diwan），即财政主管。——译者注

制止了他，他可不想谋杀他姨父，让他姨母变成寡妇……穆尔希德·库利汗把整个谈话内容告诉了奥朗则布的姨父，他同意用查哈尔·笆伊来交换希拉，前者是奥朗则布的一个女奴。[①]

历史还记载了一个名叫迪瑞姆的人，她是奥朗则布早年的贴身女仆。虽然她被称为“奥兰加巴德的泰姬”，但是从上下文来看，她并不是他的妾室，而只是一名仆人。她的女儿嫁给了皇帝的一位御前侍卫。1702 年，皇帝在她在德里的陵墓前立了一块碑，不过这是她去世许多年之后的事了。

奥朗则布的孩子们

奥朗则布有很多子孙后代。他的正妻迪勒拉斯·巴努给他生了 5 个孩子：

泽布－恩－妮萨（Zeb-Un-Nissa）[②]

① *Anecdotes of Aurangzib*, §5.

② Abdul Hamid, ii. 22; Khafi Khan, i.590; *MA*. 462, 538; Rieu's *British Museum Catalogue*, ii. 702b; *M.U.* ii. 828; *Makhsan-ul-Gharaib* by Ahmad Ali Sandilavi (1218 A.H.) Khuda Bakhsh MS., p.312; *Gul-i-rana*, f. 119; Beale's *Oriental Bio. Dic.* ed. by Keene, p.428.

是他的女儿，1638年2月15日出生于道拉塔巴德。她于1702年5月26日在德里去世，安葬于喀布里门（Kabuli）外的“三万棵树”花园。后来因为修建铁路，她的坟墓被拆除。但是她的棺材和墓志石碑现在位于斯坎德拉（Sikandra）的阿克巴陵墓内，墓志铭可供阅读。

她看起来继承了他父亲敏锐的才智和文学品位。她由哈弗莎·马里阿姆女士负责教育。她背下了《古兰经》，她的父亲很高兴，因此奖励了她3万金币。她掌握了波斯文和阿拉伯文，她的书法作品整齐优美。她的图书馆的馆藏超越其他私人的馆藏。她出钱聘请了很多学者，他们在她的命令下在图书馆工作，或者为她抄写手稿。因为奥朗则布不喜欢诗歌，她有意补偿了皇室对诗人的庇护。那个时代的大部分诗人都在她那里得到庇护。在她的赏金的资助下，宗教学者萨菲丁·阿德博里（Safiuddin Ardbeli）翻译了阿拉伯文的《伟大评说》（*Great Commentary*），取名为《泽布评说》，而且圆滑地把作者的身份赋予他的女赞助人，其他著作也归在她的名下。她用笔名“玛凯菲”（Makhfi，意思是“隐身人”）写了许多波斯文的赞美诗。但是现存的诗集《隐者之集》（*Diwan-i-Makhfi*）不能说是她的著作，因为这一笔名也为其他很多皇室女性所用，如阿克巴的嫔妃。

丑闻把她的名字和阿奇勒曼德汗（Aqilmand Khan）联系在一起，此人是她父亲宫廷中的一位贵族，也是那个时代小有名气的诗人。

泽娜特－恩－妮萨（Zinat-Un-Nissa），后来称作帕迪沙·贝甘姆（Padishah Begam）[①]，可能在奥兰加巴德于1643年10月5日出生。她在长达四分之一世纪的时间里，在德干地区为父亲操持内务，直到父亲去世。她在父亲去世后又活了许多年，

① 帕迪沙（Padishah）是波斯语，意为“伟大的国王”，即皇帝，是奥朗则布后来的称号。而贝甘姆意为“贵妇”。泽娜特一生未嫁，实际上在父亲的宫廷里扮演了第一夫人的角色，就像她的姑姑贾哈娜拉在沙贾汗的宫廷里所扮演的角色一样。——译者注

父亲的继承者们把她当作一个伟大时代的丰碑加以尊敬。历史学家谈论她的虔诚和广泛的善举。[①]1700 年，她自己出资在德里修建了一座恢宏的清真寺，即泽娜特清真寺（Zinat-ul-masajid）。但是，英国军事当局在占领这座建筑物时将她的陵墓移走了。[②]

扎布达特-恩-妮萨，1651 年 9 月 2 日出生在木尔坦（Multan），1673 年 1 月 30 日嫁给她的堂兄西皮尔·舒科（Sipihr Shikoh），后者是不幸的达拉·舒科的二儿子，1707 年 2 月去世。

穆罕默德·阿扎姆，1653 年 6 月 28 日出生于布尔汉普尔，1707 年 6 月 8 日在他

① Abdul Hamid, ii. 343; *M.A.* 539; Khafi Khan, ii. 30（启发了反对赛义德兄弟的密谋）。她在法鲁赫西亚尔（Farukhsiyar）统治期间仍然活着。（同上，736）。

② Fanshawe's *Delhi: Past and Present*, 68. Cunningham, *Arch. Survey Reports*, I. 230 谈到“泽娜特清真寺时，更多地称其为‘夸里清真寺’（Kuari Masji）或‘姑娘的清真寺’，因为它是由奥朗则布的女儿泽娜特-恩-妮萨修建的。据人们口传，泽娜特-恩-妮萨向她父亲要了一笔嫁妆，却把这笔嫁妆花在修建清真寺上，没有结婚”。

的父亲去世后的皇位继承战争中被杀于贾佳吴（Jajaw）。①

穆罕默德·阿克巴，1657年9月11日出生于奥兰加巴德。大约在1704年11月于流亡中死于波斯②，葬于马什哈德（Mashhad）。

纳瓦布·笆伊为奥朗则布生了三个孩子：

穆罕默德·苏尔坦（Muhammad Sultan），1639年12月19日在马图拉（Mathura）附近出生，1676年12月3日死于监狱中，③埋葬于卡哈瓦加·库特布丁（Khawajah Qutbuddin）圣徒墓附近。

穆罕默德·穆阿扎姆（Muhammad Muazzam），别名沙阿拉姆（Shah Alam），他继承了父亲的皇位，成为巴哈杜尔沙一世。1643年10月4日出生于布尔汉普尔，

① Waris's *Padishahnamah*，79b; *M.A.* 536.

② *M.A.* 547，483. Kambu, 6b. 但是 *Tarikh-i-Muhammadi* 将他去世的日期写为新历1706年3月31日。（*Storia do Mogor*, iv. 257n）.

③ Abdul Hamid, ii. 170; *M.A.* 534，159-160.

1712年2月18日驾崩。[①]

芭德尔－恩－妮萨（Badr-Un-Nissa），1647年11月17日出生，1670年4月9日去世。[②]关于她，我们只知道她能背诵《古兰经》。

奥兰加巴德·玛哈尔只给奥朗则布生了一个孩子。

敏尔－恩－妮萨（Mihr-UN-NissA），1661年9月18日出生，1672年11月27日嫁给堂兄伊兹德·巴赫什（Izid Bakhsh）[被杀害的穆拉德·巴赫什（Murad Bakhsh）的儿子]。1706年6月去世。

乌迪普瑞·玛哈尔也给奥朗则布生了一个孩子。

穆罕默德·卡姆·巴赫什（Muhammad

① Abdul Hamid, ii.343; *M.A.*534.

② *M.A.* 539-540, 100.

Kam Bakhsh），1667 年 2 月 24 日出生在德里，1709 年 1 月 3 日在皇位继承战争中被杀害于海得拉巴（Haidarabad）附近。①

我们接着讨论奥朗则布的事业。他在德干副王一位上的第一个任期超过八年，最终却离奇地被耻辱地解职。

贾哈娜拉被烧伤

1644 年 3 月 26 日晚上，贾哈娜拉公主从她父亲的宫殿回到自己在阿格拉城堡的住处，她的裙子拂过照亮走廊的一支蜡烛。她的礼服由非常精致的平纹细布制成，配以从花朵中提取的精油和其他精华成分，因此火焰迅速将她包围。她的四个女仆扑向公主，想用身体压灭火焰，但是火焰却烧到她们自己的裙子，她们只能痛苦地放开公主。这时救援人员抵达，扑灭了火焰，但是公主已经被严重烧伤：她的后背、两侧和手臂都严重受伤。②

① *M.A.* 538. *Alamgirnamah*.

② Abdul Hamid, ii. 363-369; Khafi Khan，i. 598-600.

贾哈娜拉的性格

她是沙贾汗最宠爱的孩子，这种关爱也是她应得的。自从她的母亲过世之后，她的关切和远见让她的父亲不再为家庭琐事所烦恼。她温柔的性格和善良的品性，比她的精神成就更加重要，这消除了她父亲心中的疲劳和紧张。她的爱消除了皇室中的一切不调和。她的爱还超越了狭窄的亲人圈子，成为皇室对孤儿、寡妇和穷人慷慨施与的渠道。在繁荣和权力之光的笼罩下，她在这片国土上却只以慷慨和仁慈著称。在不幸中她变得更加卓越，成为她那晚景凄凉的父亲的安提戈涅（Antigone）[①]。她比不朽的俄狄浦斯王（Oedipus）的女儿更幸福，因为她最终让父亲原谅了曾经残酷伤害他的儿子。在她去世之后，她虔诚的回忆和性情的温顺被记录在墓志铭上。这墓志铭是皇室子女中写得最谦卑的。墓碑记录了她最后的愿望：

在我的坟墓上，不要修建华美的建筑

① 古罗马戏剧中的角色，俄狄浦斯的女儿。

就任由青草来把它覆盖

只有它，才是我这个卑微之人的庇护者

对贾哈娜拉的治疗

沙贾汗对这起事故非常苦恼。他亲自在病床前照料女儿，亲手为女儿上药和喂食。除了最紧要国事之外的其他事情都被他忽略；每天的杜尔巴（darbar）[①]会议时间被压缩到几分钟。不管远近，只要有点名气的医生都被召来治疗公主。沙贾汗每天为慈善捐出大笔金钱，以求获得上天对她的保佑。每夜一个装有1000卢比的钱包都会被放在她的枕头下面，第二天早晨分给乞讨者。沙贾汗释放了因犯有贪污罪被监禁的官员，他们的70万卢比欠款被一笔勾销。每天晚上沙贾汗都长跪不起直到午夜，哭泣着求真主让女儿康复。

康复

贾哈娜拉公主在长达四个月的时间里徘徊

① 通常写作“durbar”，波斯语，意为“上朝议政”。

在生死边缘。

她康复确实希望不大，因为她的两个女仆虽然烧伤还不如她严重，却在几周内就去世了。然而，波斯前任国王的医生因为触怒了现任国王逃往莫卧儿帝国。他在这场灾祸之后20天到达阿格拉。他审慎地用药，消除了公主身体大部分并发症，特别是发热和虚弱。

但是，他和德里的皇家御医哈基姆·穆马纳（Hakim Mumana）反复尝试，都无法治愈她的烧伤。当那个时代的医学宣告失败时，非主流疗法却成功了。一个叫阿里夫（Arif）的奴隶研制了一种药膏，用了两个月使她的伤口完全愈合。

11月25日，庆祝贾哈娜拉公主完全康复的活动开始了。活动非常精彩且耗资巨大。[1] 欣喜的沙贾汗赐予贾哈娜拉价值100万卢比的宝石。皇室的每一位成员和政府的每一位高官都在这快乐的场合获得了礼物。乞讨者获得了20万卢比。听到事故发生后就赶往阿格拉的皇子们获得了皇室赠金。但是，奥朗则布是最大的获益

① Abdul Hamid, ii. 395-400.

者。在贾哈娜拉的请求下，他重新获得父亲的喜爱，之前失去的头衔和职位得以恢复。

奥朗则布被解职

奥朗则布在 5 月 2 日到阿格拉探望姐姐贾哈娜拉。三周以后，他突然被免除职务，头衔和津贴也被剥夺。历史学家给出的原因是模糊的。宫廷编年史作者阿卜杜勒·哈米德·拉赫瑞（Abdul Hamid lahori）写道，奥朗则布受到惩罚是因为“受到他愚蠢的伙伴们的恶劣意见的误导，他想终身做一位禁欲主义者，并且做了一些皇帝不同意的事情”。哈菲汗说奥朗则布“估计到父亲会惩罚他的恶行，他自己摘下了佩剑，隐居了几天”，他因此被解职。但是，这两人都没有描述他不当行为的具体内容。①

奥朗则布为何辞职

从奥朗则布的一封信中，我们得知他辞职是为了抗议达拉·舒科持续的敌意和受沙贾汗

---

① Abdul Hamid, ii. 373，376；Khafi Khan，I.600，and ii. 398.

偏爱的达拉·舒科抢走了父皇对自己的信任和支持。奥朗则布的建议被否决，他的行动经常被干涉，权力很小。他在公众眼中的威信下降，他无法自信地继续统治德干，无法做好这份工作。1654 年，在第二次担任德干副王时，他愤怒地写信给姐姐贾哈娜拉，此时皇室对他表现出类似的不信任和敌意："倘若陛下希望他的所有仆从之中唯独我一人在屈辱中度过此生，并且死得难堪，我不得不服从……但是很难这样生活和死亡，我也没有享受（他的）恩泽。我不能为了容易衰朽的凡俗之物而生活在痛苦和悲伤之中，或者任凭他人摆布——陛下最好下令让我摆脱这种生活的耻辱，这样就不会对国家的福祉造成损害。在这件事上，其他人也可以心安理得。十年之前我就认识到了这个情况，知道（我的对手们）针对我，因此我辞去了职务，……这样我就可以退到角落里，不让任何人感到不安，也不会受到这样的骚扰。"①

---

① *Adab-i-Alamgiri*，177a.

一个版本的基于波斯文短语的字面翻译[①]误导了一些英文历史学著作，让它们认为年轻的奥朗则布是因为献身宗教而隐居。事实是，此时他没有感受到宗教的召唤；他的动机是政治性的，不是精神性的：他仅仅是辞去了职位，而不是变为隐者。在莫卧儿帝国时代，每位官员，无论是文官还是武官，在军队中都有军衔，并且都把佩剑作为正装的一部分。因此，从腰带上解下佩剑，是辞职的一个可见的标志。

与达拉的争执

如果我们可以相信在奥朗则布晚年时由哈米杜丁汗·尼木查编纂的趣闻集，那么奥朗则布的耻辱是他对达拉·舒科公开表示忌妒的结果。达拉·舒科是他的长兄和预定的皇位继承人。据记载，达拉·舒科邀请父亲和三个弟弟去参观他在阿格拉新建的行宫。当时是夏天，

① “变为隐士”（*manzavi ikhtiar kardan*）是波斯文印度历史记录中经常使用的短语，意思是“为了不蔑视皇帝的意愿而放弃（军事）头衔、职位和制服”。我们经常读到一位官员在皇帝不高兴时“隐居”，而在重新赢得主人欢心的时候恢复军衔和职位。

聚会在靠近一条河的凉爽的地下室举行，只有一扇门通向那里。其他人进入了地下室，但是奥朗则布在门道上坐了下来。沙贾汗多次询问奥朗则布为什么这么做，他都没有回答。因为这一不顺从的行为，他被禁止进入宫廷。在耻辱中度过 7 个月以后，奥朗则布告诉贾哈娜拉，因为房间只有一个入口，他担心达拉·舒科会关闭入口，杀害父亲和弟弟们，为自己继位扫清道路。奥朗则布说，为了挫败这一企图，自己作为哨兵把守大门！在得知这一点后，沙贾汗对他宠爱有加。

奥朗则布官复原职

但是，让奥朗则布和达拉·舒科一起在宫廷生活是不可能的，因为奥朗则布对达拉·舒科充满仇恨和不信任。① 因此，1645 年 2 月 16 日，他被派往古吉拉特担任总督。② 他的总督任期于 1647 年 1 月结束后，他被派往巴尔赫任职。他在不足两年的任期内展示了能力和坚定的意志。

---

① *Anecdotes of Aurangzib*，§2.

② Abdul Hamid, ii. 411.

在莫卧儿帝国的所有行省中，古吉拉特最为动荡。这片土地经常遭受旱灾的侵袭，土地大多是沙地或者石头地，难以提供稳定的产量以回报农夫的辛劳。自然而然地，人们的热情从吃力不讨好的种植工作转向掠夺他们更虚弱也更富有的同胞这一有利可图的行当。在从杰哈洛尔（Jhalor）到海边的地区，盘踞着一些部落，如库里斯人（Kulis）和卡西斯人（Kathis），他们把劫掠看作祖传的光荣行当。古吉拉特的这些巨匪大盗可谓臭名昭著，他们结寨筑堡，据守一方。无法无天的状况增加了农民的苦难，加剧了这片土地的贫瘠，妨碍了工业的发展和财富的积累。在短短几天中，任何叛乱头目或匪首都能以掠夺为名，号召聚集一大帮下属。他如果能行动迅捷，避免与政府军交战，就可以让整个国家陷于持续的警戒与混乱之中。在阿克巴统治的整整一代人的时间里，米尔扎家族（Mirzas）破坏了古吉拉特的和平。许多觊觎德里皇位的人从这里获得了大量的军事援助。确实，古吉拉特拥有一个邪恶的称号——“暴徒聚集之地”（Lashkar-

Khez）。[1]这样的行省需要强力者来统治。之前的一位总督阿扎姆汗（Azam Khan，1635~1641）曾建造城堡以维护秩序，并且迫使纳瓦纳加尔（Nawanagar）的统治者承诺交税并表示顺从。[2]在一段时间内，道路变得安全，这片土地享受到不寻常的和平。

奥朗则布的强力统治

奥朗则布也对古吉拉特从事劫掠的部落和造反者采取积极而坚定的政策。为了更有效地应对劫掠和叛乱，他指挥了超过其现有军衔"曼萨卜达尔"（mansabdar）应指挥的军队人数。皇帝听说他热情工作后很高兴，提升了他的职位，并将他的年俸提高到600万卢比（1646年6月8日）。[3]奥朗则布在他父亲的眼中树立了有能力和富有勇气的形象。不久之后，他被派往远方，那里急需他的这些素质。

9月4日，沙贾汗给奥朗则布写信，命令他

---

① *Kalimat-i-Tavyibat*（A. S.B.MS. E.27），87a，107a.

② Abdul Hamid, ii.231-232.

③ Abdul Hamid, ii.510，715.

将总督职位移交给沙斯塔汗，然后离开古吉拉特。奥朗则布于1649年1月20日在拉合尔觐见了父皇，第二天被任命为巴尔赫及巴达赫尚的总督和司令官。三周之后，他开始了遥远艰险的旅程。①

① Abdul Hamid, ii.583，625，627，632.

第五章　中亚的战争，1647

巴达赫尚

巴达赫尚（Badakhshan）在喀布尔北部，兴都库什山脉向东北延伸，奥克苏斯河[①]向西流去。在它们之间分布着两个行省：巴尔赫和巴达赫尚。东半部的巴达赫尚，由一系列山脉和谷地组成，人口不多，散布着小块耕地。红宝石矿和绿松石矿曾经让它享誉整个东方世界，而到了那时，产量已经很低。这是一个被置于世界被遗忘的角落的行省，被凶悍的山区部落包围；那里的人肮脏、贫穷、无知又无助。[②]

---

① 阿姆河的旧称，中国古籍中称为“乌浒水”。——译者注

② Leyden's *Memoirs of Babr*（ed. 1826），xxix，*Wood's Journey to the Source of the Oxus*（ed. *1872*），ixxv-ixxix，171，206，191.

巴尔赫

巴尔赫（Balkh）是一个更加开放且富饶的地区。灌溉渠道和很多溪流让它拥有出产谷物和水果的大片肥沃的土地。它的河流从兴都库什山脉流下，越来越宽，蜿蜒流向奥克苏斯河。山上大多是贫瘠之地。① 来自西边沙漠的沙尘暴时不时地席卷这片土地。

在南方，巴尔赫与阿富汗被高耸的山脉、荒凉的高原和狭窄的山口分开。② 但是，其北部边界——奥克苏斯河，对入侵者没有构成天然屏障，中亚的游牧部落在每个时代都越过这条河蹂躏这片土地。在从喀布尔到赫拉特的南方山脉中，居住着掠夺成性的部落——哈扎拉人和艾马克人（Aimaks）③，他们贪婪地寻找机会在山口拦截旅客和商人，或者跟在某些外来入

① Leyden，xxx; *Wood's Journey*，ixvii，175，257; Ferrier's *Caravan Journeys*，208.

② 关于进入巴尔赫的山口前往北方，见 Leyden，139，199; Wood's *Joureny*，ixiv; Abdul Hamid's *Padishahnamah*，ii. 668-670。

③ Wood，127，Elias & Ross，*Tarikh-i-Rashidi*，Intro. 91，Vambery's *Travels in Central Asia*，263.

侵者身后，袭击奥克苏斯河附近低地上的村庄和果园。在对抗正规军时，他们的原始、野蛮、无知和缺乏组织性，让他们的顽强和凶悍无法发挥威力。但是，文明的溪流从与呼罗珊接壤的西南角流入巴尔赫。波斯人、希腊人和阿拉伯人都从这条路线进入，他们都在被征服的人们身上打下了自己的印记。①

巴尔赫位于两大强邻之间，它命中注定在有史以来的每个时代都会成为被征服和掠夺的对象；它的居民有时能从南边或西边的统治者那里获得解放，而解放者却是北方更强力的统治者；他们以古代的文化和知识起源于希腊而自豪，但是这都已经被成吉思汗的铁骑践踏。②他们的城市已成废墟，他们的财富已被摧毁，毫无恢复的希望。

除了南方山区的狂野强盗和北方低地的老实农夫，还有第三类人——“占据了大片荒凉的草原的原始游牧人。他们赶着兽群从山

① Vambery's *Travels*, 233, 239; Elias & Ross, Intro. 82, 107; Skrine & Ross's *Heart of Asia*, 6, 30, 38, 76, 131.

② Wood, ixi, ixvii, 155, 162; Vambery's *Travels*, 233, 244; Ferrier's *Caravan Journeys*, 207.

上到谷地，又从谷地到山上，依据季节寻找牧场”。①

收入

这样的土地只能养育少量人口，依靠本地的产出也供养不起一支军队。莫卧儿历史学家轻蔑地写道，巴尔赫国王发薪饷的军队只有3000人，他的收入（包括巴达赫尚的产出）只有250万卢比，只相当于莫卧儿帝国三流贵族的津贴。他的宰相的年薪只有8万卢比。②

来自奥克苏斯河对岸的乌兹别克人

由于巴尔赫资源贫乏，加之平原上的人生性驯服，南方的入侵者难以保住征服成果。他们必须通过翻越兴都库什山口的漫漫长路来与后方保持联系。然而，无数个民族——蒙古人和土库曼人的野蛮骑手，越过奥克苏斯河袭击他们，烧毁谷物和村庄，把忠诚的农夫变成奴隶，在他们的军队行军时在周围徘徊，截击小股部队和掉队

① Elias & Ross, Intro 31.

② Abdul Hamid, ii. 542-543.

的士兵。当这些骑手被追击时，就以帕提亚人的方式交战。他们的营帐总是被围攻。他们无法成功地进行报复，无法给予决定性打击，因此不能带来和平及收入的增加。敌人“没有城堡、城镇或不动产，让入侵者能够加以破坏，也没有不受保护的固定的人口，让入侵者可以施加报复……机动性肯定是他们在进攻和撤退时最依赖的素质。我们发现他们更多地使用他们的机动性而不是他们的战斗力让敌人受挫”。[①]当他们遭受最大的打击时，他们越过奥克苏斯河逃回家乡。曾经在德干服役的莫卧儿军队立即发现乌兹别克人像马拉塔人那样作战，但他们要强壮得多。[②]

鞑靼袭击者

尽管乌兹别克人粗野没教养，但是他们至少和来自印度的敌人一样都信仰伊斯兰教。但是，土库曼人［被错误地称为“阿拉曼人”(Alamans)］就更糟糕了。他们还没有接受穆罕

① Elias & Ross, Intro. 55.

② Abdul Hamid, ii. 705.

默德的教义，却坚持古老的偶像崇拜。[①] 劫掠是他们唯一的生活来源。在袭击中，他们焚烧《古兰经》，像杀死敌人一样杀害圣人和孩子，毫无怜悯之心。在一个地方，他们把一个虔诚的托钵僧和 400 名正在上学的男孩关在清真寺里，活活烧死。这位托钵僧曾带领男孩们游行乞求他们的仁慈。他们还在别处犯下了类似的暴行。这些残忍的强盗在行军时不会被任何行李和补给品拖累，最粗陋的食物就能满足他们。在渡过最深的河流的时候，他们把马匹排成一列，后一匹马的缰绳拴在前一匹马的尾巴上，而将一捆枝条做成马鞍，这样就不会被水侵蚀。人员则乘坐用芦苇制成的筏子渡河，河两岸长着很多芦苇。像这些袭击者一样强壮的马匹以草原上的蒿草为生，每天能跑 100 英里。他们从布哈拉出发，渡过奥克苏斯河，袭击的范围远达呼罗珊。骑着良马的波斯骑兵都追不上他们。

① 阿拉曼是一个鞑靼语词语，意思是“一次掠夺性远征”（Vambery, 317）。历史学家阿卜杜勒·哈米德把它当作一个鞑靼人部落的名称。他在 ii.619 和 ii.453 中描写了这个部落的行为。

布哈拉王纳扎尔·穆罕默德

在多个世纪里，巴尔赫及邻近的巴达赫尚都是布哈拉的属国，由总督（一般是一位王子）统治。来自奥克苏斯河对岸的勇猛强壮的斯泰基人负责防务。[①]17 世纪初，阿斯特拉罕王朝明智而优秀的伊玛目库利汗统治布哈拉汗国长达 32 年。1642 年，年长和虚弱让他告别哭泣的臣民，前往麦地那，在清真寺中安度晚年。他的弟弟纳扎尔·穆罕默德继承了汗位。[②]这位新汗在他哥哥在位时，治理家族在巴尔赫的封地。他在布哈拉的统治是失败的。他在气候温和的巴尔赫生活了 40 年，因此无法适应布哈拉的气候。他极度的贪婪和吝啬使他疏远了他的将军们。他的野心驱使他吞并了花剌子模（Khwarizm）。乌兹别克人开始仇恨他，因为他剥夺了首领们的权力，把权力全部集中在自

① Skrine & Ross, 160, 192.

② Skrine & Ross, 194-199. Vambery's *History of Bukhara*, 304-333; Abdul Hamid, ii. 251-256; Skrine has *Nazir* instead of *Nazar*. Howorth's *History of the Mongols*, Pt.II. Div.ii. 747-752（has *Nadir* for *Nazar*）.

己手中。此人没有判断力和人格力量，听信造谣中伤而公开责备他的酋长们。军队对他削减津贴、没收牧场和收回免租土地的做法感到不满。[①]

激起叛乱

因此，布哈拉军队发动兵变，拥立他的大儿子阿卜杜勒·阿齐兹（Abdul Aziz）为王，他们把此人看作他父亲的总督（1645年4月17日）。叛乱在他辽阔多元的国家的很多地方发生。野蛮的部落利用混乱四处游荡，伺机劫掠。最后，无助的父亲不得不讲和，把河中地区（Trans-oxiana）割让给造反的儿子，而把巴尔赫和巴达赫尚留给自己。[②] 同时，另一位斗士走上了战场；沙贾汗入侵巴达赫尚。

沙贾汗吞并巴尔赫的欲望

除了贪婪的征服欲，很难找出沙贾汗发动战争的其他原因。确实，纳扎尔·穆罕默德不是一个好邻居。18年前，在贾汉吉尔去世

---

① Abdul Hamid, ii. 435-442.

② Abdul Hamid, ii. 443-456.

时，他发兵侵入阿富汗，围攻喀布尔（1628年5月29日），并在莫卧儿援军接近时匆匆撤回。[①] 但是那次袭击已经被宽恕，从那以后他与德里的皇帝多次交换信息与使节。甚至最近当莫卧儿军队在阿富汗集结，准备在坎大哈附近作战，伊玛目库利汗担心莫卧儿军队会侵入他的国家时，沙贾汗安慰他，表示将与他保持和平。[②] 阿富汗的造反者在巴尔赫得到庇护这件事[③]，不能作为发动战争的一个理由，因为东方的君主们一直准许获得庇护的恳求，认为这是一种神圣的义务。阿富汗边境遭到纳扎尔·穆罕默德的臣民私自发动的袭击，但这种行为不可深究，而应该看作自从远古时代以来在这片有争议的土地上经常发生的事件。因此，皇室历史学家阿卜杜勒·哈米德（Abdul Hamid）是正确的，他说，沙贾汗之所以下决心征服巴尔赫和巴达赫尚，“是因为它们是巴布尔的遗产，也位于通往撒马尔罕的路上。撒马尔罕是

① Abdul Hamid, I.A. 206-214.

② Abdul Hamid, ii. 152.

③ Abdul Hamid, ii. 13, 528, 529.

莫卧儿王朝创始人帖木儿的都城”，巴尔赫的内战给了他实现长期计划的机会。[①]

愚蠢的尝试

但是，如果沙贾汗真的希望利用来自印度的军队征服和统治中亚，我们必须得出结论，他统治时期的繁荣和朝臣的奉承已经使他头脑发昏，他做着最虚幻的梦。印度军队讨厌在那个遍布山地和沙漠的遥远的地方服役，那里不能提供丰富的战利品，没有富饶的封地，也没有舒适的住房。占领这个贫穷的、不适合生活的国度，只意味着远离家庭和安逸，紧盯着不知疲倦的狡猾的敌人。如果试图控制这样的国家，最精良的部队会被压垮，最丰富的财宝也会耗尽，而且不能获得荣誉或财富。新征服的土地上的收入如此之少，以至于莫卧儿人在占领此地的两年里只能分别征集收入的1/2和1/4[②]，然而战争的花费高达收入的16倍！

① Abdul Hamid, ii. 482–483. Howorth, 752.（纳迪尔向沙贾汗请求援助，沙贾汗抓住了此次机会。）

② Abdul Hamid, ii. 542&66. *M.U.* i.488.

入侵巴达赫尚

一位莫卧儿军官率军从阿富汗北部边疆的戈尔班德（Ghorband）出发，于1645年6月占领了卡赫马尔德（Kahmard）城堡。但是，他很快把这个城堡丢给敌人。沙贾汗把夺取这个城堡和放弃这个城堡都称为不明智的举动，而把注意力放在征服巴达赫尚上。一支强大的侦察部队从喀布尔出发，迅速向东北翻越兴都库什山脉，沿着潘杰希尔（Panjshir）河行军。

这支侦察部队侦察了通往巴达赫尚南部的帕尔旺（Parwan）和图尔（Tul）山口，随后派出一大队工兵筑路。贾加特·辛格王公（Rajah Jagat Singh）亲自率军征战，1645年10月15日，他带领拉杰普特军团从喀布尔出发，征服了霍斯特（Khosht）地区，并在塞赖卜（Sarab）和安达拉布（Andarab）之间修筑了木头堡垒。从那里他经过潘杰希尔谷地回到阿富汗（11月4日）。[①] 但是他留下的拉杰普特驻军英勇地把守着堡垒，一次又一次地把乌兹别克人从城墙上击退。

① Abdul Hamid, 462-466.

穆拉德夺取巴尔赫

道路已经通畅，大规模出征在第二年夏天开始。1646 年 6 月，皇帝最小的儿子穆拉德·巴赫什（Murad Bakhsh）率领 5 万人通过图尔山口进入南巴达赫尚。阿里·马丹汗（Ali Mardan Khan）与他同行。这位首席贵族是波斯人，他不再为波斯国王服务，而是为德里皇室效劳。他们经过塞赖卜和德－伊－塔基坎（Deh-i-Tajikan），抵达纳林（Narin）。阿萨拉特汗（Asalat Khan）率领的一支分遣队继续进攻，占领了位于巴尔赫东北边境的昆都士（Qunduz）城堡（6 月 22 日）。穆拉德没有遇到抵抗，于 1646 年 7 月 2 日进入巴尔赫城。本地人好奇地注视着莫卧儿军队。莫卧儿军队中有巨大的战象，战象披着金银甲，战马的笼头上装饰着名贵的金属，骑兵的胸甲上镶嵌着黄金和宝石。火枪兵和工兵的队伍一望无际，旗帜和乐鼓光彩夺目。[①]

这么声势浩大的阵仗当地人从未见过。沙贾汗给纳扎尔·穆罕默德写了一封信，表示如

① Abdul Hamid, ii. 483-488, 512-537.

果他能够保持友好，就把巴尔赫留给他。纳扎尔·穆罕默德回信表示服从沙贾汗。但是当穆拉德到达巴尔赫时，他怀疑沙贾汗的诚意，担心这是一个诡计，连夜逃离首都，奔向波斯。他集聚多年的惊人财富，价值估计高达700万卢比，大多被他的追随者和臣民洗劫一空。胜利的莫卧儿人只能获取价值120万卢比的现金和实物，以及2500匹马和300峰骆驼。阿萨拉特汗和巴哈杜尔汗（Bahadur Khan）率军追击，但是他们出发得太晚，未能俘获纳扎尔·穆罕默德。①

穆拉德想要离开

这个国家没有经过一场战斗就被征服，但是穆拉德已经对它感到厌烦。在给皇帝的第一封信中，他乞求能被召回。他不断提出这一要求，尽管多次被拒绝。他的大部分军官同样愿意回到印度舒适的土地，而不愿待在既无聊又无趣的巴尔赫。这个消息让忠诚的农民失望和陷入混乱。莫卧儿军队也失去控制，开始抢劫。②

① Abdul Hamid, ii. 529-534, 539-541, 548-553.

② Abdul Hamid, ii. 557-559.

宰相的安排

形势迅速陷入危机。头脑不清醒的穆拉德当时只有22岁，他想要不经允许就回家，让巴哈杜尔汗统率军队。莫卧儿占领军若失去最高长官，将处于危险之中。在沙贾汗的命令下，宰相萨杜拉汗（Sadullah Khan）于8月10日匆匆赶往巴尔赫，试图劝说穆拉德放弃这一打算，但是穆拉德拒绝这样做。萨杜拉汗解除了穆拉德的指挥权，做出了安排；军队由多位将军统率，驻扎在重要的地点，以保持对这个国家的控制。

巴哈杜尔汗和阿萨拉特汗都被留在巴尔赫，共同担任总督，卡里克汗（Qalich Khan）则担任巴达赫尚总督。经过22天的艰苦工作，大维齐尔完成任务，快马加鞭，只用了4天，就于9月6日回到喀布尔。①

莫卧儿军队的前哨基地被乌兹别克人袭击，许多基地被围攻，莫卧儿军队与敌人时常发生意义不大的小规模战斗。冬季结束时，莫卧儿军队

① Abdul Hamid, 579.

的官兵都在等待最高司令官和增援部队到来。[①]

在这一休整时期，沙贾汗为1647年春季开始的战役做了大规模准备。他的儿子舒贾和奥朗则布从各自的行省被召回，大量金钱被运送到阿富汗，军队集结在从白沙瓦到喀布尔的各个方便的兵站，一声令下就可以出击。[②]

奥朗则布被任命为巴尔赫总督

1646年9月4日，奥朗则布在古吉拉特总督任上收到沙贾汗的信。信中沙贾汗命令他把总督之职移交给沙斯塔汗，此人时任马尔瓦（Malwa）总督。1647年1月20日，奥朗则布带着他两个年长的儿子来到拉合尔并觐见父皇。第二天，统治巴尔赫和巴达赫尚两个行省的任务被交给他，还交给他500万卢比。2月10日，他带着价值50万卢比的礼物上路，前往白沙瓦，在那里停留到春天。[③]4月3日，奥朗则布到达喀布尔，4天后向战场进发。阿里·马丹汗（Ali

① Abdul Hamid, 566-571, 614-618, 620-624, 626, 642-657.

② Abdul Hamid, 603, 633, 641-642.

③ Abdul Hamid, ii. 583, 625-628, 632.

Mardan Khan）随奥朗则布出征，担任他的主要谋士和助手，这是一个最佳选择。[①]

奥朗则布率领的部队

但是从一开始，奥朗则布就因为他率领的战斗部队规模较小而受到限制。上一年穆拉德带领一支5万人的军队进驻巴尔赫，在成功征服之后一部分军队被召回。留下的部队中的很多士兵用来守卫各个要塞，或者是保卫与阿富汗基地之间的交通线路。高级军官全力防守要地，如东方的塔里干（Taliqan）和昆都士，巴尔赫东北方的鲁斯塔克（Rustaq），巴尔赫北方、奥克苏斯河畔的铁尔梅兹（Tarmiz），西南方的迈马纳（Maimana）和西北方的安德胡伊（Andkhui）。奥朗则布明智地让高级军官驻防要地，以防这个国家失去控制。但是，这一举措削弱了他自己直接掌握的兵力。

敌军的实力

一些收到命令加入奥朗则布军队的印度贵

① Abdul Hamid, 670, 671.

族待在家里不出发，或是只到阿富汗就不往前走了，所以奥朗则布只能率领不足 2.5 万人的军队作战。敌人则是全民皆兵，对莫卧儿军队有兵力优势，双方兵力之比为 3∶1。[①] 确实如此，乌兹别克人从不正面交战，他们对火枪感到恐惧，但是他们的“哥萨克战术”拖垮了莫卧儿人，而且他们在数量上的优势让他们能够承受相当于入侵者 10 倍的损失。对付这些轻装的劫掠者，小规模的帝国军队无法取得压倒性的胜利。[②]

奥朗则布向巴尔赫进军

离开喀布尔之后，1647 年 4 月 7 日，奥朗则布经过施波尔（Shibur）山口和阿克拉巴特（Aq Rabat），到达卡赫马尔德（Kahmard）。这是莫卧儿军队建立的一个中途补给站。从那里开始，通往巴尔赫的道路翻过台地，然后沿着狭窄的德哈斯（Dehas）河谷蜿蜒前行，这条河谷被称为“德拉－伊－加兹”（Derah-i-Gaz）。

① Abdul Hamid, ii. 702-704. 哈菲汗估算奥朗则布的军队有 3.5 万人，而乌兹别克军队则有 12 万人。（i.671）.

② Abdul Hamid, ii.704, 705.

在这里，乌兹别克人的首领库特鲁克·穆罕默德（Qutluq Muhammad）率领的军队挡住了去路。于是奥朗则布派出卡利尔·贝格率领的一支500人的侦察部队。卡利尔不顾不利的处境，向敌人发起冲锋。奥朗则布听说卡利尔陷入困境，命令一支主要由拉杰普特人组成的、拥有火枪兵的前锋部队出击。乌兹别克人撤退到更远的地方（5月20日）。①

① Abdul Hamid, ii. 671-673. 根据波斯文记录，奥朗则布从喀布尔出发，经过阿布达拉（Abdarah）和加兹山口。尤尔（Yule）认为阿布达拉位于索尔赫阿卜河（Surkhab）的上游谷地，在佐哈克（Zohak）之下。（Wood's *Journey*，LXV）。这就是巴布尔经常提到的施波尔（Shibr）关口（Leyden，139）。奥朗则布途经的各个驿站是喀布尔——［经过戈尔班德（Ghorband）］阿克拉巴特（Aqqabat）［离卡马德（Kahmard）有两个驿站远］、巴基噶（Bajgah）、巴达尔·哈米德（Badar Hamid）、凯珊·德·科哈尔德（Kishan Deh Khurd）、普尼（Puni）或布尼（Buni）、卡拉（Qara）（“这是加兹峡谷开始的地方”）、巴尔赫。看来，他是从喀布尔北行，到恰里卡尔（Charikar），然后转向西行，经过戈尔班德、佐哈克和巴米安（Bamian），再转向北行，通过丹丹－石坎（Dandan-Shikan）山口，到达卡马德或者卡拉·库塔勒（Qara Kotal），最后转向西北，到达德拉－伊－加兹峡谷的出口（途中渡过水量充沛的德哈斯河）。喀布尔到巴尔赫城的距离是123考斯（Kos）或246英里（Abdul Hamid，ii.669）。

第二天，奥朗则布带领河东岸的主力军，而阿里·马丹汗则率领先锋渡过德哈斯河，涉急流，消灭阻挡在行进道路上的山岭上和沟壑里的强敌。

途中的战斗

莫卧儿军队的先锋部队在通过隘路时，遭到乌兹别克人的袭击，蒙受了损失。但是莫卧儿军队的侧翼部队很快赶到，突破了敌军的中央。战斗规模扩大。阿里·马丹汗将乌兹别克人逐出战场，赶入后面的几个山丘，在崎岖的山地中追击了4英里，然后带着受伤的俘虏返回营地。这是奥朗则布在巴尔赫的首次胜利。

5月25日，莫卧儿军队在没有遇到抵抗的情况下抵达巴尔赫城。马杜·辛格·哈达（Madhu Singh Hada）留守要塞。上层居民被软禁在奥朗则布的军营中，以防止他们作恶。[①] 沙贾汗亲自坐镇喀布尔，增援部队和钱财源源不断地从喀布尔运送到巴尔赫。

① Abdul Hamid, ii. 673-675, 686-687.

布哈拉的城防司令是阿卜杜勒·阿齐兹汗，他是软弱的国王纳扎尔·穆罕默德的长子和王位继承人。阿卜杜勒·阿齐兹汗此时派出另一支军队，由贝格·乌格利（Beg Ughli）率领，渡过阿姆河，抵达位于巴尔赫以西40英里的奥科查。在这里，从加兹山口逃跑的库特鲁克·穆罕默德的部队与新到来的部队会合。①

向奥科查进军

在巴尔赫停留三天后，奥朗则布将辎重留给长子管理，带着轻型装备向奥科查进军，与集结起来的乌兹别克人交锋。帝国军队行动极其谨慎，巴哈杜尔汗率领先锋部队，奥朗则布坐在大象上指挥中央部队，中央部队包括军队辎重和随军仆从。阿里·马丹汗负责殿后军队的指挥工作。得到步兵、火枪兵支援的炮兵部队清除了沿途行进的阻碍，乌兹别克骑兵中队不断发起冲锋，但是总是被击败并撤退。乌兹别克人逃到安全距离之外后重新集结，以该地区的众多花园和水道作为天堑，阻挡正向帖木

① Abdul Hamid, 686.

儿巴德（Timurabad）稳步推进的帝国军队（6月2日）。[①]

与神出鬼没的乌兹别克人缠斗

奥朗则布疲惫不堪的军队几乎无法在自己的军营下马休息，因为乌兹别克人从四面八方袭击他们。经过一番骚扰战，他们成功地将敌人赶回前方和右侧，阿里·马丹汗带领殿后部队前去追赶抢夺库特鲁克·穆罕默德的军营。但是，莫卧儿军队左翼人数偏少，其指挥官萨义德汗·巴哈杜尔·扎法尔·江（Said Khan Bahadur Zafar Jang）是一员身体状况不佳的老将。敌人很快发现了这一弱点，而敌人在其他地方受阻的部队合兵一处，向奥朗则布部队的左翼发动攻击。萨义德汗派出一支400人的小分队守住环绕军营的溪流，防止敌人从此地穿越。但是乌兹别克人想出了一条妙计，引诱轻率的莫卧儿军队前往其他河岸。萨义德汗派出增援部队，最后不顾自己身体有疾，亲自上阵。但是他受了伤，

① Abdul Hamid, ii. 687-688.

被打下马，自己的两个儿子和他手下的许多士兵阵亡。就在此时，奥朗则布赶来，援助受到猛烈攻击的部队。奥朗则布的阵前是两头愤怒的大象，他手下的士兵冲向小道，清除了障碍。敌人被打垮，左翼部队免于覆没。①

6 月 2 日对帝国军队而言是可怕的一天。他们从黎明到正午一直在行军，没有在军营中休息，不得不战斗，一直到日落，之后才能获得安全保障，才能休息。阿里·马丹汗现在带领自己获胜的殿后部队回到军营，军营四周挖好了壕沟，防卫严密，许多军官骑马夜巡。

乌兹别克人的军营被夺

次日，筋疲力尽的官兵都希望休息，但是在阿里·马丹汗明智的建议下，他们前去占领贝格·乌格利的军营，夺取他们最重要的胜利果实。多亏了莫卧儿人超强的机动性，他们可以随意进攻，随意撤退。敌方的左翼部队和右翼部队都与莫卧儿军队保持着安全距离，他

① Abdul Hamid，ii, 688-692. 哈菲汗说双方是在第二天清晨遭遇的。(i.662)

们把大股部队集中作为前锋，但是不曾料想会被莫卧儿军队的炮兵击溃。莫卧儿军队对乌兹别克人的殿后军队也采用了同样的战术，但是没有取得更大的成功。莫卧儿军队继续行军，敌人抓住一切混乱失序或弱点接近莫卧儿军队，用一阵阵箭雨来杀伤莫卧儿军队。[①] 但是斯泰基民兵（Scythian militia）远非正规军的对手，他们在帕沙伊（Pashai）的指挥官驻地被奥朗则布围攻。乌兹别克人俘获的农民被奥朗则布释放。经过两天的行军和战斗，部队请求暂停休息，奥朗则布对此请求再也不能拒绝。同时，被打败的敌人从奥朗则布的先锋部队面前逃走，却一头撞到了奥朗则布留在阿利亚巴德（Aliabad）的殿后部队"怀里"。另一支大军在苏巴汗·库利（Subhan Quli）的率领下从布哈拉汗国出发，很明显，他们剑指巴尔赫城。[②]

---

① Abdul Hamid, ii.692-694.

② 奥朗则布从巴尔赫出发后，一路经过了雅布噶（Yulbugha）（靠近运河）、阿利亚巴德（Aliabad）、距离法提哈巴德（Fatihabad）1 考斯（kos）的帖木儿巴德、奥科查区的帕沙伊等地。

撤回巴尔赫

消息传来后，奥朗则布决定从帕沙伊撤退（6月5日），急忙向东挺进，保卫首府。敌人比以前更善战，有一次他们从两个地点渗入莫卧儿军营。[①]仅依靠炮弹、火箭和火枪就能让他们的部队保持安全距离。次日他稍微调转方向，向沙克阿巴德（Shaikhabad）进发，将两名被困在花园的军官解救出来。从那里他奔向巴尔赫河畔的法扎巴德。[②]

到了6月7日，情况更加危急。布哈拉汗国的军队投入了极大的兵力，现在他们全力以赴。军队的最高指挥官国王阿卜杜勒·阿齐兹、王弟苏巴汗·库利以及乌兹别克酋长贝格·乌格利都上了战场，向帝国军队的三个点发动进攻。但是，莫卧儿军队再次凭借火枪兵和严格的军纪赢得了胜利。撤退一直持续到6

① 哈菲汗（i.668）说有3000名或4000名乌兹别克人向莫卧儿人的军营猛冲，掠走众多装载着辎重的骆驼和妇孺。阿里·马丹汗只追回了一小部分战利品。

② Abdul Hamid, ii.694-697.

月9日，一路上缺乏火器装备的敌人向莫卧儿军队发动无效的袭扰，除非近战，否则他们对莫卧儿人的箭矢毫无威慑力。莫卧儿军队在接下来两天里没有受到骚扰。最终，在6月9日晚，布哈拉汗国国王请求和谈，发出友好信息。6月11日，他们平安到达巴尔赫。[①]

莫卧儿人面临的艰难险阻

先是向奥科查进军，后来又撤退回巴尔赫城，前后共用了10天时间，在此期间，莫卧儿军队就像外邦人一样风餐露宿。日复一日，他们必须面对机动性强、不知疲倦的敌人并与之苦战，与此同时，饥荒在帝国军队中肆虐。士兵一直行军，只能在行走的大象背上做饭！面包售价为一卢比，有的面包售价甚至达到两卢比，水也一样贵。不过对于那些用高价换得必需品的人而言，他们已经足够幸福了，因为所

① Abdul Hamid, ii.697-701. 奥朗则布从帕沙伊撤退在波斯文史料中记载如下：经过阿利亚巴德——走偏方向，来到沙克阿巴德、巴尔赫河的法扎巴德（Faziabad）、杨克亚力克（Yanki Ariq）、（似乎在巴尔赫河畔）的多斯拜格（Dost Beg）、纳哈拉布（Naharab）或运河——杨达拉克（Yandarak）、巴尔赫城。

有物资都匮乏。以上是奥朗则布皇子个人随从的情况，广大士兵的情况可想而知。但是在所有艰难险阻中，奥朗则布坚定的意志和掌控力避免了军纪混乱失序的现象；奥朗则布警觉的眼力和灵活的身躯可以迅速应对任何致命打击，而他自己的智慧和勇气使部队得以转危为安。[①]

奥朗则布信心满满

莫卧儿军队的状况如此窘迫，敌人的状况则更加糟糕。奥朗则布不屈不挠的意志取得了成果。阿卜杜勒·阿齐兹现在希望媾和，他想打败奥朗则布的希望已经破灭。他自己目睹了奥朗则布皇子冷静的勇气；有一天，正当战斗最激烈的时刻，宵礼时间来临，奥朗则布将地毯铺在地上，跪在上面，冷静地念诵祷词，全然不顾外面的战斗声和嘈杂声。从那时到战斗的剩余时间，他不穿盔甲，不带盾牌。布哈拉汗国的军队惊奇地看着这一场景，而阿卜杜勒·

① Khafi Khan, i.668，669。霍沃斯（Howorth）说："战争造成了严重的破坏，导致了饥荒，一头驴装载的物品就价值 1000 弗洛林（florin）。"

阿齐兹怀着极大的崇敬之情，停止了战斗，哭喊道："与这样的人战斗，就是自取灭亡。"[①]

乌兹别克军队自行解散

布哈拉汗国国王无力负担麾下庞大的军队。众多士兵为试图轻易地掠夺帝国军队而聚集在一起。幻想破灭后，他们急于回到家乡。尤其是突厥人，他们将马匹卖给了帝国军队，将奥克苏斯河畔的营帐拔走。[②]

和平的序曲

阿卜杜勒·阿齐兹打算将巴尔赫城让给弟弟苏巴汗·库利，一如沙贾汗公开将国家归还给他们俩的父亲。奥朗则布将这个问题归到皇帝头上，阿卜杜勒·阿齐兹离开巴尔赫周边地区，从霍勒姆（Khulm）出发，直往北走，在埃万吉（Aiwanj）冒着酷暑渡过奥克苏斯河，麾下士兵尽其所能地效法国王。[③] 历史学家阿卜杜

① *Masir-i-Alamgiri*，531; Abdul Hamid, ii.704.

② Abdul Hamid, ii.701&702, 708.

③ Abdul Hamid, ii.700, 706&707.

勒·哈米德批评奥朗则布没有立即追击或逮捕阿卜杜勒·阿齐兹。[1]

但是，他忘记了乌兹别克人是正在崛起的民族，他们不依赖任何个人领袖，即便他们的领袖像阿卜杜勒·阿齐兹那样强势而富有韬略。

莫卧儿军队对巴尔赫城感到厌倦

现在战争几乎接近尾声，至少会停战一个季节。但是离彻底安定仍然有漫长的路要走。毫无疑问，沙贾汗决定要将这个国家还给纳扎尔·穆罕默德，但是纳扎尔·穆罕默德首先必须俯首称臣，这样莫卧儿帝国的显贵们才能心满意足。同时，莫卧儿军队的军官和士兵厌倦了在外作战，期盼回家。像巴哈杜尔汗那样的高级军官暗中阻挠奥朗则布，他们担心万一奥朗则布俘获了布哈拉汗国的国王，他就会吞并河中地区，让印度士兵永久驻防此地，而如果远征失败，他们就可以迅速打道回府！这个国家因为土库曼劫掠者而千疮百孔，作物被烧毁，农民被抢劫或被拖走。因此，奥朗

① Abdul Hamid, ii.709.

则布向父皇上书，声明自己在此地久留有害无益。[①]

纳扎尔·穆罕默德拖延谈判

6月中旬，即奥朗则布回到巴赫尔不久，还在贝尔齐拉赫（Belchiragh）避难的纳扎尔·穆罕默德开启了谈判。[②]但是纳扎尔·穆罕默德与奥朗则布谈判是为了消除前国王的猜疑，互换信息，但是这都徒劳无功，三个月的时间白白流逝。他要求建立要塞来保密，在9月13日派遣卡尔马克（Qalmaq）、卡夫什（Qafsh）作为自己与奥朗则布联络的代理人。9月23日，他借口称病，派自己的孙子去见奥朗则布。[③]

奥朗则布必须对此知足，因为冬天即将来临。兴都库什山的隘口很快将会被大雪封锁。他的军队面临饥饿，巴尔赫的粮食每芒德售价为10卢比。在这个贫穷荒凉的国度，他们无法度过冬季。

---

① Abdul Hamid, Waris, 3b, 4a.

② 关于纳扎尔·穆罕默德在波斯流亡和回来之后的经历，参见 Hamid Khan, ii.658-668。

③ Waris, 6b, 7a.

匆匆达成的和平

所有的突厥人（Turks）和阿拉曼人（Alamans）均已渡过奥克苏斯河，开始袭击莫卧儿人的小股部队。正如麾下军官劝阻的那样，奥朗则布现在再也不能浪费时间了。他甚至没有时间再等待皇帝的准许。因此，最后在 1647 年 10 月 1 日，他正式将巴尔赫城和巴尔赫城堡移交给纳扎尔·穆罕默德的孙子。与奥朗则布关系疏远的卫戍部队听到和谈的传言后，一刻也没有停下来等候奥朗则布的命令，回到他身边。[①]

莫卧儿人撤离巴尔赫城

10 月 3 日，莫卧儿军队从巴尔赫外的平原出发，开始退回喀布尔。阿里·马丹汗和贾伊·辛格王公（分别）指挥右翼部队和左翼部队，巴哈杜尔汗负责指挥殿后部队。炮兵部队紧跟着先头部队。军队穿越加兹尼亚

① Waris, 7b.

克（Ghazniyak）的过程缓慢而痛苦，敌人向殿后部队——莫卧儿军队最严整的部位或最难突破的部位发动袭击。10 月 14 日，部队行军至古尔（Ghori），乌兹别克人仍然紧紧盯住莫卧儿后退的路线。沙贾汗希望军队留在古尔城堡和卡马德（Kahmard）城堡，把它们作为巴尔赫的南大门，但是军官们拒绝驻留。①

翻越兴都库什山遇到的困难

莫卧儿人继续撤退，剽悍的山民哈扎拉人现在取代乌兹别克人成为骚扰莫卧儿军队的主力。这一年的冬天来得特别早，异常严寒。②帝国军队携带着十万卢比，但是没有驮辎重的牲畜和挑夫，穿过索尔赫阿卜河以东一处狭窄而陡峭的小路（10 月 21 日和 10 月 22 日），兴都库什山以南就是阿富汗，到了那里就安全了。奥朗则布现在可以快马加鞭地赶往喀布

① Waris, 8a.

② Vambery's *History of Bukhara*, 332.

尔，他于10月27日赶到那里。[①] 阿里·马丹汗也轻而易举地渡过难关，但是军队剩下的人马，尤其是拉伊·辛格率领的拉杰普特人，祖尔菲卡尔汗率领的财宝护送队、辎重、军营和巴哈杜尔汗率领的殿后部队还落在后面，有好几天的路程要赶。他们受尽了无声的苦痛，这苦痛来源于这三天持续不断的暴雪。士兵和驮辎重的军畜滑倒在雪地上，或是在狭窄的雪路上迷失方向，或是跌进峡谷。筋疲力尽的骆驼趴倒在冰上，再也没能站起来。密集的大雪"驱赶"着每个寻找庇护所的人。只有祖尔菲卡尔汗和他率领的一小批人把守关口，无论是否下雪，都不得移动，守卫此处长达七天，直

① 奥朗则布从巴尔赫到喀布尔的行军路线如下：加兹尼亚克→海巴克（Haibak）→古尔→戈尔班德通道（Ghorband route）。此线路在波斯文史料中被称为"克瓦贾赫·扎伊德路"（Khwajah Zaid Road）（Abdul Hamid，ii.669）。穿越兴都库什山时，他似乎通过的是贵霜隘口（Kushan Pass），"因为这个隘口通往兴都库什山的最高峰"，（Wood, ixv）或者更有可能的是，他走的是查达尔亚（Chardarya）或钦察关（Kipchak Pass），（参见Wood，ixv和Leyden，139）奥朗则布回乡的路线如下：加兹尼亚克关→古尔→索尔赫阿卜河→贝克·沙哈尔（Bek Shahar）→查尔哈尔·查什马（Charhar Chashma）→兴都库什山隘口→戈尔班德→恰里卡尔（Charikar）→喀布尔（Waris 8a & b）。

到巴哈杜尔汗率领的殿后部队赶来，和祖尔菲卡尔汗一同离开。巴哈杜尔汗的行军速度非常慢，因为他要一直面对想要劫掠他部队而且对他纠缠不放的山民。一天夜里，他必须在风雪交加的关口露营，手下数百人和牛马消失不见。① 最后一批部队于12月10日赶到喀布尔。②

人员损失

帝国军队在穿越这些关口时共损失一万兵力。其中一半是人，剩下的是大象、马匹、骆驼和其他军畜。大量的财产也因为交通运力不足，或是在茫茫雪地中迷失方向，或是跌进峡谷。大英帝国军队撤退回喀布尔时遇到的恐怖情景，这些印度雇佣军早就经历过，这些印度雇佣军为了满足上司的欲望，盲目地卷进了一场不义之战。次年，大雪消融，露出的场景极其恐怖，路两边遍布成堆的人骨！③

---

① Waris, 8b, 9a.

② Waris, 9a.

③ Vambery's *Bukhara*, 322.

财物损失

沙贾汗在巴尔赫发动的著名战役由此走向终结。在这场战役中，帝国国库在两年时间共花费 4000 万卢比，而从被征服国家那里获得的回报仅有 225000 卢比。没有兼并一寸土地，没有改变王朝，巴尔赫王座的主人也没有被莫卧儿帝国的盟友取而代之。除了纳扎尔·穆罕默德的孙子送来的 50000 卢比现金和信使送来的 22500 卢比现金，巴尔赫城储藏的粮食价值 50 万卢比，连同其他城堡的物资都丢给了布哈拉人。500 名士兵阵亡，又有 5000 名士兵（包括随军仆从）被山中的寒冷和冰雪击倒。以上就是冒进的扩张行为使帝国在西北边境战争中付出的沉重代价。

第六章　担任木尔坦和信德总督，1648~1652

在实施了从巴尔赫撤军的行动之后，沙贾汗回到了印度。但是，他采取了应急措施以防殿后部队遭遇不测。舒贾皇子被留在喀布尔，直到他听到奥朗则布再次平安地翻越过兴都库什山的消息。此时远征军已完全从阿富汗撤回。但是奥朗则布指挥后卫部队，被留在阿塔克（Attock）①，在第二年 3 月之前，他不被允许渡过印度河，进入印度斯坦。

这一安排的目的显然是让他驻扎在距离喀布尔不远的地方，如果遭到来自中亚的入侵，他能迅速赶回喀布尔布防。但是，随着时间的推移，这种忧虑逐渐消失。

① Waris, 4a, 8b, 12a.

奥朗则布被任命为木尔坦总督

1648 年 3 月中旬，奥朗则布被任命为木尔坦总督。[①] 他在这个岗位上任职到 1652 年 7 月 14 日，然后被调往德干，第二次担任德干副王。[②]

在这四年中，奥朗则布的个人生活没有什么特别之处。他两次被征调到坎大哈与波斯人作战：第一次离开木尔坦是在 1649 年 1 月 22 日，于 12 月返回；第二次是于 1652 年 3 月 20 日渡过杰纳布（Chenab）河，然后从坎大哈直接被派往德干。在从第一次围攻坎大哈归来的路上，他在拉合尔与父皇一起度过了两周（1649 年 11 月 10 日至 11 月 26 日）；他于 1651 年 1 月 2 日至 2 月 16 日到德里拜访父皇。此时，他再次获得晋升，能够指挥 2000 名骑兵，这些骑兵拥有“杜 - 阿斯帕”（do-aspa）和“赛 - 阿斯帕”（seh-aspa）的称号。

奥朗则布职位的变动和晋升

他的津贴也按比例增加，所以他现在的军

① Waris, 12a.

② Waris, 66a and 67a.

衔是15000人的指挥官（他新增的分遣队有12000名士兵，其中8000人是“杜－阿斯帕”和“赛－阿斯帕”）。[①] 同年11月，他兼任信德（又称塔塔）行省总督，并将珀格尔（Bhakkar）和希瓦斯坦（Siwistan）两地纳为自己的领地。[②]

《阿拉姆吉尔书信集》：它的内容和历史价值

从1650年起，在奥朗则布公开的事业方面，历史学家们拥有一个新的、丰富的信息来源，那就是《阿拉姆吉尔书信集》。奥朗则布曾经将一位有教养而又随和的秘书请来为自己服务，他的名字是谢赫·阿布·法特赫（Shaikh Abul Fath）。当奥朗则布在德里登基称帝时，他又被赏赐“卡比尔汗”（Qabil Khan）的头衔和帝国秘书的高级职位。法特赫为奥朗则布服务了26年，直到他视力衰退不能胜任职务时才退休。[③] 他保存了他以奥朗则布的名义写给皇帝、皇子、大臣和将军的所有信件的副本，以及代表奥朗

① Waris, 24a, 39b, 48a, 49a, 59a. *Adab-i-Alamgiri,* 3a, 4a, 9a&b.

② Waris, 396.

③ *Adab-i-Alamgiri*, 1b, 209b.

则布写给他们的其他书信的副本。这些信件总页数超过 600 页，在老式的折页手稿上则占 427 页，每页 23 行。它们涵盖了从 1650 年到沙贾汗被剥夺权力和囚禁的整个时期。从第二次围攻坎大哈开始，信件内容变得更加丰富，信件来往更加频繁，我们得到一个对奥朗则布在坎大哈时的努力最详细真实的描述，包括他对他父亲的责难的感受、他在德干遭遇的财政困难、他在那里处理的行政问题、莫卧儿帝国与比贾普尔和高康达王国外交中的曲折，最后是他的希望和恐惧、在皇位继承战争中的计划和行动、他与他那被俘虏的父亲的关系。半个世纪后，安巴拉的萨迪克（Sadiq of Ambala）收集了卡比尔汗的草稿，并补充了从《仁爱的圣人》（*Amal-Salih*）和《阿拉姆吉尔书信集》中摘录的关于继承战争的历史，增加了 131 封信，[①] 这些都是他作为不幸的穆罕默德·阿克巴的秘书时写的。[②] 他把整个

① 这些信件当中包含关于莫卧儿皇帝与马哈拉那王公之间战争的许多细节，这场战争在阿克巴叛乱之前一个月结束。

② 穆罕默德·阿克巴是奥朗则布的小儿子，在奥朗则布死后的皇位争夺战中被兄长杀死。——译者注

故事公之于众。承蒙真主保佑，这个文本有586页保留在老式折页纸上，对研究这一时代的历史学家来说有着不可低估的价值。①

木尔坦行省的居民总是喜爱争斗，不安分守己。因为种族、信仰和传统的不同，他们分成几个部族，而且经常彼此征战。兼任信德总督后，奥朗则布与最野蛮强悍、最桀骜不驯的阿富汗人和俾路支人也产生了联系。

信德行省：无法无天的居民

几代人以来，在西部边境线上，皇权几乎没有得到实质性的尊重，甚至在名义上也是如此，酋长们一直乐于互相争斗，混战不休。但是，奥朗则布不是那种能容忍无秩序与不服从的人。但是，即使是他，也只能是开个治理的头。法治在当地没有根基，大小事务都取决于强人政治；在担任总督的几年里，他不可能打破平静的生活和习以为常的秩序，当地人以前

① 《阿拉姆吉尔书信集》是在他的儿子扎曼（2a和b）的要求下由萨迪克（Sadiq）于伊斯兰历1115年（1703~1704）编写的。

从未见识过什么政府，并且一直处于扩张或灭绝的流动状态。只有几代人严格执行司法，并得到强大无比的力量的支持，才能改变布拉灰人（Brahui）和霍特人（Hot）的掠夺本性，教导他们服从比他们首领的意愿更重要的更高的目标。然而，奥朗则布所能做到的，就是除掉那些声名狼藉的匪首，并且使边境部落名义上获得皇帝封赐以获得合法地位。作为宗主国，帝国在理论上承认它们的地位，而实际运作要等到之后更恰当的时机。

霍特人

在锡比（Sibi）[①]的米尔·查卡尔·林德（Mir Chakar Rind）的领导下，霍特人——大俾路支人的一支——迁移到信德和潘贾布，其中一支在上德拉贾特（Derajat）（地区）建都，城市名字叫作“伊斯梅尔汗之营地”，统治了长达两个世纪。他们的首领世世代代享有“伊斯梅尔汗”（Dera Ismail Khan）的称号，并在印度河以

① 巴基斯坦俾路支省的一个城市，位于巴基斯坦东北部。——译者注

东的达亚汗（Darya Khan）和珀格尔地区开疆拓土。在辛德·萨加尔·达布（Sind Sagar Doab）地区，霍特人有另一个据点门盖拉（Mankera），他们在印度河流域还建立了一个公国，它的首都在 17 世纪初从珀格尔迁移到莱亚（Leiah）。

随着时间的推移，如今霍特人已经被他们的邻居贾特人（Jat）和拉杰普特人同化，他们的势力衰落，人数减少。[①] 但是，17 世纪是他们伟大荣耀的时期。他们的首领伊斯梅尔·胡特给沙贾汗送去礼物，并且讨得太子达拉·舒科的欢心。伊斯梅尔利用他的领地位于两省交界处的特殊地位，声称接受拉合尔行省总督的管辖，并拒绝承认木尔坦行省总督（Subahdar）的管辖权。奥朗则布对此谋划的反击计划，在与皇帝见面时就提到了这件事，并得到皇帝的答复：伊斯梅尔·胡特将会受到木尔坦行省的制裁。这位霍特人的酋长，只凭借达拉的一封信，就拒绝听命于木尔坦的新总督，继续我行我素地进行扩张。

---

① Dames's *Baloch Race*, 48 and 55, *Imperial Gazettee*, xi. 262, 270, xvii. 198, xxiii. 286.

霍特人的侵略扩张

他从另一位巴鲁克酋长——巴布里的穆巴拉克（Mubarak of Babri）那里夺取了三座堡垒。奥朗则布在皇帝的准许下，要捍卫自己的权威，派遣了一支军队将这些堡垒物归原主。但是，在穆巴拉克不在的时候，伊斯梅尔·胡特再次占据了这些要塞。于是，奥朗则布要对他采取更严厉的措施。他被迫交出穆巴拉克的财产，并前往木尔坦觐见奥朗则布，向其致敬（1650 年 6 月 20 日）。这时，奥朗则布对他进行了安抚，因为他是一位富有的酋长，有一大批全副武装的私兵，他可以协助帝国政府征服诺哈尼人（Nohani），并在坎大哈战争期间提供粮食。[①]

诺哈尼人

诺哈尼人是俾路支人的另一支，是霍特人

① Abdul Hamid, ii. 233,（Ismail presents horses and camels, 26 May, 1641.）Waris, 85fl. *Adab-i-Alamgiri*, 2b, 3a.

的世仇，现在已经莫名其妙地衰落，近乎消失。[①] 但他们在 17 世纪时势力很大，强大到足以引起帝国政府的焦虑。奥朗则布起初试图赢得诺哈尼酋长阿拉姆（Alam）的支持，他的土地紧邻着霍特人的土地，盘踞在从木尔坦到坎大哈最短的道路之上。但是，奥朗则布向阿拉姆发出的示好信件没有收到相应的效果，阿拉姆傲慢地拒绝去木尔坦觐见他。因此，奥朗则布在得到皇帝的批准后对他采取武力驱逐的策略。[②]

在印度河外的俾路支山区，帝国的权威得到承认

基尔塔尔（Kirthar）山和拉吉（Lakhi）山将信德地区和俾路支地区分隔开，这里居住着

① “不是叫诺哈尼人就是叫诺赫人（Noh），这个部落如今已经找不到了。据说是在瑞斯对面的拉舍尔斯”（*Dames's Baloch Race*, p. 56）。“在布拉灰，巴罗亚人（Baloa）和拉斯人（Lasi），甚至在锡比的阿富汗人（Sibi Afghans）中，被称为诺赫人、诺哈尼人和诺赞尼人（Nothani）的支派或旁支派都已被发现。”（H. Buller's Census of Baluchistan, p. 83）

② *Adab-i-Alamgiri*, 3a, 36, 4a, 5a.

纳哈马迪人（Nahmardi）和犹基雅人（Jukia），这都是些无法无天的人。在阿克巴时代，他们可提供7000多人的兵力。[①] 他们的大本营是比拉（Bela）[拉斯（Las）地区的首府] 和卡拉（Kahra），他们出发去抢劫和杀戮。从塔尔汗王朝开始，信德行省的统治者就对这些边境匪徒无计可施，甚至没有强求他们名义上顺服。

在莫克兰

莫卧儿帝国这种力量的展现显然在周边部落中收益颇佳，特别是对贾法尔·纳马尔迪（Jafar Nahmardi）来说，他是潘杰希尔的领主（柴明达尔）的亲属[②]，与克赫·莫克兰（Kech Makran）和其他四位酋长向帝国政府表示效忠。

另一位纳马尔迪酋长——马德赫从阿富汗南部的山丘上攻下来，袭击了比拉和卡拉。

① Ain, ii. 337. *Adab-i-Alamgiri* 中提到卡拉和比拉距离塔塔要塞只有10天的路程。

② *Adab-i-Alamgiri*，3b 中提到的是班彻（Banchur），或者读作潘朱（Panju），以及卡杰（Kaj）和莫克兰。我认为是如今的潘杰希尔，在北纬27° 30′，东经64°，在卡杰的东北方向，有 Masson's Kalat，219 为证。位置识别的主要难点在于它距离塔塔要塞300英里。

但是马立克·侯赛因（Malik Husain）率领帝国军队急行军140英里，出其不意地袭击了劫匪的营地，杀死了马德赫，掳掠了他的女儿和40名仆役。因此，皇帝的宗主地位在整个莫克兰沿海地区公开确立，军队载誉荣归信德行省。

诸部顺服

卡克拉拉（Kakrala）领主的儿子萨塔·哈拉（Sata Hala）前去觐见木尔坦总督奥朗则布，但与此同时，他的对手经由喀奇（Cutch）夺取了他的土地。马立克·侯赛因率领一支军队在一艘炮艇的协助下，前去驱赶这个鸠占鹊巢的家伙，后者不战而退，仓皇逃走。[①] 边疆的这些野荒部落开始意识到，他们有了一位新主人，这位主人是他们无法抗拒的。

在确保境内和平的同时，奥朗则布同样注意发展本省的贸易和增加财政收入。17世纪初，塔塔行省（即信德行省）曾是印度主要的商业中心之一，沿印度河的贸易十分繁盛。但是，随着河

① *Adab-i-Alamgiri*，3b.

口淤积的泥沙逐年增加，通往海洋的河道日渐淤塞，塔塔行省的商业日渐衰落。[①]

奥朗则布在印度河入海口建造了一个新港口

那时，奥朗则布试图通过为海上贸易提供便利来振兴信德行省的商业。他在印度河入海口建造了一个新港口，并在那里建造了一个堡垒和码头，以保证它安全有效运转。但这个新港口需要一段时间才能为水手们所知，几个月来，唯一使用这个新港口的是属于皇子的一艘船。皇帝为了吸引贸易，免除了该港口商品关税。[②]

我们能够读到，当时他经济状况很困难。由于干旱、蝗灾和洪水，他的三季收入很少。他请求皇帝提供经济援助，说他没有暗中蓄积金币，也不像其他皇子那样把收入花在购买珠

① “在印度，没有任何一个城市比信德行省塔塔的贸易更繁盛，它的主要港口是拉里·布兰德（Larry Bunder），离河口较近，有三天路程；从塔塔出发，顺水路走两个月，就能到达拉合尔，也可以顺原路返回……塔塔城的贸易量很大，拉里·布兰德常常出现300吨的船只。” Whittington in 1614, Purchas,i, quoted in Kerr's *Voyages and Travels*, ix. 131 and 130. 关于港口的淤塞，见 Tavernier, i. 12。

② *Adab-i-Alamgiri*, 6a.

宝上，而是都花在了维持有效的常备军上。但是，皇帝愤怒地回绝了他。[①]

然而，绝不能仅凭信德行省的这几项成就来判断奥朗则布的行政能力。他在信德行省仅任职三年，在他就任的第一年，对坎大哈的战争就为他的事业蒙上了一层阴影。内政服务于对外战争，其他问题都被忽略，因为最重要的事情是收复坎大哈。木尔坦成为对波斯战争的两个基地之一。在声势浩大的军事预演中，统治者的资源和精力必然从内部行政转移出来。

① *Adab*, 172a.

第七章　第一次围攻坎大哈，1649

坎大哈地区：它的地理环境

坎大哈行省位于阿富汗南部地区，坎大哈是一个典型的依水而建的城市，城市的核心部分沿着赫尔曼德河及其支流延伸。它的东部环绕着以塔尔－乔蒂亚利山（Thal-Chotiali）为中心的广阔的山系，这条山系把它与印度隔开。在南部，它和俾路支行省之间横亘着不可逾越的沙漠。在它的北面，加兹尼和喀布尔的山脉逶迤蜿蜒。在它的西部，从坎大哈城外不远处一直到伊斯法罕城，地形是相当平坦的。但是，它是如此炎热和贫瘠，以致在这条路上，旅行者目之所及，满目荒芜，寸草不生。而在漫长的旅途中，从干燥的沙土中只能获取少量苦涩的咸水。人们在河流上修建了几座要塞，主要是为了军事目的，即放哨站岗，保护商旅，为旅行者提供休息的地方。耕地和村寨散布在河流两岸荒凉的旷野里。[①]

坎大哈的农作物和运河

平日里，坎大哈城是一个开放的城市，也是一个处于群山和沙漠环绕之中的水源补给地。阿尔甘达卜（Arghandab）河和塔尔纳克（Tarnak）河是赫尔曼德河的两条支流，它们使坎大哈城四周遍布农田、葡萄园和蜜瓜地。居住在这里的阿富汗人，把人类的聪明才智发挥到了极致，在使用少量珍贵的河水灌溉他们的田地时，使用了各种方法使利用效率最大化。

当地人把他们的河命名为“赫尔曼德河”，意思是“满载祝福之河”，这是正确的，因为他们所拥有的一切都拜它所赐。[②] 但是，这里

---

① *Journey of Richard Steel and John Crowther*, in Purchas, i. 519–528（quoted in *Kerr's Voyages and Travels*, ix. 212 and 213）.

② *Imperial Gazetteer*, i. 12. *Ain–i–Akbari*（Jarrettt）, ii.394. Masson's *Journeys*, ii. 186, 189. Forster's *Journey*（1798）, ii. 102–104, 106.

植被稀少，因而木材十分珍贵，而且由于缺乏木材，人们不得不用晒干的黏土建造房屋，用陶土建造圆形屋顶。[①] 烧砖很少使用，即使在建造堡垒的墙壁时也是如此。在离河流较远的地方，无法发展农业，因而人们主要以放羊维持生计。

坎大哈的战略重要性

但在赫拉特北部地区，它那可怕的高度陡然下降到微不足道的程度，地势起伏变得和缓，这为来自中亚的入侵者大开方便之门，使其能从后方夺取喀布尔，并袭击帝国的西部边疆。[②] 坎大哈的战略重要性如下：距离赫拉特只有 360 英里，这是一段只需要 10 天的骑兵突进就能完成的路程。任何一支较大规模的陆军部队，带上大炮和其他先进装备，如果要从波斯或中亚入侵印度，坎大哈就是必经之地，别无选择。[③]

---

① Masson's *Journeys*, i. 280.

② *Holdich's Gates of India*, 528.

③ *Kandahar* (a pamphlet), with an introduction by Ashmead Bartlett, (1881).

喀布尔的主人[1]必须守住坎大哈和赫拉特，否则他的统治就不再稳固。在整个阿富汗地区都是德里苏丹国领土一部分的时代，坎大哈是印度不可或缺的第一道防线。

坎大哈：印度与波斯之间的商路要津

17世纪，坎大哈作为商路要津，比作为帝国军事前哨更为重要。当时葡萄牙海军控制了印度洋，它们与波斯的争端常常导致通过波斯湾进行的海上贸易被阻断。所有来自印度甚至香料群岛的商品都必须沿着陆路运输，穿过木尔坦、乔蒂亚利、皮辛（Pishin）和坎大哈。尽管这条路漫长而艰辛，关卡林立，当地的酋长和官员的管辖权层层重叠，尽管每头骆驼所运载货物的运输总成本高达125卢比，来自这条商路的商人却垄断了波斯市场，他们获得的利润是如此之大，足以吸引更多的商人。

1615年，英国旅行家理查德·斯蒂尔（Richard Steel）指出，每年有14000头满载货物的骆驼沿着这一路线进入波斯。印度、波斯

① 指阿富汗的统治者。

和土耳其的许多商人在坎大哈相遇，他们经常在此地交换商品，贸易量是如此之大，以致这个城市里的粮食变得非常昂贵，尽管这一地区物产十分丰富，但当地人不断扩建房屋，直到郊区变得比城市本身还要大。①

坎大哈过往的历史

从坎大哈的地理位置来看，在16世纪早期，它自然是波斯和印度争夺的焦点。当巴布尔征服德里，沙伊斯梅尔在波斯建立了荣耀的萨非王朝（Sophy dynasty）时，这两个强大的君主制国家针锋相对，征伐不休。1522年，巴布尔终于从名义上效忠于赫拉特的统治者——阿鲁浑家族手中夺取了坎大哈。在他死后，这个地区被他的小儿子卡姆兰据为己有。1545年，印度的流亡君主胡马雍从他兄弟阿斯卡里手中夺取了这座要塞，但是他违背了把它转交给波斯国王儿子的诺言，正是后者给予他庇护，并派兵帮助他征服了此地。但这种背信弃义的行

① Purchas, i.519-528, as quoted in Kerr, ix. 209, 212, 213. Tavernier, i. 90.

为没有给他带来多少好处。在胡马雍突然死去、阿克巴年纪尚幼之时，波斯国王征服了坎大哈（1558），并将此地封赏给他的侄子苏尔坦·侯赛因·米尔扎（Sultan Husain Mirza）。

坎大哈在印度和波斯之间频繁易手

风水轮流转，1594年轮到阿克巴统治此地。当时，苏尔坦·侯赛因的继任者米尔扎·穆扎法尔·侯赛因（Mirza Muzaffar Husain）向这位莫卧儿皇帝献土称臣，并以一名高级贵族的身份向他效忠。穆扎法尔的兄弟鲁斯塔姆也是这样做的，他是达瓦尔（Dawar）的领主。在接下来的29年间，坎大哈一直处在德里的稳固统治下，在1606年阿克巴死后它遭到波斯人的一次攻击，尽管没有攻下来，但是波斯人仍旧垂涎此地。波斯曾与继任的贾汉吉尔就友好割让这一要塞进行谈判，但是未能如愿。1623年，阿巴斯大帝（Shah Abbas the Great）发兵围城45天，从阿卜杜勒·阿齐兹汗·纳克什班迪（Abdul Aziz Khan Naqshbandi）手中夺走坎大哈，当时后者正为贾汉吉尔代掌此地。

15 年后，坎大哈的波斯总督阿里·马丹汗对波斯国王对他的敌对意图感到震惊，于是把坎大哈要塞出卖给了莫卧儿帝国，以保全他自己和他家人的性命。(1638 年 2 月）他转而为莫卧儿帝国服务，从那里获得了最高级别的爵位和官职，以及和他的新主人沙贾汗的私人友谊。沙贾汗加强了坎大哈及其附属的比斯特（Bist）堡垒和柴明·达瓦尔（Zamin Dawar）堡垒的防御，补充其物资储备、武器，在这些方面花费了大量资金。

阿巴斯二世准备夺回坎大哈

夺回坎大哈是一个关乎荣誉的奋斗目标，他于 1642 年在伊斯法罕（Isfahan）登上王位时只有 10 岁，因此他想通过一个巨大的丰功伟绩来宣告他长大成人。1648 年 8 月，他开始在呼罗珊召集火枪兵和骑兵，在临时粮仓中蓄积谷物，并在赫拉特对大部队进行动员。同时，从波斯到坎大哈的道路也被封锁，以免走漏风声，让这个注定要沦陷的城市得到消息。但是，如此大规模的备战是不可能对外保密的。

沙贾汗延误运送补给

9月底，沙贾汗获悉了波斯人的计划，他甚至被告知波斯人将在冬季趁阿富汗地区的大量降雪能够阻止来自印度的救援部队到来时发动袭击。于是，当时在德里的沙贾汗与他的王公重臣商量对策。最初他们决定将皇室迁往喀布尔，并通知贵族们带着他们所统领的部队加入这支队伍。但是，前往阿富汗的冬季行军是令人不快的；几个行省的军队指挥官拖拖拉拉，不愿意跟随皇帝行动。朝臣暗自揣度，认为不必如此着急，因为波斯人在严冬打仗几乎是不可能的。在一个意志薄弱的时刻，沙贾汗听信了他的宫廷近卫骑士的话，导致大军的行动推迟到了第二年春天。只有莫卧儿帝国的喀布尔总督向坎大哈派去了5000名士兵，提供了5万卢比，以增强其防御能力。①

---

① Waris, 20b-21a, 23a; Khafi Khan, i. 684-686; Muhammad Afzal Husain's *Zibdat-ut-Tawarikh*, (Khuda Bakhsh MS.) 42a, (very brief). 波斯国王在给沙贾汗的一封信里提出了很滑稽的要求："我打心眼儿里把你当父亲一样看待，你为何不把坎大哈当作一份免费的大礼送给我这个乖儿子？" *Tarikh-i-Shah-Abbas Sajti* by Mirza Tahir Wahid (Mulla Firuz Library) 中简要介绍了波斯人的胜利和莫卧儿军队围城的失败。

波斯人围攻坎大哈

选择安逸就无法维持帝国，选择懒惰就无法获得胜利。麻痹轻敌的恶果自然而然地随之而来。这个波斯国王克服了自己的少不更事的弱点和酗酒无度的恶习，战胜了严冬、缺乏给养和其他种种困难，而沙贾汗的大臣正是基于这些因素认为可以高枕无忧。1648年12月16日，阿巴斯二世开始围攻坎大哈。

道拉特汗（Daulat Khan），姓卡瓦斯汗（Khawas Khan），是莫卧儿军队的司令。这一回，他采取了愚蠢的防御计划。他让挑选出来的军队进驻“道拉塔巴德”（Daulatabad）要塞，好像事情已经到了最坏的地步。在距离要塞四分之三英里处，两座突出的护卫塔矗立在从坚硬的石灰岩中刀砍斧劈出的“四十级台阶”上。道拉特汗并没有守住这个孤立的地点，而这是一个致命的疏忽。波斯人立刻占领了这个高地①，随即

① 曼努西讲了一个故事：他们在山羊群的引导下，在夜间沿着一条崎岖小道爬上了山顶。（*Storia do Mogor*, i. 186.）

占据了要塞和坎大哈的市场区。1649年1月5日，三尊大炮被运到波斯军队的营地，每尊大炮的射程是74英尺。大炮的平台基座已经筑好，波斯人开始对城市进行轰击。城墙上方的栅栏和掩体被摧毁，波斯人的战壕安全地推进到护城河边。

围攻的进展

他们通过临时搭建的木桥越过护城河，又在城墙外搭建了一处临时掩蔽所，名为“谢尔·哈吉”（Shir Haji）。在这里，最激烈的战斗发生在短兵相接之时，掩蔽所多次易手。阿巴斯二世的出现，使波斯士兵更加英勇地战斗。

守军内乱

2月初，守军开始失去信心。他们已经坚持了一个半月的时间，却没有看到任何解围的迹象。叛徒也在煽动他们的不满和恐慌情绪。两名鞑靼酋长——萨迪·乌兹别克（Shadi Uzbak）和齐普查克汗（Qipchaq Khan）及其下属，曾在巴尔赫战争结束时选择为莫卧儿帝国服务，而现在他们身在坎大哈。他们这些外国雇佣军只想拯救自己的身家性命和财产，毫不关心他们主人的荣誉。他们对胆怯而又懒散的守军大搞阴谋诡计，大谈援军在春季到来之前赶来救援的希望是多么渺茫，绘声绘色地讲述波斯人的攻击是多么恐怖，以此煽动守军绝望的情绪。他们的伎俩得逞了。一部分驻军叛变并离开了战壕，与敌人展开谈判。道拉特汗在这场危机中毫无主导的能力。他失去了对下属的控制，而不是以身作则，通过严厉镇压兵变来维护自己的权威，通过不断巡守、视察来激发士兵的忠诚心。他对叛军束手无策，后者得以为所欲为。2 月 5 日，叛军公然违抗命令，接见了一位波斯使节，很快一群莫卧儿军官聚集在使节周围，听他宣读波斯国王的信。一名来自比斯特的帝国军官也被请来，以便说服守军将要塞移交给波斯人。这一事件使守军们失去了最后的斗志。司令[①]请求停战五天，这一请求得到了波斯人的同意。

坎大哈城的守军投降

2 月 11 日，在波斯国王做出保证他们安全

① 道拉特汗。——译者注

的承诺后，坎大哈的守军选择投降，他们放弃了城池，撤往印度。于是，印度失去了坎大哈及其所有的辎重和武器。①

围攻持续了57天，而救援部队在坎大哈陷落三个月后才赶到！曾经发生的对莫卧儿帝国威望的打击，没有比失去坎大哈更沉重的。而且，更令人羞耻的是，这次劳师动众的远征，真正前来救援的只有皇帝的儿子们带领的3000人，根本无力从波斯人手中夺回坎大哈。阿巴斯二世的成功，徒增奥朗则布和达拉·舒科随后在同一地点的失败所带来的耻辱。

对于坎大哈的陷落，沙贾汗和他的谋臣们必须独自承担责任。他们低估了敌人的力量；他们推迟了自己的准备工作；最重要的是，他们让道拉特汗负责守城。在波斯人到达之前，兵力和金钱被投入堡垒，但这一时刻所需要的不是人；决定战争胜负的，不是士兵，而是统帅。

① 波斯人讲述的这次围城战，见于 Waris, 23a-27a; Khafi Khan, i. 686-690, 693。

莫卧儿军队司令官的秉性

道拉特汗[①]是一位1000人指挥官，出生于旁遮普的一个巴蒂人（Bhati）家庭，他年轻时长得一表人才，这使他得到了贾汉吉尔的青睐，他轻松地获得了帝国近卫队队长的职位。在沙贾汗统治时期，他在德干战争时期和在逮捕一名强大的叛乱者时以作战勇敢和尽忠职守而闻名。但是他现在快60岁了，显然已经失去了旧日的精力和对他人的领导力。而且，他既没有机智的头脑，也没有主见，更没有那种在面临饥饿和即将来临的大屠杀时仍旧坚守要塞直到最后一刻的英雄气概。

最重要的是，他完全无法控制不同族裔的下属——拉杰普特人、印度穆斯林、阿富汗人和土耳其人。他们共同组成坎大哈的守军。有一座坚固的堡垒、一支7000人的驻军，以及足够使用两年的粮食和弹药[②]，我们很容易拿

① Life in *Masir-ul-umara*, ii. 24-30.

② 当波斯人攻占堡垒时，守军有4000人，有剑有弓，有3000名火绳枪手，还有许多大炮、大量的火药和枪弹，几千具火器发射架，以及金钱、粮食、油和其他物资，足够两年之用（Waris, 26a and b.）。

他所面临的任务和某些名扬四海的英国军官所面临的任务做比较，比如埃尔德里德·波廷格（Eldred Pottinger）或西奥巴尔的格兰特（Grant of Thobal），但是他失败了。如果他再坚持一个月，波斯人就会因为缺乏补给而解除围困。当他向敌人敞开大门时，他手下的7000名驻军只损失了400人。[①]

派往坎大哈的军队

沙贾汗早在1648年9月30日就收到波斯人准备围攻坎大哈的消息，但是他的朝臣竭力劝说他将自己前往喀布尔的行军推迟到第二年春天。1649年1月16日，在拉合尔的沙贾汗收到了来自坎大哈的一封信，说波斯国王已经到达，而且波斯人在一个月前就已经开始围攻。沙贾汗立即向奥朗则布和宰相萨杜拉汗（Sadullah Khan）发出命令，让他们率领五万士兵火速赶往坎大哈。每一位加入这次远征的士兵都得到了100卢比的赏金，而指挥官

① Waris, 26a and b.

和皇家骑兵（ahadis）则提前支取了3个月的俸金。①

在萨杜拉汗和奥朗则布的统率下

军队兵分两路进军，萨杜拉汗率领一支军队从拉合尔出发，而奥朗则布率领一支军队从木尔坦出发，两军在佩拉（Bhera）会师。而皇子本人沿班加什（Bangash）、科哈特（Kohat）、贾姆鲁德（Jamrud）和贾拉拉巴德（Jalalabad）行进，并于3月25日抵达喀布尔，而大部队却因沿途的积雪和运输辎重的军畜缺乏饲料而延迟到达。与此同时，坎大哈已经陷落，而奥朗则布发出新命令，让下属趁着波斯人尚未巩固他们的胜利成果，往前推进并包围坎大哈要塞。沙贾汗也将亲自前往喀布尔，从后方支持和遥控指挥围攻坎大哈。

奥朗则布在喀布尔停留了11天之后，于4月5日离开，并在18日到达加兹尼。到达加兹尼时，粮食和草料消耗殆尽，这使他无法进一步前进。但是，皇帝是铁面无情的。奥朗则布在加兹尼待了两个星期，收集了他所能得到的所有补

① Waris, 23a and b，27a.

给物资，然后继续进军。而萨杜拉汗从盖拉特－伊－吉尔扎伊（Qalat-i-Ghilzai）启程，他把军队分为五部分，于5月14日在坎大哈城外安营扎寨。两天后，奥朗则布从后方赶来。

追忆往昔的坎大哈

一位前往赫拉特的旅行者来到了距离如今坎大哈两英里处，那里是古老的坎大哈城的遗址。① 据说这座城市是亚历山大大帝建造的，但在1738年被纳迪尔沙（Nadir Shah）摧毁。它据守险要之地，占据了一座山的山脚和东坡，这座山从原野上突然拔地而起，山上光秃秃的，只有裸露的岩石。这座城市的遗址上修建有摇摇欲坠的城墙。堆积如山的砖块和瓦砾，覆盖了几英亩的土地。城市防线上的一部分城墙沿着山脊线断断续续地延伸到山顶。这座城市由三个不同的部分组成，每一部分都有各自的优势，能够在防御上相互支援。

① 该描述是基于 Ferrier's *Caravan Journeys*（ed. 1856），317; Bellew's *Journal of a Political Mission to Afghanistan*, 232 & 233; Masson's *Journeys*, i. 279; Waris, 26a。

城市和山脊

在锯齿状的山顶上，有许多由围墙连接起来的塔楼。这些塔楼中最高的一座，名叫“拉卡”(Lakah)，它几乎是不可攻破的。而名为“道拉塔巴德”的堡垒内部有从山岩中凿出的蓄水池，用以满足城市用水需求并拱卫城池，它的高度仅次于“拉卡”。而城镇和集市(Mandavi)的城墙都是圆形的，位于第一个台地下方东部的平原上。在城市之外，在北部、东部、东南部，花园、消闲别墅和田地绵延数英里。在这座城市的远端，是三段城墙，它们围成环状，中间是一大片空地，以便于在战争时期供守军宿营。

城墙

这座古城的城墙[①]是用干黏土建造的，将碎稻草和石头混合进行加固。这种材料经过彻底的浸湿和压实，晾干一层再铺上一层，就这样

---

① 该描述基于 Ferrier, 317; Le Messurier's *Kandahar in 1879*, pp. 70, 71。

层层铺叠，垒到18英寸高。它们在某些位置的厚度达到10码。1878年，一位英国军官写道，这城墙是他所见过的最坚硬的城墙。在离城墙10码处用左轮手枪进行射击，子弹只会嵌入墙内（但不会穿透），可以用指甲抠出来。按照他的说法，这样的城墙可能会在相当长一段时间内经受得起现代炮火，事实上，一些英国炮兵怀疑能否将它轰塌。[①] 除了这三部分城墙之外，平原的另一侧是一条又宽又深的护城河，水是从连通阿尔甘达卜河的运河中引来的。

城门

在堡垒偎依的山脊的北侧，凿有四十级台阶，一路通向半山腰的一处洞穴。山洞入口处的两侧蹲伏着两只豹子。洞穴里有一个弓形的房间，屋顶是圆形的。[②] 莫卧儿帝国军队占领坎大哈期间，在邻近的山岩上建造了两座守卫塔，以抵御敌人从这条路线上发动的进攻。这是因为，如果占据了四十级台阶的顶端，就可

① Le Messurier, 130, 131.

② Bellew, 232, 233.

以对要塞和这座城市进行全面的炮火覆盖。“拉卡”要塞坐落在山脊线中间的一座山峰上，在坎大哈的西部侧翼负责保卫整座城市，在那里，山峰陡然下降到平原的高度，形成一个陡峭的悬崖。它有一座名为“阿里·卡比”（Ali Qabi）的门。[①] 从山脊的东北侧沿着城墙往前走。当城墙开始与山分离时，我们相继来到“巴巴·瓦里”门（Baba Wali）、“怀斯古兰”（Waisqaran）门、“克瓦贾赫·克赫兹尔”（Khwajah Khizir）门和“马什迪”（Mashuri）门，最后城墙又一次与要塞西南角的山脊线相连，那里筑有一个土方防御工事和一个“赫萨尔”（hissar）（最后防线）。[②]

在坎大哈行省，朝向波斯的前哨是库什克－伊－纳胡德（Kushk-i-Nakhud），它位于坎大哈城以西约 40 英里处，在赫尔曼德河的一条支流的右岸，这条支流带来了迈万德山谷（Maiwand valley）的河水。比斯特堡垒距赫尔

① 因此，我们可以从波斯人的文字来判断，凯图尔（Qaitul）是山脊的名称。它看起来仿佛是与拉卡相同或相近的一个高峰，但是 *Adab-i-Alamgiri*，12b 里清楚地将整个山称为“凯图尔山”。

② For the gates, Waris, 24b, 286, 650; *Adab-i-Alamgiri*, 12b, 14a.

曼德河岸约 50 英里，而柴明 · 达瓦尔堡垒位于比斯特堡垒的西北方。波斯的边境前哨是吉里什克（Girishk），距赫尔曼德河畔的比斯特堡垒约 30 英里。①

围攻开始

奥朗则布到达坎大哈，并于 1649 年 5 月 16 日开始围攻。莫卧儿人在城门对面和山脊后面筑起了防御工事，完成了他们的战斗准备，并开始朝着堡垒城墙的方向挖掘地道。而（波斯人的）一队侦察兵开始在库什克 - 伊 - 纳胡德堡垒等待渡船到来，希望从那里得到来自波斯的任何救援部队的消息。

第二天，莫卧儿军队发动了一次闪电突袭（coup de main）②。瓜廖尔的曼 · 辛格（Man Singh）王公和康格拉丘陵（Kangra Hills）的鲍 · 辛格王公带领他们麾下的拉杰普特人打头

① Holdich's *Gates of India*, 204, Purchas, i. 519 528（quoted in Kerr's *Voyages and Travels*, ix）. *Ain-i-Akbari*（Jarrett）, ii. 393-398.

② 法语短语，意为“一次突然的快速攻击”，可等同于“闪电突袭”。——译者注

阵，试图径自冲上山顶。但是，波斯火枪兵从守卫塔里持火绳枪射击，在近距离内造成拉杰普特人大量死伤。拉杰普特人在半山腰损失惨重。在那里他们建造了一道木栅栏防线，并依靠它坚持了一段时间。①

加固工事和挖掘坑道

尽管来自要塞的炮火很猛烈，但到了7月4日，三条地道还是挖到了护城河底部，其中有一条已经挖穿河底，直指“克瓦贾赫·克赫兹尔”门的前方。8月2日，地道被打开一个缺口，通过这个出口，泥土和支撑地道的木条被扔进护城河里，形成一座土桥。由于挖出了一条地下通道，把沟渠里的一部分水排了出去，所以水位降低了一码。而当另一条地道挖到城墙下时，一枚地雷被敷设在那里。②

奥朗则布的军队缺少攻城炮

到目前为止，帝国军队一直在掩护下作业，

① Waris, 28b and 29a.

② Waris, 34a and 34b.

并执行他们的任务。而到了现在，他们不得不到外面去攻占要塞。这种劣势只有在冲破防守者的防御屏障或轰倒城墙后才能扭转。但奥朗则布的远征军已经计划等援军到来后让后者攻打要塞，因为完全不具备完成这一艰难任务的条件，他连一门火炮都没有，而要塞里的波斯人却有很多。面对敌方占优势的炮兵，只要拥有无所畏惧、素质优良、纪律严明的部队，并且为此付出巨大牺牲，进攻本来还是可以进行的。但在这种情况下，优势在防守者这一边。

波斯人的炮兵优势

这位德里的历史学家坦承，由于从沙阿巴斯[①](Shah Abbas) 统治时期开始，就和土耳其人进行了长期战争，这些波斯人在攻占和防御要塞方面已经是行家里手。他们同样也是操纵火器和火炮的高手。他们占据的要塞很坚固，而且物资供应充足，他们还有许多火炮和高超的火炮手，这些人曾在一天之内把莫卧儿人挖到护城河底部的地道于中途炸毁 25 次。卡西姆

① 指萨非王朝的阿巴斯一世。——译者注

汗（Qasim Khan）在地道里埋置的地雷，也被波斯人发现了，并被炮台上的炮弹摧毁。帝国军队并没有足够强大的火力掩护来突破防御阵地，更不用说他们枪炮奇缺。①

失败：对要塞的围困被解除

“所以，帝国军队尽了一切努力，却最终失败。”既然夺取要塞无望，9月5日奥朗则布奉皇帝之命撤军返回坎大哈。他攻打要塞长达3个月零20天，但是徒劳无功。可怕的阿富汗冬季的来临，加快了他们撤退的步伐，因为印度人无法忍受这样的天气。况且，有关另一支强大的波斯军事力量的新消息传来，估计有两万波斯大军将开往坎大哈要塞接替守军。

莫卧儿人进一步的军事行动

卡利奇汗（Qalich Khan）率领的一支帝国部队已在比斯特堡垒附近驻扎了两个月，并奉命攻击堡垒内的波斯驻军，侵袭达瓦尔地区，以及向坎大哈运送补给。但是，到了8月，波

① Waris, 33b, 34b

斯人的增援部队开始朝坎大哈推进，这使卡利希汗的处境变得危险。罕贾尔汗（Khanjar Khan）率领一支4000人的军队横渡赫尔曼德河，并劫掠了库雷希（Kuraishi）地区。随后他被波斯的骑兵将领纳杰夫·库利（Najaf Quli）击败，仓皇逃回河对岸，许多士兵在渡河逃命时溺死，最后逃回去的只有七百残兵败将（7月中下旬）。

面对数量占优势的敌人，卡利希汗迅速撤退，一路撤到了阿尔甘达卜河边的尚希萨尔（Sang Hissar）。奥朗则布派出了强大的援军，由鲁斯塔姆汗·德卡尼（Rustam Khan Deccani）带领，在这里接应他。在两军会师之前，援军还不得不解决一群紧随在溃败的军队之后的波斯掠夺者，这些家伙已经渗透到离皇子的营地只有几英里的地方。[1]

与波斯的支援部队作战

这两位将军联合起来，于8月25日在沙米尔（Shah Mir）地区与敌人进行了一场恶战。鲁

① Waris，29a，34b-36a.

斯塔姆汗领导下的印度军队在阿尔甘达卜河畔作战，但不包括通往坎大哈的道路。据说，波斯人的兵力达到三万人，大军压境，从库什克-伊-纳胡德山一直延伸到河岸，长达四英里。在决战当天早上，波斯人又得到了穆尔塔扎·库利汗率领的大批增援部队——“法吉·巴什”（Fauji Bashi）。新到来的援军是从库什克-伊-纳胡德堡垒赶来的，他们斗志昂扬，马不停蹄，不曾休憩。他们的将军甚至发誓，不打败那些印度人，他就不进食！

什么被撤下了

下午一点后，敌对双方的战斗打响。人数更少的莫卧儿军队被围困在波斯军队的前锋和两个侧翼之间，在之后的三个小时里进行了激烈的战斗。起初，波斯军队的攻势撼动并击退了莫卧儿军队的右翼，但莫卧儿军人是精挑细选出来的，素质良好，并没有陷入混乱。在鲁斯塔姆汗亲自率领的后备部队的支持下，他们击退了敌人的进攻并发起反击。之后，一场沙尘暴的突然来袭结束了这场战斗。波斯人骑着疲惫不堪的战马，忍受着焚风，向后撤退，战场上只留下莫卧儿军队。在匆忙的逃窜过程中，波斯人放弃了一些大炮、马车、马匹和武器，随后这些物资落入莫卧儿军队手中。第二天早晨，获胜的莫卧儿军队继续推进，却发现波斯军队已经趁着夜色从库什克－伊－纳胡德山撤退，即使他们再往前追击20英里也追不上了。[①]

围城战中的伤亡

这场胜利可谓莫卧儿帝国在赫赫武功上的“回光返照”。而沙贾汗照样以欢庆盛宴和大肆封赏来庆祝：帝国乐队连续演奏三天，整个皇室载歌载舞，将军们被授予荣誉，职位得到晋升。但对坎大哈的围攻已经无望。胜利成果在十天后就丢失了。在这次围城战中，奥朗则布损失了2000~3000人，而损失的马、骆驼和牛的数量大约是士兵数量的一倍，他的军队因

① Waris, 360-376按照波斯人在*Zubdatut-Tawarikh*, 42b and 43a中的说法，因为刮的是热风，波斯人的战马既没有饮水也没有吃草料，于是就撤退了，第二天却发现“莫卧儿军队已经先行撤退，掉头追击奥朗则布”。

缺乏粮食和草料而受到严峻考验。[1]米拉布汗（Mihrab Khan）——防御坎大哈的波斯军队司令在帝国军队开始撤退的那一天就战死了，但是他立于不败之地。

① Khafi Khan，i. 695–700.

第八章　第二次围攻坎大哈，1652

第二次围攻前的准备

莫卧儿军队对坎大哈的第一次围攻，由于缺乏重型火炮和物资而失败。出于荣誉感，他们决心再战一次。接下来的三年时间都花在了对这项任务的准备工作上。铸造大炮；在行军路线沿途的便利仓库里囤积粮食，征集了数千头骆驼，以作运输之用；收买了木尔坦沿途的俾路支酋长，与他们建立良好的关系；在喀布尔的军事基地储存钱财和弹药。

奥朗则布被任命为这支远征军的统帅。从他所治理的木尔坦行省，他派人前往坎大哈去探查路线，最后选定查查一乔蒂亚利一皮辛线作为最短的行军路线。这几年里，他的代理人遍访俾路支各部落，并与部落首领订立条约，使他们答应在奥朗则布行军和围城期间为其提供粮食。[1]

奥朗则布军队的实力

派往坎大哈的部队人数在5万~6万人，其中1/5是火枪兵和炮兵。在部队中，20个人当中就有1个是军官。炮兵部队携带了8门重炮，其中有几门可发射重达70磅的炮弹，还有20门小口径火炮，炮弹重4磅或5磅。20个旋转架安装在大象身上，100个安装在骆驼身上。运输任务被交付给10头大象，它们是从皇帝的马厩中挑选出来的。除了将军们拥有的牲畜外，还有3000头骆驼。这次行动要花费两克若[2]卢比。皇帝亲自坐镇喀布尔，带领一支四五万人的军队，随时准备支援前线，并保持前线部队与北方[3]通信的畅通。[4]

由宰相萨杜拉汗率领的主力军队，经过卡伊

---

① *Adab-i-Alamgiri*, 3a, 4a, 5a, 7a, 10a, 11a, 96b.

② 克若（Krore），也写作crore，印度的货币计量单位、数量单位，1克若相当于1000万。——译者注

③ 坎大哈位于阿富汗南部，在地理位置上，喀布尔在它的北方。——译者注

④ Waris, 60a-61a. 他说一支大约56000人的军队被派往坎大哈。哈菲汗（i. 710）误以为是70000人。

巴尔进入阿富汗，再经过喀布尔和加兹尼抵达坎大哈。而奥朗则布率领的部队规模较小，军队中有他麾下的许多军官和5000名士兵。他从木尔坦出发，沿着西边的路线穿过乔蒂亚利和皮辛，越过潘杰曼德（Panjmandrak）河。[①]1652年5月2日，两支部队在坎大哈附近会师。[②]

---

① 可能是今天的科杰克（Khojak）河。——作者注

② 关于这次战役的细节，见于Waris，64a，*Adab-i-Alamgiri*，9a-11b。这本书介绍了奥朗则布活动的详细情况：2月16日离开木尔坦，但是在边境停留了很久；3月29日越过了切纳卜（并且把他的家人送回木尔坦）；四次经过印度河，并于3月26日渡河；4月6日经过拉卡（Lakia）、查查；3月13日到达乔蒂亚利；3月14日到达杜克（Duki）；3月19日到塔巴克-萨尔（Tabaq-sar）；大约于3月23日到达皮辛（Pishin），因为前面两个日期互相矛盾；3月26日越过潘杰曼德河；5月2日到达坎大哈。木尔坦与皮辛之间的距离大约为120公里。英国旅行者理查德·斯蒂尔和约翰·克劳德在1615年所经过的路线是木尔坦→杰纳布（Chenab）→帕图利村（Patuali village，距离印度河的支流拉卡河20公里）→进入离拉卡河12公里远的山脉→查齐萨（Chatcza，也就是查查）→杜克→赛科塔（Secotah，此地有三座城堡）→翻越一座山→科斯塔（Coasta）→阿卜杜（Abdun）→佩辛加（皮辛）[Pesinga（=Pishin）]→跨过一座高山，然后越过平原→来到距离皮辛60公里的坎大哈（Kerr，ix. 210-212，quoting Purchas.）。皮辛在波斯语中也拼作“福沙吉”（Fushanj）、“克沙吉”（Qushanj）或者“克沙赫”（Qushakh）。沙德波尔特的《阿富汗战役》一书中，曾提到1879年比达夫（Biddulph）路线图，皇家地理协会杂志也提到这一点。*Royal Geographical Soc. Journal*，1880，pp. 190-319.

围攻前的部署

在这一天，围攻开始。各部队指挥官占领了堡垒周围的指定地点，并开始挖筑阵地和建造炮台。奥朗则布的部队部署在要塞的西边，也就是拉卡山的后面。奥朗则布的炮兵部队部署在要塞南边，指挥官是卡西姆汗，奉命把护城河排干；萨杜拉汗的部队部署在东南边；在西北边，直接面对“四十级台阶”要塞的是拉杰鲁普王公和他麾下的康格拉[①]勇士。另外，还有四名将军率领部队填补了他们之间的空隙地带，把坎大哈围了个水泄不通。[②]

---

① 拉杰普特地区地名，在今天印度的喜马偕尔邦。——译者注

② Waris, 65a. *Adab-i-Alamgiri*，12b. 从西部、北部到东部和南部的战线分布如下：攻打拉卡要塞，奥朗则布、卡利希汗、沙纳瓦兹汗、帕哈尔·辛格·邦德拉（Rajah Pahar Singh Bundela）王公；攻打“阿里·卡比”门，巴奇汗；“四十级台阶”，拉杰鲁普王公；巴巴瓦利门，马哈巴特汗和阿努鲁赫王公；“怀斯古兰”门，纳贾巴特汗（Najabat Khan）；“克瓦贾赫·克赫兹尔”门、“马什迪”门（Mashuri），卡西姆汗（火炮部队指挥官）萨杜拉汗和贾伊·辛格；土方工事，鲁斯塔姆汗。
在 *The Adab-i-Alamgiri* 里，鲁斯塔姆汗的位置背对“马什迪”门，但是他真实的位置是在堡垒的西南侧。卡西姆汗的位置也被萨杜拉汗做了调整。这解释了上面引用中的两个差异。

逐渐削弱敌人力量是需要时间的。与此同时，零星的战斗打响，莫卧儿军队试图通过突袭夺取一些外围防御阵地。马哈巴特汗和拉杰鲁普王公负责北部战线的进攻，他们把两门重炮拖到前线，架在“四十级台阶”上轰击这两座堡垒，对堡垒造成了一些破坏。但是，这两座堡垒是坚不可摧的；第一次围攻期间，博·辛格在这里发动了攻击，但是伤亡惨重，最后失败，如今他的儿子拉杰鲁普也已经对这无望的任务感到畏惧。他接着提议向山顶，也就是在“四十级台阶”后面的堡垒发动突袭。拉杰鲁普把他的部队调到这座山上正对着“阿里·卡比”门的位置，并使自己站稳了脚跟。他的部队中有许多来自康格拉地区的火枪兵，这些人都是爬山好手。他的计划是在午夜后秘密地把他们送上山，在他们出其不意地进入防御工事时支援他们，使他们攻占山腰，趁机冲向山顶。为这一目标做了准备；收集建筑材料在山坡上筑起一道防御栅栏，并通知军队的两位长官准备进行支援。

对凯图尔山的突然袭击

星期天也就是 6 月 20 日的晚上，被选定作为发动进攻的时间。① 萨杜拉汗从右翼调集部队支援左翼的拉杰鲁普，并从自己指挥的部队中挑出 1000 人协助他发起这次进攻。每一个人都按照宰相萨杜拉汗的安排各就其位。夜里，拉杰鲁普通过一条刚刚发现的小路把自己的部队送上山。他自己也跟着他们走了一段距离，在半山坡筑起一个石头掩体，作为自己的据点。支援他们的部队也向“阿里·卡比”门行进，而带领这支部队的是巴奇汗，奥朗则布从麾下调出了三百人，让他们加入拉杰鲁普的队伍。这一危险事业的成功取决于无声无息和保密。但莫卧儿军队把这件事搞砸了。莫卧儿士兵不习惯在夜间隐秘行军，特别是在丘陵地区。行进的部队人数太多，加之情况又复杂，他们很难静悄悄地行军。拉杰鲁普和一个名叫穆扎法尔·侯赛因（Muzaffar Husain）的军官之间发生了一些矛盾，双方相互争吵。于是，产生了很大的噪声。

① 关于夜袭的历史记载，见于 Waris, 656, and *Adab-i-Alamgiri*, 16b and 17a，而拉杰普特人的记载在 *Masir-ul-Umara*, ii. 277-281，而 Khafi Khan, i. 711-712 里没有提到这次夜袭。

战斗失策

敌人敏锐地接收到了这一警报，并迅速展开防御。面对警惕的防御者，再次发起突袭是不可能了。因为突袭的话，要让士兵在一个狭小的山坡上成排成排地向上爬。大约离黎明还有3个小时，月亮升起来了，莫卧儿军队获胜的最后一丝机会也丧失了。不久，消息传到了拉杰鲁普那里。他已经在山坡上的石堆边焦急地等待了很长时间，却得知这样的消息：他的军队到达山顶，却发现要塞的守军已经严阵以待，他们对这种情况感到很意外，然后就困惑地返回了。于是，他又派他的部队上山，而自己还在原处等待他们回来。过了一会儿，一个愚蠢的仆人告诉他，他的部队已经攻占了山顶，进入了堡垒。拉杰鲁普仓促地相信了这份报告，命令军队吹响号角，擂动战鼓。

伤亡惨重的失败

听到号角后，折返的帝国军队回到他身

边。但很快就真相大白。太阳升起了，在山边乱成一团的袭击者（莫卧儿士兵）成了波斯神射手的活靶子，许多莫卧儿帝国士兵受伤或者阵亡，但损失最惨重的还是距离敌人最近的拉杰鲁普的部队。因为这次形势误判，拉杰鲁普受到了指挥官的谴责，并且被勒令回到之前的战线。

战线移动

此后，占领坎大哈的唯一希望就是挖掘坑道、轰塌城墙。在这两方面，莫卧儿人都失败了。奥朗则布的战线在山脊西侧，离城墙只有 22.5 码。而萨杜拉汗在要塞以东，离护城河只有几码。但是，在这里他们难以取得进展："挖掘地道的工作举步维艰，萨杜拉汗麾下的士兵伤亡惨重。"从白天到黑夜，敌人从三面城墙不停地向外射击，火枪子弹不断地从城墙上的圆形枪眼里射出，这使奥朗则布的军队难以前进，哪怕是一步也不行。①

① Waris, 65a and b, *Adab-i-Alamgiri*, 16a and 15b.

印度火炮的弱点

事实上，波斯炮兵和莫卧儿炮兵是半斤对八两。印度炮手是糟糕的射手，他们的炮火使城墙毫发无损。奥朗则布军队里的一些炮手太过于胆大妄为，给两门大炮装填了太多的弹药，于是大炮炸了膛。现在只剩下五门大炮，不足以用在两处攻破城墙。事实上，印度士兵在火炮的操作上表现得非常糟糕，印度的国王们主要依靠欧洲的炮手，后者在当代历史上被誉为技艺大师，并被丰厚的薪水和奖赏吸引，为莫卧儿帝国服务，尽管他们见势不妙就会当逃兵。在第三次围攻战中，达拉·舒科就带了一队欧洲炮手去攻打坎大哈。①

此外，还有其他的困难。在围困开始后的几个星期里，由于缺乏原材料，排干护城河和敷设地雷的工作不得不暂停。奥朗则布已经意识到，只能快速强攻占领要塞。但是沙贾汗已经下令，在突破敌人的城防之前不得进攻。②

① Waris, 656, Khafi Khan, i. 713; *Lataif-ul-Akhbar,* 9a. *Storia do Mogor*, i. 95, 226, 232, 259.

② *Adab-i-Alamgiri*, 17b.

莫卧儿军队未能突破东部战线

按照萨杜拉汗的计划，所有的大炮都集中在东部战线，在“马什迪”门附近集中发动进攻，也就是在萨杜拉汗战线的左右两侧（6月17日和22日）。著名的大炮“信仰虔诚者”和其他三门重炮与大量士兵一起部署在这里。每天每门大炮都会发射10枚炮弹，但被炮火破坏的堡垒的墙壁和塔楼总是在夜间被修复，而且波斯炮兵也并不逊于他们。[①] 莫卧儿炮兵在数量和效率上都不占优势。在此期间，为了对抗拉卡堡垒，当萨杜拉汗率军突冲破墙、攻击“马苏里”门的时候，奥朗则布在战线前设置了四个栅栏，总共能容纳3000人。[②]

出击

但最后的希望破灭了。6月19日，在萨杜拉汗的第二个炮台建造完成之前，一支全副武装的波斯军队从堡垒里杀了出来，来到了他的战壕

① *Adab-i-Alamgiri*, 14a. 15b, I7b, 18a, 15a.

② 从这些堡垒到城墙的路上，无遮无挡，除了几块大石头外，没有任何掩蔽物，而土壤像石头一样坚硬，无法挖掘战壕（*Adab-i-Alamgiri*, 16a）。

前。从要塞的顶部和山腰边，倾泻了无数炮弹。虽然在经过一小时的艰苦战斗后，增援部队把敌人赶了回去，但波斯人成功地给莫卧儿军队造成了很大的伤亡。在之后的几个夜晚，波斯人又出动了，莫卧儿军队的一些火炮被破坏损坏，许多围城的士兵被波斯人俘虏进城。莫卧儿军队无法追击波斯人，因为他们很快就退回到要塞火炮的掩体后面。[①]

到 6 月底，人们意识到，莫卧儿人的火炮永远不可能摧毁波斯人的城墙。于是，它们被从“马什迪”门移到西边。两门苏拉特大炮被调去支援战壕中待命的奥朗则布的炮兵部队，另外两门大炮，包括“信仰虔诚者”，被移至“阿里·卡比”门对面的一个新炮台上，部署在他的左翼。在这里，围城军队的情况也没有好转；此外，在接到放弃围困的命令前，他们只剩下不到一周的时间来使用大炮。

波斯人的损失

从围困开始到现在，已经过去两个月。莫

① *Adab-i-Alamgiri*, 16b, Waris, 656, Khafi Khan, i. 712.

卧儿人曾试图收买坎大哈要塞的指挥官乌塔尔，而后者嘲讽地回答道："要是这样，等到你们成功地破坏了要塞，或者能以任何办法把驻军消灭时，我就会趁机把你们出卖！"大约在6月中旬，两位波斯高级军官（其中有一位是米尔·阿拉姆[①]，波斯火炮部队的指挥官），被莫卧儿火炮发射的一颗70磅重的炮弹炸死。5月26日，当驻军打开一个仓库分发火药时，一个粗心大意的仆人正在为一名波斯军官点烟斗，他不小心引燃了仓库中储存的硫黄。火势很快蔓延到火药存放处，并引发了大爆炸。附近的许多房屋被炸毁，士兵和马匹被飞溅的砖石碎片击伤。约150名印度士兵及船工在火灾中丧生，而4名打开仓库的军官则因烧伤而不得不卧床休养。[②]

皇帝下令撤退

但是，随着这些灾难的发生，莫卧儿帝国

---

① 据 *Adab-i-Alamgir* 记载，米尔·阿拉姆姓米尔·卡兰·萨尼（Mir Kalan Sani），负责管理新建的堡垒和土方堡垒，而根据 Waris 记载，他叫穆罕默德·贝格（Mahammad Beg）。

② Waris，65b, *Adab-i-Alamgiri*, 11b, 14b, 15a.

军队仍一筹莫展。沙贾汗曾严令在攻破城墙之前不得进行攻击，而莫卧儿军队所携带的火炮数量太少，枪支质量又差。因此，奥朗则布于7月3日写信给皇帝，恳求他命令自己发起强攻，攻破那些仍然屹立不倒的城墙。如果批准这样的请求，那么沙贾汗一定是疯了。沙贾汗已经被萨杜拉汗告知，攻城的火器不起作用，而且弹药已经消耗殆尽。7月1日，沙贾汗答复萨杜拉汗，要他们放弃围困。奥朗则布极力请求暂缓撤退，他主动提出亲自带队强攻城墙，不成功便成仁。因为如此大费周章地围攻坎大哈，如果无功而返的话，他的名誉就会毁于一旦。但是，撤退的流言已经传遍整个营地，先头部队退缩回营，前沿阵地被丢弃。当沙贾汗终于勉强地同意再围攻一个月时，这个新的命令已经不可能被军队执行。①

乌兹别克人从后方偷袭

一万名乌兹别克骑兵发动的攻击，促使皇

① 奥朗则布的信件（证实了他们回复沙贾汗的内容是真实情况），见 *Adab-i-Alamgiri*, 18a& b, 19a。

帝做出了撤退的决定。他们从西部山区冲杀到加兹尼南部地区，威胁到了莫卧儿人在喀布尔和坎大哈之间的交通线，虽然奥朗则布向皇帝保证，根据他在巴尔赫的经验，他确信派出几千名莫卧儿士兵就可以驱逐这些袭击者。……事实上，一听到帝国军队正在向他们逼近的消息，乌兹别克人就逃跑了，在阿富汗人和在加兹尼的指挥官的帮助下，他们在逃亡的路上被莫卧儿帝国军队拦截。德里的历史学家夸口说，只有不到1/10的袭击者活着返回中亚。①然而，莫卧儿军队放弃了围攻，于7月9日从坎大哈城下撤退。一部分军队沿皮辛—乔蒂亚利—木尔坦一线返回印度——两个世纪后，在第二次阿富汗战争结束后，比达夫从中分裂出来——他们接到报告说，巴鲁克人已经闻风而动，这条路变得不安全了。所以，奥朗则布从皮辛和杜克撤回了他的军队，带领军队回到喀布尔，并于8月7日与父皇会合。②

① Waris, 64b & 66a, *Adab-i-Alamgiri*, 18b, 19a.

② *Adab-i-Alamgiri*, 18b, Waris, 66b, *Zubdat-ut-Tawarikh*, 44a& b (very meagre).

关于沙贾汗和奥朗则布之间不愉快的通信

这次远征失败后，奥朗则布遭到羞辱，这对他而言是十分痛苦的。沙贾汗对他说：“我真是不敢相信，先前做了这么多准备工作，你怎么还能打败仗呢？”奥朗则布争辩说，他已经竭尽全力，但是由于军队物资匮乏，炮兵力量不足，这次围攻才失败。萨杜拉汗也这样表示过，所以可以为他作证。但是，沙贾汗愤怒地补充说：“我不打算放弃坎大哈，我会想尽一切办法将它收复。”为了维护自己作为军人的荣誉，奥朗则布极力央求皇帝允许他留在阿富汗或旁遮普参加下一次攻打坎大哈的战争，即使是为人驱使也行，为此他愿意放弃德干总督的职位。但是，沙贾汗是无情的：他命令奥朗则布立刻前往德干，并且对奥朗则布为自己失败所找的理由冷嘲热讽：“如果我相信你可以攻下坎大哈，我就不会召回你的军队了……你是块什么材料，我心里清楚。有句老话说得好，有经验的人不需要别人指导。”奥朗则布则引用了一句谚语——“如人饮水，冷暖自知”作为回答，并且表示他一点也不想惹父亲生气，发生这种事情，他并不是故意的。①

失败的原因

皇室认为沙贾汗放弃攻打坎大哈，是因为奥朗则布打了败仗。皇室成员认为，当萨杜拉汗和另一半军队向西推进，攻占比斯特堡垒和柴明·达瓦尔堡垒时，奥朗则布也应该带领另一半军队全力进攻堡垒，只要坎大哈的驻军看到他们与波斯的联络中断，就会灰心丧气，向莫卧儿军队投降。但是，萨杜拉汗反对这样分散部队，而且粮食和物资供应不足，另外还有一点值得注意，做出变更计划决定的，正是皇帝本人。②

奥朗则布不是真正的指挥官

事实上，说没有占领坎大哈是奥朗则布的

① *Adab-i-Alamgiri*, 19a-20b.

② *Waris*, 656, *Adab-i-Alamgiri*, 12a and b, 20b. 即使继续围攻，也不会有什么效果。在后来的围攻中，达拉麾下的一支军队攻下了“比斯特”堡垒和吉里什克，但是达拉·舒科对坎大哈的围攻持续了5个月，最终未能攻下。

错，这是不公正的。围城期间，他只是副指挥。皇帝身在喀布尔，却通过萨杜拉汗遥控着军队的一举一动。奥朗则布做出任何重要决定，都必须得到他的批准，如把枪炮从一个炮台移到另一个炮台，部队的部署，以及攻击的日期、时刻和地点等。信使快马加鞭，在四天内把他的命令从喀布尔带到坎大哈，而皇子只需要奉命行事。的确，在围城的第一个月里，奥朗则布完全受制于人，他只向皇帝派出过一次信使，而萨杜拉汗与皇帝之间则通信不断，皇帝经常写信给萨杜拉汗，然后萨杜拉汗再拿给奥朗则布看。①

第三次围攻失败

由于不被公正对待，独自承担了失败的责任，奥朗则布失去了父亲的信任和爱。更让他感到羞耻的是，在皇室宴会上，他所忌妒的长兄达拉·舒科拿这件事讥笑他。但是，达拉没有得意太久，奥朗则布很快就尝到了复仇的甜头。达拉带领一支规模更大的军队和更多的火

① *Adab-i-Alamgiri*, 13b, 17b, 18b, and elsewhere.

炮围攻坎大哈，并发誓在一周内占领它。围攻持续了5个月，最终还是没有攻占坎大哈。达拉·舒科在此地逗留时的所作所为，被宫廷文人拉希德汗（穆罕默德·巴迪）记载下来。在这段荒唐的历史里，唯一令人印象深刻之事，就是他的那些亲信令人作呕的阿谀奉承和他本人所流露出的狂热的自豪感。这一事实在无形中谴责了达拉，而奥朗则布却虽败犹荣。

这些失败就像一根刺，扎在奥朗则布的心里，持久地刺痛着他。半个世纪后，当他已经是一个垂死的人时，他听说他的儿子、时任喀布尔总督的沙阿拉姆（Shah Alam）认为他行将就木，正在招兵买马，试图争夺皇位。奥朗则布写信嘲讽他的儿子："我听说，尽管你这小子缺钱，却在花大价钱招募士兵。你难不成是想重新夺回坎大哈？愿真主保佑你吧！"[①]这表明，他认为征服坎大哈是不可能完成的壮举。

围城的花费

对坎大哈的三次围攻，使帝国损失了超

① Letter No. 4 in the Hthographed *Ruqat-i-Alamgiri* .

过1000万卢比的财富。除了这笔钱外，莫卧儿人从阿里·马丹汗那里得到坎大哈城时所花费的费用，以及为此建立的新的防御工事，以及总价值达到100万卢比并落入波斯人之手的财富、武器、弹药，全都打了水漂。①因此，印度的纳税人所贡献的大约1200万卢比，相当于整个帝国年收入一半以上的财富，打了水漂，没有收到任何回报。②

莫卧儿帝国威名受损

精神上的损失甚至比物质上的损失还要

① 我们用以下数据来计算坎大哈战争的成本。在第二次围攻中，从德里和阿格拉带来了200万卢比，其中100万卢比在一个月内分发给了士兵和军官。（Waris, 61a）第三次围攻持续了5个月（第二次为2个月），而达拉·舒科的军队大概是7万人，而上一次奥朗则布带了5万人。因此，第三次围攻必须花费大约700百万卢比。在远征前夕，达拉散发了价值200万卢比的礼物，并带了100万卢比。（Waris，70a and 71a）当首次攻城开始时，每个士兵获得100卢比的赏赐，因为兵力是5万人，总共是500万卢比（Waris, 23a）。在波斯人到达之前，已有5万人从喀布尔被派往坎大哈要塞。1638年，当坎大哈被出卖给沙贾汗时，他给舒贾调拨了200万卢比，以支付远征驱逐波斯人的费用，另外还有500万卢比用于修筑防御工事。

② 1648年，莫卧儿帝国的财政收入是2200万卢比（Abdul Hamid, ii. 710.）。

大。莫卧儿皇帝可能会通过展示他的孔雀王座和科依诺尔钻石（Kohinur）或者他用来装饰阿格拉和德里的大理石建筑，来让外国大使和旅行者们眼花缭乱。但是，自此以后，他的军事威望在全世界一落千丈。波斯国王可以心安理得地夸口说，[①] 德里的统治者知道如何用拿钱贿赂的方式窃取一座要塞，却不知道如何用武力征服它。

波斯人威名远扬

阿巴斯二世在不到两个月的时间内就攻占了坎大哈；但是，莫卧儿帝国的两位皇子在三次漫长而代价高昂的战役中都无法收复它，虽然他们的对手仅仅只是波斯的将领，而不是波斯王室的任何成员。波斯的军事威望自然上升到空前的高度。莫卧儿人意识到自己根本不是波斯人的对手。在17世纪余下的时间里，关于波斯入侵的谣言曾使德里宫廷陷入极大的恐

① 他攻下坎大哈并成功地守住了它，感到十分得意。关于他的记载，见 *Ruqat-i-Shah Abbas Sani*，106- 120（他的说法与事实有出入）。

慌之中。[①] 多年以来，波斯人入侵的危险如黑云般笼罩印度西部边境，每当波斯王国好战的国王驾崩，奥朗则布和他的大臣们就能松一口气。

① *Masir-i-Alamgiri*, 56-58, *Alamgirnamah*, 974, *Anecdotes of Aurangzib*, §§50, 51, and 52.

第九章　第二次出任德干总督，1653~1658

奥朗则布前往德干

1652年7月17日，奥朗则布从高康达战败而归，第二次赴德干出任总督。一个月之前，他拜别了身在阿富汗的沙贾汗，前往德干履行他的新职责。9月9日，他在阿托克横渡印度河，10月17日经过德里，28日经过阿格拉，并于1653年1月抵达讷尔默达河畔的布尔汉普尔，这里是坎德什行省省会，由于此地的行宫尚在修缮中，无法接待他，他只好在外扎营露宿多日，修缮工作完成，他进入这座城市时，已经是1月30日。在这里，他向优雅的歌手希拉·白·扎伊纳巴迪·玛哈尔求爱并抱得美人归。尽管沙贾汗一再命令他前往德干行省省府奥兰加巴德述职，但他还是在布尔汉普尔逗留了9个月。1653年10月28日，他终于离开布尔汉普尔，并于11月25日进入道拉塔巴德要塞。[①] 他在奥兰加巴德度过了他人生的下一个四年，之后为入侵高康达和比贾普尔暂时离开，而后在1658年2月5日为争夺帝国皇位而与此地告别。他的儿子阿克巴在这里出生（1657年9月11日），他在这里埋葬了他的妻子迪勒拉斯·巴努（1657年10月8日去世）和他最心爱的姬妾扎伊纳巴迪（大概在1654年）。

奥朗则布在德干的生活：打猎和旅行

关于奥朗则布在德干的生活，我们可以读到他自己的回忆，这是他在晚年时写给孙子比达尔·巴赫特的："奥兰加巴德附近的萨夫特拉村（Sattarah）[②] 是我的猎场。在一座小山的

① Waris, 66a, 67a and b；他的南行之旅在这一文本中有详细描述：*Adab-i-Alamgiri*, 21a-24a, 25b, 26a, 27a, 144a and b。

② 在奥兰加巴德以南六英里的一个小山冈上。"萨夫特拉"（Sattarah）在印地语中意为"十七"。——译者注

山顶上，矗立着一座寺庙，庙里有一幅坎德莱（Khande Rai）[①]的画像。担任总督时，我奉真神安拉之旨意拆毁了它，并遣散了庙里的舞娘（niurlis），因为她们的淫秽舞蹈有伤风化。当我住在道拉塔巴德要塞和奥兰加巴德城的时候——马立克·安巴尔[②]奠定了奥兰加巴德城的基础，并为它取名为‘克利克’[③]，而我在此基础上进一步建设了奥兰加巴德城。我曾经做过糊涂事——在魔鬼撒旦和我自己的狂妄之情的怂恿下，骑着马四处游荡。我过去曾经纵马远行，猎杀猛兽，终日嬉戏。我还做过其他闲事。我曾经游山玩水，涉足为群山所环绕的卡图克（Qatluq）湖、查马·蒂克利（Chamar Tikri）湖和吉特瓦拉（Jitwara）湖，去过圣徒伯汉努丁（Burhanuddin）[④]和扎伊努丁

① 拜火教所供奉的神。——译者注

② 马立克·安巴尔是印度南部艾哈迈德讷格尔苏丹国的军事统帅，曾多次击败莫卧儿帝国军队，1610 年建立了克利克城，1626 年去世。莫卧儿帝国于 1653 年入侵并占领德干。——译者注

③ 意为“通往南方之窗”。——译者注

④ 伯汉努丁（Burhanuddin Gharib），14 世纪德里苏丹国的伊斯兰苏菲派圣徒。——译者注

（Zainuddin）[①]的坟墓朝圣[②]，或者攀登道拉塔巴德的山堡，深入埃洛拉的洞穴（此处可谓造物主的艺术品）。我有时候和家人同去，有时则独自一人前往。”[③]

在奥兰加巴德城附近打猎

奥兰加巴德附近的野兽非常多。一群野鹿在离城市 4 英里的地方觅食，在劳格和安巴尔方向有大群的蓝牛羚（nilgau）[④]。在山谷边缘的丘陵地带，可以射杀老虎。在卡图克湖，在靠近“山谷转折处”的地方，也就是在距离道拉塔巴德要塞 6 英里的地方栖息着无数群苍鹭。奥朗则布很喜欢捕猎牛和苍鹭，后来他的儿子穆阿扎姆（Muazzam）和阿扎姆（Azam）也加入狩猎的行列。他们在峡谷里设置了一个固定

① 扎伊努丁（Zainuddin Makhdoom II），16 世纪著名的伊斯兰法学家，苏菲派圣徒，作家。——译者注

② 在罗扎（Roza）或库尔达巴德（Khuldabad），去往埃洛拉山（Ellora hill）的路上。

③ *Kaliviat-i-Tayyibat*, 7b-8a.

④ 蓝牛羚，原文中为 nilgau，正确写法是 nilgai，由于雄性的皮毛呈蓝灰色而得名，似牛又似羚羊，但与牛的亲缘关系更近，是印度中部及北部和巴基斯坦东部分布最广的野生动物。——译者注

奥朗则布击败大象　**细密画**

沙贾汗为爱妻建造的泰姬陵，由亚穆纳河北岸望去的泰姬陵主殿（中）、答辩厅（左）和清真寺（右）

左 | 沙贾汗 莫卧儿帝国第五位皇帝 **象牙画**

右 | 慕塔芝·玛哈尔 泰姬陵的主人 **象牙画**

青年时代的奥朗则布　**细密画**

坎大哈守军向莫卧儿投降　**细密画**

达拉·舒科

舒贾、奥朗则布、穆拉德三兄弟　**细密画**

1633 年沙贾汗接见波斯使节

的岗哨，从岗哨里用枪射杀蓝牛羚，而苍鹭被他们训练有素的猎鹰捕捉。[①]

奥朗则布早年的宗教偏见

在第二次统治德干期间，奥朗则布展现了他的领导才能和过人的精力，但他的性格也有缺陷，而这一缺陷最终使他身败名裂，并摧毁了他的帝国。我们已经看到，他是如何夸耀自己摧毁奥兰加巴德以南六英里的一座小山上的神庙的。因为对拉杰普特人不友好，他被沙贾汗处以罚款，而他试图通过推荐拉杰普特人拉奥·卡兰（Rao Karan）担任要职来回应这一指控，[②]但是，很明显，他和拉杰普特人早就相看两厌。当人们受人憎恶的时候，他们可以本能地感觉到，尽管他们猜测的原因可能是错误的。但是，他们的感觉总是在精神层面正确地告诉他们是怎么被他人看待的。

---

① *Dilkasha*, 12 and 49. *Ruqat-i-Alamgiri*, Nos. 12 and 28.

② *Adab*, 29a.

他当时写给宰相萨杜拉汗的信更加清楚地证明了他的宗教偏见，这种偏见甚至在他青年时期就已经存在：

> 有一个名叫查哈比拉·拉姆（Chhabila Ram）的婆罗门，他身为比哈尔城的收税官，居然大言不惭地侮辱先知。奉皇帝之命，在经过多方调查和核实后，祖尔菲卡尔汗和其他官员将他捉拿斩首，此乃正义之道。而现在，大毛拉穆罕却致信于我，称被诅咒为异教徒的弟兄们心怀不满，竟敢向帝国法院提出控诉，说大法官谢赫·穆罕默德毛拉和比哈尔行省的宗教法官谢赫·阿卜杜勒·曼尼（Shaikh Abdul Mani）审判不公。因此，我有必要提醒你们——所有的穆斯林都应该尽最大的努力去捍卫先知留下的宗教规则，而国王和贵族在执行神圣法规的禁令时，有义务保护伊斯兰学者。你应该比你的同僚更努力地维护信仰的荣誉，封锁这些愚昧之徒的上访途径，处理掉他们的信件，不要

给皇帝陛下增添烦恼。[①]

关于奥兰加巴德城的简要介绍

奥兰加巴德城是以奥朗则布的名字命名的，是为了纪念他的第一个总督任期。最初，这个地方只是一个名叫“克利克”的小村庄，马立克·安巴尔复兴了艾哈迈德讷格尔的尼扎姆·沙希王朝后，把首都迁到了这个村庄，在皇家市场（Shahganj）附近为苏丹建造了一座名为“翠晶宫”（Green Bungalow）的宫殿，也为他自己建造了一座别墅。要想在这样干旱的地区形成一个庞大的人口中心，首先需要的是水。于是，马立克·安巴尔在靠近小镇的地方建造了一个大型的蓄水池，并通过阿苏尔附近的一条水渠给自己的别墅引来水源。这个蓄水池大约 4 英里长，村子就坐落在它的一边。而奥朗则布最初居住在道拉塔巴德要塞，但是这个要塞太小，住不下太多人，所以他在平原上到处寻找，以求找到一个好地方来作为行政中心。

① *Adab-i-Alamgiri*, 101a.

他选择了克利克，在靠近蓄水池的地方建造了一座行宫，并将土地分配给他麾下的所有贵族和官员，让他们在此地建房。然后，他从道拉塔巴德要塞搬到了新的城市，这座城市因而以他的名字命名。很快，它就将成为莫卧儿帝国的首都。

他的妻子迪勒拉斯·巴努的壮丽陵墓，又名“拉比亚·杜拉尼”，是对泰姬陵的模仿之作。陵墓在他生前开始建造，并由他儿子阿扎姆彻底建造完毕。这座陵寝至今仍然是这座城市最优秀的建筑，其次是奥朗则布建造的“主麻清真寺”(Jama Masjid)①而奥朗则布的住所，虽然被后来的居住者做了较多的改造，但是主体建筑仍然保留着。直到如今，当游客来到奥兰加巴德时，向导还会向他们介绍“阿拉姆吉尔宫”。

几十年后，当他在1682年再度回到德干时，他在奥兰加巴德城周围修了一条4英里长的城

① Jama Masjid是阿拉伯语的音译，意为“星期五清真寺”，星期五是穆斯林的公共休息日，被称为“主麻日”，他们往往在这天成群结队地去清真寺做礼拜。——译者注

墙，目的是保护城市免遭马拉塔人（Maratha）的袭击。这项工程耗资 30 万卢比，通过迪安纳特汗·哈菲（Dianat Khan Khafi）的积极努力，在 4 个月内就完成了。这座城市是海得拉巴土邦的第一个首府，在尼扎姆（Nizam）[①] 的统治下发生了很大的变化，同样影响这座城市的还有那些土王们的法国军事顾问，这些官员也差不多能做个土皇帝。我们现在还是谈谈奥朗则布在这里五年时间里的生活吧。

莫卧儿帝国德干行省的衰败与苦难

自奥朗则布于 1644 年 5 月建造了德干总督府以来，在那里帝国的统治并没有日趋稳固。的确，这个国家在经历了半个世纪的战争后，与艾哈迈德讷格尔、比贾普尔和高康达一起进入难得的休养生息的阶段。的确，再也没有来自边疆的侵略扰乱公共和平，也没有什么会对稳固的封建社会结构造成破坏。但是，此地不

① 即尼扎姆－乌尔－穆尔克（Nizam-ul-Mulk）的简称，海得拉巴的领土所有者，是当地土邦君主的称号。——译者注

但不厚农桑、不恤民力、不垦新地，与之相反，许多耕地已经荒芜，耕种者人数减少、能力下降，农业收入大幅度下降。

频繁更换总督的原因

这种悲惨的状况是多位任期短暂的总督和昏庸无能的统帅造成的，其结果是自然而然的。[①] 在奥朗则布之后担任总督的汗－伊－道兰，只在任一年就被人谋杀了。他是一位身经百战的老将，在行政工作上也是兢兢业业，每天工作 12 个小时，事无巨细，事必躬亲。但他却无情地向村庄的村长索要钱财，严苛地压榨他们。他对自己的下属也十分粗暴和严厉，以致他死后下属们欣喜异常，甚至在布尔汉普尔举行了庆祝活动，就好像从厄运中获得拯救一样。

伊斯拉姆汗·马沙迪（Islam Khan Mashhadi）

① 汗－伊－道兰于 1644 年 5 月 28 日开始在奥朗则布麾下服役，于 1645 年 6 月 22 日在印度南部作战期间被谋杀，随后贾伊·辛格接替了他的职务。伊斯拉姆汗于 1645 年 7 月 17 日被任命，于 1647 年 11 月 2 日去世。沙纳瓦兹汗随后接替了他的职务。穆拉德·巴赫什于 1648 年 7 月 15 日被任命，在 1649 年 9 月 4 日由沙斯塔汗接替，后者一直任职到 1652 年 9 月。

年纪老迈，无力骑马上阵，在统治德干的短短两年里，他以严厉苛刻的行为疏远德干民众，在堡垒里的国有商店里高价卖出低价买进商品，以此中饱私囊，大发横财。他热衷于在新领土上建立居民点，但是，实际上这种行动在短期内收效甚微。

随后，沙纳瓦兹汗担任了将近一年（1647年11月至1648年7月）的总督。下一任总督是穆拉德·巴赫什皇子，他既迟钝又懒散，而且年轻，当时还不到24岁。但是，他与沙纳瓦兹汗发生争吵，后者当时是他的监护人，还是事实上的总督，他们的争端使德干的秩序陷入混乱状态，是年年底，沙贾汗不得不再次撤换总督。沙斯塔汗于1649年9月接替了穆拉德皇子的职位，他一直执掌权柄，直到被奥朗则布接替。因此，如果我们把1645年的代理总督贾伊·辛格王公也算上的话，在短短八年的时间里，德干就更换了六名总督。[①]

① For Khan-i-Dauran, *M. U*. i. 749-758, Abdul Hamid, ii. 376, 426. for Islam Khan, *M. U*. i. 162-167, Abdul Hamid, ii. 430. Waris, 6a. Murad (Waris, 10b) . Shaista Khan (Waris, 38a) .

长期以来，德干行省使帝国国库遭受了重大损失。这个行省面积很大，俨然一个国中之国，其境内丛林密布，定居聚落稀少，人员组织涣散，边境上还有两个强大的国家。因此，必须在那里驻扎一支规模庞大的军队。但与印度北部的恒河平原地区相比，由于土壤贫瘠，降雨不稳定，农作物歉收和饥荒十分频繁，预估税款从来都没有收齐过。

财政收入大幅度下降

帝国官员希望将来在德干的税收工作会更容易、更稳定，尽管在第一次评估中减少了120万卢比，事实证明，当时的土地税收还是太高了。当时组成莫卧儿帝国德干地区的四个行省，每年预计有3620万卢比的收入，但1652年的实际收入只有1000万卢比，不到预估值的1/3。[①]

财政支出

在德干行省的全部土地中，被分给奥朗则

① Abdul Hamid, ii. 712, *M. U.* iii. 497. *Adab*, 31a.

布和他的儿子们的土地的产值大约为37.5万卢比，作为扎吉尔[①]采邑，剩余的土地则分封给其他官员，另外还留有一定数量的皇室用地，其土地收入直接交由帝国官员，由皇帝随意支配，不受当地总督的影响。[②]当地扎吉达尔的财政状况取决于实际获得的土地收入。奥朗则布和其他高级官员不仅拥有扎吉尔采邑的收入，还从帝国国库领取薪金。薪金数额固定，不会像扎吉尔采邑的收入那样靠天吃饭，也不会随当年农业收成的好坏而变化。

德干行省的长期财政赤字是对帝国财政的一种消耗

实际征得的土地收入，不但数量少，而且差别大，欠款与财政估算下豁免的税款金额都

---

① 扎吉尔，莫卧儿帝国实行的军事采邑性质的封建土地所有制。皇帝是全国土地的最高所有者，除直辖一部分土地外，把大部分土地封赐给来自中亚和阿富汗的立有军功的穆斯林封建主，作为他们的军事采邑，称为“扎吉尔”（意思是“通过赏赐取得的土地”）。受封人即扎吉达尔，终身享有征收封地田赋的权利，但不能世袭，对封地也没有所有权。他们须为皇帝服军役。——译者注

② *Adab*, 31a.

很大。因此，德干的公共财政收支不能相抵，而财政赤字必须通过从帝国的统治时间长且富裕的省份调拨钱财来弥补，以支持远在南方的德干行省行政机构的运转。这种情况已经持续了好多年，只有汗－伊－道兰曾经改变这种状况。通过横征暴敛，无情地剥夺农民的收成，他成功地搜刮到一大笔钱，然后把这笔钱寄给了皇帝，并自夸道："其他总督只知道向国家伸手要钱，而只有我把钱都上交国家！"但是，这种杀鸡取卵的政策很快就归于失败。乡村的荒凉和农民的苦难比以前更加严重，财政破产的政府的状况也比以前更糟糕。破产的南方地方政府必须借助从马尔瓦和古吉拉特调拨的资金才能维持下去。沙贾汗对长期的财政赤字感到震惊，强烈敦促奥朗则布改善农民的生活、扩大耕种面积，并解决帝国国库长年累月的亏损问题。①

拥有扎吉尔采邑的官员的贫困问题

奥朗则布赴德干就任总督，从一开始就遇到了严重的财政问题。那些扎吉尔领主们的实

① *Adab*, 31a, *M. U.* i. 756, iii, 497, *Adab*, 20a, 23b, 28a.

际收入只占他们名义收入的一小部分。被派驻在德干的莫卧儿帝国官员，如果只依靠扎吉尔采邑维持生计的话，就难以养家糊口。因此，在第一次就任总督期间，奥朗则布和他手下的高级官员在帝国其他更富庶的地区得到了额外的采邑，这样的话，他们至少能实现收支平衡。而如今却不同于往日，他的下属群情激愤地围住他，说他们如今的扎吉尔采邑入不敷出，已经发不出军饷。下属们要求分到收益更好的扎吉尔采邑，这样他们至少能有个铁饭碗。①

奥朗则布前任留下的烂摊子随处可见。整个德干行省的实际收入，有时候只有正常预估收入的1/10。即使是情况最好的巴格拉纳，也不比其他地方好多少。奥朗则布在写给父皇的信中说道："自赛义德·阿卜杜勒·瓦哈布（Syed Abdul Wahhab）时代以来，巴格拉纳就没有得到很好的治理。"另外，他还写道："潘哈特（Painghat）（低地）地区的行政管理混乱不堪。""德干地区简直一团糟，因为它在过去的十年里都没有得到妥善的治理。"奥萨土邦

① *Adab*, 31a, 24b, 127b.

（Ausa Mahal）的士兵抱怨总督乌兹别克汗的压迫，部落里的人则抱怨总督达维什·贝格·卡克沙尔（Darvish Beg Qaqshal）的暴政。

奥朗则布面临的财政难题

新上任的总督奥朗则布发现，收支相抵是不可能做到的。此时德干的民政和军事开支，不包括官员从他们的采邑那里得到的收入，共计 317.6 万卢比——奥朗则布和他的儿子们从中抽取了 254.3 万卢比，而维持炮兵部队的费用、某些官员的现金薪水和其他必要的开支共计 63 万卢比。而收入的来源有二，首先是每年从皇室领地获得的 254.3 万卢比收入，其次是高康达和代奥格尔统治者交纳的贡金，分别为 80 万卢比和 10 万卢比。因此，每年的财政赤字是 203.6 万卢比，这一亏空是通过提取德干国库中的储备金来弥补的，特别是从道拉塔巴德要塞的国库中支取的。大约在两年内，这笔现金的余额就从 806 万卢比下降到 405 万卢比，但在这样一个边疆省份，有必要保留大量的储备金来应对紧急情况。

如何增加奥朗则布的收入？

奥朗则布对他的现金余额迅速减少感到震惊，并向皇帝建议了一个补救办法：他打算收回扎吉尔采邑，将其划为皇室用地，这样就能增加200万卢比的收入，从而使收支相抵。但是，如何安置那些被剥夺财产的军官呢？他们失去了赖以谋生的扎吉尔采邑，将被迫返回宫廷，从而在德干裁撤1/3的军队。这种削弱武装力量的做法是不安全的，因为强大的比贾普尔王国和高康达王国在边境蠢蠢欲动。为了避免这一问题，奥朗则布建议在其他行省赐予他和他的军官以采邑。但是，他工资中的现金部分，还是可能会由马尔瓦和苏拉特持续好转的、得到充实的府库来支付。①

更有效率的官员被调派给奥朗则布

奥朗则布像德干行省的其他扎吉尔领主一样，面临严重的财政困难。他不得不把自己在

① *Adab*, 31a. 我给出的数字与我所引用的权威资料保持一致，但加在一起的总数却不够。

木尔坦行省获利颇丰的领地的大部分收入拿出来维持常备部队，把自己的日常开支压缩到一小部分。据估计，德干行省的财政至少有170万卢比的缺口，此外还有大量的频繁拖欠的税款。因此，奥朗则布明智地向父皇提出建议："如果陛下希望我成为一位伟大的总督，那就请赐予我相应的权力。"沙贾汗命令他拿自己手中荒瘠的土地来交换那些更富裕的扎吉尔领主的肥沃土地。[①] 奥朗则布处事谨慎，让他手下那些能干的军官的财产不受影响，而把那些懒散或不重要的军官的领地抽换，因为这些人不值得特殊照顾。奉沙贾汗之命，财政部将年收益31.75万卢比的土地调换给他，替代了他手中荒凉的、缺乏生产力的土地，而这些土地在财政预估中的收益是相同的。但是，那些扎吉尔领主抗命不遵，他们指控奥朗则布私心太重，把每块采邑中收益最好的村庄挑出来，而把剩下的零碎的村庄分给他们。奥朗则布驳斥了这一诽谤，并声称他是把采邑整个拨走的，而且在

① *Adab*, 196，25a，173a. 但是，当他担任木尔坦行省的总督时，他却抱怨他的封地荒凉贫瘠！［See *Adab*, 172（2）］.

他看来，把一个采邑分给多个主人，是不利于当地可持续发展的。于是，沙贾汗最终确认了土地的转让。[①]

沙贾汗拒绝给予奥朗则布经济救济

奥朗则布第二次向沙贾汗请求的内容是，他的俸禄中的现金部分应从马尔瓦和苏拉特的税收中抽取，但未获批准。他被告知，应从德干行省的皇室领地或军官采邑中抽取多产的"马哈尔"[②]。因此，奥朗则布要求去掉艾利斯博尔（Elichpur）和安科特（Ankot）两地的采邑，因为这两地缴税太多，严重减少了他的收入。但是，沙贾汗把艾利斯博尔的估算收入设定得远远高于实际收入，然后奥朗则布自然就像以前一样要求支付现金，而不是接受这样一个注定亏损的扎吉尔采邑。沙贾汗很不高兴，在朝堂上对奥朗则布说了一些刻薄的话。[③]1654 年，在奥朗则布在马尔瓦领地的收入中，250 万卢比

① *Adab*, 25a, 29a, 32b, 33a, 36a, 41a, 36b.

② 印度语，意为"村庄、庄地"。——译者注

③ *Adab*, 27a, 28a, 29a.

被送到他那里，而剩下的50万卢比，他被要求从楠杜巴尔（Nandurbar）的封建主那里拿走一些领地充抵。但是，那些领地的实际收入只有9.2万卢比，因此奥朗则布想再得到一些扎吉尔采邑来维持收支平衡。[①]

父子二人关于财政问题的争吵

父子之间的财务纠纷拖延多年。奥朗则布治理着德干行省，却向其他行省索要资财！而沙贾汗希望阻止德干行省金钱的流失。奥朗则布通过帝国的制裁手段获得土地，这引起了朝廷的注意，并使沙贾汗相信，他从这些领地中得到了比他被批准获得的报酬更多的东西。而那些被剥夺采邑的军官，手中只剩下一些收益极少的采邑，纷纷陷入衣食无着的窘境。而一份失实的财政报告加深了皇帝的误解，他愤怒地写信给奥朗则布："为了一己之私，夺取了一个大区中所有富庶的村庄，只将荒瘠之地分配给他人，这是一种不公正的行为，而且有损你作为一个穆斯林的体面。我命令你在阿西尔

① *Adab*, 32b, 33a, 37b.

（Asir）的采邑领受价值 5 万卢比的贫瘠土地，并将你的现金津贴减少到相同的数额，这样你的实际收入就正常了。”奥朗则布义愤填膺，回信道：“我生平从未做过不义之事，总是尽力效劳于真主以及他在人间的影子[①]。你为子虚乌有之事责备于我，而我从未将这些土地据为己有。根据你的命令，在我去德干之前，皇家法院的税务官就把这些采邑从沙斯塔汗手中转移给我，并报以同样的（预估）税额。我很想知道，为何税务官特别是其中记忆力良好的那些人一反常态，没有将这一事实告知于你。而陛下您并未询问，也没有要求我对此做出解释，一接到投诉，就下达命令，还用信仰的问题来指责我，将其与肮脏之事联系起来！我百口莫辩。因为他们让你相信：我所得的钱财比我固定的俸禄还多。您已经下令从我的现金津贴中扣除 5 万卢比——还有必要给我什么东西来进行交换吗？”[②]

① 指沙贾汗。伊斯兰国家的君主常以“真主在人间的代理人、影子”自居，如奥斯曼土耳其帝国的苏莱曼大帝。——译者注

② *Adab*, 41a.

德干行省收入状况迟迟未能改善，沙贾汗感到不耐烦

当初沙贾汗任命奥朗则布为德干总督时，曾督促奥朗则布在帮助农民进行土地改良和耕作方面特别留心。奥朗则布承诺他会尽最大努力做好此事，就像他在第一次任总督期间所做的那样。他只要求拥有足够长的任期，以及他实现计划所需的人员和金钱。然而，沙贾汗很快就失去了耐心。他向奥朗则布发出了一道又一道命令，要求他增加人口和种植面积。沙贾汗想当然地认为奥朗则布在行政管理方面存在过错，因而急切地责备他，并且认为他受到俸禄损失的威胁，就会加倍努力。但是，奥朗则布表示，德干地区战乱频繁，持续了一代人的时间，造成人口减少和生产破坏，再加上十年的执政不善，这些负面影响是不可能在两三年内就被消除的，而他的判断是正确的。他表示，自己一直在默默地、稳步地实行自己的计划，三年来，他成功地使许多采邑的收入翻了

一番。[1] 不久之后，他的总督生涯将会在德干开拓者的历史上留下难忘的一页。

德干的财政主管

为了方便进行税收管理，帝国的德干行省被分为两部分，各有专属的财政主管。低地地区包括整个坎德什和半个贝拉尔（Berar）；其余地区组成高地地区，面积大约为低地地区的2.5倍。低地地区的财政主管是穆塔法特汗，他智勇兼备，和蔼可亲，交游广泛，所有与他接触过的人都认为他平易近人。不过，他毕竟只是一个部门主管。他无疑拥有相当好的行政能力，但没有任何行政改革或创新的天赋。[2] 而这种天赋，他的同事穆尔希德·库利汗（Murshid Quli Khan）却有。穆尔希德·库利汗是高地地区的财政主管，是从波斯来到印度的人才之一。

---

① *Adab*, 20a & b, 26b, 28a, 32a & b, 144a.

② *M. U.* iii. 500-503. 这一时期的财政主管有三位：（1）迪安纳特汗，任期为沙贾汗统治时期的第14~21年以及第22~27年；（2）穆塔法特汗，低地地区的财政主管，任期为沙贾汗统治时期的第25~29年；（3）穆尔希德·库利汗，1653年被任命为高地地区的财政主管，1656年1月28日被任命为低地地区的财政主管。

穆尔希德·库利汗的性格

穆尔希德·库利汗[①]是呼罗珊人，他随同逃亡印度的波斯驻坎大哈总督阿里·马丹汗移居印度。他“既是勇战之士，又为治世之才”。作为奥朗则布麾下驻巴尔赫地区的军事长官，他显现出领兵之能，当奥朗则布再次来到德干行省时，穆尔希德·库利汗作为高地地区的财政主管负责陪同。沙贾汗对他评价很高，并把他推荐给奥朗则布作为税收顾问。奥朗则布也非常重视他，不久就为他争取到了“汗”（领主）的头衔。三年后，低地地区也划归他管理，他成为整个德干行省的财政主管（1656 年 1 月 28 日）。正是在高地地区，他开始了财政改革，并在自己建立的新系统中首次取得成功。

德干行省古老而又不正规的税收管理方式

一个世纪以前，北印度的税收被阿克巴大帝

① Life of Murshid Quli Khan in *M. U.* iii. 493-500, Khafi Khan, i. 714, 732-735. *Adab*, 24b, 27a, 28a, 43a, 99a, 41a, 30b, 47b. Waris, 676, 101a, 106a.

的财政大臣托达尔·麦（Todar Mai）纳入一个完善的体系。但是，德干行省的财政根本就没有系统化。在这里，当局划出地块，用测量链进行测量，对每块土地的预估收入都过高。在采邑领主和耕种者之间分配的农产品数量，永远是不确定的。德干行省的农民依靠犁和两头牛尽可能多地耕种土地，想种什么就种什么，每使用一副犁就付给国家一小笔钱——这笔钱在不同的地方数额不同，但是数额是固定不变的，与实际产量并不成一定的比例，因为在德干行省，政府向来不视察土地，也不估计农作物的数量和价值。

税收问题上混乱无序、无章可循的情况，使农民频繁受到基层官吏的敲诈勒索。莫卧儿帝国长期的对外征服战争和长达数年的干旱，使农民生计艰难，难以为继。受压迫的农民从家里逃走，田地纷纷荒芜，变成连片的丛林。许多曾经繁荣的村庄变成了荒无人烟的荒野。沙贾汗在1631年将坎德什的预估收入减少一半，但在穆尔希德·库利汗上任之前，从来没有征收到这一数额的税款。

穆尔希德·库利汗重整财政系统

新的财政主管的改革主要包括将托达尔·麦的制度扩展到德干。首先，他努力工作，以足够的人口和官员恰当的测量方法，把零散的土地聚集在一起，恢复村庄的正常生活。每一个地方都派驻聪明可靠的测量员测量土地，将标出的土地“拉奎达”（raqba）记录下来，并区分出可耕地、岩石地和水道。在一个村庄失去村长（Muqaddam）后，他就会小心谨慎地任命一名新的村长，确保这些新的村长是优秀的人才，能够体恤民力，发展生产。

穷人从国库获得贷款（Taqavvi），用于购买耕牛、种子和其他必要的农业生产资料，并分期偿还贷款。一年之内，穆尔希德·库利汗就贷出 4 万 ~5 万卢比给坎德什和贝拉尔的农民，用来修筑堤坝，蓄水灌溉低地地区的土地。

土地估价的三种方法

为了防止偏袒或腐败，“这位诚实而又虔诚的迪万经常亲自着手测量”，并且检查他下属的调查工作。他在田野和村庄里走访询问，赢得了农民的信任。他小心翼翼地分配财产并关注细节，以便在收入增加的同时，使农民生计日裕。他明智地根据当地的实际条件修改他的制度。在农民穷困、人口稀少的地方或村庄地处偏僻的地方，他仍旧遵循旧法，让农民按定额纳税。在其他地方，他完善了河运运输系统和农产品交换机制。他实行三种税收制度：一是在作物依赖降雨的地方，收入的一半归国家所有；二是在农业依靠灌溉的地方，收获的粮食中上交国家的份额是1/3，而就葡萄、甘蔗、茴香、车前草、豌豆芽和其他需要辛勤浇水和长期栽培的特殊高价作物而言，上交国家的份额从1/9到1/4不等；三是在利用运河水灌溉农田的地方，税收占作物产出的比例各不相同，高于或低于水井灌溉的土地。

他的这三种税收结算方法是印度北部最繁复的一种结算方法。政府的标准份额，也就是最高份额，是总产量的1/4，无论是谷物还是草本植物、水果，抑或是坚果。在考虑作物从种子到产出的数量和质量、市场价格以及测量播种面积之后，评估和获得固定利率下每公顷土地的收益（以卢比计），再制定税收方案。因此，它的名称是“加里布”（Jarib，意为“调查”）。在穆尔希德·库利汗的治理下，这成为莫卧儿帝国德干行省普遍存在的制度，几个世纪后被称为“穆尔希德·库利汗税收法”。

由于穆尔希德·库利汗优秀的管理制度，加上他不断增强的监察职能和个人监督能力，农业生产在几年内得到改善，收入增加。1658年，细心的观察者比姆森·布尔汉普里在奥兰加巴德附近没有看到一块荒地，在当地小麦售价为 1 卢比 2.5 芒德（maund）[①]，而在贾瓦尔（Jawar）和巴吉拉（Bajra），售价为 1 卢比 3.5 芒德，糖蜜的售价为 1 卢比 0.5 芒德，而黄油的售价是 1 卢比 4 塞尔（seer）[②]

奥朗则布的人事任免

奥朗则布担任总督后，立即派自己的人到

---

① 芒德，印度的重量单位，约合 40 公斤。——译者注

② *Dilkasha*, 25, 26, 38, 塞尔是印度的重量单位，约为一公斤。——译者注

各分区接管地方权力。他发现，在建立稳定的秩序之前，必须大量增加行政工作人员，并且必须花费大量资金，才能使行政当局政令有效。他照做了。第一，对官员进行了大规模的重新分配；年老和无能的官员被解雇或调任次要职位；一些经证明有能力的官员是由奥朗则布亲自挑选的，他们被委以重任，寄予厚望。[①]人员的这一变动自然伴随着扎吉尔采邑的改组。正如我们已经看到的，如果官员十分能干，他们就可以高枕无忧，继续占有过去的土地。如果他们的土地收益减少，就会分到收益高的土地。改变带来的损失只能由没有正式入伍的或次要的军官来承担。

整肃军纪

这样，奥朗则布和他麾下的军官就有了必要的收入，继德干战争之后，他又为他们打赢了一场对帝国财政部的战争。沙贾汗命令每一位在德干服役的军官带着他们的部属去集合，而且每一匹军马都应该被烙印，而那些领取全

① *Adab*, 26b, 24a & b, 25b.

额薪水却不能够维持足够的常备部队的指挥官，会被要求退还从国家领取的超额薪金。奥朗则布通过指出德干的真实情况来恳求他们：没有一个领主能从他们的扎吉尔采邑中获得全部薪金；许多人甚至没有得到分配给他们的土地。他们的主要收入就是从财政部领取的现金津贴。因此，如果因为他们手下的兵力不足，就要让他们把以前的薪金退还，并把他们将来的薪金扣除一部分的话，那么军官们的处境将比以前糟糕。如果要执行这一命令，将会使军心不稳，战斗力下降。这实在是铤而走险的做法，特别是在南部边境有两个“国富民强、全副武装的国家”的情况下。

提高薪饷

沙贾汗把军人每月的津贴从20卢比削减至15~17卢比。奥朗则布对此表示强烈反对，他说，如果一个骑兵每月收入少于20卢比，就会入不敷出，不能保持武备。尤其是在穆尔希德·库利汗推行新法后，地租是以实物支付的，收租者在看守和储存粮食方面开支繁重。马匹的价格（他补充说）在德干地区大幅上涨，如果按照沙贾汗的命令补齐所有军官麾下的在编人员，就需要多负担9000名骑兵高昂的开支。由于奥朗则布的抗议，沙贾汗将军人每月的津贴提高20卢比，整编军队和烙印战马的计划显然也不了了之。①

奥朗则布热衷于确保军事效率，他首先保证，如果没有财政支持，一支军队就无法实现目标。他写信给皇帝："陛下明鉴，我绝少在无用之事上浪费钱财。你所赐予我之财货，悉数用于军队。如今，由于部属薪饷概以现金付之，我的亲兵卫队与我本人的现金津贴削减比例将与之保持一致。"②

米尔·卡利尔对驻地炮兵的改进

德干行省远离帝国中心，驻守在那里的军官过去常常肆无忌惮地侵吞公款，玩忽职守。我们在前文已经读到，伊斯拉姆汗过去曾经在堡垒里的国有商店高价卖出低价买进商品，以

---

① *Adab*, 20b, 35a, 97a.

② *Adab*, 33a, 172a.

此中饱私囊，大发横财。50 年后，威尼斯旅行者曼努西观察到，这些地区的要塞年久失修，被人遗忘。但在 1650 年，米尔·卡利尔（Mir Khalil）——一位非常能干和精力充沛的将领，被任命为德干军械总监，他很快就扫除了积弊。虽然他只是一个巡查员，但“他的成就超过了行省总督”。他巡视了所有的要塞，检查了大大小小的一切事物，并为每个地方提供了必要的食物和弹药储存。他在每个地方都能发现玩忽职守和腐败的证据。火枪兵部队冗员严重，年龄老化，开支惊人，却什么也做不了。米尔·卡利尔让他们接受射击检查。他建造了一个广场，召集所有的士兵，给他们机会，让他们在 40 步的距离外用火枪射击三次。那些一次都不能中靶的士兵被开除。考虑到他们曾为国效劳，被开除的老兵和残疾士兵都可领取养老金。因此，在一个半月内，这位“诚实、勤劳、专业的官员”在提高军队战斗力的同时，节省了一笔每年 5 万卢比的开支。[①] 他继续担任

① *M. U.* i. 166, 786, 787, Waris, 39b, 79b, *Storia do Mogor*, iii. 485.

这一职务，直到1653年7月8日被调任更高的职位，成为边境要塞达鲁尔（Dharur）的司令官。奥朗则布高度赞扬了他在火器方面的渊博知识和作为一名行政长官的业绩，说道："有这样的军官守卫在边境要塞，我就放心了。"

他的继任者是哈施达尔汗，他是一名神枪手，只担任了一年的军械总监。继他之后担任这一职位的是沙姆苏丁·穆赫塔尔汗（Shamusudin Mukhtar Khan）的儿子，在1654年年中被任命，他也因能力出众而受到奥朗则布的肯定，并从奥朗则布那里得到许多支持。[①]

奥朗则布与沙贾汗产生嫌隙的原因

奥朗则布在第二次担任德干总督期间与父皇发生了一连串的争吵。由于我们只能读到奥朗则布对这一事件的解释，这事似乎要归咎于沙贾汗。要么是仇视奥朗则布的人向沙贾汗进谗言，要么是后者没有意识到皇子在南

---

① *Adab*, 30b, 27b, 39b. Waris, 87a. *M. U.* iii. 943-946, 620-623.

方的困难处境。但是，这一矛盾造成的结果是，从任期一开始，奥朗则布就受到沙贾汗的误解、怀疑和不公正的斥责。他的这种痛苦的情绪，是后来爆发的皇位继承战争如此无情和肆无忌惮地进行的原因之一。父子二人之间的隔阂是如此之深，以致在五年多的总督任期内，奥朗则布一次都没有去觐见他在印度北部的父亲，而且几乎令人难以置信的是，在皇帝的生日和加冕纪念日，尽管其他皇子都赠送了昂贵的礼物，但官方记录中没有提到奥朗则布曾赠送礼物！当达拉的儿子们沉浸在帝国的恩惠之中，每年都收到御赐的珠宝和其他配得上皇子皇孙身份的珍贵礼物时，奥朗则布的儿子们只从他们的皇祖父那里得到过一次赏赐。

在奥朗则布被任命为德干总督时，他曾对此表示反对，因为他所获得的扎吉尔采邑的价值将比他原先在信德行省拥有的肥沃领地少 170 万卢比。他问道：“我想知道，这一减少和我的调动的原因是什么？”在他到达德干之前，皇帝曾对他课以罚款，因为觉得他行动过慢。他从白沙瓦到德干花了4个月的时间，而德干总督之位已经虚悬两个月之久。奥朗则布的解释是，道路困难，而且他的军队人困马乏，他们刚从坎大哈的艰苦战役中恢复过来，没有时间回到他们的采邑，也没有时间去征税和自我休整，就要匆匆赶往德干。即使在到达布尔汉普尔之后，奥朗则布的日子也不太平；皇帝催促他在雨季过后尽快前往道拉塔巴德。奥朗则布以公务繁忙和季风结束后雨季才会结束为由，在布尔汉普尔逗留了10个月。再一次，正如我们所看到的那样，他的提议是他与皇帝进行长期针锋相对的通信的原因。

在某些情况下，奥朗则布关于部属的任命和晋升的建议没有被皇帝接受，奥朗则布只能为他在这件事上的无能为力抗议，并竭力证明他的提名是合理的。在另外一些情况下，如军械检查部门问题上，他愤怒地写信给皇帝，坚持自己的观点："我从18岁起就担任总督之职，从未推荐过滥竽充数之人。火器部队指挥官应当深谙此道，技艺娴熟。我推荐了一个这样的人。他操行良好，诚实可靠。而陛下您却下令将职位给予另一个人。”[①]在许多其他的小事上，比如捕捉大象，往宫廷运送杧果，为帝国织造局安排熟练的织工，向高康达王国征收贡赋，这对父子经常存在意见分歧。[②]

之后，沙贾汗很快失去了耐心，抱怨奥朗则布未能使德干地区恢复繁荣和兴旺。奥朗则布明智地回答说，现在评判他还为时过早。“我一直努力扩大耕作面积，增加房屋数量；但是，我不是虚荣夸耀之人，所以没有事事都向你报告。一个饱经蹂躏的行省，怎么可能在两三年内就变得繁荣昌盛？……要在一两季的时间里，将20年来都产出不佳的采邑的收入迅速提高，我实在做不到。”但沙贾汗感到不满意。他经常在朝堂上公开地对奥朗则布关于恢复德干繁荣的承诺和德干悲惨的状况发表尖刻的评论。他甚至考虑撤换总督来解决问题，并询问过舒贾，既然奥朗则布施政不佳，无力治理德干，那么他是否愿意接受德干总督之职。[③]

① *Adab*, 27b, 28a & b, 29a, 129b.

② *Adab*, 27b, 28a & b, 29a, 129b.

③ *Adab*, 28a, 32a & b, *Faiyaz-ul-qawanin*, 354.

引起摩擦的另一个原因是对奥朗则布与比贾普尔王国和高康达王国建立外交关系的指控。奥朗则布理直气壮地争辩说，驻比贾普尔王国和高康达王国的莫卧儿帝国使节应该听从德干总督的命令，而帝国与两国的通信应该经由德干总督之手。“这是一个好办法，能够确保两国恭顺地听命于帝国。”①但这一权力只是在他的总督任期即将结束时才被承认，甚至在那时也没有被完全承认。

再往后，我们发现，沙贾汗指责奥朗则布从高康达苏丹那里收到昂贵的礼物，却没有将它们计入当年的贡赋。奥朗则布很容易证明这一指控是不对的，因为他收到的礼物都很廉价，其中的宝石都有瑕疵，都是送给自己和自己长子的私人礼物。②可能是命运在作祟，后来当上皇帝的奥朗则布也怀疑自己的儿子穆阿扎姆和高康达苏丹达成了秘密协议。

我们发现，奥朗则布在1653年5月给沙贾汗写了一封信，信中对沙贾汗提出的一些指控

① *Adab*, 24b.

② *Adab*, 846, 85a and b, 192b, 107b.

做出了答复："陛下所听到的恶意中伤我的话，尽属不实之词。我认为这种待人之道是非常不恰当的。"① 我们不知道"恶意中伤"指的是什么，是泽娜巴迪的事吗？那件事正好是在这时候发生的。②

而后，沙贾汗又指责他在布尔汉普尔把所有熟练织工都网罗进他的私人工厂，从而使帝国织造局劳动力匮乏。奥朗则布断然否认了这一指控，但沙贾汗下令关闭布尔汉普尔除帝国织造局工厂外的所有布厂。这一旨意是对奥朗则布的公开羞辱。③

奥朗则布对父亲不友好的对待感到厌恶

有一次，奥朗则布因对不断被误解、指责和掣肘感到厌恶，以致他拒绝主动做自己最应该做的事。穆尔希德·库利汗建议向坎德什和贝拉尔的农民提供5万卢比的贷款。奥朗则布

---

① *Adab*, 26a.

② 详情见于本书第64页，据《奥朗则布轶事集》记载，太子达拉·舒科曾将此事作为奥朗则布荒淫好色的证据对其进行嘲讽，在沙贾汗面前称奥朗则布为"伪君子""舅妈家里的一条狗"。——译者注

③ *Adab*, 98b, 176b.

把这件事报告给沙贾汗，当他被告知应该从帝国的收入中支取这笔钱时，他苦涩地回答说："难怪我无须为此事效劳，因为我从来没有做这种事的权力。当我第一次担任总督时，多次越俎代庖，幸而没有遭受惩罚。不过，现在我已更加谨慎。"事实上，在给他的大姐贾哈娜拉的一封信中，他抱怨说，尽管他忠诚地为父亲效劳了20年，但他得到的眷顾远不及他的侄子苏莱曼·舒科（Sulaiman Shukoh)，后者比他尊贵体面得多。①

在谈到奥朗则布在此期间进行的两次大战之前，我们先来描述一下他的一次小远征。

中部行省的冈德王朝

在16世纪和17世纪，如今许多的中部行省还在冈德王朝的统治之下，并以"冈德瓦纳"的名字闻名。伟大的冈德王国的首都门德拉城堡（Garh-Mandla）被阿克巴统治时期的莫卧儿帝国军队入侵，遭到洗劫，后来又被北方的邦德拉人侵占。但在17世纪中

① *Adab*, 41a & b, 177a.

叶，另一个冈德王国以代奥格尔为首都，崛起为伟大的王国，将其影响力扩展到贝图尔（Betul）、钦德瓦拉（Chindwara）和那格浦尔（Nagpur）等地区，以及塞奥尼（Seoni）、班达拉（Bhandara）和巴拉加特（Balaghat）的部分地区。冈德瓦纳的南部是第三个冈德王朝的所在地——钱达。16 世纪，钱达的一位国王拜访了位于德里的莫卧儿宫廷。他的家族一直忠诚地依附于莫卧儿帝国，因为这是他们唯一的保护，使他们免受世仇的侵害。①

代奥格尔：它与莫卧儿帝国的关系

在很短的一段时间里，代奥格尔王国的势力急剧膨胀，超过了门德拉和钱达，并在冈德国家中居于首位。它的财富足够吸引莫卧儿人贪婪的目光。1637 年，汗 - 伊 - 道兰入侵了这个王国，攻占了那格浦尔要塞，并迫使库基亚（Kukia）王公偿付一大笔赔款来求得和

---

① "代奥格尔如今是位于钦德瓦拉西南方大约 24 英里处的村庄，风景如画，位于山岗上。" *The Imperial Gazetteer of India*，x. 206, 13. Waris，73a.

平，并答应每年进贡13万卢比。凯塞里·辛格（Kesari Singh）在1640年继承了王位，向莫卧儿皇帝献上40万卢比。但在他的统治下，每年的贡赋却被拖欠，帝国一再催促，却没有结果。于是，1655年，沙贾汗下令入侵这个国家，特别是在德干的莫卧儿军队薪饷告急的情况下。据说代奥格尔王公拥有200头大象，这将是价值不菲的战利品。奥朗则布指出，他委派了一名军官到代奥格尔考察，后者证实王公真的很穷，而且只有14头大象。因此，奥朗则布质疑这个命令是只为了满足沙贾汗好大喜功还是确实有利可图，然后讽刺地说道："将那告诉您代奥格尔王公拥有200头大象的人差遣过来，他必引导我的军队往这些大象所住的地方去！"我们很容易猜到，这个错误的信息来自记恨代奥格尔的钱达的王公。沙贾汗下令征服并吞并代奥格尔王国。奥朗则布回信说："此地可以被轻易攻占，但是难以掌握和控制。每年的维稳经费将会十分高昂。"①

① *Adab*, 42a and b, Waris, 105a.

远征代奥格尔王国

1655年10月12日，远征军兵分两路，一路由贝拉尔副总督米尔扎汗（Mirza Khan）率领，取道埃利施布尔，另一路由特仑甘纳省副总督哈迪达德汗（Hadidad Khan），取道那格浦尔，两路军队在代奥格尔王国会合。钱达王国苏丹曼吉与这些入侵者合作。凯塞里·辛格被敌人两面夹攻，无计可施，只能投降。他谦卑地等待着米尔扎汗，并承诺将付清他拖欠的贡赋，并在未来更加准时地缴纳贡赋。在他的财产中，只发现20头大象比较值钱，这些大象作为战利品被莫卧儿人带走。

强行征服

1656年1月8日，王公陪同胜利的军队返回，并向奥朗则布表示敬意。他答应在年内以现金和实物支付他现在和过去需要进贡的50万卢比，并让出一些领地，其地租收入将用于支付今后的贡金。凯塞里·辛率领一支军队随同奥朗则布前去围攻高康达王国，竭诚为其效劳，只祈祷他拖欠的贡金能得到一些减免。①

代奥格尔后来的历史

在这里可以很简略地叙述代奥格尔后来的历史。1667年，迪里尔汗（Dilire Khan）率领一支帝国军队攻入这个王国，向王公索取了150万卢比的贡金，并要求他以后每年献上20万卢比的贡金。当他被派去接替贾伊·辛格担任德干的苏巴赫达尔时，他已经获取了当年大约一半的贡金，然后留下一名下属在当地收取余下部分。

17世纪末，代奥格尔的一位新王公被其他的王位争夺者逼得焦头烂额，于是他去觐见奥朗则布，以皈依伊斯兰教为代价，换取莫卧儿帝国支持他打击自己的对手。并且，他答应在对马拉塔人的战争中在皇帝麾下服役。奥朗则布将他的皈依视为荣耀，他将这位王公接受洗礼之年命名为“布兰德·巴赫特”（Buland

① *Adab*, 43a, 45a, 46a, 47a, Waris, 105b.

Bakht）[①]年（1686 年）。但是，后来（1699 年）这位王公的竞争对手死亡，他就逃回了自己的国家，站到了马拉塔人一边！这位代奥格尔王公以放弃钱达和门德拉为代价，建造了那格浦尔城，而他的儿子钱德·苏尔坦在那格浦尔建造了城墙，并定都于此。[②]

对乔哈尔王国的入侵

位于孟买北部的乔哈尔王国面积不大，位于西高止山脉（印度西部山脉）和阿拉伯海之间的高原上。在北部和东部，它分别毗邻莫卧儿帝国所辖的巴格拉纳和纳西克，在南部则以康坎为界。取道此地，可以抵达富饶的焦尔港。除了南部和西部的一些地区，其余地区地貌高峻，多岩石，森林覆盖率高。因为入侵者很难越过西高止山脉从陆上进攻，所以此地的安宁全仰赖于天险。14 世纪，科利人的一个王公家族在这里建立了一个小国家，与此同时，他们

---

① 意为“神圣的公牛”“幸运”。——译者注

② *The Imperial Gazetteer of India*, x. 13, 206. Khafi Khan, ii. 207, 461. *Masir-i-Alamgiri*, 273.

在北康坎与葡萄牙殖民势力进行了漫长但成功的斗争。当时，统治乔哈尔王国的是王公斯瑞帕特（Sripat），他既不臣服于莫卧儿皇帝，也不对其表示尊重。为此，在奥朗则布的建议下，沙贾汗对他发动了一场战争。比迦尼尔（Bikanir）的拉杰普特酋长拉奥·卡兰长期以来在德干的莫卧儿军队中服役，他答应率领自己的部属去攻占乔哈尔王国，条件是事成之后授予他一块年收益5万卢比的封地。

胜利

拉奥·卡兰于1655年10月3日从奥兰加巴德出发，艰难地穿越西高止山脉，来到乔哈尔王国的边境。在他所提交的报告（1656年1月5日）中，斯瑞帕特承诺割地赔款，日后双手奉上，并将他的儿子由拉奥·卡兰送往莫卧儿宫廷做人质。远征部队在1月20日回到德干。[①]

① *The Imperial Gazetteer of India*, xiv. 87 and 88. Waris, 106a. *Adab*, 37b, 39b, 47a.

第十章 入侵高康达王国，1656

高康达王国的财富

高康达王国不仅是一个土壤肥沃、水利发达的国家，还拥有勤劳的人民。首都海得拉巴商业繁荣，不仅是亚洲而且是世界的钻石贸易中心。这里聚集着来自世界各地的商人，贸易四通八达。在高康达王国，尼尔马尔（Nirmal）和因度尔（Indur）的钢铁厂（海得拉巴城以北的两个村庄）打制刀刃，为举世闻名的大马士革刀①（Scimitar）提供最重要的部分，并且能

① 大马士革刀用乌兹钢锭制造，拥有铸造型花纹，通常为弯刀。其最大的特点是刀身布满各种花纹，如行云，似流水，精美异常。印度出产的花纹钢刃，其横行脉络常呈数十层云梯形，即穆罕默德梯，奇巧名贵。——译者注

大量制造剑、枪和匕首的钢刃，销往印度各地。来自默苏利珀德姆（Masulipatam）的熟练纺织工人为布尔汉普尔和德里的官营织造厂所欢迎，他们在当地织造的斜纹棉布也驰名南亚次大陆。

埃洛拉（Ellore）的地毯业，完全由穆斯林把持着，几百年来闻名遐迩。在高康达王国，不仅五谷丰登、渔业繁荣、手工业兴盛，还有举世闻名的金矿和钻石矿，这些矿场声名远播，甚至享誉遥远的欧洲。此外，高康达王国还拥有默苏利珀德姆湾，这是孟加拉湾最好的港口。在印度东海岸，只有从这里起航的船只能航行于勃固（Pegu）[①]、暹罗、孟加拉、南圻（Cochin-China）[②]、马尼拉（Manillas），甚至麦加和马达加斯加。高康达王国的森林十分繁密，生活着许多价值不菲的大象，这增加了国王的财富。在这里，烟草和棕榈种植业都很发

① 指缅甸南部的勃固省，也指缅甸历史上的勃固王朝。——译者注

② 即越南南部地区的原称，又称作“交趾支那”，1862年成为法属印度支那的一部分，1949年与越南正式合并。——译者注

达，国王通过对烟草和棕榈酒征税获得了大量收入。①

与帝国政府的摩擦

自 1653 年回到德干以来，奥朗则布经常与高康达苏丹发生争端。每年高康达苏丹都会拖欠 20 万卢比的贡赋，奥朗则布作为莫卧儿帝国的总督屡屡催款，得到的却只是搪塞和拖延。沙贾汗要求苏丹支付一半现金，剩下的一半用大象充抵，送进他巨大的皇家马厩。但是，苏丹就连这件事也没有做到。最后，奥朗则布提出一系列要求：首先，高康达王国让出一部分领土，其税收将由帝国派官吏收取，用于支付贡赋。② 其次，高康达王国的货币与卢比的折算比从 1636 年的 4∶1 提升到 4.5∶1，到 1654 年提升到 5∶1。库特布沙每年以旧折算比向他献上 80 万卢比。莫卧儿帝国现在要求

---

① 这段描述是基于 Tavernier, i. 150-158, 175, 274, Gribble's *History of the Deccan*, i. 269, *The Imperial Gazetteer of India*, xii. 23. *Adab-i-Alamgiri*, 55b, 50a, 46b, 37a, 54b。

② *Adab*, 54a & b, 56b.

将过去几年的差额立即付清。于是，一笔新的 200 万卢比的沉重负担又落到苏丹的肩上，而他已经被之前的欠款压得喘不过气来。[①]

占领了卡纳塔克之后，奥朗则布被指责为未经皇帝允许先斩后奏。但他被告知，这一罪行可以通过向皇帝献上一大笔钱来弥补！奥朗则布派出的军事顾问穆罕默德·穆明（Muhammad Mumin），表面上是被派去保护卡纳塔克的王公，而库特布沙[②]被莫卧儿人警告不要阻止他的行为，并被明确暗示，他们所拟议的干预措施可能会付诸实施。[③]最后，米尔·朱木拉（Mir Jumla）事件引发了战争，现在我们将详细说明这一事件。

被比贾普尔和高康达征服的卡纳塔克

依据 1636 年条约划分了德里的皇帝和比贾普尔苏丹分割了古老的艾哈迈德讷格尔领地，使高康达王国成为受保护的朝贡国，并明

① *Adab*, 56a. Waris, 113a.

② 沙（shah）也称沙王，即波斯语中“国王”的意思。——译者注

③ *Adab*, 54b-55b, 44a & b.

确划定了帝国和这两个德干王国的边界。[①]在北方，这两个国家的扩张势头被莫卧儿强大的军队遏制，两位苏丹通过对其他方向的征服事业，给他们的军队提供就业机会，并肆无忌惮地宣示他们的野心。比贾普尔占领了尼扎姆·沙希·康坎（Nizam Shahi Konkan）地区，这是通过与沙贾汗签订条约割让得到的，甚至还袭击了果阿以北的葡萄牙人领地，并打了一些胜仗。高康达王国在西边被殖民入侵者的势力切断。但是，正是在南印度东部，这两位苏丹都获得了扩张的自由空间。整个卡纳塔克地区，从克里希纳（Krishna）河到卡维里（Kaveri）之外的坦焦尔（Tanjore）河，被一些微不足道的印度公国占据，这是毗奢耶那伽罗帝国（empire of Vijaynagar）覆灭之后形成的支离破碎、分裂割据局面。[②]现在，这些公国迅速地败亡于穆斯林军队。高康达王国的军队向孟加拉湾进发，占领了从吉尔卡湖

① Chapter III.

② 毗奢耶那伽罗帝国是1336~1646年存在于印度南部德干高原的一个帝国。

（Chilka lake）到本内尔河（Penner river）的广大地区。

他们的军队长途奔袭，深入北方，最远到达库尔达（Khurda），那里是奥里萨（Orissa）邦王公的领地。甘贾姆（Ganjam）的加贾帕提（Gajapati）王朝的王公于1571年被高康达苏丹废黜。[①] 在1641年之前的一段时间内，奇卡科尔（Chicacole）成为库特布沙的王宫所在地。1652年，高康达王国的一名拉杰普特军官占领了维沙卡帕特南（Visakhapatnam），并逐步扩展他所征服的地区，形成了一个小公国。[②] 比贾普尔先征服南方，然后转向东方，直抵金吉和坦焦尔之间的海岸。

被两位苏丹南北夹攻、处境危险的钱德拉吉里王国——最后的霸主，是毗奢耶那伽罗

① 加贾帕提王朝是1434~1541年在今印度奥里萨邦及其周围地区存在的一个政权。在梵文中，“加贾”的意思是“大象”，“帕提”的意思是“大师或丈夫”，因此“加贾帕提”的意思是“一位拥有象军的国王”。——译者注

② *Imperial Gazetteer*，XII. 23（1572年拉贾蒙德里被攻陷）. X. 217（Chicacole），XII. 145，XXIV. 339. Sewell's *Sketch of Dynasties*，48 & 69）. 之后该国征服了卡努尔（Kurnool）和内洛尔（Nellore），在1580年又把孔达维杜（Kondavidu）纳入版图。

帝国的最后一块领地，它的领土东抵内洛尔（Nellore）及本地治里（Pondicherry），西抵迈索尔边境。1564 年，毗奢耶那伽罗帝国王朝的宰相兼实际统治者拉马王公在塔利科塔战场上战死，随后穆斯林侵入首都，拉马王公的兄弟将行政驻地迁往彭纳孔达（Pennakonda），而他的侄子则将首都迁往钱德拉吉里（约在 1600 年）。此时，毗奢耶那伽罗帝国的皇位被斯里·朗加（Sri Ranga）继承，他于 1639 年把已经成为废墟的马德拉斯拱手让给英国人。穆斯林历史学家称他为“斯里·朗加王公”、卡纳塔克的地主。① 现在，高康达和比贾普尔苏丹展开了一场争夺斯里·朗加王公领土的竞赛。这两股势力开始迅速地从北方和南方向注定要灭亡的卡纳塔克逼近，在征服的进程中，高康达王国的宰相米尔·朱木拉扮演了最重要的角色。

---

① Sewell in *Sketch of Dynasties*（110~112）中称为他“斯里·朗加三世”，而在 *A Forgotten Empire*，（233~234）中称他为“斯里·朗加四世”（Sri Ranga VI）Adah 336. S. Krishna-swami Aiyangar's *Ancient India*，296。

高康达王国宰相米尔·朱木拉

穆罕默德·萨义德（Muhammad Said），历史上被称为米尔·朱木拉[①]，是一名来自波斯阿德斯坦（Ardstan）的商人，他的父亲在伊斯法罕（Isfahan）做石油生意。年轻时，他像其他什叶派冒险家一样，离开自己的祖国，在同为什叶派的德干苏丹的宫廷里谋求晋升之阶。作为一名钻石商人，他精明谨慎的性格和经商的才能使他获得了巨大的财富。他才能卓绝，这使他得到库特布沙的青睐，后者任命他为宰相。

米尔·朱木拉的赫赫功勋与巨额财富

米尔·朱木拉的工业管理能力、业务分配能力、行政管理能力、军事天才和与生俱来的领导力确保了他在所承担的一切工作中取得成

① 这段关于米尔·朱木拉的介绍基于 Tavernier，i. 170, 259, 273, 284-293 295, Bernier, 16-19. Gribble，i. 269-271, *Masir-ul-umara*, iii. 530-555（life of Mir Jumla）. 关于他的性格描述，详见 Talish's *Fathiyya-i-ibriyya*（Conquest of Assam）。

功。在日常公务和行军打仗上，他都是带头模范，很快他就成为高康达有实无名的统治者：一件事如果没有得到他的首肯，就休想上达苏丹。他被苏丹派往卡纳塔克，他很快就对那里进行了脱胎换骨的改造。到那时为止，位于古德伯（Cuddapah）东北部的根伯姆[①]（Kambam）一直是高康达王国在这个方向边境的极限。

苏丹想尽一切办法都未能征服卡纳塔克地区，在那里，钱德拉吉里的王公仍然居于统治地位。后来，米尔·朱木拉引进了一批欧洲炮手和新型火炮，增强了自己的实力，并且训练出一支纪律严明、富有效率的军队，而后占领了古德伯地区。他最伟大的壮举是占领了甘迪科塔（Gandikota）岩石堡垒，这座堡垒至今仍被认为是坚不可摧的要塞。[②]古德伯以东地区也被他征服，他的部下甚至深入北阿尔乔特（Arcot）地区的钱德拉吉里和蒂鲁帕蒂

① 15-34 N. 79' 12E.

② 西德乌特位于古德伯镇正东 9 英里处，甘迪科塔位于西德乌特镇西北 42 英里处，两地都位于本内尔河上。

(Tirupati)。通过掠夺南方的古老神庙的财富和寻找埋藏的宝藏，米尔·朱木拉积累了一笔巨大的财富。许多巨大的印度教铜铸神像被他带走，并在熔化后被作为铸造大炮的原材料！通过努力工作，他在自己的宗主国承包钻石矿，或通过自己的努力发现了钻石矿藏，这使他的财富倍增，由此成为印度南部最富有的人，甚至拥有20芒德的钻石。当他投靠沙贾汗时，除了送给奥朗则布和他长子的礼物外，他还送给沙贾汗价值150万卢比的礼物。通过征服扩张，他把卡纳塔克的采邑扩展到300英里长、50英里宽，每年的收入高达400万卢比，而且他还拥有几个钻石矿。

他自掏腰包，亲自指挥，维持了一支5000人的装备精良、纪律严明的骑兵部队，除了为高康达苏丹效忠的一支4000人的军队之外，其他军官皆听命于他。他的步兵大约有2万人。此外，他还有一个条件很好的炮兵训练场，一大批训练有素的大象，这使他能够运筹帷幄。这样，他就使自己完全独立于他的主人和卡纳塔克的虚君。简而言之，一位历史学家曾说，尽管米尔·朱木拉只是一名普通贵族，但他拥有皇族般的权力、财富和伟大的品质。[①]

库特布沙忌惮并欲除掉米尔·朱木拉

米尔·朱木拉日益增长的权力和财富，给他的君主敲响了警钟。对他心生忌妒的朝臣向高康达苏丹进献谗言，说宰相米尔·朱木拉过于强大的兵权已经威胁到苏丹的安全，他的财富也遮蔽了苏丹的威严，使王室失去体面。库特布沙也是这么想的，当然，他更希望从米尔·朱木拉的收益中分一杯羹。毕竟，在征服卡纳塔克的过程中，两人是合作伙伴。

最开始，米尔·朱木拉提供了出色的谋略和领导才能，而苏丹提供给他必要的人力和金钱以及师出有名的旗号，他们齐心协力。而现在，他们为利益分配而争吵不休。一方面，库特布沙想要把米尔·朱木拉只当作自己的佣人，

① 在海得拉巴，水池、花园和豪宅都会刻上他的名字。城外不远处有一个小镇也以他的名字建立并命名。“他在特林甘纳留下了许多印记，他在那里住了很久。”（*M. U.*iii. 555）Waris，102b，111a and b，114a，118a，*Adab*，39a，116a. Tavernier，i. 170n，Bernier，17.

让他无偿地向国家献出他所获得的一切；另一方面，米尔·朱木拉知道他的主人是个软弱无能的混蛋，认为征服完全是自己的功劳，他应该独享他自己收获的劳动成果，他在卡纳塔克尝到了独立为王的滋味后，就不愿意回归卑躬屈膝的朝臣生活。但他不能长期不听从苏丹的召唤。所以，他再次回到高康达王国。

库特布沙与其他朝臣密谋，试图将他逮捕，然后刺瞎他的眼睛，但是米尔·朱木拉事先觉察到了这一阴谋，并且巧妙地设法逃到卡纳塔克，发誓再也不会踏入高康达王国一步。库特布沙不断发出命令，要他回来，但这只是证实了米尔·朱木拉的怀疑。最后，库特布沙索性撕破了脸，公开表示要除掉这个不听话的仆人。①

米尔·朱木拉试图前往比贾普尔和波斯

现在，米尔·朱木拉环顾四周，寻求庇护。他主动向比贾普尔苏丹提出加入他麾下，将卡纳塔克献给他，并谦卑地送给他一些镶满钻石

① *Adab*, 30a, 36b, 72b, Tavernier, i. 165.

和宝石的吊坠“帕达克”（padak），这些钻石和宝石属于他从钱德拉吉里的王公那里得来的财富。[①] 阿迪尔沙欣喜若狂，希望能得到这样一位不可多得的仆人，这是自马立克·安巴尔时代以来德干最能干的人。但比贾普尔苏丹只是米尔·朱木拉的选择之一。他还对波斯国王[②]很感兴趣，向其申请政治庇护。他希望能安全地带着自己的全部财富隐退波斯，因为如果事态发展到最糟糕的地步，他的敌人们联合起来对付他，那么卡纳塔克就守不住了。他决定实行远交近攻的策略。

米尔·朱木拉巩固他在卡纳塔克的地位

他与备受掠夺的钱德拉吉里王公和解，并向王公保证，如果他站在自己这一边，就不会再受到骚扰。[③] 多年以来，比贾普尔王国和高康达王国就卡纳塔克地区的边界划分问题争执不

① *Adab*, 195b &196a. Waris, 119a & b.

② *Ruqat-i-Shah Abbas Sani*，154-156，米尔·朱木拉请求在波斯国王的宫廷效劳，这是波斯国王对他的回复。

③ *Adab*，36b，39a.

休，差点就爆发战争。这两名穆斯林征服者分别从卡纳塔克地区的北部和南部推进，在南阿尔乔特地区的北部边界附近遭遇，双方都希望把对方击退。[①]但现在米尔·朱木拉促使其达成了一个和平解决方案：经双方同意，在金吉以北的某个范围内，从东向西划出一条线作为比贾普尔王国所辖卡纳塔克和高康达王国所辖卡纳塔克的边界。

除此之外，米尔·朱木拉还与伊克拉斯汗[②]（Ikhlas Khan）建立了私人关系，他是阿比西尼亚人，被比贾普尔苏丹任命为卡纳塔克总督，后者可能希望效仿拥兵自立的逆臣米尔·朱木拉，使自己管辖的地区获得独立。

奥朗则布与米尔·朱木拉达成秘密协定

米尔·朱木拉也开始与莫卧儿帝国来往。事实上，是莫卧儿帝国主动向他递来橄榄枝的。奥朗则布秘怀野心，想要征服富裕的高康达王国，他渴望得到这样一位能胜任的助手和

---

① *Adab*, 27b.

② *Adab*, 39a，36b.

顾问来担任王国的宰相。通过莫卧儿帝国在高康达王国安插的特使，奥朗则布开始与米尔·朱木拉秘密通信，承诺不仅保护他的身家性命免受怒火中烧的苏丹的伤害，而且保护他不受苏丹的约束。如果他加入莫卧儿军队服役的话，他就会得到无限的恩惠。他还派出特使穆罕默德·穆明，直接向卡纳塔克的宰相求助。但是，谨慎的宰相对这个提议犹豫不决，想静观其变。于是，他向莫卧儿皇帝递交了一份秘密请愿书，要求得到沙贾汗的任命，以确定他会得到什么地位。①

这些阴谋在三个不同的宫廷之间散布，难免走漏风声。库特布沙听说了他们的事，便试图与米尔·朱木拉和解。但米尔·朱木拉断然回绝了他的友好提议，说：他要么成为主宰者，要么辞职离开印度。② 一直以来，奥朗则布与他频繁地鸿雁传书，沟通密切。奥朗则布想要拉拢他的情绪过分热切，到了几近疯狂的程度，他甚至亲自结交了米尔·朱木拉的儿子穆罕默

① *Adab*, 30a，31b，34b，36b，72b. Waris，102b.

② *Adab*, 34b，44a.

德·阿明（Muhammad Amin）。但是，沙贾汗在回复米尔·朱木拉信件时态度犹豫不决，使后者对沙贾汗的意图感到恐慌和怀疑。

米尔·朱木拉表里不一

最后，沙贾汗答应了奥朗则布的要求，并且表示，如果米尔·朱木拉来到宫廷，他会提供保护并帮助他。但显然，他答应的条件很模糊，米尔·朱木拉也并不急于接受。然而，米尔·朱木拉假装同意，并请求用一年的时间内从港口征集财货，并履行他对库特布沙的承诺。因此，他请求莫卧儿宫廷在他动身之前对这一协议保密，因为如果德干的苏丹们发现了他与皇帝串通一气，就一定会除掉他。[①] 事实上，现在有三位君主在竞相拉拢他，他希望能充分利用这一情况。

米尔·朱木拉的拖延不决使奥朗则布心急如焚，他发现他是个口是心非的家伙。“我认为，”他给皇帝写信说，“米尔·朱木拉并非真正想投靠帝国，因为他如今已经拥有一个幅

① *Adab*, 38a & b.

员辽阔、堡垒要塞林立、港口众多的王国，并且拒绝效忠比贾普尔苏丹。他提出想要效忠皇帝，只是一个策略。只要他能在这两位苏丹之间保持战略平衡，避开他们的锋芒，那他就不会离开自己的国家。”[①]很明显，奥朗则布放弃了米尔·朱木拉，或者他在高康达王国的密使走漏了消息，于是米尔·朱木拉与沙贾汗达成协定的秘密泄露。两位德干苏丹对两面三刀的米尔·朱木拉非常愤怒，决定联合他们的军队除掉他。现在轮到米尔·朱木拉急于投靠莫卧儿帝国。他写信给奥朗则布：“我是沙贾汗下忠实的仆人，求他拯救我。”但是，如今奥朗则布按兵不动，他等待着两位苏丹对米尔·朱木拉发动攻击，然后再展现自己“强大的庇护力”，救下米尔·朱木拉，获得他以前承诺献给帝国的领地。[②]

米尔·朱木拉的家人被高康达苏丹囚禁

在库特布沙下定决心鼓起胆量惩罚米尔·

① *Adab*, 39a.

② *Adab*, 40a，36b.

朱木拉之前，后者的儿子穆罕默德·阿明的行为引发了一场危机。这个年轻人总是显得傲慢鲁莽，被认为是最大胆的朝臣，甚至在服务于一位像奥朗则布这样严厉的主人时也是如此。[①]这些年来，他一直担任米尔·朱木拉在高康达宫廷的代理人。他父亲的财富和荣耀使他迷失了自我。他装模作样地摆出一副高高在上的样子，胡言乱语，毫不恭敬地谈论苏丹，在朝堂上公开地对苏丹态度冷淡。库特布沙一直容忍他。最终，有一天，穆罕默德·阿明醉醺醺地来到王宫，在苏丹专属的地毯上睡着了，并且在酒后呕吐时弄脏了它。这位长期以来默默忍耐的苏丹，再也无法忍受这种公然挑战他的天威的侮辱行为。他怒不可遏，把穆罕默德·阿明和他的家人都关进了监狱，并扣押了他们的财产（1655 年 11 月 21 日）。[②]

这是奥朗则布等待已久的机会。现在，他有了一个入侵和兼并高康达王国的绝佳理由。多年以来，他对这个王国的财富有着强烈的渴望，尽

① *Masir-ul-umara*, iii. 620; *Anecdotes of Aurangzib*, §51.

② *M. U.* iii. 531. Tavernier, i. 166. *Adab*, 45a.

管他不得不抑制这种渴望，因为忌惮沙贾汗的正义感而未曾入侵高康达王国。

沙贾汗将米尔·朱木拉纳为臣属，并下令高康达苏丹释放他的家人

奥朗则布立即向沙贾汗报告了这一事件，并要求马上开战。[①] 与此同时，12 月 3 日，沙贾汗赏赐了米尔·朱木拉一件荣誉长袍，给他送去一份御笔书信，任命他为指挥 5000 人的军官，任命他的儿子为 2000 人指挥官，编入莫卧儿帝国军队，此外还给他送去一封给库特布沙的信，要求他不要妨碍这对父子到帝国宫廷，也不要扣留他们的任何财产。[②] 这些信件于 12 月 18 日送达奥朗则布那里，他立即将皇帝的信寄送到高康达王国，命令苏丹立即释放米尔·朱木拉的家人，并且把他们所有人与他们的财物和信使一起送到帝国宫廷。奥朗则布威胁道，如果库特布沙有所拖延或不服从命令，就要派一支军队在他儿子的领导下对高康达王国发起

① Waris，109a.

② Waris，102b.

攻击。[①] 同时，他也在等待皇帝的命令，他动员了他的部队集结在高康达王国边境，准备进攻。哈迪达德汗（Hadidad Khan）奉命迅速从代奥格尔返回，并直接前往钱达哈（奥兰加巴德和高康达王国之间的一个要塞），而奥朗则布的长子穆罕默德·苏尔坦则率领主力部队前往楠德尔（12 月 26 日），等待哈迪达德汗。[②]

当风暴开始酝酿时，库特布沙对他自己处境依旧认识不清。他要么忽视，要么就是低估了他所面临的危险，而且他的愤怒仍未平息。奥朗则布在 12 月 8 日发出的警告和沙贾汗第三次宣布由莫卧儿帝国保护米尔·朱木拉和穆哈姆·阿明的信都被他置之不理。

听到穆罕默德·阿明被囚禁的消息（12 月 24 日）后，沙贾汗给库特布沙写了一封信，要求释放米尔·朱木拉的家人。他确信只有他的信才能达到目的。但是“为了让奥朗则布称心如意”，他相当不情愿地批准了（12 月 29 日）对高康达王国的入侵，以防穆罕默德·阿明仍

① *Adab*, 56b & 57a，45a，77a. Waris，109b.

② *Adab*, 45a & b. Waris 109b.

被拘留。[①] 这两封信均于1656年1月7日到达奥朗则布手中！他现在要用计谋来摧毁高康达王国。在没有给库特布沙时间接受和遵循沙贾汗于12月24日明确下令释放俘虏的信的情况下，他宣布，因为苏丹在12月3日的信中拒绝释放他们，这是对帝国命令的公然违背，而帝国要惩罚忤逆者，所以要入侵高康达王国。

奥朗则布入侵高康达王国

奥朗则布立即命令穆罕默德·苏尔坦（1月7日到达楠德尔）越过边界。这位年轻的皇子开始带领他的骑兵冲向海得拉巴（1月10日）。奥朗则布与主力部队一起待在道拉塔巴德并不妥当，因为有人担心比贾普尔会来帮助高康达人，以响应库特布沙的诚恳呼吁。的确，阿富扎勒汗率领的比贾普尔军队已在莫卧儿帝国边境集结。但阿迪尔沙开始感到害怕；木已成舟，于是，1月20日奥朗则布也迅速投入战斗。西瓦吉在久纳尔附近的莫卧儿帝国边境制造了一些骚乱，但到目前为止，他的影响可以忽略不

① Waris，109b. *Adab*，46a.

计。[1]此外，西瓦吉的目的与其说是为了转移高康达王国的压力，不如说是为了从莫卧儿军队的缺席中获利。

对海得拉巴的突袭：高康达苏丹逃入格尔夫康达城堡

与此同时，穆罕默德·苏尔坦攻入高康达王国境内后，库特布沙也收到了沙贾汗于12月24日发出的措辞严厉的信件，并立即将穆罕默德·阿明和他的家人和仆人，随同自己写的一封语气谦卑的信一起送到奥朗则布那里。但是，奥朗则布早就想对付他了，以致他的屈服来得太晚，救不了他。穆罕默德·阿明在离海得拉巴24英里的地方恭候奥朗则布大驾（大约是在1月21日），但是他拒绝停止敌对行动并威胁向首都进军，要求库特布沙归还尚未归还的俘虏与财产。库特布沙最后的希望破灭；莫卧儿骑兵来得太快了，他完全被吓到了。面对彻底的毁灭，他被送到他的孩子在戈尔孔达的据点。连同那些可以轻易搬走的贵重财产，1月22日晚上，他带着孩子和金银

① *Adab*, 46a and b，47a，49a and b.

细软从海得拉巴逃到了戈尔孔达的据点，把首都的防卫留给了3名军官和大约1.7万名士兵[①]，这次溜之大吉救了他的命，因为奥朗则布在秘密指示中对他抱有极大的敌意：

> 库特布–乌尔–穆尔克是个懦夫，很可能不会做出抵抗。用你的炮兵包围他的宫殿，并派遣一支军队将他从堡垒中弄到高康达王宫来。但在此之前，请派一位精心挑选的信使给他，说："我早就料到你会来接我，殷勤地要我留下来陪你。"但你还没这么做，我自己就来找你了。"在传达这一信息后，立即攻击他，如果你能做到这一点，就减轻了他的首要负担。实现这一计划的最好的策略是利落、敏捷、轻拿轻放。"[②]

莫卧儿军队挺进海得拉巴

1月23日，入侵者抵达位于海得拉巴以北

① Waris, 109b. *Adab*, 49a, 80b.

② *Adab*, 187b.

两英里的侯赛因·萨加尔水库（Husain Sagar tank）。高康达王国群臣心中充满了困惑。苏丹以前从来没有统治过他的臣仆，现在他比孩子更无助，比女人更不安。他的军官们在没有协调的情况下行事，既没有指挥，也没有明确的行动计划。群臣和苏丹一起坐以待毙。一些人举行了反对莫卧儿军队的示威活动，但很快就被打散了。第二天，奥朗则布进入海得拉巴城。穆罕默德·贝格在市区派驻了一支强大的治安部队，以防止抢劫和暴力行为，安抚市民，并在城墙上巡逻。由于宫殿和大多数房屋都是用木头建造的，人们大多小心翼翼地严防火情。在莫卧儿军队占领之前的几年，苏丹大厅的屏风不小心被蜡烛点燃，火势蔓延到屋顶和四周的房屋，火势汹汹，燃烧了整整一个月。①

这些安排都很快得到执行。海得拉巴是印度最富有的城市之一。它除了是一个繁荣的君主国的首都外，还是世界钻石贸易的中心、工艺美术品的集散地，一个充斥着贵族、军官、

① Waris, 109b & 110a. *Adab*, 49a & b.

商人和工匠的巨大广场，占据着这座城市及其广袤的郊区（郊区名为“奥兰加巴德”）[①]，横跨穆萨河（Musa River）。从22日夜晚开始，到24日中午，城内发生了肆无忌惮的劫掠行为。苏丹抛下了他所有昂贵的地毯、瓷器、家具以及大象和马，仓皇逃走。穆罕默德·苏尔坦检查了王室财产，关闭了宫殿的大门，并派驻警卫看守。在那个时代，对海得拉巴的劫掠是整个印度的热门话题。正如奥朗则布的侍从武官阿奎勒汗·拉兹在史书中记载的那样，“原属于库特布－乌尔－穆尔克的大多数商店和资产，如珍贵的书籍和其他昂贵无价的东西，悉数为穆罕默德·苏尔坦劫夺——他夺取了库特布－乌尔－穆尔克的大部分财产，但是库特布－乌尔－穆尔克是如此富有，他的财富是如此巨大，以至于尽管发生了好几次抢劫行为，但是奥朗则布撤退时还是留下了许多财宝，没有人认为金库和宫殿能够被洗劫一空”。另一位历史学家比姆森说，莫卧儿军队在这座城市搜刮了大量战利品，大量现金和物资被没收并被储藏在

① Tavernier, i. 152.

国王的宫殿里。[①]

库特布沙几乎每天都派使节前往奥朗则布那里，献上降表和昂贵的礼物，希望能实现和平。他归还了米尔·朱木拉的财产。但奥朗则布并不关心父皇的旨意。因此，库特布沙孤立无援，只能向比贾普尔寻求援助，并在此期间使高康达处于防御状态。

奥朗则布围攻高康达

奥朗则布带领他的主力部队于2月6日抵达。在经过了两个星期疲惫不堪的强行军后，他还是行动迅速，保持着斗志，动身对堡垒及其周围地区进行了侦察，之后才在帐篷里休息以恢复精神。一支强大的高康达部队出现在平原上，从远处向莫卧儿军队开火，兵力约为15000人，并且有炮兵掩护。显然，帝国军队的阵地是不稳固的，因为奥朗则布不得不把他的大象往前驱赶，并命令他的部队全面出击向敌人发起进攻。但是战斗持续了很长时间，战况激烈，损失巨大。他拼命地战斗，直到夜幕降临，

① Waris，110a. *Adab*, 50a. Aqil Khan，13. *Dilkasha*，16.

敌人才退去，一部分敌人退回要塞，另一部分敌人退回要塞外的丛林。

第二天，对高康达的围攻①开始。西边空无一人，但莫卧儿军队却在另外三个方向站稳了脚跟。常规的围攻是不可能的，因为奥朗则布是轻装急行军，只带了少量火器。而他所面对的堡垒却拥有炮台和大口径火炮。此外，沙斯塔汗、沙纳瓦兹汗和其他指挥增援部队的军官还没有到达，从奥萨（Ausa）要塞运来的火炮也没有抵达。②因此，奥朗则布在等待增援和沙贾汗的新命令的同时，继续占据着海得拉巴城，并把它团团包围，以防止苏丹逃脱。他的第一个计划是谋杀库特布沙，然后以迅雷不及掩耳之势夺取他的王国，但是这个计划失败了，他不得不另择办法，他对此尚未准备，而且这些办法也不会像前者那样干脆利落。高康达之围从 2 月 7 日持续到 3 月 30 日，双方相持不下。由于麾下军队武器不足，奥朗则布无法对这样

① 关于这次围攻战，见 Waris，110a-112b. *Adab*，81a. Tavernier，i. 166-169。

② 沙斯塔汗于 1656 年 2 月 21 日抵达，两门大炮在 3 月从奥萨运达。（Waris，11a & b.）

一座坚不可摧的堡垒造成实质性破坏。有时，围困者反而遭到防守方主动发动的袭击。2 月 11 日和 12 日，战斗在堡垒周围进行，而 3 月 13 日是在离堡垒 20 英里处进行。德干人一如既往地在几次交火后就败下阵来，因为他们不能或不愿意承担作为莫卧儿骑兵这一可怕的任务。他们的作战方式是帕提亚式（Parthian）的，他们的目的是消灭敌人，切断敌人的补给。[①]

奥朗则布觊觎富裕的高康达王国

从被围困的国王的要塞，到入侵者的营地，几乎每天都会有使者带着礼物前来议和，也会有小规模的冲突爆发！但奥朗则布却坚决拒绝达成协议。他觊觎整个王国，而不是其他任何东西。高康达王国的财富、世界闻名的钻石矿藏、苏丹的财富，以及能工巧匠的技艺，激起了他最强烈的贪欲。在越过国境线后，甚至在

① 帕提亚帝国是公元前 3 世纪到公元 3 世纪由游牧民族在西亚建立的一个庞大帝国，曾多次与罗马帝国交战。据罗马史学家普鲁塔克说，帕提亚轻骑兵经常使用诈败佯退的伎俩，趁敌人追来之际，在马背上转身用箭射杀追兵。——译者注

他还没有看到“人烟繁盛、繁荣富饶的海得拉巴城”时，他就写信给父皇：“此国之美妙，不可言喻——此地水利便利，人口众多，空气清新，良田阡陌——沿途之中我所见为何物？穿越边境后，我在路途中看到蓄水池比比皆是，还有甘甜的泉水、奔腾的溪流，村庄繁荣，尚有大片耕地。田地无不被精心耕种。这样一个货币收益率高的国家，在国际货币市场上没有货币能与之发行的货币相匹敌，收益都落入了库特布沙那个懦弱小人之手。”后来他再次写道：“高康达是一个面积广阔的王国，有丰富的钻石、水晶和其他矿产。”

奥朗则布力劝沙贾汗尽早吞并高康达王国

他用各种理由来说服他的父亲同意他吞并高康达王国：“库特布－乌尔－穆尔克是不信道的无耻之徒。忘恩背德，有负于帝国恩惠；沉溺恶习，不配为苏丹之尊。残暴荒淫，欺凌百姓，独夫民贼，人心背离。信异端之说，引臣民偏离逊尼正道；怀不轨之心，授钱财勾结波斯，与之结党。饶恕此等异端逆君，则正统伊斯兰皇帝失却道统之正！错失此等天赐良机，则日后帝国再难有诛灭恶贼之机。[①] 我盼望陛下圣明，早做决断。”[②]

奥朗则布甚至恳求沙贾汗不要答复库特布·乌尔·穆克表示顺服的信，也不要听信太子达拉·舒科和其他太子亲信的求情，因为这会使煮熟的鸭子飞了！当米尔·朱木拉的儿子来到莫卧儿宫廷时，他告诉皇帝，高康达苏丹十分富有，且苏丹为人软弱，并向沙贾汗提出关于如何从苏丹身上榨取最大利益的建议。总之，正如他所写，皇帝“应该充分利用这个千载难逢的绝佳机会”。[③]

沙贾汗下令罢兵休战，换取赔款

但是，这些怪诞的混合诉求，以及正统性、贪婪、人性和野心都打动不了沙贾汗。皇帝不想仅仅为了惩罚不忠行为就废黜一个兄弟国家

---

① 在这一年稍晚时候，波斯国王给库特布－乌尔－穆尔克写了两封信，见 *Ruqat-i-Shah Abbas Sani*，19-23 and 89-93。

② *Adab*，466，50b.

③ *Adab*，46b，49b.

的统治者。太子达拉·舒科已经被身在德里的高康达苏丹特使贿赂收买和拉拢，这引起了奥朗则布强烈的厌恶和愤怒。[①] 达拉·舒科为库特布-乌尔-穆尔克苦苦哀求，并为他争取到了赔款罢兵的条件。2 月 24 日，奥朗则布收到一封信，信中说皇帝接受了这一解决方案。[②] 但是，与此同时，奥朗则布在高康达的处境已经有了很大改善。他已把围城的包围圈缩得很小。高康达王国的许多军官投奔了莫卧儿军队。库特布沙请求允许将他的母亲送到奥朗则布那里，并请求他的赦免，答应支付拖欠的贡品和一大笔补偿金，以及把他的二女儿嫁给奥朗则布的长子。因此，奥朗则布把皇帝给库特布-乌尔-穆克的赦免信（日期为 2 月 8 日）压了下来，以免这封信给后者壮胆，让他把投降条件降低。而沙贾汗得知了这一消息后，却允许了这种敲诈行为！[③]

---

① *Adab*, 59a，69b.

② Waris，111b.

③ Waris, 111b。奥朗则布写信给米尔·朱木拉（3 月初）："库特布-乌尔-穆尔克现在渴望得到赦免，并将他的女婿米尔·艾哈迈德（Mir Ahmad）送到我这里，还建议让他的母亲见我，再把他的女儿嫁给我儿子，但我想把他流放到变为废墟的旷野。" *Adab*, 81a。

议和谈判条款

经过长时间的恳求，在沙斯塔汗和穆罕默德·苏尔坦的调解下，高康达王国的太后获准访问奥朗则布的营帐，亲自恳求他饶恕她的儿子。奥朗则布同意归还他的王国，条件是支付1000万卢比作为补偿以及充抵以前拖欠的贡品，并同意了他的女儿与自己儿子的婚姻。但是，由于这笔赔款数额太大，库特布－乌尔－穆尔克对此表示明确反对，以致最后的和解久拖不决。在这段时间内，双方并没有正式停战，在高康达要塞的一次炮击中，阿萨杜拉·布哈里（Asadullah Bukhari）被炸死，他是奥朗则布军队主计官的儿子。①

在奥朗则布殷切的期盼和催促下，米尔·朱木拉现在已到达海得拉巴，并在3月20日等候奥朗则布，与他进行第一次见面，这一天是占星家选择的黄道吉日。②

① Waris，111b and 112a. Tavernier，i. 167.

② *Adab*, 81b. Waris，112a.

沙贾汗对奥朗则布的诡计感到愤怒

与此同时，库特布沙在帝国朝廷的代理人成功地收买了达拉·舒科和贾哈娜拉公主，让他们替自己说话。通过他们，他向皇帝揭露了奥朗则布的真实行径：库特布沙是如何被欺骗的，如何差点被背信弃义地杀害的；奥朗则布是如何违逆皇帝的命令的；自己是如何被奥朗则布拒之门外的；沙贾汗对自己的仁慈之心是如何被蒙蔽的；奥朗则布是如何以欺上瞒下的手段蒙蔽所有人的。沙贾汗对此义愤填膺，他给奥朗则布写了一封严厉的斥责信，命令他立即解除围困，撤兵离开高康达王国。为了进一步羞辱奥朗则布，这封信的内容并没有保密，而是在整个军营里公开宣读。[①]

强行结束战争

因此，在 3 月 30 日，服从于皇帝的强制性命令，奥朗则布解除围困并撤出了高康达王国。四天后，穆罕默德·苏尔坦通过他人代办婚礼迎娶了高康达公主。到了 4 月 10 日，公主

① *Adab*, 59a，69b，85a. *Storia do Mogor*, i. 235.

被从堡垒带到丈夫的营地。在奥朗则布的使者面前，库特布沙面对《古兰经》发誓，以后服从皇帝的命令，并以亲笔书写和盖上印章的形式给了他们一份同样的书面承诺。4 月 13 日，奥朗则布给库特布沙寄去了皇帝的赦免信、荣誉礼服和沙贾汗本人书写的正式协议，协议书上印着他的朱红手印，他承诺保护库特布沙。

莫卧儿帝国通过条约获得的收益

在高康达王国太后和奥朗则布内宅女眷们的恳求下，赔款数额从 1000 万卢比减少到 250 万卢比。[①] 两个月后，沙贾汗又将赔款数额减少到 200 万卢比，并按 1636 年的汇率来兑换。[②] 但是，高康达苏丹除了献纳贡金外，还不得不割让拉姆吉尔（Ramgir）[如今的曼尼克德（Manikdrug）和奇诺尔（Chinoor）] [③]。莫卧儿军队在 4 月 1 日开始撤退，从海得拉巴向北行

---

① *Adab*, 58a，57b，69b. Waris，112a and b.

② Waris，113a，

③ 他还书面承诺让穆罕默德·苏尔坦成为他的继承人。奥朗则布掩盖了这件事；但沙贾汗事后了解到了这一点。（*Adab*, 191 b），Tavernier，i.169.

进到因杜尔（现在是尼扎姆土邦的一个同名地区的首府）[①]，然后奥朗则布转向西行军，到达钱达哈（楠德尔地区的一座堡垒），于5月17日到达奥兰加巴德。他在边境留下了一支3000人的分遣队，以便在那里度过雨季，并负责征收高康达苏丹许诺交纳的贡金。从其他行省抽调参加远征队的军官，现在也都就位。[②]

3月20日，米尔·朱木拉来到奥朗则布尚在高康达的营地。他的架势之大，与其说是一名贵族，倒不如说也是一位王子。6000名骑兵，15000名步兵，150头大象，还有一支训练有素的炮兵

---

① 在萨卡尔撰写本书时，印度尚处在英国的殖民统治下，土邦林立，该地由“尼扎姆”统治，这是当地土邦君主的称号。——译者注

② Waris，ii. 26 & 113a 奥朗则布撤退的路线如下：4月21日，离开高康达地区；4月22日和23日在米尔·朱木拉的军营（巴扎）歇脚，离开周边地区；4月24日，前往库特布－乌尔－穆尔克的母亲的营帐（巴扎）[大约在贝德赫特（Begampett），北纬17.38°，东经78.17°]；4月25日至27日停留；4月30日，抵达帝国边境的因达瓦伊村（Indalwai，在因杜尔东南15英里处），那里由沙贝格带领3000名士兵守卫；5月2日到达因杜尔（北纬18.40°，东经78.10°）；5月8日，奥朗则布巡查乌德吉尔，当地驻军在穆罕默德·苏尔坦的指挥下进行了一次演习；5月9日，奥朗则布与杜德纳河（Dudhna River）畔的军队会师；5月17日，到达奥兰加巴德。

陪伴在他左右。[1] 他给奥朗则布和他的儿子们准备的礼物价值不菲。随即他又被传唤到帝国宫廷，于7月7日抵达德里，并向皇帝赠送了价值150万卢比的礼物，其中包括一颗重达216克拉的大钻石。他立即被任命为6000人指挥官，并接替最近去世的萨杜拉汗担任宰相一职。[2]

奥朗则布与沙贾汗关于在高康达获得的战利品的争执

奥朗则布从对高康达的围攻中返回，他的贪欲仍旧没有得到满足，他丝毫没有愧疚感，并且对他父亲的做法感到不满。这次远征使他与皇帝的争吵重新开始。关于他在海得拉巴进行劫掠的消息已经被添油加醋地传到了德里。沙贾汗还得知，奥朗则布和他的儿子们从库特布沙那里获得了许多昂贵的礼物，但是对此只字未提，也没有把礼物的价值算在定期贡金里，这件事很有可能是高康达王国的特使告诉他的。针对这一指控，奥朗则布愤怒地抗议说，他收到的礼物很少，而

① Waris，112a. *Adab*，116a.

② Waris，112b，114a，118a.

且十分寒碜，根本不值得向皇帝提起。[①]

此外，他还抱怨说，沙贾汗没有遵守先前与他分享高康达赔款的承诺，因此，由于战争花费太多，他这个德干总督比以前更穷了。如果作为一次金融投机行为，那么对海得拉巴的突袭就是奥朗则布的败笔。在过去的六个月里，他士兵的薪饷一直被拖欠。此外，之前他还借了一大笔钱来装备他的部队以备战。“在这次远征之初，陛下曾写信承诺道，在库特布－乌尔－穆尔克的赔款中，珠宝和大象应该属于政府，而现金则归我所有…… 但现在，高康达的所有赔款都被父皇您拿走，并被存放在道拉塔巴德的国库里。我怎样才能偿还因为战争和军队而拖欠的债务？”[②]他说，自己从高康达那里收到的礼物，被帝国宫廷的奸佞小人说成了“揣在怀里的珠宝”。库特布沙送来的大象都是一些残疾的大象，非常廉价，钻石品相也不好，充满瑕疵。因此，正如他自己所解释的那样，奥朗则布起初拒绝接受它们，但是，最后在库特布沙的使者的恳求下

① *Adab*, 84b, 85a, 107a & b, 192b.

② *Adab*, 84b, 190a & b.

他才收下礼物，并且明确向其表示，这些东西的价值不能够从高康达王室应交的贡金中扣除。

交易里没有什么不可告人的秘密；礼物被公开接收，并由米尔·朱木拉和其他贵族亲自见证，奥朗则布甚至打算在回到他的总部后，把他收到的所有礼物，连同其他充抵赔款的宝石，以及100多头大象一并献给皇帝。但在他需要时间来做这件事——不，甚至在他从高康达回来之前，皇帝就命令他立即把库特布沙的所有礼物和赔款送到宫廷。皇帝这么急着催促他，十分不得体，这意味着他害怕奥朗则布中饱私囊，偷拿礼物吃回扣！“凭什么？”奥朗则布愤愤不平地问道：“我为父皇舍命效忠，抛头颅洒热血，他却更稀罕我兜里的那几件珠宝？”更让他感到厌恶的是，他和他的儿子收到皇帝的命令，让他们拿出所有的战利品献给皇帝，要么就把它送回库特布沙那里。这下，奥朗则布和它们就没有一点关系了。①

① *Adab*, 84b-85b，1926，在围攻高康达的过程中，奥朗则布与沙贾汗之间的书信往来突然中断。最后一次写于1656年2月9日之后不久。之后他通过公文与他的父亲通信。这是心情紧张的结果吗？ 我认为这个解释说不通。然而，他（在1656年7月写给米尔·朱木拉的一封信中）承认，他有充足的理由感到羞耻和愤怒。（*Adab*, 193b）.

奥朗则布与高康达王国关于卡纳塔克行省的争论仍在继续

奥朗则布与高康达苏丹缔结了和约，但是，他们之间仍有分歧。库特布沙想要留住卡纳塔克，坦然地说：这是他的仆人打下的地盘，也是他王国的一部分。但是奥朗则布表示反对，说这是米尔·朱木拉的私人采邑，并将此事提交给皇帝决定。[①] 他觊觎富饶广阔的卡纳塔克，确保高康达王国割让拉姆吉尔区［位于潘干噶和戈达瓦里之间］，从而使莫卧儿帝国的特仑甘纳行省更接近北卡纳塔克地区，打通一条陆上走廊，使他的军队在这两地之间自由来去，而不必穿越广阔的高康达王国的领土。[②]

库特布沙费尽心思想要留住这个富饶的地区。他派驻德里的代理人向达拉·舒科献殷勤，并且承诺只要能够把卡纳塔克留在高康达王国，

① *Adab*, 58 a & b.

② *Adab*, 159b (inference).

就赠给莫卧儿帝国150万卢比。[①] 但是，奥朗则布通过米尔・朱木拉反对接受高康达王国的这个请求，他通过指出卡纳塔克地区的广阔、富饶来唤起皇帝的贪婪之心——它的钻石矿藏、肥沃的山谷、古老的印度教王朝埋藏的宝藏。正如他所写，高康达王国的"财富与疆土等价于它本身"。米尔・朱木拉对卡纳塔克地区十分了解，他也向皇帝力陈该地区资源之丰富、财宝之众多。[②] 最后，他说服了皇帝。皇帝决定把卡纳塔克作为米尔・朱木拉的采邑握在自己手中，库特布沙被命令从该地区撤军。沙贝格汗（Shah Beg Khan）、卡齐・穆罕默德・哈希姆（Qazi Muhammad Hashim）和克里希纳・拉奥（Krishna Rao）率领莫卧儿军队进入卡纳塔克，但是高康达王国的军官（特别是阿卜杜勒・贾法尔）不愿意把这片富饶的土地拱手让人。他们在那里逗留，并给进驻该地的莫卧儿军队制造各种麻烦，他们甚至煽动斯里・朗加王公和其他柴明达尔夺回他们失去的地产。在

① *Adab*, 59a, 61a.

② *Adab*, 46b, 59a.

接下来的两年里，我们将会经常读到奥朗则布斥责库特布沙说一套做一套、言而无信的文章。[①]

库特布沙利用比贾普尔战争和沙贾汗病重造成的混乱，控制了卡纳塔克的一些军事堡垒和土地，与米尔·朱木拉的手下对抗。奥朗则布不得不严厉地威胁他："卡纳塔克属于米尔·朱木拉，是帝国不可分割的领土。别惦记着它了。你还没听我说呢！……你干嘛还白费功夫地想留着它呢？从那里把你的军官和部队撤走，要不然……我将会派遣米尔·朱木拉带领一支庞大的军队惩罚你，吞并你的王国。"[②]在皇位继承战争中，库特布－乌尔－穆尔克取得了进一步的进展，他从米尔·朱木拉手下手中夺取了甘迪科塔和西德乌特（Sidhout）。[③]只是在稳稳地坐上帝国皇帝的宝座之后，奥朗则布才迫使卡纳塔克全境降服。

① *Adab*, 90a，196a，61b，62b，63b，69a，87b，161a.

② *Adab*, 67a，89a.

③ *Adab*, 67a.

卡纳塔克的老王公向莫卧儿帝国抗议

毗奢耶那伽罗帝国的最后一位名义上的君主斯里·朗加王公眼睁睁地看着权力从自己的手中溜走，比贾普尔从南方征服卡纳塔克，而高康达的将军们从北面征服。他把金吉输给了前者，把钱德拉吉里输给了后者，实际上他被驱逐出了阿尔乔特地区。早在1653年，他就派遣了一个名叫拉玛·拉奥（Rama Rao）的特使前去联络奥朗则布，试图拉拢莫卧儿帝国一同对付德干的苏丹，但是德干总督奥朗则布并没有出手干涉，可能是因为卡纳塔克离得太远了，而且事情还没有成熟到可以对高康达施加压力。在接下来的两年里，王公被逼到了绝境。在短短一段时间内，他被剥夺几尽。他又派出了一位名叫斯利尼瓦斯（Srinivas）的婆罗门前去拜访奥朗则布，绝望地呼吁以任何条件保护他的统治。他会把2.5亿卢比、200头大象和他所有的珍宝交给皇帝，他会答应每年向皇帝纳贡，他会同意他的王国被并为帝国的一部分，然后作为一个普通的采邑再赐还给他。

不仅如此，“如果因为他是异教徒，皇帝不愿赐予他恩典的话[①]，他承诺愿意带领他所有的家人和亲眷一起皈依，成为穆斯林！”只要从两位德干苏丹的手中拯救他就行；他的领土不应该被他们占领。[②]

奥朗则布谋划通过假装保护王公，从比贾普尔和高康达手中夺得卡纳塔克的一部分

这份请愿书中请求采取的行动，为莫卧儿帝国征服印度提供了一个绝佳机会。奥朗则布提议派遣他的一名下属去卡纳塔克调查王公的实力，看他是否有能力兑现诺言。沙贾汗不允许奥朗则布派遣使者，但是告诉他“恐吓一下

① （*Adab*, 99b，37a，*M. U.* ii. 265 et seq）. 沙贾汗是一个偏执狂。托马斯·罗伊爵士注意到了他早年对基督徒的仇恨（Kerr，ix. 262）。他执政后，不愿意让拉杰普特人担任高级职位。（*Adab*, 29a）他破坏印度教庙宇和亵渎偶像的举动标志着他宗教迫害的程度不亚于他的儿子。他拒绝释放被关押在马尔瓦的德哈穆德赫拉的王公——因陀罗的于无拿，坚持要他拿出50000卢比的赎金并改信伊斯兰教才放过他，尽管奥朗则布向他请求把最后一个条件（改宗）去掉，以免妨碍他占有于无拿的财产并如数拿到赎金。在克什米尔，沙贾汗废止了当地印度教徒和穆斯林之间通婚的旧习俗。（Abdul Hamid, I. B. 57）

② *Adab*, 33b，34b.

德干的那两位苏丹，从他们那里敲诈一笔钱”，作为拒绝保护斯里·朗加王公的代价。也就是说，如果这两位贪婪的苏丹能把猎物分一大块给他的话，他就用不着保护猎物的性命了。听到斯里·朗加王公与莫卧儿总督谈判的消息后，比贾普尔的将军们加紧进攻，占领了卡纳塔克最富饶的韦洛尔（Vellore），并试图夺取王公的大象。无助的斯里·朗加王公眼看大势已去，恳求莫卧儿人帮忙。但是，奥朗则布捉弄了这个可怜的恳求者，就像一个垂钓者对待一条鱼一样。表面上，他指定他的下属军官穆罕默德·穆明前往卡纳塔克，但是又写信给沙贾汗：“我这样做的真正目的是从比贾普尔那里得到一份厚礼。”他兴高采烈地补充道：“德干的那两位苏丹，对穆罕默德·穆明的任命感到震惊。我们将把这份委任状当作一颗螺丝钉，从‘卡纳塔克’号船上偷走，并把它隐藏起来。在这件事完成之前，在大功告成（获得厚礼）之前，请父皇勿致信比贾普尔苏丹，以免走漏风声。”奥朗则布已经指示他在比贾普尔的特使告知苏丹，如果他送给皇帝一份满意的礼物，穆罕默德·穆明就会被召回，帝国将会拒绝继续帮助卡纳塔克王公。[①]

卡纳塔克末代王公的命运

就这样，斯里·朗加王公只能听天由命。他被比贾普尔和高康达两面夹攻，彻底被压垮，他失去了一切，只能依靠一些因为太穷而无法引起入侵者贪欲或位置偏僻难以到达的小块地产度日。据我们了解，在1657年和1658年，奥朗则布的注意力转移到与比贾普尔的战争和皇位继承战争上，在卡纳塔克地区的防守力量被削弱，这时，斯里·朗加王公趁机试图收复一些失去的土地。[②]他最后一次出现在历史的舞台上是在1661年，当时他入侵迈索尔却遭到失败，威望输给了曾经的附庸——贝德努尔（Bednur）的酋长。[③]

奥朗则布对待卡纳塔克王公的方式，他在整个交易过程中肮脏的动机，以及他无所顾忌

① *Adab*, 44a & b，34b，54b-55b.

② *Adab*, 63a，90a（not definite）.

③ S. Krishnasvvami Aiyangar's *Ancient India*, 297，Sewell，54.

的自供状，都具有深刻的政治意义。对于那些没有被孔雀王座、泰姬陵和其他令人眼花缭乱的东西迷惑的历史学家而言，这一幕（和其他许多类似的事件）证明了莫卧儿帝国只是一个自我粉饰的强盗集团。它很好地解释了为什么印度的王公及印度的民众那么容易接受了英国作为自己的宗主国。

附录一：奥朗则布是利用内奸占领了海得拉巴吗?

阿奎勒汗·拉兹告诉我们一个这样的故事：奥朗则布在袭击高康达王国首都之前，用诡计把库特布－乌尔－穆尔克玩弄于股掌之中。“奥朗则布写信给库特布－乌尔－穆尔克，‘我的儿子穆罕默德·苏尔坦要去孟加拉（迎娶舒贾的女儿），他想取道奥里萨邦前往。我希望你能给予他帮助，允许他通过你的领土。’这个愚蠢的苏丹立即答应了，并为款待这位皇孙做了准备。当皇孙带着浩浩荡荡的大军和军械辎重前来，兵临海得拉巴城下时，库特布－乌尔－穆尔克瞠目结舌，立即逃到高康达要塞避难。”但是，其他见证者就没有讲过类似的故事。但是，这一章引用的一系列事实证明了这一说法的正确性。库特布 - 乌尔 - 穆尔克收到奥朗则布于 12 月 8 日发出的信后，丝毫没有察觉到穆罕默德·苏尔坦的敌对意图。在穆罕默德·苏尔坦到达海得拉巴的几天之前，他释放了穆罕默德·阿明，这表明他知道皇孙到来的原因。

正如奥朗则布在给儿子的指示里所显示的那样，他希望儿子能在会面时刺杀高康达苏丹，正如本章前文所述。这就是奥朗则布的背信弃义之处。

第十一章　攻占比贾普尔王国

比贾普尔王国的崛起

1636年的条约使比贾普尔苏丹成为莫卧儿帝国皇帝的友好盟友，但它的主权没有受到损害。它没有成为一个帝国的附庸王公，也不用每年向帝国纳贡。另外，他被正式确认拥有已覆灭的艾哈迈德讷格尔王朝的大片领土，莫卧儿帝国曾经宣称拥有这片领地。[①] 在北方强大邻居的保护下，比贾普尔苏丹开始扩展他的统治范围，向西扩张到康坎，向南扩张到迈索尔，而向东则扩张到卡纳塔克。1635年，应当地一个部族的邀请，他派兵突袭了伊克克里(Ikkeri)［或称“贝德努尔”(Bednur)，位于迈

① Chapter III.

索尔西北部］公国，并逼迫其王公威尔班德拉·纳亚克（Virabhadra Nayak）缴纳300万卢比。后来，一支4万人的庞大的比贾普尔军队，由著名的将军兰道拉汗（Randaulah Khan）率领，占领了西拉（Sira）、班加罗尔（Bangalore）和高韦里河以北的城市（1639），之后，他们向东推进，进入卡纳塔克地区，占领了那里的许多要塞和城市，盘踞了很多年。1647年，在比贾普尔最尊贵的贵族穆斯塔法汗的领导下，比贾普尔王国的军队倾巢而出，再度进攻卡纳塔克，但在一开始就遭到了顽强的抵抗。

征服南卡纳塔克

在班加罗尔以东的一场大战中①，一位阿比西尼亚将军展现出非凡的英勇气概，从被毁灭的危险中拯救了比贾普尔军队和苏丹的荣誉：著名的印度教徒瓦鲁阿（Vailuar）将军被击败，而他主公的统治也毁于一旦。到了最

① 在波斯文手稿《苏丹秘闻》（*Basatin-i-salatin*）中，这次相遇的地方隐约写成“班加罗尔和马斯蒂之间的阿杜尔”。有一个叫瓦提尔（Wantiir）的地方，位于班加罗尔东北方向，但是马斯蒂和阿杜尔都错得太离谱了。

后，坚不可摧的金吉堡垒也因为被围困断粮而向比贾普尔军队投降（1649 年 12 月 17 日），整个南卡纳塔克地区对穆斯林门户大开。这次征服行动战果辉煌，除了吞并了广阔富饶的土地之外，还夺得了价值 4000 万卢比的财富。[①] 一支比贾普尔军队向西挺进，入侵了葡萄牙的领地果阿和萨尔塞特（Salsette）岛（1654 年 8 月），取得了一些战果。[②] 总之，在穆罕默德·阿迪尔沙统治时期（1626~1656），比贾普尔王国的领土扩张达到顶峰，权力和荣耀也达到顶点。他的统治范围从阿拉伯海一直延伸到孟加拉湾，横跨整个印度半岛。

莫卧儿帝国和比贾普尔王国的关系

自 1636 年以来，穆罕默德·阿迪尔沙一直与莫卧儿皇帝和睦相处。[③] 这位苏丹以虔诚、为人正派和关心臣民而闻名。由于观念的肤浅和头

---

① *Basatin-i-salatin*，305-308，311.

② D'Anvers's *Portuguese in India*，ii. 308 and 309.

③ Abdul Hamid. Waris，90a，98b，101a，113b，117b，在这些段落中使用了佩什科什（peshkash）这个词，这个词的意思显然是“存在”而不是“贡献”。

脑的无知贫乏，这些特质就更加突出，沙贾汗对他非常欣赏。

沙贾汗为何龙颜不悦？

皇帝承认比贾普尔苏丹的优秀品质和王国的强大力量，称呼他为“沙”（1648），也就是国王[①]，而莫卧儿帝国的前一任皇帝[②]以宗主自居，自高自大，只把比贾普尔的统治者定性为“汗”，也就是“领主”。几年后，两人之间出现分歧。[③]阿迪尔沙让沙贾汗感到厌恶，因为前者破坏了祖宗的规矩，在城堡外的一座高耸的宫殿里摆驾，并在堡垒外开阔的平原上目睹了大象的战斗，而不是在堡垒内，还授予他的首席贵族“汗－伊－坎南”的称号。

这些行为意味着冒昧地行使专属于皇帝的特权，与莫卧儿皇帝分庭抗礼。沙贾汗给他写了一封训斥信，严厉地警告他要遵从祖规，否

---

① *Basatin-i-salatin*，324 and 325. 奥朗则布在 1654 年 9 月写给沙贾汗的信中提到了这个称号（*Adab*, 44a.）

② 即沙贾汗的父亲贾汉吉尔。——译者注

③ 1652 年 10 月，沙贾汗因为一些不为人知的原因迁怒于比贾普尔苏丹（*Adab*, 22a）。

则莫卧儿帝国就会大军压境。比贾普尔宫廷对这封信进行了讨论。比贾普尔军队的统帅拿起他们的军刀，大声喊道:“让他们放马过来吧!我们也准备好了，正盼着有这么一天呢。我们会很高兴用印度斯坦的刀刃来试试我们的剑快不快。”于是，一个傲慢的答复被转呈莫卧儿帝国派来的特使。

阿迪尔沙臣服于沙贾汗

在一天晚上，情况发生了变化。一个动人的故事产生了，阿迪尔沙是如何与他麾下的酋长和亲信在他宫殿高耸的梯形屋顶上，在月光照耀的夜空下消磨时间。几个小时的愉快时光流逝。午夜时分，当其他人都还沉浸在喜悦之中时，这位忧郁的苏丹把耳朵转向了比贾普尔城，只听到夜风吹来的狂欢声。

“阿富扎勒汗·吉（Afzal Khan Ji），城里在嚷嚷什么?”他询问自己最器重的将军。

“他们在歌颂陛下呢。您捍卫正义和关心臣民，他们正在祈祷你健康长寿，好让他们一如既往地享有和平、富足和幸福。”

阿迪尔沙十分高兴，又问："如果我们与莫卧儿帝国军队开仗，会有什么结果？"

将军回答道："在这些曾经纵情欢乐的地方，就只有哀叹和悲伤的声音了。无论哪一方获胜，每家每户都会哀悼一些人的死亡，百姓将不知道和平或幸福为何物。"

阿迪尔沙苦苦思索着答案，他在和谈和捍卫荣誉之间选择了前者。第二天早晨，阿迪尔沙收回了他傲慢的答复，向德里送去了一封表示道歉和屈从的信。长达 30 年的繁荣结束于他 47 岁去世的时候（1656 年 11 月 4 日）[①]。他曾经避免的危险，很快又降临在他的王国之上。

但是，在我们着手研究他的继任者的麻烦历史之前，我们需要抓住叙事线索来阐述，所以在本章的结尾我们再来讲述。

米尔·朱木拉在莫卧儿宫廷

当奥朗则布从高康达王国远征归来时，他将米尔·朱木拉派往帝国宫廷（5 月 7 日）填

① 关于阿迪尔沙统治时期的荣耀，在《苏丹秘闻》第 304~345 页中有详细描述，特别是第 329~331 页。

补宰相的空缺。在此期间，他把米尔·朱木拉完全争取过来，为己所用，米尔·朱木拉平安地抵达德里（1656 年 7 月 7 日），使奥朗则布的侵略政策在皇帝的朝堂会议上获得通过。[①] 米尔·朱木拉的礼物——那些无与伦比的钻石、红宝石和黄玉，令皇帝眼花缭乱，也导致了以达拉·舒科为首的主和派的垮台。这些珠宝的产地值得被兼并！

支持在德干的侵略政策

作为曾经高康达王国的宰相，米尔·朱木拉知道德干宫廷的所有秘密，了解这块土地的来龙去脉，以及库特布沙和阿迪尔沙手下所有重要官员的确切身价。[②] 因此，作为德干问题的权威，沙贾汗的任何其他朝臣都没有与他接触。现在，他利用自己对德干的了解，来对付德干的两个王国，并引诱它们的官员归附。随着米尔·朱木拉担任皇帝的顾问，比贾普尔

① Waris, 113a（米尔·朱木拉于 5 月 3 日在因杜尔离开奥朗则布，并在 4 天后前往德里），114 a. *Adab*, 83a, 205b. *Storia do Mogor*, i. 239.

② *Adab*, 49b.

王国的苏丹躺在病榻上奄奄待毙，奥朗则布相信，只要苏丹一死，入侵比贾普尔的时机即已成熟。米尔·朱木拉对这个国家了如指掌，奥朗则布则敦促他尽快回到自己身边，“共商大计，以免错过千载难逢之机”。①

阿里·阿迪尔沙二世登基

1656年11月4日，比贾普尔王室第七代继承人穆罕默德·阿迪尔沙去世。在他的宰相汗·穆罕默德（Khan Muhammad）和王后芭莉·萨伊巴（Bari Sahiba）（她是高康达苏丹的姐妹）的扶持下，阿里·阿迪尔沙二世（Ali Adil Shah II）继承了王位，他年仅18岁，是已故苏丹的独子。这个消息于11月传到奥朗则布那里，他立即写信给沙贾汗，向他宣称，阿里并不是已故苏丹的儿子，只是苏丹收养在宫中的一个出身不明的男孩。奉皇帝之命，他在比贾普尔边

① *Adab*, 88a and b，91a and b，191a（奥朗则布感谢米尔·朱木拉支持他反对达拉·舒科）。（奥朗则布计划在比贾普尔苏丹死亡之前入侵比贾普尔，*Adab*, 88a）。Aqil Khan，15，and Manucci（i. 239）声称米尔·朱木拉诱使沙贾汗批准对比贾普尔的入侵。

境集结军队，并被皇帝提议前往艾哈迈德讷格尔，以便更接近攻击地点。[①]

王国的叛乱和混乱

穆罕默德·阿迪尔沙的死，导致了他所征服的卡纳塔克地区的混乱。柴明达尔们收复了他们以前的大部分土地，比贾普尔王国的官吏被赶入堡垒掩体。沙吉·邦斯拉不服从他的新主人的调遣，自己宣布独立。首都的情况更糟。比贾普尔贵族从来没有受到苏丹的适度控制，也不习惯自主行动。现在，因为权力划分问题，他们纷纷与宰相汗·穆罕默德大动干戈。

被奥朗则布收买的军官

为了火上浇油，奥朗则布对比贾普尔贵族更感兴趣，并且成功地收买了他们当中的大多数人。“我正在竭尽全力，”他写信给米尔·朱木

① Adab, 88b, 60b, 145a, 132b 奥朗则布写信给哈维瓦彦·阿卜杜勒·贾法尔（Khvvajah Abdul Ghaffar），宣称他是为了人民的利益才入侵比贾普尔，因为已故的苏丹没有留下继承人！*Basatin-i-salatin*, 326, 347. Waris, 118a. 甚至还有一个沙贾汗亲临德干指导行动的说法。（*Adab*, 89b）

拉说，“为了不战而屈人之兵，让比贾普尔的军事将领们纷纷自愿归附。”兰杜拉汗的儿子和许多重臣、大将都承诺归附，并准备带领他们的军队一起逃往莫卧儿帝国。他们到达之后，奥朗则布希望在米尔·朱木拉的帮助下把其他人也争取过来。

所以他赠给穆塔法特汗 20 万卢比，后者是艾哈迈德讷格尔总督，艾哈迈德讷格尔是莫卧儿帝国边界上通往比贾普尔王国的最近一点，他指示后者在比贾普尔的逃兵中分发这笔钱。每个带一百人前来投诚的比贾普尔军官，都将得到 2000 卢比的赏金，能从当地国库直接支取（显然，是在上面那笔钱用完之后）。总督欢迎和安抚每一位来自比贾普尔的投诚者，即使他是无名小卒。[①] 一位由西瓦吉派来的特使在等待奥朗则布，提出马拉塔酋长愿意与莫卧儿帝国合作，只要能把比贾普尔王国控制的康坎地区赐给他。他得到了一封附有含糊的许诺的回信。[②]

---

① *Adab*, 91a，145a & b，146b.

② *Adab*, 144b（约 1656 年 7 月），146a（约 1657 年 2 月或 3 月）。

沙贾汗入侵比贾普尔

11月26日，沙贾汗批准了对比贾普尔王国的入侵，并授予奥朗则布自由裁决权，使他可以“以任何他认为合适的方式解决比贾普尔的事务”。[①] 同时，他还向马尔瓦总督沙斯塔汗发出命令，要求他迅速前往奥兰加巴德，在奥朗则布领兵在外期间镇守此地。一支由20000名士兵组成的部队，其中一部分来自皇室，另一部分来自多数军官的扎吉尔采邑，被派去增援德干的军队。最后，米尔·朱木拉带领大部分军官和一部分部队，奉命（从12月起）前去加入奥朗则布的军队。[②]

沙贾汗给奥朗则布的指示是，首先和米尔·朱木拉一起行军到比贾普尔王国边境，并在条件允许的情况下征服整个王国。否则，将1636年签订的条约中割让给比贾普尔的艾哈迈德讷格尔王国的那一部分领土吞并，并以不侵占比

① Waris，118a. *Adab*, 90a.

② Waris，118a and b,（送达德干的军官名录）。*Adab*, 118a（米尔·朱木拉于11月26日离开皇帝，但实际上在12月1日才从德里启程）。

贾普尔王国领土为条件索取上千万卢比的赔款，且使其承认莫卧儿皇帝的宗主地位。也就是说，以沙贾汗的名义发行硬币，并公开在比贾普尔的宣礼台上念诵他的头衔。如果是后一种选择，奥朗则布将会利用在他旗帜下集结的庞大军队来征服高康达王国。然而，奥朗则布渴望首先征服比贾普尔："我不急于征服高康达王国，它早已是我的囊中之物。"①

非正义的侵略行为

这样的战争是完全非正义的。比贾普尔王国不是莫卧儿帝国的附庸国，而是它独立平等的盟友，后者无权质疑或过问比贾普尔王国的王位继承问题。莫卧儿帝国进行武装干涉的真正原因是少年国王十分软弱无助，朝臣不和，这为莫卧儿帝国提供了一个吞并它的良机，就像奥朗则布所说的那样。②

① *Adab*, 90a，196b.

② *Adab*, 88a，91b. Grant Duff，i. 155. 比贾普尔历史学家因此指出了莫卧儿王朝的邪恶，"穆罕默德·阿迪尔沙去世后，奥朗则布入侵比贾普尔，违反了先前两国签订的庄严的协议，尽管沙贾汗（条约的制定者）还活着。" *Basatin-i-salatin*，348.

奥朗则布焦急地等待着米尔·朱木拉到来，催促他快马加鞭。“万勿错失此等良机（即比贾普尔的内乱和纷争）。请速速前来，以便我们一起行事。”等待从印度北部招募的其他增援部队是没有用的。许多军官不愿意离开自己的采邑，尽管皇帝写信给他们，严厉地催促他们赶往前线。所以，奥朗则布不能指望在 1657 年 2 月 19 日之前得到为数两万人的全部增援力量。[①]

米尔·朱木拉带领援军与奥朗则布会合，战争打响

米尔·朱木拉于 1 月 18 日抵达奥兰加巴德，那一天是占星家们选择的黄道吉日。于是，奥朗则布和他一起出发，前去征服比贾普尔。[②] 由于他携带着重炮和攻城器械，所以行动非常缓慢；43 天才走了 240 英里。2 月 28 日，他到达比达尔近郊，并于 3 月 2 日开始围攻这座要塞。[③]

① *Adab*, 90b-92a, 195b.

② *Adab*, 92a, 109b, 145b, 118a, 196b. Kambu, 2b.

③ Kambu, 2b. *Adab*, 109b, 146a, 118b.（这两个文本里都错误地把行军时间记为 14 天，而不是 1 个月零 14 天）。

比达尔

在莫卧儿帝国边境要塞乌德吉尔（Udgir）南部不远处，曼吉拉河对面，坐落着比达尔要塞。这座要塞占地广大，人杰地灵，如今城中留存有许多美丽的建筑，它们向我们诉说着波澜壮阔的历史。在历史上，它与达玛扬蒂（Damayanti）的父亲有着密切的联系，达玛扬蒂是纳拉王公忠实的妻子，他们是《摩诃婆罗多》描述的神话时代中的著名人物。[①] 顺着历史往下读，我们会发现比达尔[②] 在 14 世纪被穆罕默德·图格鲁克（Muhammad Tughlaq）征服，先后成为巴赫曼尼苏丹国（Bahmani Sultan）和短命的比达尔巴里德·沙希王朝（Barid Shahi dynasty）的首都，它们用华美的宫殿、陵墓和

---

① 《摩诃婆罗多》是印度著名的史诗，成书时间约在公元前 4 世纪至公元 4 世纪，以印度列国纷争时代为背景，描写婆罗多族的两支后裔为争夺王位继承权而展开的种种斗争。——译者注

② 关于比达尔的介绍基于 Kambu，26 and 30，*Adab*，146a，*Dilkasha*，14，Burgess's *Bidar and Aurangabad Districts*，42-44，and *The Imperial Gazetteer of India*，viii. 170。

清真寺来装饰这座城市，以此作为他们伟大功勋的纪念物。这座城市最值得夸耀之物，是由著名的宰相马哈茂德·加万（Mahmud Gawan）建造的一所宏伟的学院（1478）。比达尔巴里德·沙希王朝灭亡后，这座城市转归比贾普尔王国所有。

坚不可摧的堡垒

比达尔坐落在海拔2330英尺的高原上。城墙周围环绕着一条干涸的沟渠和斜坡，城墙的各个方向都有堡垒，这增强了它的防御性能。一个坐落于城市东面的堡垒，于1432年建成，兵力充足。它的城墙周长为4500码，高13码。它周围环绕着三条分开的沟渠，均宽25码，深15码，底部砌入坚固的岩石。堡垒里面有许多宫殿、清真寺、土耳其浴室、一个铸币厂、一个兵工厂、弹药库和其他公共建筑，但是如今都已成为废墟。唯一的入口是从西南方向蜿蜒而过的通道，由三道大门守护。堡垒上装有多门大炮，其中一门23英尺长，口径19英寸。在现代炮兵出现之前的时代，比达尔被公认为是坚不可摧的。

围攻比达尔

奥朗则布的对手是阿比西尼亚人西迪·马尔扬（Siddi Marjan），他已经为比贾普尔王国把守要塞 30 年，拥有大量防御物资和 1000 名骑兵、4000 名步兵，其中包括火枪手、枪手和炮手。由于莫卧儿士兵受到奥朗则布身先士卒的激励，因此，尽管面临城墙上倾泻而下的猛烈的炮火，坑道兵还是在两天内就把战壕推进到了护城河边缘。然后，他们把护城河填平。西迪·马尔扬进行了一次有力的回击：他发动了几次出击，派兵冲进战壕，试图阻止敌人缩小包围圈。但是，最后莫卧儿帝国以压倒性优势获胜，米尔·朱木拉装备精良的炮兵部队对城墙造成了很大的破坏，两座塔楼被炸毁，最下面的城墙和外胸墙的城垛也被炸得七零八落。

突击

沟渠被填满后，莫卧儿军队在 3 月 29 日发起进攻。穆罕默德·穆拉德带领一支精挑细选的部队冲出战壕，冲到被米尔·朱木拉的炮兵轰击的塔楼底部，搭起梯子爬上城墙。这次，他捡了个大便宜。西迪·马尔扬带着他的儿子和部下把守在塔楼四周，随时准备击退入侵者。但是莫卧儿人投掷的火箭的火花落入了塔楼后面的弹药库。于是便发生了可怕的爆炸。马尔扬和他的两个儿子以及他的许多部下都受了重伤。驻军为这一灾难所惊吓，他们把垂死的首领抬到城堡里，而狂喜的莫卧儿军队则从战壕中蜂拥而出，冲进城市，对残存的守军肆意屠戮。奥朗则布紧随其后，伴随着挥舞着的旗帜，以及敲响的胜利的鼓声，他占领了这座城市。

占领比达尔

莫卧儿军队紧紧追击败退的守军，占领了堡垒的大门。守城指挥官战死后，他们也无心再战。作为对莫卧儿军队的劝降和关于投降的许诺的回应，躺在病床上的马尔扬把他的七个儿子和堡垒的钥匙献给奥朗则布。

这次胜利的战利品

因此，有史以来在整个印度都闻名的牢不可

破的比达尔堡垒，只在被围攻 27 天后就被奥朗则布的军队攻破。在这次胜仗缴获的战利品中，除了 230 门大炮外，还有 120 万卢比的现金以及价值 80 卢比的火药、子弹、粮食和其他物资。奥朗则布也许会为这样的胜利而暗自欣喜，他可以向西瓦吉夸口："比达尔要塞被认为是坚不可摧的，也是征服德干和卡纳塔克的关键所在。而我在一天之内就夺取了堡垒和城市。而这场仗，即便是打一年，也是正常的。"①

4 月 1 日是一个星期三，这一天西迪·马尔扬因为之前的烧伤死亡。奥朗则布再次访问了这座城市和要塞，在两个世纪前巴赫曼尼苏丹国建造的大清真寺的讲坛上，公开念诵皇帝的名字，为其祷祝。

马哈巴特汗被派去蹂躏比贾普尔

同时，比贾普尔人做出了一些无力的反抗，他们派出马哈巴特汗来营救被围困的比达尔城。

---

① Quoted in Grant Duff, i. 157n. 这段话在 1665 年在西瓦吉写给莫卧儿军官的一封信中提到（*Khatut-i-Shivaji*, 2）。在奥朗则布给纳西尔汗和阿卜杜勒·贾法尔的信中也有类似的夸夸其谈（*Adab*, 132b, 130b）。

在被围困期间，比贾普尔王国宰相汗·穆罕默德领导的一支部队一直朝它前进，但是他没有与敌人交战就退却了。[①] 堡垒被攻陷后，奥朗则布得知在库尔巴加（Kulbarga）附近有一支庞大的比贾普尔军队在活动。它的轻骑兵已经逼近距莫卧儿军队营地6英里的地方，并掠走了一些在那里吃草的运输辎重的军牛。奥朗则布派出了15000名全副武装、训练有素的骑兵，在马哈巴特汗的带领下去惩罚敌军，蹂躏比贾普尔王国，直至西部的卡利安尼和南方的库尔巴加，“所到之处，寸草不生”。

4月12日的战斗

马哈巴特汗在从卡利安尼转向南行进时，于4月12日与敌人迎面遭遇。他所遭遇的这支比贾普尔军队大约有2万人，由著名将领汗·穆罕默德、阿夫扎尔汗以及兰道拉汗和拉伊汗的儿子们指挥，他们在12日发动了进攻。马哈巴特汗把行李和营地抛在后面，轻装前进。最猛烈的一次袭击是后者对迪勒尔汗（Dilir Khan）

① *Adab*, 146a.

指挥的莫卧儿军队右翼展开的。比贾普尔人灼热的火箭和火枪的子弹从四面八方射向莫卧儿人，但按照他们的惯例，他们并没有近距离作战。莫卧儿军队的中军开始反击，使比贾普尔军队失去了之前取得的战果。马哈巴特汗不愧是一位优秀的将领，在他的敌人以声东击西的方式分散他注意力，使他的右翼遭受巨大压力时，他仍然按兵不动。比贾普尔军队没有经受住苦战，士兵纷纷逃跑，莫卧儿军队的将军追击了他们四英里；但很明显，他发现自己的位置不安全，因此 14 日他就退回巴哈奇要塞了，没有等纳贾巴特汗手下的增援部队到来。①

在比达尔以西 40 英里处，在从图尔贾布尔

① Kambu，30 and b（关于 4 月 12 日的战斗）. *Adab*, I25a and b,（奥朗则布在 4 月 13 日给马哈巴特汗的指示），120a（他于 4 月 5 日派出纳贾巴特汗以加强马哈巴特汗的防卫）。纳贾巴特汗率领军队的人数在第 125a 页的记载为 10000 人，在第 120a 页为 2000 人；后者更接近事实。奥朗则布指示两位将军集结在卡利安尼以南并前进攻击钦德格帕（Chidgupa）。但是，在马哈巴特汗向北撤退到巴哈奇的时候，他命令他们在尼朗格阿（Nilanga）堡附近集合，并试图通过他的兄弟马马吉（Mamaji）[或拿拿吉（Nanaji）] 贿赂城堡指挥官，以得到该要塞，但是他们的尝试失败了。（*Adab*, 125b，126b-127a）.

(Tuljapur)圣地到高康达的古道上，矗立着卡利安尼城，[1]它曾是遮娄其(Chalukya)王朝和卡纳达人(Kanarese)的首都。随着卡拉丘里(Kalachuris)王朝在12世纪灭亡，它不再是首都，后来作为比达尔的附属部分，被德干的穆斯林势力控制。但城镇周围的大土堆表明，在过去，它的规模更大。

围攻卡利安尼

马哈巴特汗清除了道路阻击上的敌人后，奥朗则布于4月27日带着轻型装备出发，一周后抵达卡利安尼。这座城池马上要被他纳入囊中，[2]通过米尔·朱木拉的不断努力和认真监督，挖掘的地道已经临近护城河河岸。守军日夜不停地从墙垛上射击。他们对米尔·朱木拉的战壕进行了猛烈的攻击，但毫无意义。他们派出小股部队在城外活动，制造麻烦，试图阻止围城行动。他们在离帝国军队大本营4英

① Burgess, 23, 37, 38.

② 卡利安尼要塞围攻战详见Kambu, 3b-5a. *Adab* (very meagre, no detail) 113a, 139a, 149b, 156b。

里的地方建立了营帐，并且在夜晚发射火箭袭扰帝国军队。德干人最喜欢火器，尤其是来自马拉塔的枪械。除了游击队，他们还封锁了供应品和接应者进城的路，除非莫卧儿帝国派重兵押送粮食，否则就无法得到粮食供应。

马哈巴特汗

马哈巴特汗本人在卡利安尼东北方向的一个地方被敌人包围。他的军队只有2000人，而敌军数量是他的10倍，但是他勇敢地坚守阵地。这场战斗持续了很长时间，而且非常激烈。就像莫卧儿帝国编年史所写的那样，“火炮、火绳枪和其他火器射击产生的烟雾遮天蔽日，马蹄阵阵，尘沙飞扬，目之所及，一片昏暗，连父亲都无法顾及儿子。”战斗的主力是拉杰普特人。拉奥·查特拉·萨尔和他的家族骑兵组成铜墙铁壁，汗·穆罕默德的骑兵向他们发起猛烈攻击，但是徒劳无功。拉伊·辛格·西琐迪阿王公（Rajah Rai Singh Sisodia）遭到比贾普尔巴赫洛尔汗（Bahlol Khan）的儿子的袭击，在敌人的猛烈攻击下，他受了伤。

马哈拉那的军事领主西瓦拉姆（Sivaram）被拉伊王公的众多部下围攻并被杀死。巴哈姆德奥（Barhamdeo）和其他拉杰普特人，以一种纯拉杰普特的方式，在重重包围中翻身下马，拔出他们的剑，带着狂怒，鲁莽地扑向敌人，发誓要与其同归于尽。就在这时，救兵到来。马哈巴特汗组织了一次冲锋，突破了敌人的防线，敌人作鸟兽散。而苏扬·辛格·西琐迪阿和他的部下虽然损失惨重，但是一直坚守阵地，没有逃离战场。

莫卧儿帝国取得胜利，拉杰普特人伤亡惨重

伊克拉斯汗是莫卧儿帝国军队的中军指挥官，在此期间受了伤，尽管如此，他还是坚守阵地，甚至击退了他对面的阿富扎勒汗的攻击势头。这场顽强的战斗一直持续到天黑后一个小时，这时敌人撤退，一直被苦苦压制的莫卧儿军队终于得到了他们迫切需要的喘息之机。[①]

奥朗则布集中力量围攻卡利安尼，并像攻占比达尔一样迅速地将它拿下。因此，比贾普尔军

① Kambu，4a.

队在离他的营地只有 4 英里远的地方集结时，他刚开始并没有注意到。这使敌人更大胆地采取行动。一支 3 万人的敌军，离他的营地只有一个小时的路程，这时他再也不能无所察觉。因此，他狡猾地宣布，他的军队将前往东北部的巴哈奇要塞，以获得粮食补给。但是在 5 月 28 日，他命令士兵把帐篷留在堡垒周围，带领主力部队向敌军的阵地行进。

5 月 28 日的战斗

巴赫洛尔汗的儿子们攻击了米尔·朱木拉和他率领的莫卧儿帝国军队，并英勇顽强地战斗了一段时间。迪勒尔汗受了几处刀伤，但他的盔甲救了他一命。不久后，战斗就全面展开。两军都与各自的对手交战。这场战斗持续了 6 个小时。德干人继续以他们惯常的方式进行运动战：他们连续四次被击溃，但是每次被击溃后就又重新进行组织，对抗步步逼近的莫卧儿军队，尽管力量悬殊，他们比莫卧儿军队弱小得多。但最后，在激烈的战斗中，反复冲击的莫卧儿骑兵占了上风；莫卧儿军队从左右两翼挤压他们的空间，最后把他们冲散，整个军队作鸟兽散。莫卧儿帝国军队一路追击到他们的营地，尽一切可能杀死他们。

比贾普尔营地遭胜利的帝国军队劫掠

在比贾普尔营地能被找到的所有武器、女奴、马匹、运输牲畜和其他各色财物都被洗劫一空。营帐都被烧毁。傍晚，奥朗则布回到卡利安尼堡垒面前的战壕，胜利之情溢于言表。①

围城的军队攻势很猛，但守城的指挥官阿比西尼亚人迪拉瓦尔（Dilawwar）的防御战也打得十分顽强。5 月 9 日，地道已经挖到护城河底部，到了 5 月 23 日，在米尔·朱木拉的指挥下，3/4 的沟渠已经被枯枝杂草填满。守军把点燃的火把扔下去，引燃石脑油和草，将他们烧成灰烬。于是，跨越护城河的工作必须重新开始，进攻被迫推迟。这一次，莫卧儿军队改用

① 对于 5 月 28 日的战斗，详见于 Kambu，4b，*Adab*，112a，147b，154b。奥朗则布在信中通常将比贾普尔人称为“黑脚”或“黑鬼”。从上下文可以看出，这个术语仅仅是以滥用的方式被使用，并不意味着有任何黑人军队服务于比贾普尔。

石头和泥土填平护城河，但是这样做必然会费时更多。在此期间，莫卧儿军队明智地利用闲散兵力去占领尼朗和钦乔利（Chincholy）的要塞。[①]

莫卧儿军队一路打到库尔巴加

自从比贾普尔人在5月28日的大战中战败以来，他们已经近两个月无力解除围困。这段时间过后，他们恢复了元气，开始集结起来对抗莫卧儿军队。因此，7月22日，奥朗则布派出一支军队，在他的长子和米尔·朱木拉的领导下进攻比贾普尔人，要在他们重振雄风之前将他们击溃。这个莫卧儿军团前进了48英里，然后在远处看到敌人的营地，就冲破了他们的大营，一路追击他们4英里。

胜利者继续前进，用火和剑把比贾普尔的村庄夷为平地，在他们所经过的地方，任何居住或耕作的痕迹都被抹去。但是，当他们到达库尔巴加要塞附近无人防守的小村庄时，他们却恭恭敬敬地“放过”了印度南部著名的圣

① Kambu，5a.

人墓——赛义德·吉苏·德拉兹（Syed Gisu Daraz）墓。[①]

攻陷卡利安尼要塞

最后，围攻终于结束，沟渠里满是石头和淤泥，城墙被炮火摧毁，7 月 29 日，帝国军队攀登并攻占了护城河对岸的一座塔楼。但是守军在这座塔楼的对面构筑了一堵墙，在它的掩护下，他们用火箭、弓箭和火绳枪与莫卧儿军队鏖战。在这里发生的战斗是最激烈的。莫卧儿军队被这堵墙——一个意外障碍阻隔，不得不拆除它，比贾普尔军队把炸弹、浸有石脑油[②]后点燃的床单，以及一捆捆燃烧的干草投掷到莫卧儿军队中。但是，这些都无济于事，攻击者蜂拥而至，占领了堡垒的这一部分防御工事。两天后，迪拉瓦尔有条件地投降，其条件是守

① Kambu，5a，阿奎勒汗说，在攻下卡利安尼要塞之后，奥朗则布自己率军围攻库尔巴加（pp. 16，38）。Grant Duff（i. 157）试图包围比贾普尔！ 但是 Kambu 的官方历史和奥朗则布的信件都不支持这种主张。奥朗则布没有从卡利安尼向更往南的地方前进，他儿子率领的军队已经渗透到库尔巴加，不过并没有围攻它。

② 轻质石油，原油分馏后得到的无色透明液体。

军及其家属可以自由来去。奥朗则布欣然同意放他们一马，因为他们当中有很多穆斯林，而且逊尼派穆斯林居多。[①] 8月，迪拉瓦尔把要塞的钥匙交给奥朗则布，自己则得到一件荣誉长袍，并获准返回比贾普尔王国。

沙贾汗下令罢兵

比达尔和卡利安尼要塞是比贾普尔王国东北边疆的“守护者”，如今已经陷落，现在看来，比贾普尔已经门户大开，只待入侵者挺进。但是，残酷的失望即将降临到奥朗则布身上。他成功的事业戛然而止。比贾普尔王国的特使在莫卧儿宫廷中竭力斡旋；达拉·舒科对他的这个弟弟也产生了强烈的忌妒之心，终于说服皇帝结束战争。[②] 甚至在奥朗则布围攻卡利安尼要塞期间，沙贾汗就曾多次写信给他，与他和解，并督促他和比贾普尔王国尽快签订和约。

---

① Kambu，5a.

② *Adab*，177a（奥朗则布抱怨达拉·舒科在他背后与比贾普尔人勾结，但是这在此之前两年就已开始）。Aqil Khan，16，Kambu，10a（大概两个月后）. *Alamgirnamah*，29，83.

由于雨季即将来临，莫卧儿军队在此之前必须撤退到位于比达尔的大本营。在皇子领兵在外时，沙斯塔汗一直守卫着奥兰加巴德，现在必须回到马尔瓦驻守，不能再耽搁了。但是奥朗则布知道，如果放弃对卡利安尼要塞的围攻，并撤回比达尔，只会使比贾普尔人鼓起勇气，无心和谈，而是更加勇敢地战斗。[①]

与比贾普尔的和平条款

因此，奥朗则布在离开卡利安尼之前一个月就开始与比贾普尔人进行和谈，并把卡利安尼要塞作为要挟他们的一个筹码。然后他们开始进行和平谈判。比贾普尔王国的代表易卜拉欣·比希塔尔汗（Ibrahim Bichittar Khan）同意支付1.1亿卢比的赔偿金，并同意不仅割让比达尔和卡利安尼要塞，而且割让伯伦达要塞及其附属领土、尼扎姆·沙希·康坎地区的全部要塞以及旺吉地区。比贾普尔苏丹接受了这些条款，并写信给他的军官，将上述地区移交给莫卧儿帝国。沙贾汗批准

① *Adab*, 112b（dated early in July）.

了该条约，从赔偿中退回50万卢比，并给阿迪尔沙写了一封语气谦和的信。同时，他命令奥朗则布带领他的军队返回比达尔；从马尔瓦和印度斯坦被调派往德干的军官和士兵也被召回。米尔·朱木拉奉命接管了西部地区新获得的堡垒，然后返回帝国宫廷。①

战争突然结束，比贾普尔并未被完全征服

因此，奥朗则布在胜利的时刻受到了严厉的惩罚。当沙贾汗命令他鸣金收兵时，他只征服了广阔的比贾普尔王国的北部边缘地区。他通过条约获得的东西很少，而且他没有权力让比贾普尔苏丹履行诺言。在帝国中央政府的和平命令下达后，莫卧儿军队的将领们变得自由散漫，他们中的许多人不顾奥朗则布的恳求，拒绝在战场稍做停留，而是前往宫廷。② 而比贾

① Kambu,5b,(rewards for the captureof Kaliani, and settlement of peace). *Adab*, 113a, 157a. Aurangzib was commanded to return to Bidar (according to *Adab*, 112b, 198b), or to Aurangabad (on the authority of Kambu, 5b), which latter is very unlikely.

② *Adab*, 197a, 149b, 157b. *Alamgirnamah*, 29. Aqil Khan, 16. Kambu, 6a.

普尔人从他力量的逐渐削弱和分散中获益，推迟履行和约条款，由于这一条款并没有武力加持，比贾普尔的指挥官拒绝向莫卧儿军队移交条约中割让的要塞。

沙贾汗病重，莫卧儿军队撤兵

在解决莫卧儿帝国在德干的麻烦后，沙贾汗在9月6日病倒，奄奄一息。关于他驾崩的谣言传遍整个帝国，并在各个行省引起恐慌和混乱。奥朗则布的谋划被全盘打乱，内心十分焦虑不安，最终决定满足于现状，从比贾普尔问题上尽快抽身。9月30日，他命令米尔·朱木拉离开伯伦达，把它拱手让人。10月4日，他也开始从卡利安尼撤回帝国境内。①

在此期间，被记录下来的冲突只发生过一起。当奥朗则布忙于征服比贾普尔王国的东北部时，它的西北部正发生着一件激动人心的事，在那里，莫卧儿帝国艾哈迈德讷格尔的边界与北康坎接壤。在那里有一位年轻且默默无闻的地方酋长，他的实力很弱小，出身也很低微，刚

① Kambu, 6b. *Adab*, 157a，169a.

刚从历史的地平线上升起。从这个时刻起，这位功勋卓著的英雄注定要以自己的光芒照耀整个印度世界，并让后人传颂他的名字。

西瓦吉与莫卧儿帝国的关系

西瓦吉（Shivaji），也就是沙吉·邦斯勒，是比贾普尔王国马拉塔地区的一位军事领主，他强行占有了自己父亲的西部采邑，并从比贾普尔王国手中夺取了一座又一座山间堡垒。当莫卧儿帝国即将入侵阿迪尔沙的领土时，他派了一名特使到艾哈迈德讷格尔去见奥朗则布的副手，表示愿意与莫卧儿帝国两面夹击比贾普尔王国，条件是由他占领阿迪尔沙控制的康坎地区。他得到了一封含糊地承诺可以偏袒和保护他的信。①

掠夺帝国的领地

即使是一个不那么精明的人，也一定知道，当莫卧儿帝国不需要再利用你的时候，这样的

① Grant Duff，i. 161-162. *Adab*, 144b. 西瓦吉在（1656 年 7 月派出特使），146a（在 1657 年 1 月再度派出特使）。

承诺实际上就一文不值。因此，在战争爆发时，他抓住了机会，与邻近地区的比贾普尔军官合作，从西部突袭了莫卧儿帝国的领土。一天晚上，他带人架起云梯，悄悄地潜入久纳尔城，在杀死和俘虏了11000名守军后，抢走了200多匹马和许多金银细软。[①] 马拉塔轻骑兵神出鬼没，切断了莫卧儿帝国军队的补给线，劫掠运输车队，掠夺小城镇和繁荣的村庄，使道路变得不安全，并且在莫卧儿帝国在这一地区的行政首府艾哈迈德讷格尔附近胡作非为。当他们攻击艾哈迈德讷格尔要塞不远处的一个小镇［“贝塔”（pettah）］时，要塞守军及时出击，挫败了他们的攻击。但是危险太大了，莫卧儿总督让市民把他们的财产搬到堡垒里以防万一。与此同时，另外两位马拉塔人的首领——米纳吉·邦斯勒（Minaji Bhonsla）和卡希（Kashi）也对该地进行了袭击，大获成功。

① 有关西瓦吉的历史，详见 Grant Duff，i. 162–164，Kamhu 3b，and *Adab*，110b–112a（Aurangzib's letters to Shaista Khan），147a–149a（to Multafat Khan），153a–157a（to Nasiri Khan）。

奥朗则布下令惩治西瓦吉

奥朗则布得知了这些骚乱，于是急忙派兵增援艾哈迈德讷格尔，并下令严厉惩治西瓦吉。他写给军官们的信充斥着怒火和复仇的烈火，他怒斥了那些行动迟缓、办事不力的军官，并要求他们必须将这些侵犯帝国领土的流寇击退，并且从四面八方侵入西瓦吉的领地进行报复，"摧毁村寨，清剿蛮人，勿使一处遗漏，誓要将此等祸患攘除干净"。他要求，在西瓦吉的属地浦那（Poona）和恰坎，不只要进行杀戮和奴役，还必须把两地彻底摧毁——在帝国领地上暗中与敌人勾结的村长和普通农民，也必须毫不犹豫地处死。

莫卧儿帝国领土的有效防御

奥朗则布对防卫系统的新部署，表现出了他良好的统筹和判断能力。卡塔拉布汗（Kartalab Khan）驻守久纳尔一带，阿卜杜勒·穆尼姆（Abdul Munim）驻守纳姆纳城堡（Garh Namuna），胡什达尔汗（Hushdar Khan）驻守查马尔古达（Chamargunda）和莱辛（Raisin），纳西里汗（Nasiri Khan）和其他一些将官驻守比尔（Bir）和达鲁尔。这些将官把守边境，截断了敌人入侵的每一条道路，因而帝国境内可保安全无虞。守军也被禁止踏出边境，但是，一旦守军抓住机会，就会痛击入侵者，在敌人的领土上大肆蹂躏，然后迅速退回他们驻守的岗位。

西瓦吉的失败

1657 年 5 月，经常被训斥动作迟缓未能抓住西瓦吉的纳西里汗终于被迫进行了一次强行军，来到艾哈迈德讷格尔附近，向西瓦吉扑去，大败后者。奥朗则布向纳西里汗下令，一路追击西瓦吉到其王国境内，并夺取在新条约中比贾普尔苏丹割让给莫卧儿帝国的全部领土。

与奥朗则布讲和

当西瓦吉的主人比贾普尔苏丹与莫卧儿帝国缔结和约时，他发现独自与莫卧儿帝国继续进行战争是无用的，甚至是毁灭性的。他必须设法保全他的身家性命。于是，他派出一位特使——拉格哈纳斯·潘斯（Raghunath Panth）去见纳西里汗，带去了一封信，表示他愿意归顺，并承诺今后对帝国忠诚。后者给予了他回复，双方达成和解。之后，西瓦吉派出另一位特使克里希纳吉·巴斯卡尔（Krishnaji Bhaskar）去见奥朗则布，乞求他宽恕自己的不忠，并提议送去500名骑兵协助他。①

奥朗则布当时正准备离开德干，前去争夺德里的皇位。他表面上愉快地接受了西瓦吉的顺服，但他内心一直对康坎地区放不下；他没打算在那个地方维持和平，因为他确信这个年轻的马拉塔酋长是一个不安定分子，他胆大妄为，狡猾无比，还是个野心勃勃的冒险家，而且把利益置于忠诚之上，就算是说尽好话表示驯顺，就算是感谢你对他的恩惠，他也不会忠诚于你。②

① *Adab*, 156b-157a. Grant Duff，i. 163-164.

② *Adab*, 157a，163a. “照看好艾哈迈德讷格尔。让你的部队随时待命，以免当纳西里汗前往印度斯坦时，西瓦吉发现该地兵力空虚，然后开始掠夺”（To Multaiat Khan. *Adab*, 194b）。“不要在沙贾汗召你回去时擅离职守，以免给西瓦吉以可乘之机”（To Nasiri Khan，*Adab*, 157b）。“在纳西里汗离开时，该地区已经防守空虚。到那里去，是因为西瓦吉那个狗崽子正在等待机会。”（To Mir Jumla，*Adab*, 92a）. Dilkasha，20 and 21.

现在，入侵比贾普尔的战争已经结束，而规模宏大的莫卧儿帝国皇位继承战争即将拉开帷幕。

附录二：阿里二世的身世之谜

人们怀疑阿里二世（阿里·阿迪尔沙）的身世并非空穴来风。莫卧儿人宣称他是一个来路不明的野种，只是已故苏丹买来的一个男婴，被当作儿子养大。[①] 而比贾普尔人说，他的确是穆罕默德·阿迪尔沙的儿子，生于8月27日。王后芭莉·萨伊巴（也就是高康达苏丹的姐妹）虽然不是他的生母，却把他接到阿南德宫（Anand Mahal），亲自抚养他长大。

这个男孩从诞生到开始信奉伊斯兰教和接受教育，都是以一位与阿迪尔沙有着直系血缘的王子的尊贵无比的气派和阵仗来庆祝的，他以王位继承人的方式公开骑马穿过首都。他登上王位的权利显然不受比贾普尔贵族和军队将领的质疑。尽管不久之后，他们开始就自己的权力和势力的划分而争执起来。但是，这种内

① Waris, 118a. *Adab*, 88b.

部分歧在比贾普尔和其他任何国家都是司空见惯的事情，在这些国家，臣强主弱，国王软弱无力，而他们的军官拥兵自重，悍勇异常。但是，奥朗则布认为比贾普尔内乱都是因为他们的君主血统不纯，难以服众。他坚持这样认为是基于这样的事实：在这个男孩出生的时候（1638 年 8 月），穆罕默德·阿迪尔沙才 29 岁。

他还很年轻，却不得不放弃与他的王后生育子嗣，然后宣布一个陌生人的孩子是他的继承人。这是一件关于穆罕默德·阿迪尔沙私生活的丢脸的事。在他死后，一位离开比贾普尔的军官把这件宫廷秘闻告诉了奥朗则布。①

但我们不知道它的确切性质。奥朗则布对此大声疾呼，表示自己不相信！阿里的母亲是谁？比贾普尔的历史上并没有明确的记载。在他继位几年后的一次事件记录中，第一太后芭莉·萨伊巴被称为他的“瓦利达”（walida），但是这个词的意思可能只是“养母”，因为就连这位女士也从来没有被记载为他的母亲。他可能是后宫女奴的儿子，但根据伊斯兰法律，此

① *Adab*, 91a.

种出身的孩子仍然享有继承权。[①]

关于阿里二世从出生到登基的历史载于《苏丹秘闻》(*Basatin-i-salatin*)第345~347页。而塔维尔尼尔的游记重复了这个流行的传言，即阿里仅仅是个被收养的孩子。伯尼尔的著作中也是这么说的。

附录三：奥朗则布对比贾普尔权贵的收买贿赂

据比贾普尔的历史记载，一个姓汗－伊－坎南(Khan-i-khanan)，名为汗·穆罕默德的宰相被奥朗则布收买。史书对他的背叛和相应的惩罚做了如下说明：

> 阿迪尔沙任命了汗·穆罕默德，让他率领一支庞大的军队保卫王国。他在边境地区就职。间谍给他带来了消息，说莫卧儿军队只需两到三天就会打来。汗·穆罕默德在夜

① 阿里二世从出生到继位的历史详见于 *Basatin-i-salatin*, pp.345-347. Tavernier, i. 183 重复阿里仅仅是一个被收养的孩子的流行故事。Also see Bernier, 197.

间进行强行军，阻断了道路。饥荒在莫卧儿军队的营地中肆虐，但是军队无处可逃。

然后奥朗则布写信给宰相，说如果你现在放了我，我们之间就会有永久的友谊，只要你或你的后代在这个国家执掌大权，我们就绝不会觊觎它的任何领土。这封信是在汗·穆罕默德晚上祈祷后和一些智者一起坐下来的时候收到的，他说："这封信将预示我的死亡。"经过长时间的思考，他在信的背面回复道："第二天一早，把你们的人准备好，准备发动夜袭，强行军逃走。"于是，奥朗则布和他的部下穿过汗·穆罕默德的军队为他们留下的一条道路逃走了。

听到夜间袭击的消息，汗·穆罕默德的部下急忙向他走去，发现奥朗则布已经准备好逃跑，就敦促他趁奥朗则布还未逃远赶紧去追。但他回答说："我们需要维护和平。但是，如果我们杀死奥朗则布，那就永无宁日了，（莫卧儿）大军将吞没德干的土地。所以，他逃走了正好。"于是，他禁止追击，阿富扎勒汗在激烈反对未果后离开军队，去了比贾普尔国都，向苏丹报告了此事，苏丹随即将汗·穆罕默德和他的军队召回首都。

汗·穆罕默德知道自己这回必死无疑，就走得很慢，走走停停。在他进城的那天，两个卫兵手持锋利的武器，站在“麦加门”（Mecca gate）两边。当汗·穆罕默德的队伍进城后，他们一拥而上，把他杀死。那是1657年（回历1068年）11月初的一天。据说奥朗则布下令每年从比贾普尔进贡的贡金不再交给自己和皇帝，而是花在建造汗·穆罕默德的陵墓上。①

现在，我们知道，关于汗·穆罕默德在边境附近一个山口的陷阱里抓住奥朗则布的故事显然是不真实的。莫卧儿帝国详细的官方历史和奥朗则布的个人信件表明，他只是从自己那一边的边境前往比达尔（短距离），然后从比达尔到达卡鲁伊尼（Kaluini），最后（5月28日）从卡利安尼向前行进了四英里，以便驱散在附

① *Basatin-i-salatin*, 349-351.

近集结的敌军。这条路上没有可怕的陷阱，奥朗则布每走一步都脚踏实地，补给稳定。当他第一次进军比达尔的时候，是从莫卧儿的要塞乌德吉尔出发，在征服了比达尔堡垒之后，他向卡利安尼推进，最后，在离卡利安尼要塞只有四英里远时，他的军队就撤出了。此外，比达尔和卡利安尼之间道路上的障碍，在奥朗则布经过之前就被马哈巴特汗清除了。

汗·穆罕默德可能包围了一些运送物资的小股莫卧儿军队，甚至是马哈巴特汗向库尔巴季阿要塞进军的部队（4 月 12 日），但是，奥朗则布本人离这里太远了，无法用上述花言巧语迷惑比贾普尔王国的大维齐尔。我认为最有可能的是，他被判处叛国罪并被处死的罪名是接受了奥朗则布的贿赂，于是在 5 月 28 日的战斗中，他进行了一场虚假的战斗，而当时他能够轻易地消灭奥朗则布的一部分力量。

从《苏丹秘闻》中的描述来看，似乎汗·穆罕默德有机会在奥朗则布从卡利安尼或比达尔撤退期间将其击溃，这一理论得到阿奎勒汗·拉兹的部分赞同，他写道：“奥朗则布的军队心不在焉，但他仍然十分坚定，丝毫没有被这些高级军官的离去动摇（如马哈巴特汗和拉奥·查特拉·萨尔）。他勇敢而谨慎地穿越险境，穿过敌人的包围圈返回，没有受到伤害，也没有遭受损失。”

在10月8日之后的一封信中，卡比尔汗报告说，阿富扎勒汗率领比贾普尔军队越过了贝纳托拉（Benathora），目的是入侵“这边”的人。很明显，他指的是比达尔和卡利安尼的新附属地区。[①] 我们读到这条河以北的比贾普尔地区以前曾被奥朗则布的部下占领和统治。因此，10月4日至9日，他从卡利安尼返回比达尔，并没有受到汗·穆罕默德的阻击。

那么，这位比贾普尔宰相在奥朗则布从比达尔撤退到莫卧儿帝国边境时，是否有可能抓住这位皇子，并给自己招来了杀身之祸？这个猜测是可信的。比贾普尔人有效地阻击了莫卧儿军队，为自己壮了胆。奥朗则布的军队因米尔·朱木拉和其他几名军官前往德里而被削弱；他打算撤退到莫卧儿帝国边境的消息，彻底摧

① *Adab*, 197a.

毁了帝国在该地区的威望。比贾普尔人公开地对抗莫卧儿帝国的军队和军官。但是，这一猜测还是站不住脚。原因有三：（1）比达尔距莫卧儿帝国边境仅 28 英里（可借助曼吉拉河上的渡船通行）；（2）卡利安特（Kaliant）和比达尔都由莫卧儿驻军控制，如果奥朗则布被比贾普尔军队拦截，他们可以随时出手相助；（3）奥朗则布于 10 月 8 日离开比达尔，汗·穆罕默德于 11 月初被杀死，当月中旬，他死亡的消息就传到了身在奥兰加巴德的奥朗则布那里。[①] 不像《苏丹秘闻》里记载的那样，因为这两个事件之间没有足够的时差，不足够使阿富扎勒汗返回比贾普尔首都，然后汗·穆罕默德再拖拖拉拉地回到首都。

然而，从奥朗则布的信中可以清楚地看出，汗·穆罕默德对莫卧儿人友好，主张与他们和平相处，而穆拉·艾哈迈德（Mulla Ahmad）当时对莫卧儿人怀有强烈的敌意。（在战争期间，汗·穆罕默德公开派遣一名特使前去觐见沙贾汗，显然是为了代表他的国君提出条件。*Adab*，

① *Adab*, 92b.

125a）但是，这并不意味着汗·穆罕默德是在敌人的贿赂下倡导议和，也不意味着他在战场上狡猾地逃避了自己的责任。在奥朗则布入侵比贾普尔之前，穆拉·艾哈迈德亲自拜访了莫卧儿帝国驻比贾普尔大使，并向莫卧儿帝国示好，尽管奥朗则布并不信任他。①

奥朗则布听到汗·穆罕默德被谋杀一事的明确记录，是在1657年11月由卡比尔汗写给米尔·朱木拉的一封信中提到的。皇子只说：汗·穆罕默德中了他虚伪的朋友穆拉·（艾哈迈德）纳蒂亚［Mulla（Ahmad）Natia］的诡计，成了可怜的牺牲品。他几乎是自寻死路，尽管我一再警告他，他却没有采取措施来反击那卑鄙小人的阴谋。②“汗·穆罕默德”是一个最不寻常的名字，而“贾恩·穆罕默德”更有可能作为名字使用。③

① *Adab*, 91b.

② *Adab*, 92b，204b.

③ 关于汗·穆罕默德之死，可参考 Adab，93b and 179a。

第十二章　沙贾汗病重

沙贾汗的统治

1656 年 12 月，因为首都德里的公共卫生环境恶化，所以沙贾汗带领皇室成员前往恒河（the Ganges）岸边的姆克特施瓦尔堡（Garh Mukteshwar），这是一个娱乐休憩之地。不到一个月，他就返回了德里。但是，由于疫情仍在持续，他于 1657 年 2 月再次离开德里，前往朱木拿河畔的穆克里斯普尔（Mukhlispur），该地在德里城北约 100 公里处，位于锡尔穆尔（Sirmur）山脚下，气候凉爽，而且方便乘船前往德里，因此沙贾汗选择此地作 为避暑之地。他为自己和长子装点此地，建造了许多优美的宫殿，并赐予此地“法扎巴德”（Faizabad）的称号。[1]

在法扎巴德，莫卧儿皇室举行了一个盛大的庆典。[2]这一年3月7日，沙贾汗第30年的统治刚刚结束，第31年的统治正要开始。在由莫卧儿帝国皇帝下令编纂的官方年报上，每十年为一个时期［称作"道瓦尔"（dawwar）］，每个时期被汇编成一卷。每三十年为一个时代［称作"盖恩"（qarn）］，这被认为是最吉祥和完美的数字。沙贾汗结束了一个时代，开启了另一个时代。因此，这个时机是不同寻常的、重要的和严肃的。

沙贾汗统治时期，莫卧儿帝国似乎一如既往地繁荣昌盛。莫卧儿帝国拥有的"印度宝藏"使外国游客目眩神迷。在节日里，来自布哈拉汗国、波斯、土耳其和阿拉伯的使者和来自法国和意大利的旅行家，惊奇地望着被孔雀皇座、科依诺尔钻石以及其他宝石发出的耀眼光芒包围的沙贾汗。沙贾汗以昂

① Waris, 118b, 119a, 121a and b,（Mukhlispur described）; 122a（palaces described）.

② Kambu, 1b.

贵的代价用他喜欢的白色大理石建造了华美的建筑，因为白色大理石是纯洁的象征。在财富和气派上，帝国的贵族让其他国家的国王都黯然失色。虽然他在印度边界之外的战争中两次遇挫并被打败，帝国的威望却比以往任何时候都高。

幸福的人民

“受庇佑的帝国”的边界比以往任何时候都要长。人民被精心呵护，在很多情况下，如果人民诉苦，严酷苛刻的长官就会被罢免。所有人都生活得更加富足美满。就像一位赞颂者所唱的那样：

人们心中一片光明
皇帝独自肩负沉重的负担
为庇佑他们安宁
由于他保持清醒
灾祸已深深沉睡[①]

① India Office Library，Pars. MS. No. 1344，folio 76.

作为一位仁慈而英明的统治者，沙贾汗召集了一群有能力的官员围绕在他身边，使他的宫廷成为这个国家智慧和学识的中心。

皇位继承问题

但是在这光明的图景上，已经投下不祥的阴影，随着时间的推移，它在不断扩大。曾为沙贾汗统治的荣耀做出贡献的内阁大臣和将军们，正在一个接一个地被无情的死神带走。三位声威赫赫的军官，同时也是沙贾汗最亲密的私人朋友，在过去五年内相继去世。萨义德汗·巴哈杜尔·扎法尔·江（Said Khan Bahadur Zafar Jang）在1656年1月4日去世，那个年代的“精神之父”（Abul Fazl）[①]——萨杜拉汗在1656年4月7日去世，而首席侍从官艾赫·马尔丹汗（Ah Mardan Khan）在1657年4月16日去世。[②]在元老重臣去世后，皇帝在他周围的后生晚辈中找不到可以托付重任之人。[③]按照月亮历，

① 阿拉伯语，也可作为男子名。

② Waris，57b，108a; Kambu，16; *M. U.* ii. 436.

③ *Ruqat-i-Alamgiri*，No. 48.

他已经 67 岁[①]，在他父亲统治晚期，他曾过着征战在外、困厄苦难的生活，随后他安逸地统治了帝国多年，这一切都使他的身体受到损害，他已经感到岁月不饶人。在他死后会发生什么呢？

这就是当下萦绕在所有人心中的疑问。沙贾汗经常和他的心腹与知己谈论未来，[②]但未来惨淡无望。

沙贾汗有四个儿子。他们都已经到了成熟的年龄，每个人都有作为行省总督和军队统帅的经验。但是，他们之间缺少手足之情，更年轻的三位皇子——舒贾、奥朗则布和穆拉德·巴赫什，他们因为忌妒长子达拉·舒科——他们父亲最喜爱的皇子，同时也是指定的皇位继承人而同仇敌忾。尤其是达拉·舒科和奥朗则布彼此深恶痛绝，以致随着岁月流逝两人之间的紧张关系不仅未能缓和，反而形同仇雠。整个帝国的人都在谈论这件事，他们之间的和平只

---

① 1657 年 1 月 25 日是他的伊斯兰历 68 岁生日（Waris，120），而 15 天之前，是他的公历 66 岁生日。

② *Ruqat-i-Alamgiri*，No. 54.

有通过奥朗则布远离宫廷和他的长兄才能勉强维持。[①] 每个人都预感到沙贾汗的皇位继承会引发争端，一旦沙贾汗驾崩，甚至等不到那时候，一场波及范围广而又错综复杂的内战，就将会使帝国血流成河。

达拉·舒科：指定的继承人

沙贾汗明确表示，他希望达拉·舒科继承大统，因为他是一母同胞的四兄弟中的长子，选择他并不是一种偏袒徇私的行为，而是自然法则赋予最年长者优于年幼者的权威和优先权。为了训练达拉·舒科管理帝国，使最高权力能够顺利移交给他，多年来沙贾汗一直让达拉·舒科陪伴在他身边。阿拉哈巴德、旁遮普和木尔坦这样富裕且统治长期稳定的行省的总督职位被授予给他，但是他被允许留在父皇的宫廷里，派代理人前去治理上述行省。同时，皇帝对他极尽荣宠，赋予特权，使他获得了一人之下万人之上的地位，高于其他皇子。

① *Anecdotes of Aurangzib*§2 and 5，Masum，6b，Kambu，8b，*Adab*，171b，174b，Aqil Khan，10.

达拉·舒科在宫廷的权力和影响

达拉·舒科现在享有高贵的称号“沙－伊－布兰－特克巴尔”（Shah-i-buland-tqbal，意为“无量财富之王”），指挥着规模空前的四万人马，享有许多国王都可能会心生羡慕的巨额收入。

当他在宫廷中出席活动之时，获准坐在皇帝近旁的一个金座上，仅比皇帝的宝座低一点点。[①] 达拉·舒科的儿子们指挥的军队和沙贾汗的其他几个儿子一样多。达拉·舒科麾下的军官经常被皇帝封为贵族。[②] 藩国的君主、朝贡的皇子、触犯帝国权威的违法者、想获得一官半职或爵位头衔的投机钻营之徒，在面见皇帝之前，都要向达拉·舒科赠以财物或百般央求，只求他能在皇帝面前美言几句。政府官员

① Waris，96a（1657 年 1 月 3 日，沙贾汗将皇帝宝座和称号传给了达拉·舒科），97a，120a，（达拉被赏赐了数千枚金币），123b（所有的皇子的首领）。Kambu，6a（9 月 14 日，达拉被提拔为 50000 名骑兵的指挥官），9b（12 月 12 日，达拉被提拔为 60000 名骑兵的指挥官，薪金高于 2000 金币），8b，Masum，6b。

② Waris，96a，116a.

和新晋贵族在觐见皇帝之后，就被派去向太子表示敬意。[①] 许多诏令是在皇帝面前按照达拉·舒科的意思下达的。甚至达拉·舒科单独被允许使用皇帝的名号和印玺。总之，一切都是为了让公众知道达拉·舒科是他们未来的君主，并且为方便沙贾汗死后将皇位传给他。

达拉·舒科的宗教观

达拉·舒科刚刚 43 岁。他很像他的曾祖父阿克巴。他对泛神论哲学充满热情，他研究过《塔木德》(*Talmud*)[②]、《新约》、穆斯

① Waris，85a（伊斯梅尔·胡特曾向达拉·舒科赠送宝马，91b，116a（斯利那加王公请达拉做他的调解人），87b，97b（达拉宽恕了他）。

② 以上对达拉哲学研究的论述，基于里奥（Rieu）所作的介绍，这个介绍是关于大英博物馆收藏的达拉·舒科的波斯语著作的。(1）翻译了 50 本奥义书，并于 1657 年 7 月完成（*Siril-ul-asrar*）。(2）印度泛神论的专业宗教术语及其在苏菲主义著作中的对应词的论述（*Majmua-ul-Baharain*）。(3）钱德拉巴（Chandrabhan）的考证（Dialogue with Baba Lai ）。(4）关于穆斯林圣徒的生平记载于 1640 年 1 月 11 日完成 。(5）关于米安·米尔生平的记载，完成于伊斯兰历 1052 年（Sakinat-Ul-awliya）。第二份、第三份和第四份文献现藏于库达·巴赫什图书馆。也可参考 *Faiyaz-ul-qawanin*，377-388，这一部分是关于达拉与沙赫斯·米尔布拉（Shaikhs Muhibullah）和迪尔鲁巴（Dilruba）的通信。

林的苏菲主义著作和印度教“吠檀多”的著作。[①] 由于统治阿拉哈巴德行省十分轻松，他更加随心所欲，在一群梵学家（pandits）的帮助下，他把《奥义书》（*Upanishads*）翻译为波斯语。

在他完成的另一本名为《两个大洋的交融》的书里，就像他在序言中说的那样，证明他所追求的，是在那些构成所有真正的宗教的共同基础的普遍真理当中，为印度教和伊斯兰教找到一个交汇点，而这一点对于狂热者而言，由于他们对信仰肤浅的热情，是很容易被忽视的。例如，由于奉行折中主义哲学，因此在印度教的瑜伽士拉尔－达斯（Lal-das）和穆斯林法基尔·沙马德（Faqir Sarmad）面前，达拉·舒科都是一个认真专注的学生。但他不是伊斯兰教的叛教者。他写了一本记述穆斯林圣徒的传记，而且是穆斯林圣徒米安·米尔的追随者，任何

① 《塔木德》是犹太人的经典，包含民间传说、宗教礼仪和法律等内容；“吠檀多”意为《吠陀》之终极，原指《吠陀》；末尾所说的《奥义书》，其后逐渐被广义地解释为研究《奥义书》教理的典籍。——译者注

卡菲勒都不可能这样做的。①

以异端的罪名反对达拉·舒科

圣洁的贾哈娜拉也说达拉·舒科是她的精神导师。奥朗则布作为伊斯兰正统主义的捍卫者，曾发布谴责达拉·舒科异端的宣言，这个宣言里并没有把他描述为一个愚蠢地违背和否定穆罕默德的使命的家伙，而是仅仅列出了如下几个事实：

（1）终日与婆罗门、瑜伽士和苦行僧为伴，认为他们是完美的精神向导和“知晓神意之人”，把《吠陀》（*Veda*）当作神圣的书，花时间翻译和研究它。

① 伊斯兰历1050年，在克什米尔逗留期间，达拉·舒科已经成为苏菲教派大师穆拉沙（Mulla Shah，死于伊斯兰历1072年）的弟子，而在伊斯兰历1049年，达拉曾受到一位杰出的大师——米安·米尔的弟子穆罕默德沙（Muhammad Shah）的启迪，因而在拉合尔城外的米安·米尔陵墓上建造了一座华丽的圆顶建筑。贾哈娜拉撰写了名为《谢赫·穆瓦鲁丁·基什提》（*Shaikh Muinuddin Chishti*）的传记，讲述了圣徒穆尼斯－乌尔－阿瓦（Munis-ul-avwah）的一生，她是以门徒或穆里达（Murida）的身份写作的。（Rieu，54，358和357。达拉曾经在他的签名中加上“坎迪力”（Qadiri）和“哈尼吉”（Haniji）的头衔，如果他以异端自居，那么这与他的身份是不相符的。

（2）戴着刻有“帕布”（注释内容——原注：意为“领主”）字样的戒指和珠宝，但是这个词以印地语书写。

（3）在斋月不祈祷和斋戒，还把其他伊斯兰经典教条抛诸脑后，只有在需要精神慰藉的时候才需要它们。同时，他相信自己对真主的理解十分透彻。[①]

达拉·舒科在向他的读者们介绍自己的神学著作时说过的话，明确地证明他从来没有背离伊斯兰教的基本教义；他只是显示出苏菲派的折中主义，这是一种伊斯兰教信徒公认的准则。如果说他对宗教的外在形式表现出蔑视的话，他只是会赞同所有教派中那些高尚的思想家的观点，如约翰·弥尔顿（John Milton）。然而，由于他对印度教哲学的好感，即使他有这种倾向，他也不可能成为正统和排他性伊斯兰教的拥护者，也不可能召唤所有的穆斯林聚集在他的旗帜下，宣布对信仰异教的人发动一场“圣战”。

---

① *Alamgirnamah*，34 and 35. 如果马希姆（Masium）的话真实可信的话，那么奥朗则布曾为打击达拉·舒科散布了一系列谣言，说他曾痛饮朗姆酒（71a）。

达拉·舒科的性格

然而，父皇的过分溺爱又给他带来了明显的伤害。他总是待在宫廷里，除了第三次围攻坎大哈时和被派去征战或管理各个行省时。因此，他从未获得行军打仗和行政管理方面的经验，从未学会用危险和困难作为关键的考验来判断人才；他未与军队建立联系。由此可见，他不适合加入皇位争夺战，这种战争对于莫卧儿人来说是一种适者生存的实际考验。沐浴在父亲恩宠的阳光下，被整个帝国奉承有加，达拉·舒科已经染上了一些与其哲学家身份不相称的恶习，而这对于一个渴望继承皇位的人来说更是致命的。奥朗则布在晚年谈到达拉·舒科时，称他骄傲自大，对整个皇室傲慢无礼，而且难以控制自己的脾气和言辞。①

然而，就算我们拒绝接受他的死敌的证词，

---

① *Ruqat-i-Alamgiri*, Nos. 5, 47, 53. *Anecdotes of Aurangzib*, §3 and 4. 奥朗则布写给父皇沙贾汗的信（Pattery）中说，达拉·舒科深受圣宠所凭借的唯一品质是“言辞锋芒毕露，油嘴滑舌，而在做父亲交给他的事的时候，经常是脸上笑嘻嘻，却说一套做一套”。

我们至少可以相信，他无与伦比的财富和影响力不太可能使他发展出节制、自律或富有远见的品质；同时，他受到所有人狂热的奉承，这一定助长了这位德里皇位继承人自然而然的自豪感和傲慢情绪。达拉·舒科的一位崇拜者写了一本书，其中有关于他围攻坎大哈的详细描述，这个愚蠢无能的吹嘘者使他笼罩在令人厌恶的光芒中，而在事务管理上，他几乎完全是自高自大、任性和幼稚的。

他在皇位继承战争期间的经历，清楚地证实了他多年来所享有的财富和影响，他几乎没有什么忠实的追随者或能干的助手。显然，他识人不明。拥有能力和自尊的人一定会远离或不会选择这样一个虚荣和不明智的主人，与此同时，军队和皇室中为自己的利益打算的人，必然认识到与他对抗的人是精明老练的奥朗则布，而他们是不会支持失败的一方的。达拉·舒科是一个专情的丈夫、一位慈爱的父亲和一个孝顺的儿子；但作为一位身处逆境的统治者，他一定是一个失败者。长期养尊处优的生活，使他变得性格软弱，不能够明智、大胆、努力地完成计划——或者，如果有必要的话，通过拼死一搏或顽抗到底从而反败为胜。这个皇室的宠儿从不涉足军营。他整日身处阿谀奉承的达官显贵之中，不知道如何让将军们服从他的意志，并且合理有序地指挥他们。他难以胜任军事组织和战术组合的任务。而且，他从未在实战中学习到如何以一个真正的统帅的冷静和判断力来掌控战争全局。这个在行军打仗上的门外汉，命中注定要遇到一位老练的军人作为他皇位的争夺对手。①

无论未来多么黑暗，因为沙贾汗还活着，现在一切都很顺利。在通常的皇家节日来临时，他们总会庆祝。对比贾普尔王国战争的胜利带来了欢乐的音乐演奏会、赏赐和授予头衔。② 沙贾汗的孙子结婚了。达拉·舒科以自己一贯的气派形象主持了婚礼，接见了前来觐见的将军、总督、大使和学者，或者将他们打发走。

沙贾汗病重

沙贾汗于 1657 年 4 月从穆赫利什普尔返回

① Kambu, 9a, 10a, 15a. *Alamgirnamah*, 99. Aqil Khan, 33.

② Kambu, 5b.

德里。9月6日，他突然得了痛性尿淋沥[①]和便秘。[②]一个星期以来，御医束手无策。沙贾汗的病情日益严重，下体肿胀，口干舌燥，有时出现发烧的症状。在这段时间里，他没有进食，服药对他也毫无效果。尽管他有着顽强的毅力，但是他的身体十分衰弱，痛苦不堪。

日常的皇宫议事停止；皇帝甚至不再在阳台上公开露面，而这是他以往每天早晨的习惯；朝臣们被拒绝进入他的病房，只有达拉·舒科和几位他信任的官员前来探望。此时，最疯狂的谣言马上传遍了整个帝国：沙贾汗已经龙驭宾天，达拉·舒科秘不发丧，为的是争取时间巩固根基，直到自己继承大统！

一周后，御医终于控制住沙贾汗的病情。服用薄荷甘露汤对他大有帮助，他感到身体有所好转。但是国不可一日无君，因此，9月14日，他拖着病弱的身躯来到他寝宫——梦之宫

① 一种由于膀胱底部阻塞或刺激引起的病症，症状是严重的疼痛和强烈的排尿欲望。——译者注

② 关于这次生病的来龙去脉，详见 Kambu，6a，7a; *Alamgirnamah*，27，80-81; Masum，29b-30b; Isar-das，7b-9a。

（Khwabgah）的窗户前，出现在外面焦急等待的民众面前，以示他还活着！他拿出大笔钱财进行布施捐赠，赦免囚犯，而达拉·舒科因为孝顺地照顾他而获得了奖赏和荣誉。

但是，皇帝病情的改善不容乐观；他仍然需要谨慎的治疗和护理，而且他的病症还在继续。一个多月后（直到10月15日），他才再次出现在民众面前，虽然奏章被带到他的房间读给他听，以获得指示，皇家书信仍以他的名义发出，并盖上他的印章。毫无疑问，疾病来势汹汹的阶段已经过去。但现在，他的死被认为只是时间问题。他知道这一点，于是在贵族面前任命达拉·舒科为他的继任者。然后，他的精神从尘世的忧虑中解脱出来，他来到了阿格拉，只想待在他深爱的妻子的陵墓面前静静地死去。医生也建议他多呼吸新鲜空气。

沙贾汗返回阿格拉

10月8日，沙贾汗离开德里，在病痛减轻阶段移驾阿格拉。他在11月5日到达朱木拿河畔的萨米·盖特（Sami Ghat），距离阿格拉红堡有6英里，他在这里等待着一个吉日。这次旅行使他恢复了健康，现在他不再服药，认为已没有必要。11月26日，即占星家选择的那一天，沙贾汗由皇室仪仗队护送，乘坐一艘大型游艇，从巴哈杜尔－普拉（Bahadur-pura）顺朱木拿河而下。朱木拿河两岸站着很多人，绵延数英里，等待瞻仰他们爱戴的久不露面的统治者。为他祈祷和祝福的呼喊声弥漫在空气中。9天后，他进入城堡里的豪华宫殿，在那里举行了一次盛大的宴会。在阿拉格，他度过了之后的五个月。在经过短暂而徒劳的返回德里的努力之后，他回到了阿格拉（在第二年4月），他命中注定再也不会在生活中发表意见。

达拉·舒科在侍疾时表露忠心

在沙贾汗生病期间，达拉·舒科经常来到他床前探望。但是，达拉·舒科禁止其他人探视病房。只有最受信任的三四名官员和御医才能接触到皇帝。“达拉·舒科竭尽所能地照料和护理他的父亲”，但他并没有仓促而不体面地去夺取皇冠。……所有的紧急诏令都是由他发出的，但是署的是皇帝的名字。[①] 他根据自己的意愿行使最高权力和处理公共事务，但是只是作为他父亲的代理人。他希望能轻而易举地让权力移交到他手中，他可以在不耽搁帝国事务的情况下等待父亲去世。在公众眼里，他一直坐在皇帝右边的位置，他自然希望自己代表病重的父亲行使权力的做法能够毫无疑问地被接受。

沙贾汗的病情第一次好转后（9 月 14 日），他对达拉予以提拔，并给了他价值 25 万（lakhs）[②] 卢比的丰厚赏赐。12 月 20 日，除了价值 34 万卢比的珠宝外，他又被赏赐了 10 万卢比，作为对他在自己生病期间所尽的孝心和妥善照料的奖励。达拉被提拔为 60000 名骑兵的指挥官，他的两个年长的儿子分别被提拔为 15000 名步兵和 10000 名步兵的指挥官。[③]

达拉·舒科被沙贾汗宣布为继承人，但并未加冕

在沙贾汗病倒一个星期后，正如我们已经

① Kambu，7b.

② 印度的计量单位，为十万。——译者注

③ Kambu，6a，7b.

看到的那样，他的病情有所好转，但是康复无望。因此，他虔诚地为前往另一个世界做准备。他召见了一些心腹臣子和帝国的行政要人，在他们面前立下了他最后的遗嘱，命令他们从今往后在任何时间、任何地点都臣服于达拉·舒科，将其奉为自己的君主。

他向继承皇位的达拉·舒科提出了虔诚敬奉真主、善待百姓和体恤农民与士兵的忠告。① 现在达拉掌握着至高无上的权力，尽管他尚未继承皇位，而是继续以他父亲的名义下达命令。接下来的八个月，便是他试图巩固自己地位的时间——他的这一企图往往受到阻碍，因为必须在重要事项上征得沙贾汗的同意，有时他自己也会出现一些判断失误。他缺乏那种作为帝国的绝对主宰言出必行、说一不二的决策权，或许是因为沙贾汗在幕后操纵他，他完全是代行沙贾汗之意。

达拉·舒科试图巩固自己的地位

首先，米尔·朱木拉，他的竞争对手

① Kambu，8b.

奥朗则布的挚友和死党，被免去了帝国宰相的职位。9月底，米尔·朱木拉被免去官职，他的儿子穆罕默德·阿明当时正在德里担任他的副手，也被禁止出入官署。达拉·舒科还命令米尔·朱木拉、马哈巴特汗和其他一些帝国军官带着自己所属部队从德干返回都城，而他们本来是要带兵去增援前线正在进行比贾普尔战争的奥朗则布部队的。

在米尔·朱木拉事件中，召回的命令并不是强制性的——首先要确保他从比贾普尔人手中夺取伯伦达堡垒，而马哈巴特汗和拉奥·查特拉·萨尔被命令立即带着增援部队——穆斯林军队和拉杰普特军队离开，而且对奥朗则布不告而别。他们回到阿格拉，在12月20日觐见了皇帝。[①]

与此同时，达拉·舒科的亲信近臣纷纷被皇帝提拔为高官，除了旁遮普行省和木尔坦行省之外，比哈尔行省也被赐封给他。达拉·舒科还着手结交新的朋友：哈利卢拉汗被提拔为德里总督；而卡西姆汗受到古吉拉特行省总

① Kambu，5b，6b，10b，8a. Aqil Khan，16.

督这一高级位的诱惑，决定将穆拉德从此地逐出。①

抵御舒贾、穆拉德和奥朗则布的兵力布防

到 11 月中旬，沙贾汗已经完全康复，到目前为止对他隐瞒的那些重要事情，再也不能继续隐瞒了。因此，达拉·舒科告诉他，舒贾是如何加冕的，以及如何从孟加拉入侵的。沙贾汗同意派贾伊·辛格王公率领一支军队去讨伐他。但是，由于只有皇子才能对付皇子，因此达拉的长子苏莱曼·舒科也随军出征。这支 22000 人的部队于 11 月 30 日离开阿格拉，并于 1658 年 2 月 14 日在贝拿勒斯附近与舒贾狭路相逢，就像我们所知道的那样。达拉·舒科最信任的朋友和最好的将军被派去支持他的儿子，因此大大地削弱了他自己在阿格拉的力量。②

与此同时，从古吉拉特传来了同样令人震惊的消息。10 月初，穆拉德在那里谋杀了他的

---

① Kambu, 6b, 11a. *Faiyaz-ul-qawanin*, 413, 414.

② Kambu, 9a and b. *Alamgirnamah*, 31. Khafi Khan, ii. 5; Masum, 326-406.

财政主管阿里·纳奇。11 月，残酷地劫掠了苏拉特城。最后，穆拉德于 12 月 5 日给自己加冕。最开始的时候，达拉·舒科给他寄去一封信，声称是皇帝写的，将他从古吉拉特调遣到贝拉尔。达拉·舒科希望借此手段让一个敌人对付另一个敌人，因为贝拉尔已经被纳入奥朗则布的管辖范围。穆拉德看穿了达拉·舒科的计谋，非常不屑地嘲笑了这个命令，既没有离开古吉拉特，也没有与奥朗则布作对。[①]

虽然奥朗则布并没有表现出明显的不忠或为叛乱做准备。但是，“他是达拉·舒科最为畏惧之人”。达拉·舒科得知奥朗则布已经与穆拉德和舒贾结盟，同时还暗中联络宫廷贵族和军队中的军官。因此，达拉·舒科以皇帝的名义发出了语气强硬的信件，召回了米尔·朱木拉和其他正在德干作战的将领（12 月初）。在 12 月 18 日和 26 日，达拉派出两路大军前往马尔瓦。第一支军队是为防备南方的奥朗则布突然进犯。第二支则继续向古吉拉特进军，为的是

① Kambu, 10a and b, 11a. *Faiyaz-ul-qawanin*, 414, 420.

将穆拉德赶出去，或者说，如果必要的话，留在马尔瓦，与第一支军队合兵一处。[①]

然而，这两支军队却无人统领，一个接一个的贵族被任命为统帅，但是他们都拒绝了，说他们准备在皇帝或达拉·舒科统治下身先士卒地战斗，直到流尽最后一滴血，但是，要残忍杀害一个拥有皇室血统的皇子[②]，他们于心不忍。只有鲁莽的拉托尔首领贾斯万特同意与奥朗则布作战，甚至答应把他俘虏并槛送德里。[③]于是，12 月 18 日，他被派往乌贾因担任马尔瓦总督，以遏制沙斯塔汗（Shaista Khan），因为沙斯塔汗的辖区是如此靠近奥朗则布的辖区，这让达拉·舒科寝食难安。这样一位显贵和皇帝的近亲是不能安全离开发生叛乱的边境地区的，由于他与两位年轻的皇子的关系，后者的力量和影响力会大增。

沙斯塔汗曾在高康达和比贾普尔战争中与奥朗则布并肩作战。二人之间一直维持着愉快

① Kambu，10a. *Alamgirnamah*，29，34. Aqil Khan，20 &21.

② 指奥朗则布。——译者注

③ Isar-das，18b.

而友好的通信往来。而穆拉德甚至计划冲进马尔瓦，抓住沙斯塔汗，迫使他加入自己的阵营！于是，沙斯塔汗被召回首都，在那里他秘密地为奥朗则布的事业效力。[①] 卡西姆汗被诱导着接受了第二支军队的指挥权，他被任命为古吉拉特总督，以取代穆拉德。

当这三支军队从阿格拉出发时，沙贾汗曾恳求他的将军们饶恕他三个小儿子的性命，一开始尽可能地对他们好言相劝，送他们返回各自的行省，如果劝说无效再诉诸武力。但是，不要进行致命的战斗，除非为形势所逼。[②]

奥朗则布公开蔑视帝国权威

1658 年 1 月，有关事态进一步发展的消息传回阿格拉。正当米尔·朱木拉准备遵照帝国的命令前往德里时，奥朗则布逮捕了他，并没收了他的财产、军队和大炮。毫无疑问，奥朗则布在事后给皇帝写了一封充满谎言的信，说

① Kambu, 11a. *Alamgirnamah*, 114. Aqil Khan, 21. *Faiyaz-ul-qawanin*, 426. 奥朗则布与沙斯塔汗的友好通信，详见 *Adab*, 102a-113a。

② Masum, 45b. Aqil Khan, 21. Kambu, 11a.

他逮捕了米尔·朱木拉，罪名是他与比贾普尔苏丹暗中合谋，背叛了帝国的利益。① 但达拉·舒科明白真正的原因。穆拉德占领了苏拉特堡垒，他与奥朗则布入侵印度斯坦的准备工作已无法再隐瞒。奥朗则布的先头部队于1月25日从奥兰加巴德出发，向北进犯。

最后，三位皇子都树起了反旗，他们撕下了伪装的面具，或者用波斯人的话说，“掩盖事实的幕布已经揭开”。在达拉·舒科的怂恿下，皇帝把伊萨·贝格（Isa Beg）投进了监狱。他是奥朗则布的皇室代理人，并负责管理奥朗则布的财产。但是过了一段时间，沙贾汗为自己的迫害行为感到羞愧，就释放了无辜的伊萨·贝格，让他去投奔奥朗则布。3月初，伊萨·贝格在布尔汉普尔加入了奥朗则布的队伍。②

达拉·舒科试图对沙贾汗封锁消息

沙贾汗的病重和远离公众视线，在一开

---

① *Alamgirnamah*, 84. Khafi Khan, ii. 9. *Adab*, 95a, 67b. Aqil Khan 19, 20, 22.

② *Alamgirnamah*, 35 and 39. Aqil Khan, 18 and 33.

始就滋生了宣称他已经死亡的谣言。达拉·舒科日夜守在病床前，只有一两位大臣在他的准许下才能见到皇帝。因此，即使是德里的居民也有理由怀疑沙贾汗已经不在人世。谣言迅速蔓延，连最遥远的行省都已皆知。而达拉·舒科不明智的行为，造成了更严重的恶果。为了铺平登基之路，他禁止人们探视沙贾汗，还与在孟加拉、古吉拉特和德干的兄弟们中断了所有通信与联络。他还把他们的皇室代理人置于监视之下，以免他们向主人报信。①

惊慌、警报、怀疑和混乱充斥整个帝国

但是，这只会造成更大的灾难。一无所知和不确定性比了解真相更加危险。对于身处遥远的行省的皇子和民众而言，由于定期新闻——宫廷的信件突然中断，他们就会很自然地得出结论：最糟糕的事情已经发生。他们收到的那些信件只是间接证实了这一猜测。当他

① *Alamgirnamah*，28. Kambu，8b. *Faiyaz-ul-qawanin*，418. Masum, 30a and b.

们在首都的官方新闻撰稿人和皇室代理人被达拉·舒科控制起来时，都城里的其他人想暗中给他们送信，向他们表露忠心，并报告市井之中流传的关于沙贾汗状况的传言，后者是事实和谎言的大杂烩。[①] 这显然符合这些人的利益，因为他们地位卑微，以前无法进入皇室的核心圈子，而传达错误的讯息可能会使年轻的皇子们滋生野心。最重要的是，宫中的罗珊娜拉公主对奥朗则布充满了兴趣，试图对他的利益进行保护，以此来对抗太子达拉·舒科。

沙贾汗已经行将就木，被认为已经驾崩。整个帝国陷入混乱无序状态，由于四个皇子的夺位之争，事态越来越严重，每个人的背后都有一个行省的军队和资源作为支撑。到处都是无法无天的人在制造骚乱，叛乱者拒绝缴税，柴明达尔们不服从地方长官的号令，或者企图抢劫和夺取仇敌的财产；外国势力尤其是东北地区的强敌，侵犯疆界，已经侵入帝国领土。每个阶层的恶人都趁着政治骚乱的时机谋求私利，从而加剧了混乱。地方当局因为对未来局

① Kambu，8b.

势的迷茫和焦虑而陷入瘫痪，许多地方的法律和秩序忽然之间土崩瓦解。①

这就是对专制制度的诅咒：有这样一个中央权威，所有人都习惯于从它那里接受指令，唯它马首是瞻，而在它突然之间不复存在后，所有的官员就会像孩子一样不知所措，束手无策。

舒贾和穆拉德自行称帝

各个行省的皇子们摩拳擦掌地准备争夺皇位，舒贾和穆拉德已经加冕。奥朗则布则冷静耐心地等待着，同时谨慎地扩充他的物资和军队。甚至当沙贾汗再次公开露面后，这种犯上作乱的行为也没有停止。

整个帝国都公开地传言沙贾汗已经驾崩，露面的只是一个长得和他有几分相似的奴隶，穿着皇家长袍，在高高的皇宫阳台上扮演他的角色，

① *Alamgirnamah*，27 and 28. Kambu，8b. Masum, 306. 库奇比哈尔的王公袭击了北孟加拉和卡姆鲁普（Kamrup），而阿萨姆王国也趁机占领了卡姆鲁普，包括高哈提在内的地区（*Fathiyya-i-ibriyya*，6 and 7）。奥朗则布在给沙贾汗的信中讲述了“达拉·舒科篡夺皇位”造成的国家的混乱。（*Adab*, 94a. *Alamgirnamah*）

接受站在台下的人们的祝福。[①]由沙贾汗亲手书写并盖上印章的信件已经分发给皇子和贵族们，但是他们并没有打消疑虑。穆拉德断言，这些信是达拉·舒科让一个笔迹模仿专家仿照沙贾汗的笔迹写的，而已故的皇帝的印章必然属于他的继承人，他的话呼应了人们的情绪。[②]

即使是那些没有猜测得这么离谱的人，比如奥朗则布，也认为沙贾汗不是已经死亡就是成了一个衰弱无助的病人，处在达拉·舒科的控制下，所以沙贾汗实际上已经不在皇位上。有些人甚至声称，达拉·舒科恶狠狠地把他那无助的父亲打入监牢，并且把他杀害。[③]因此，达拉·舒科的这三个弟弟在给皇帝的信中都理直气壮地宣称，自己对父亲一片孝心，却已经被这些令人震惊的谣言弄得心烦意乱，他们向阿格拉进发，为的是亲眼看一看父亲的真实情况，只有这样他们才会满意。在此之后（他们保证），他们将和平地返

① Masum, 32a and b.

② *Faiyaz-ul-qawanin*，418，425，429. 事实上，沙贾汗和达拉·舒科的笔迹是同一类型的，在库达·巴赫什图书馆所藏的两份波斯语文件上可以看出来。

③ Isar-das，9a. *Adab*，200b.

回各自的行省，或者忠诚地践行父亲交付他们的其他使命。他们向阿格拉的行军，绝非叛乱之举。当初他们听说贾哈娜拉被烧伤时，不就是在尚未等到皇帝许可的情况下就匆匆赶回了吗？父皇现在的病不是更严重，让他们更加忧虑吗？穆拉德在他的一封信中这样说。

当奥朗则布和穆拉德在帝国宫廷中的代理人写信给他们，告诉他们皇帝已经完全康复时，穆拉德直截了当地认为这是一派胡言。他认为，达拉·舒科以前就曾囚禁这些人，如今他们的住所仍然被达拉·舒科的下属监视着。他们无法说出真相，只能写下达拉·舒科的文书们口授的内容。因此，他们的信里只有达拉·舒科希望他的兄弟们相信的内容。穆拉德争辩说，除了向阿格拉进军并探视皇帝本人之外，想要揭示真相，别无他法，因为耳听为虚、眼见为实。

事态发展迅速。1658 年 3 月 20 日，奥朗则布从布尔汉普尔出发，4 月 3 日横渡讷尔默达河，4 月 14 日与穆拉德会师，于第二天袭击了帝国军队。现在，阴谋和外交的时代结束，以宝剑进行仲裁的时代即将到来。

第十三章　穆拉德自行称帝

穆拉德的性格

穆罕默德·穆拉德·巴赫什是沙贾汗最小的儿子，是皇室里的害群之马。他先后在巴尔赫行省、德干行省和古吉拉特行省担任总督，但是在任何地方都很失败。他是个愚蠢、爱享乐、性情急躁的皇子，而且他的性格并没有随着年龄的增长而有所收敛。虽然已经老大不小，不能再拿年轻和缺乏经验作为借口，但他还没有学会全身心地投入事业，也没有学会克制自己的脾气。更糟糕的是，他没有知人善任的天赋，甚至当他碰巧遇到合适的人才时，他也不会以必要的自信和荣誉对待他们。[1]

① 在担任德干总督期间，他与他的监护人沙纳瓦兹汗发生争吵，因此被撤掉总督之职。（Waris，38a. Khafi Khan，i.701）.

肆无忌惮的奉承者使他骄傲自大，不再听从劝告，致使他的身边人心背离，诚实和自重的人纷纷离他而去。但是，穆拉德虽有诸多缺点，但也不乏优点。虽然他为人粗枝大叶，但在金钱上十分慷慨，他时而粗暴残忍，时而追求肉欲，时而也浪漫洒脱，无拘无束。然而，他是一个反复无常的领导者，不够赏罚分明，这样是不能够赢得下属持久的奉献或真正的感激效忠的。另外，他具备军人鲁莽的勇气。如果把他放到战场上，让他面对敌人的大军，这个往日的寻欢作乐者将会扮演一个全新的角色。传承自帖木儿的武德会使他热血沸腾，他会无所畏惧，冲杀向前。在他周遭都陷入大屠杀时，他会忘掉所有其他感觉，只感受到屠杀时的狂喜。毫无疑问，怯阵者将因为将帅身先士卒而振作起来，而这样一位热血皇子将会把敌人的阵营冲击得七零八落。但是，他的个人英勇很难弥补他所缺乏的统帅才能。这位勇猛的战士只做了一名中尉所做的工作，没能成为他的士兵所期盼的将帅之才，这包括作为最高指挥官的远见卓识、冷静的指挥和及时的支持。

穆拉德的左膀右臂：阿里·纳奇

沙贾汗深知穆拉德的无能，试图对此进行补救，让他少做蠢事，于是派遣阿里·纳奇（Ali Naqi）担任他的财政主管和首相。阿里·纳奇意识到自己因为办事可靠、为人诚实而被沙贾汗器重，深感自豪，于是不肯对穆拉德曲意奉承，并对他府邸里那些阿谀奉承的小人和狐朋狗友不屑一顾。他在管理政府的过程中态度十分严格，甚至到了苛刻的地步，而且他对公共收入的诚实和谨慎的管理，使他得罪了许多人，那些人本希望利用穆拉德皇子的粗心大意和奢侈挥霍来侵吞财富。由于整个行政机构都在阿里·纳奇的控制之下，他也被其他古吉拉特的贵族们羡慕忌妒。他那严厉苛刻的作风也使他在行省内没有一个朋友。

因伪造信件被判谋逆罪

很快，阿里·纳奇的敌人就抓住机会报复他。沙贾汗病重的消息、病重后退出公众视线的隐情以及达拉对帝国最高权力的篡夺，这些消息在9月底都传到了穆拉德那里。于是，他立即开始集结部队，并从各区召集他的部下，与他们协商。这些人中有库特布丁汗·赫斯基（Qutbuddin Khan Kheshgi）、巴坦督军（Faujdar），以及阿里·纳奇的死敌。很快，阿里·纳奇的死敌和穆拉德最宠爱的宦官就谋划了一个阴谋来对付他。他们伪造了一封模仿阿里·纳奇笔迹和印章的信，这封信宣称效忠于太子达拉·舒科，并交给一个送信人，让后者设法使自己被穆拉德的道路巡逻队逮捕，以使这封信真实可信。穆拉德在他的度假庄园里纵情游玩的时候，也就是在黎明前，被截获的那封信送到了他的面前。

这位皇子彻夜狂欢，通宵未眠，既没有心情冷静思考，也没有发现这个穆斯林历史上最熟悉的老套的伎俩。他怒气冲冲地命人把阿里·纳奇押到他面前来。阿里·纳奇当时正在读经，这时他接到传讯，一边走一边慌忙地穿上官服。穆拉德坐在椅子上，手里拿着长矛。他克制了一下自己的怒气，问阿里·纳奇："如果一个人密谋背叛其主，应该受到什么惩罚？""被处死。"阿里·纳奇迅速而大胆地回答。随后穆拉德把信——他卖主求荣的证据扔给他。阿里·纳奇读了这封信，但是他问心无愧，因为自己是清白的，一直兢兢业业地工作。他嘲笑他的对手们伪造了如此笨拙的东西，并以愚蠢的方式欺骗他的主人，因为后者不能看穿伪造的东西，也不能从敌人中交到真正的朋友。

阿里·纳奇被穆拉德杀害

这对穆拉德来说太过分了，他一直压抑着心中的愤怒，这时他几乎开始发抖。他手持长矛，一下子刺穿了阿里·纳奇，大叫道："混蛋！我对你仁至义尽，你还是背叛了我！"在场的太监随即补了一刀，把不幸的受害者杀死，完成了他们主人的工作。[①]穆拉德的统治始于这

① 如果我们可以相信祖尔菲卡尔汗所讲的故事，那么阿里·纳奇是一个法基尔（穆斯林苏菲派修道士）诅咒的牺牲品，阿里·纳奇在行政和刑罚方面非常严格，以致他犯了一个小错误：他会命令把罪犯的胆汁挤出。一个法基尔因涉嫌盗窃被捕，阿里在未做任何调查的情况下就命令把他的胆汁挤出，遭受酷刑的法基尔将他的脸转向天空，并大声说："你不公正地杀死了我，我祈祷你也会遭人猜忌，落得类似的下场。"但是，我们必须清楚一点："法基尔的装束是印度所有伪装中最常见的，也是罪犯试图逃脱司法惩罚时首先采用的装束。"

场悲剧，结果却是同样可怕的结局。因为谋杀阿里·纳奇，穆拉德不得不用自己的生命来赎罪，四年后，在一座凄凉的监狱里，他在敌人无情的目光下被处死，身边没有一个朋友或同情者。

军队被派去劫掠苏拉特

最忠诚的主管被穆拉德被当作绊脚石从路上踢开，于是，奸佞之人和宦官开始大行其道。穆拉德大量征兵，急需资金。于是，他派了一个名叫沙巴兹（Shahbaz）的太监，带着 6000 名士兵和战争物资到富饶的苏拉特港弄点钱。这支军队轻而易举占领了没有护城墙的苏拉特，并开始掠夺市民（11 月初）。[①] 帝国的国库，因古代印度最伟大的港口而充裕，坐落在要塞内，在那里主要的商人也存放他们的财富，以求安全。苏拉特要塞三面环海，每隔一码就有持枪站岗的士兵与观察哨，占领它可不是一件容易的事。

---

① Isar-das，10b and 11a. *Adab*，205a，卡比尔汗写道，奥朗则布的信使从穆拉德那里回来，并于 11 月 23 日抵达比达尔北部，见到奥朗则布。他所带来的消息是，穆拉德的军队在占领了苏拉特城和相关地区后，正在围攻堡垒（*Adab*, 205a）。

苏拉特堡垒被围困

最初，沙巴兹汗企图通过贿赂收买要塞的指挥官赛义德·塔伊布（Syed Tayyib），通过他的朋友米尔扎·卡姆兰（Mirza Kamran）旁敲侧击，告诉他占星家预言穆拉德将继承大统，如果他抗拒天意，便是螳臂挡车，自讨苦吃。但是，这位忠诚的指挥官坚守自己的职责，当沙巴兹汗武力进攻时，他巧妙地发射炮弹，击退了后者的进攻。因此，沙巴兹汗不得不在远处扎营，并开始了缓慢而乏味的架炮射击工作。但是，他的炮弹威力太小，没有对堡垒造成实质性损坏。① 围攻持续了几周的时间，从朱纳格特运来的四五门大炮还没有抵达，只有

① For the siege of Surat Fort, Isar-das, 11a and b; Tavernier, i. 328-329; *Faiyaz-ul-qawanin*, 421, 422 (mine fired on 20 Dec.), 423, 459, 461, 462; Khafi Khan, ii. 7; *Alamgirnamah*, 134 (meagre) . 在给沙斯塔汗的一封信中，穆拉德假装他只是派出他的手下（6000名带枪的士兵,），像往常一样把苏拉特的财政收入囊中，而当堡垒司令官关闭大门并向他们开火时，与此同时，司令官的儿子从宫廷发来一封信，信中宣称沙贾汗已经死亡，这封信被他们劫获。穆拉德宣称他的行为完全是出于自卫（*Faiyaz*, 454）。

用其他方式才能拿下这座堡垒。在一些荷兰工匠的指导下，他开始敷设地雷。驻军发现了地雷并试图摧毁它们，但没有成功。

苏拉特被地雷攻陷

其中一枚地雷埋在护城河河底一码深的地方，并且在技术上能够撼动被称为“谢尔·哈吉”的外城墙的基底。地雷里装有50芒德[①]火药，在12月20日被引燃，爆炸声震天动地。厚约40码的城墙、40门旋转火炮被炸毁，600名炮兵和城堡长官（qiladar[②]）的部分亲属被炸死。赛义德·塔伊布撤离了城堡，但他因自己的损失和希望渺茫而感到沮丧——他以能够平安前往德里为条件向穆拉德的军队投降。于是，这座拥有无数珍宝和军火的堡垒落入穆拉德的手中，穆拉德为此欣喜若狂。沙巴兹汗把商人召集起来，向他们索要100万卢比的贷款。在多次争执后，数额减少一半。然后，这笔款项

① 大约2000公斤。——译者注

② 又称kiladar，指中世纪印度重镇、城堡、要塞的长官，集军政大权于一身。——译者注

是由该市最富有的两名商人——哈吉·穆罕默德·扎希德（Haji Muhammad Zahid）（商人的首领）和比尔吉·波拉（Pirji Borah）代表苏拉特城整个商业界付给穆拉德的代理人的。一份盖有穆拉德印章并由沙巴兹汗担保的债券已交付给这两个人，作为偿债依据。[①]

12 月 26 日，要塞的钥匙被献给身在艾哈迈达巴德的穆拉德，作为胜利的标志。但是，钱财是一份更具有吸引力的礼物，他向苏拉特的军官们施压，让他们把所有能给他的东西都装到快行的骆驼上送给他。[②] 这是因为，在此期间，他为自己加冕，开始大封伪官伪将并招募扩充军队，开销很大，他的钱财很快就被耗尽。

穆拉德与奥朗则布联手对付达拉·舒科

当初，沙贾汗病倒的消息传出后，之后德里来的信件里并没有传达康复的消息，反而一封比一封情况糟糕，信件断断续续，最后消息中断。于是，穆拉德的疑心越来越重。他的结

① Khafi Khan, ii. 7, 250-251. According to *Adab* (205a)

② *Faiyaz-ul-qawanin*, 461, 465.

论是父皇已经驾崩，于是他打算争夺皇位。他必须四处寻找盟友，而此时没有人比他的三哥奥朗则布的属地离他更近，而且后者同样憎恨太子达拉·舒科，所以与他同仇敌忾。1652 年 12 月 23 日，他与奥朗则布会合[①]，然后穿越马尔瓦行省前往德干，两人显然由于对付达拉·舒科而形成了模糊的统一战线。现在，在皇帝即将死去的阴影中，他们将一展抱负。

奇怪的是，几乎在同一天（10 月中旬），兄弟俩突然想起他们很久没有通信了，关系早就疏远了。于是每个人都写了一封信，用中性的语气提到了父皇病重的消息，但每封信都由一位秘密信使携带，他被命令做了一些口头通信，而这些通信在纸上是不安全的。这两封信的信使在路上相遇，互相交换信件。穆拉德还写了一封信（10 月 19 日）给舒贾，提议与他结盟，信是通过奥朗则布所辖的行省送出去的，他协助信使前往孟加拉，并把他自己的一封信也交给了信使。[②]

① *Faiyaz*, 412. *Adab*, 23b.

② *Adab-i-Alamgiri*, 169a and b, 170b. *Faiyaz-ul-qawanin*, 433-434, 417.

奥朗则布与穆拉德来往频繁，他们也经常与舒贾书信来往

于是奥朗则布和穆拉德开始了频繁的通信。为了加快信件的传输速度，在古吉拉特和德干之间设置了专门的邮差。从艾哈迈达巴德一直到德干边境（11 月底），每 10 英里就派驻两名士兵。奥朗则布将这一系统向东延伸到自己的行政机构所在地，并建议舒贾建立类似的定期联合服务系统，以便迅速传递信件——让舒贾的部下为那些从奥兰加巴德到奥里萨邦边境的信使提供接力，然后舒贾的部下就能把宫中传来的信息呈奉给他。每一位皇子还向另外两位的府邸派出了秘密特使。[①] 只要他们有着共同的目标，就很容易达成协议。由于奥朗则布和穆拉德与舒贾之间的距离很远，而且道路不通畅，因此与舒贾的通信速度缓慢，时而中断，因此只与他达成了一个普通协议。

但是奥朗则布和穆拉德之间的信件来往速度很快，两个人很快就达成了一项协调一致的

① *Adab*, 171a, 205a and b; *Faiyaz-ul-qawanin*, 421, 422.

行动计划。为了保密，奥朗则布早在10月23日就向穆拉德送去了一份未来使用的密码。从一开始，穆拉德就把自己置于奥朗则布的指挥之下。他不停地写信，一封又一封，征求奥朗则布对自己今后如何行事的意见，并写道："我准备好打仗了，你想干啥尽管告诉我，我一定会照办的！"事实上，穆拉德在策略方面也跟奥朗则布步调一致，即为他们出于个人野心而发动的战争披上宗教的伪装，他在信里假装虔诚的语气，那些知道他脾气底细的人，读了他的信后不禁感到可笑。

从奥朗则布那里得到暗示后，这个艾哈迈达巴德往日出了名的酒徒、浪荡子摆出了一副伊斯兰捍卫者的样子。他要消灭达拉·舒科，说后者是神圣信仰的敌人。他指责自己的这位长兄是"玛尔希德"（偶像崇拜者）——这个高级词语是从奥朗则布和他的那帮御用文人那里学来的。他对自己未来的成功充满信心，他表示"战无不胜的穆斯林神圣信仰必将庇佑我"。[①] 简而言之，他已经很熟悉一个将要成

① *Faiyaz-ul-qawanin*, 427, 432.

为帕迪沙·加齐（Padishah Ghaziy）[①]或者“攘除异端之九五至尊”的当权者的那套话术。

穆拉德自行登基

当穆拉德在外交方面取得了可喜的进展，并得到沙巴兹汗送给他的苏拉特要塞的第一批战利品时，他认为这是大好时机，再拖延下去就是浪费时间。占星家们的所作所为也促使他加快行动，他们一致宣布，在11月20日日出之后的4小时24分钟，许多吉祥的行星连在一起，这正是千载难逢的祥瑞之兆，在以后许多年都不会再出现。正所谓机不可失，失不再来。在匆忙做完准备和保密工作之后，穆拉德在他的私人召见大厅里登上了宝座，只有几个值得信赖的下属作为见证人。然后，他出现在众人面前，大封伪官伪将，大肆封赏——而且只是口头封赏，打空头支票！这个消息对他的将军沙巴兹汗是绝对保密的，后者此时正在苏

① 即“帕迪沙阿”“帕迪沙赫”，波斯语“皇帝”的意思，“加齐”则是“圣战者”的意思。——译者注

拉特前线围城军队的大营中，只有另一位高级军官与他联络，传达消息。[①]

穆拉德自行加冕称帝

12月5日，他举行了公开加冕典礼，在他的财政状况允许的情况下，以尽可能奢侈的排场，欢欣鼓舞地举行了这次庆典。这位新皇帝获得了“马鲁瓦尤丁”（Maruwwajuddin）[②]的称号，他的名字在讲坛上公开宣读，并发行了自己的货币，郑重地授予他的下属头衔，如穆尔希德·帕斯特汗·法蒂赫·江（Murshid parast Khan Fatih Jang）、苏尔坦·尼亚斯汗（Sultan Niaz Khan）和塔哈乌尔汗（Tahawwur Khan）。在他辖区的其他城镇里，新皇帝的头衔也是在讲坛上宣读的，而乐队演奏欢快的音乐。一位带着礼物的使者被派往波斯，以示穆拉德以主人翁的身份与之结盟。柴明达尔领主们纷纷赶往穆拉德的宫廷，向这位如初升太阳般的新君

① *Faiyaz-ul-qawanin*，473-474.

② 波斯语，意为“匡扶社稷、拯救国家之人”。——译者注

致敬。[1] 此后，穆拉德在信件中都以君王的口吻书写。1658 年 1 月 19 日，在苏拉特得胜的部队返回艾哈迈达巴德与他会合；此时他已经准备好进军阿格拉，并焦急地等待着奥朗则布发出信号。

穆拉德为家眷选择了一个可靠的庇护所

在穆拉德离开他的行省并展开争夺皇位的危险竞争之前，有一个最重要的问题需要解决。他把妻子和儿女放在哪里才算安全呢？在遥远的未来，这场斗争的结局会是什么？没有人能预见。他可能会蹚过他遭杀害的兄弟的血河登上皇位，然后一切都会好起来。他也可能会失败，然后他和他的家人有一天就会横遭不幸：在阴暗的监狱里被刑戮。他的头会被差役们粗暴地斩下，然后送到他那获胜的对手手中，被仔细验看，最后被挂起来示众。他的遗孀会被拖到杀夫凶手肮脏的床铺上，他幼小的孩子会被关进地牢，或者被鸦片麻醉得失去神志，或

---

① *Faiyaz-ul-qawanin*，474-475，464，460. *Alamgirnamah*，134.

者在成年后被勒死。

因此，穆拉德四处寻找一些可靠的庇护所，在他不在的时候，他的家人和他的主要追随者的家人可以安全地居住在那里，甚至在他走背运的时候，在他的军队战况险恶的时候，他自己可以跑到这些地方寻求庇护。他最初选定了朱纳格特，后来打消了这个念头，因为离得太远。最后，他选定了昌帕尼尔（Champanir）。①

奥朗则布的小心谨慎与穆拉德的冲动愚蠢

从一开始，穆拉德就要拔剑出鞘，挑明目的。但是，奥朗则布劝说他采取谨慎的政策，相机行事。穆拉德建议立即从南方进军，并在达拉·舒科巩固自己的权力和赢得远近的帝国将领支持之前对他发起进攻。奥朗则布劝告他不要采取任何折中的步骤，也不要公开树起反旗，而是要等待，去伪装，给达拉·舒科寄去一些空洞的示好信件，直到知道父皇是否死去为止。因此，他谴责穆拉德对苏拉特的围攻和公开加冕，认为这是过于仓促和公开的

① *Faiyaz-ul-qawanin*，420，478.

行为。但是对于这样的忠告，穆拉德却回复说，父皇已经殡天，而达拉·舒科利用狡猾的手段伪造了父皇的笔迹，并在其签发的信件上签上父皇的名字，盖上父皇的印章。他正确地指出，他们在首都的代理人是不可信的，后者报告说皇帝已经康复，因为这些代理人的房子受到达拉·舒科手下的监视，他们被迫在米尔·萨利赫（Mir Salih）[达拉的秘书、御书手劳珊（Raushan-qalam）的弟弟]的口述下给他们遥远的主人发去虚假的消息。[①] 一封又一封的信从印度北部送来，我们都看到穆拉德对此火冒三丈，而奥朗则布则态度冷漠，且犹豫不决。穆拉德求战心切，但徒劳无功："等宫廷里传出真消息，就是在浪费时间，反倒帮助了敌人。""我们继续等待父皇的消息，就是浪费时间，会耽误我们的大事！（与此同时）我们的敌人越来越强大了""让我们一起冲向阿格拉！只要你一声令下。"[②]

---

① *Adab*, 170a and b, 205a. *Faiyaz-ul-qawanin*, 418, 429.

② *Faiyaz-ul-qawanin*, 418, 421, 422, 425, 427. *Adab*, 205a.

与波斯有关的阴谋

奥朗则布曾向穆拉德建议，应该煽动波斯人和乌兹别克人入侵帝国的阿富汗行省，以此来转移达拉·舒科的注意力。这实在是个一不光彩的计谋，对于引外敌入侵来解决国内争端，穆拉德一开始就拒绝了。“据我所知，那帮波斯人早就想报以前的仇了，就算没有我们暗示，也会干点什么。要是我们主动让他们进来（入侵印度），还给他们带路，那可就不合适了！”但是，不久穆拉德改变了主意，他听信了父皇已经死亡的传闻，请求波斯国王提供武装援助。后者回答说，除了在呼罗珊的另一支部队外，他还在坎大哈集结了3万人。就在这段时间里，他派了一位重臣带着一些礼物去拜访穆拉德，为的是了解印度现在的真实情况。穆拉德加冕后（12月），借塔卡鲁布汗（Taqarrub Khan）之手给阿巴斯二世写了一封信，宣布接受他的军事援助，并与他结为同盟。阿巴斯二世回答说，他向穆拉德保证以挚友相待，说他已经命令波斯将领和贵族准备就绪，并已经下令为在印度打上四五年的仗而筹集粮食，马匹也被送到法拉（Farah）、比斯特和坎大哈，而且将派遣一支火枪兵部队走海路到苏拉特援助穆拉德的军队，而其他波斯军队则通过坎大哈向内陆的喀布尔进军。① 这些承诺要么是波斯国王无意兑现，要么是由于后来奥朗则布干脆利落的成功而变得毫无必要。

奥朗则布与穆拉德之间的盟约

从一开始奥朗则布就自愿帮助穆拉德，但条件是什么呢？显然，他们达成的约定是，在共同的敌人被击败后，兄弟俩将裂土而治。奥朗则布一一答应了穆拉德的要求，在进军印度北部之前，向他寄送一份明确而庄严的书面协议②：

---

① 这个与波斯的谈判是基于 *Faiyaz-ul-qawanin*，422，427，430，464，and *Ruqat-i-Shah Abbas Sani*，13-16，23-28（to Murad 所写的。波斯国王对德干苏丹感兴趣，并从达拉·舒科那里收到援助申请和征服珀格尔的请求）。*Ruqat-i-Shah Abbas Sani*，to Adil Shah（16-19，93-100），to Outb Shah（19-23，89-93），to Dara（7-10），to the Governor of Multan（210-214）.

② *Adab-i-Alamgiri*，78b-79a. It is also quoted in the *Tazkirah-i-salatin-i-Chaghtaia*.

此时，执掌江山之路已在脚下，先知的忠实信徒已摩拳擦掌，而（我）所图目标只有一个，即捍卫圣教，铲除偶像崇拜，杜绝不忠行为，将那悖谬之人与其追随者铲除干净。这样，印度斯坦才能攘除祸乱，河清海晏。而我的骨肉至亲穆拉德贤弟，将同我一样，加入这神圣的事业，重申了我们之间（以前）建立在坚贞信义和纯洁（虔诚）信仰基础上的君子之盟。他许诺，他将坚定地站在联盟者的立场上，尽心出力，铲除国之祸患、信仰之敌，并解决一应公事。在任何一时、任何一地、任何一职、任何一事之中，他都将是我同盟中的同盟、朋友中的朋友，也是我敌人的敌人。之后，除了他曾要求得到并应得的帝国的一部分土地外，他将不提出任何领土诉求。因此，我在此写道，只要这位兄弟不表现出任何反对统一目标、统一心灵和坦诚相待的行为，我对他的友爱和恩惠将会与日俱增。

我誓与他共进退，同甘苦。在任何时候

任何情况下，都会施以援手。若他日达成所愿，攘除奸凶，惩治崇拜偶像者，以慰真主，我将对他更加友爱，比今日情形更甚。我将信守诺言，把旁遮普行省、阿富汗行省、克什米尔行省和信德行省（珀格尔和塔塔）——临近阿拉伯海的整个地区留给他，绝不反悔。一旦那崇拜偶像者被消灭，横生之荆棘从帝国的花园中被铲除——到时候需要借助其兵力或战舰乃至必需之物，我将给他以许可，任何地方皆任其来去自由，绝不迟疑。此誓之诚，愿真主及穆斯林圣徒为我作证！

奥朗则布的机要官阿奎勒汗·拉兹向我们披露了盟约的一些细节。[①]“奥朗则布认为与穆拉德联合是一种策略，于是给他写了一封充满爱意的信，恳求他来找自己，并做了一个庄严的承诺协议：（1）1/3 的战利品属于穆拉德，2/3 属于自己。（2）在征服了整个帝国之后，旁遮普行省、阿富汗行省、克什米尔行省和信德

① Aqil Khan，25.

行省都归穆拉德所有，后者可以在那里自立为王，发行硬币，并公开宣布自己（呼图白）为国王。”

最后，穆拉德结束了焦躁且令人厌烦的等待，虽然有点晚。1658年2月初，奥朗则布从奥兰加巴德出发，写信给他，让他离开他的行省，而他接到信时，差不多已到达讷尔默达河。①

穆拉德从古吉拉特行省出发

长期以来，穆拉德一直不确定帝国军队将采取何种途径逼近古吉拉特行省，无论是从古尔特（Qorth）的阿杰梅尔（Ajmir）还是从他行省东部的马尔瓦。1月底，他的信使给他带来消息，说贾斯万特已抵达不远处的乌贾因，只带了三四千名士兵。

于是，穆拉德对敌人的情况了然于胸，从艾哈迈达巴德（2月25日）出发，由莫达萨（Modasa）往北行，3月13日越过他所辖行省的边界，于14日号到达曼德索（Mandesor），

---

① *Alamgirnamah*, 43; *Faiyaz*, 430.

在途中占领马尔瓦的村庄。① 接下来我们会在 4 月 4 日在多哈德以南听到他的消息。同时，他也知道贾斯万特的力量比他自己强很多倍。于是他急急忙忙地向自己的领地退去，等待奥朗则布的消息，在整个三月里，他什么也没打探到。②

在乌贾因附近与奥朗则布会合

贾斯万特从乌贾因向西经过班斯瓦拉路（Banswara road），在离卡利奇罗德（Kachraud）6 英里的地方摆好阵仗，以待穆拉德前来。穆拉德此时在 36 英里外，正在探知敌情，了解敌军的位置和实力，他谨慎地绕道，避开了卡利奇罗德，接近了奥朗则布的行军路线。按照这个计划，穆拉德从多哈德向东南方向进军，穿过了贾布阿（Jhabua）的山口，在曼丹普尔（Mandalpur）[也可能是巴曼德

① *Faiyaz*，426，428，433，440-444. 莫达萨在北纬 33.28°、东经 73.22°（*Indian Atlas*，22 N. E.），曼德索在北纬 24°、东经 75.5°(*Indian Atlas*，35 S. E.)。

② *Faiyaz*，445; Kambu，11a.

尔（Barmandal）］安营扎寨[①]在这里，4月13日，他接见了奥朗则布派来的一名秘密信使，得知奥朗则布已抵达附近。然后穆拉德又继续行军，第二天，在行军路上，在迪帕普尔（Dipalpur）东北方几英里处与奥朗则布会合。两兄弟现在合兵一处，因为敌人已经近在咫尺，一场大战即将爆发。

① Isar-das,17a. *Alamgirnamah*, 56-57. Aqil Khan, 22. 多哈德在北纬22.50°、东经74.20°；卡利奇罗德在北纬23.25°、东经75.21°，距离乌贾因36英里。贾布阿在北纬22.46°、东经74.39°；巴曼德尔在北纬22.51°、东经75.8°，位于迪帕普尔以西29英里、卡利奇罗德以南46英里处。在迪帕普尔以西7英里处有一个叫蒙德拉（Mundla）的地方。迪帕普尔，在北纬22.50°、东经75.36°，位于乌贾因西南偏西约24英里处。

第十四章　奥朗则布从德干起兵，1658

奥朗则布在皇位继承战争前的焦虑阶段

从 1657 年 10 月 4 日奥朗则布结束与比贾普尔的战争开始，一直到 1658 年 1 月 25 日作为皇位争夺者开始向印度斯坦的无上宝座进发，他度过了一段充满焦虑与危机重重的时光，他不可控制的事件发展得很快，而他不能坐以待毙。然而，未来是如此黑暗，以致每一次行动都存在巨大的危险，要做出明智的决定是极其困难的。他目前的地位日益动摇，而未来则昭示着不祥。他克服了巨大而复杂的困难，使人不禁对他的冷静、睿智、领导才能和外交技巧表示钦佩。如果说这些不足以解释他为什么成功，而且他很走运，那么当时公正的史学家也不得不承认，奥朗则布所做的一切事情都值得“好运”帮助他。

奥朗则布不管走哪条路都面临危险。德干人兴高采烈，把他从比达尔的撤退说成是失败后落荒而逃。比贾普尔人吹嘘说，他们击退了莫卧儿入侵者的大军。他们的军队试图包围帝国军队，他们的地方军官拔除了孤立的莫卧儿军队的前哨。即使是高康达苏丹也抓住了莫卧儿军队撤军的机会：他再次派兵控制卡纳塔克河，并试图夺取乌德吉尔边境要塞附近的一些村庄。①

奥朗则布在德干的地位岌岌可危

然而，奥朗则布却不能留在原来的地方。皇帝下令恢复和平并召回了派往德干的援军的消息已经传出。奥朗则布不能用武力惩罚比贾普尔人，也不能再以强大的军事威慑来使他们感到敬畏。他甚至不能安全地待在

① 比贾普尔的历史学家断言，奥朗则布之所以能带着他的军队逃离比贾普尔王国，全都是因为贿赂了宰相汗·穆罕默德（*Basatin-i-salatin*，349.）*Adab*，70b，197a.

他们的土地上。残酷的命运注定要夺去他与比贾普尔长期且开支浩大的战争的果实，就在他即将摘取这些果实的时候。诚然，阿迪尔沙与其缔结了正式条约，支付了巨额赔款，并割让了伯伦达堡垒和大片土地。但阿迪尔沙现在怎么会信守诺言呢？现在他凭借武力就能撤回曾经在武力威逼下做出的让步。

奥朗则布必须在两种罪恶之间做出选择：失去夺得皇位的机会

因此，奥朗则布决心玩一场大胆的游戏，以便在比贾普尔人能够从最近的失败中恢复过来或者了解帝国政府软弱和自顾不暇的底细之前履行条约的条款。他起初说，他会留在比达尔，如果比贾普尔人不遵守诺言，他就会惩罚他们。后来他宣布要亲自前往艾哈迈德讷格尔，实际上，他的军队处在他儿子的领导下，为了让伯伦达堡垒的奎拉达对他有所忌惮，而后者此时并未放弃对该堡垒的控制。在给比贾普尔王国的信中，他经常搬出他的父皇来吓唬他们，要求后者迅速偿还所承诺的赔款，并在违约的情况下对其进行武装骚扰。但是，这种在南方进行军事示威和对抗比贾普尔的政策也有其缺点。他必然会顾不上国内的事务。奥朗则布在德干的事务上耽搁越久，夺取皇位的计划就越被拖延，达拉·舒科就越占优势，因为他可以有足够的时间从德干召回帝国军队，并赢得领兵将领的支持，巩固自己的地位，并有效地对奥朗则布可能使出的手段进行防范和反制。此外，在这段充满悬念的时期，所有野心勃勃、为自己打算的人都有可能拥护达拉·舒科，因为他们相信胆小而行动迟缓的奥朗则布绝无可能夺得皇位。①

或丧失从比贾普尔战争中得到的全部成果

另外，如果奥朗则布纠集亲信公开称帝，向北行进，公开与帝国政府决裂，征召军队，并强行拘留被命令返回宫廷的军官，那么，毫无疑问，他迟早会与达拉·舒科交手，他会得到野心勃勃的冒险家们的支持。但与此同时，沙贾汗处于孤立无助的境地，而皇子之间的内

① *Adab*, 94a.

战、帝国权力的暂时崩溃又为比贾普尔王国提供了可乘之机。得到伯伦达要塞或比贾普尔所承诺的赔偿的所有希望都将化为泡影。同时，他在南方的其他敌人也会抬头：高康达将收复其曾割让而一直念念不忘的卡纳塔克行省；西瓦吉将袭击久纳尔和艾哈迈德讷格尔地区。总之，他将完全丧失过去两年里南方战争的成果。

奥朗则布实行的策略

值此多事之秋，随着每一次新的发展，他变化不定的焦虑、希望、筹划和改变主意的整个历程，在他写给米尔·朱木拉的多封机密信件中都有所体现，这些信件载于《阿拉姆吉尔书信集》。[1] 简单地说，他的第一个计划是尽快完成比贾普尔的协议条款，然后确保德干的安全，随即开始争夺皇位。这一计划的成功与否，取决于在沙贾汗病重的秘密泄露之前，比贾普尔人是否迅速兑现他们的承诺。这些信件讲述了他与比贾普尔人迅速解决问题的希望是如何

① *Adab*, 92a–95a (Aurangzib to Mir Jumla), 197a–206a (Qabil Khan, by order of Aurangzib, to Mir Jumla), 178b (Qabil Khan to Aurangzib).

变得越来越渺茫，他如何尝试以各种不同的手段来获得承诺割让与支付的领土和金钱，他如何一次接一次地使比贾普尔人艰难地承认条约所规定的条款——直到最后，他绝望地放弃从比贾普尔人那里得到任何东西，他放弃了对南方的一切企图，把他的全部注意力和资源都转向了印度北部，以实现他的夺位计划。

米尔·朱木拉派人接收伯伦达要塞

被迫放弃了进一步征服比贾普尔的想法后，9月28日，奥朗则布派米尔·朱木拉前往伯伦达，按照条约的规定接收要塞。陪同米尔·朱木拉的卡齐·尼扎姆（Qazi Nizam）不久就被派往比贾普尔，要求比贾普尔人支付所承诺的赔款。但在米尔·朱木拉离开之前，奥朗则布与他进行了长期而又秘密的磋商，并接受了他对一切可能发生的意外事件的建议。甚至在米尔·朱木拉去了伯伦达之后，奥朗则布也几乎每天写信给他，他通过谢赫·米尔（Shaikh Mir）和阿卜杜勒·法特赫等机密官员传递重要的口头信息与他进行磋商，这两个人在王子和米尔·朱木拉之间多次往返。奥朗则布在采取任何行动之前，都首先寻求米尔·朱木拉的建议。奥朗则布告诉他："除了你，我没有任何朋友或知己。"

奥朗则布从卡利安尼撤退

10月4日，奥朗则布从卡利安尼出发，五天后抵达比达尔。阿里·贝格带领一支莫卧儿驻军留守卡利安尼。根据皇帝的最后命令，在比达尔奥朗则布要停下来，以保住征服的领土。但是发生了一件不走运的事，这使他在比达尔的逗留变得毫无意义，甚至是危险的。那就是马哈巴特汗和拉奥·查特拉·萨尔这样的高级将领被召回德里。虽然奥朗则布恳求另一位大将纳西里汗留下来，等到他稍作休整后再离开，但后者还是放弃了在比达尔的职务，回到了自己在马尔瓦的领地莱辛。军队从卡利安尼撤退意味着放弃新的征服成果。比贾普尔人变得更加大胆，四处攻击落单的莫卧儿士兵。比贾普尔王国的将军阿富扎勒汗率领一支庞大的军队越过比纳托拉河，前往收复卡利安尼和比达尔地区。最糟糕的是，比贾普尔人在纳尔德鲁格（Naldrug）附近截获了奥朗则布寄给米尔·朱木拉的信件，还有他从德里的代理人那里收到的一封密函的解密副本，于是他们了解到沙贾汗的危难状况以及达拉·舒科和他兄弟之间的敌意。[①] 奥朗则布自己也越来越担心，因为他好几天都没有收到从德里来的信件。父皇驾崩了吗？如果是这样的话，他就不容片刻耽搁，必须立刻筹划争夺皇位。

奥朗则布从比达尔撤退，返回莫卧儿帝国旧疆域

因此，他用一贯的远见和智慧为未来做打算。比达尔要塞被修复，过去围城期间被破坏的工事也得以修复，把炮兵安排得当，留下必要的装备和充足的弹药。一支5500人的驻军在米尔·贾法尔指挥下留守这里。这时，奥朗则布给穆拉德写了一封信，信中只说："你很久没

① Kambu, 6b. *Adab*, 197a, 203a, 149b, 157b. Aqil Khan, 16. 纳尔德鲁格在索拉普东北方27英里处（*Indian Atlas*, 57）。

写信给我了。我很快就会回到奥兰加巴德。你一定听说了关于帝国宫廷的消息。”但是，他所传递的真实信息是提出两兄弟建立反对达拉·舒科的进攻和防御联盟，以口头委托的方式让他的机密信使阿拉·亚尔（Allah Yar）拿着这封信告诉穆拉德。他还给孟加拉的舒贾写过类似的信。在长时间杳无音讯后，17 日奥朗则布又收到一封从德里来的信，这只是证实了他的怀疑，即宫廷的事态又出现了新的转折，而此时他已经无暇顾及比达尔。于是，他下定决心，于 1657 年 10 月 8 日从比达尔出发。[①]

奥朗则布的妻子迪勒拉斯·巴努去世

德干的这两个王国的人民大喜过望，莫卧儿人不战而退，放弃了他们征服的土地，这简直令人难以置信。奥朗则布试图在此事上保全颜面，却徒劳无功；他给库特布沙写了一封信，但也是白费功夫：“我的军队之所以撤退，是因为我想让比贾普尔人民安居乐业，他们对军队的存在感到害怕，并荒疏了耕种之业，此

① *Adab*, 92b, 169a and b, 199a. Kambu, 6b.

外，我得到了我妻子病重的消息，想尽快回家。"[①]这个解释太牵强了，没人会相信。当那些被他击败的敌人在南方重新抬头时，当北方正酝酿着一场针对他的风暴时，奥朗则布又遭到了一个严重打击。离开比达尔后的第二天[②]，他得知他的正妻，也就是三个儿子的母亲迪勒拉斯·巴努于8日在奥兰加巴德去世。沙贾汗命令奥朗则布留在比达尔。但是，他现在有了一个合理的借口前往奥兰加巴德，那就是安慰他那几个新近失去母亲的孩子。离开比达尔后的几个星期里，他没有给皇帝写任何信，也没有给出他返回奥兰加巴德的任何理由。[③]但他经常与舒贾和穆拉德通信，尤其是后者，后者离他最近，从而建立了对抗达拉·舒科的联盟。穆拉德的第一封信是在10月由一位名叫穆罕默德·拉扎（Muhammad Raza）的秘密信使送来的，他已经读过奥朗则布写给他的信（写

① *Adab*, 71a.

② *Adab*, 198a 声称奥朗则布在10月19日从比达尔出发时得到这些消息，但《伊戈阿》(*Igoa*）声称这些消息在18日前晚上就传到身在比达尔的奥朗则布那里。

③ *Adab*, 198a and b.

于15日左右）。现在，奥朗则布得到了他的支持，给他送了一个密码本，以备他们将来通信之用，因为“行事须谨慎，以普通字母书写机要事宜很不合适”。[①]

奥朗则布等待父皇的消息，以便随机应变

离开比达尔后，奥朗则布的计划首先是前往北面约120英里的帕特里（Pathri），在那里，通往布尔汉普尔和印度斯坦的道路与通往奥兰加巴德的公路交会。如果他在途中听到父皇驾崩的消息，他会沿着前一条路向北印度进军；否则，他会转向西，回到奥兰加巴德——他的总督府所在地。[②]但是，由于长期的不确定性，从德里没有传出过决定性的消息，奥朗则布在离开比达尔后的几个星期里，度过了一段极度焦虑和游移不定的日子。

10月18日，他从自己在德里的代理人的一封信中得知，沙贾汗已经不省人事。21日，又

① Aurangzib to Murad（*Adab*, 169a-170a）, to Shuja（*Adab*, 170a-I71a）. Murad to Aurangzib（*Faiyaz*, 413-435）.

② *Adab*, 198a.

来了一封信，说皇帝的病情有所减轻。第三封信则带来了相反的消息：达拉·舒科已成为代理君主，每天都在着手巩固他的地位。奥朗则布派往阿格拉的探子对他尽职尽责，向他发送了一条秘密信息，此时他收到了这个消息——写这样一封信，本身就意味着皇帝驾崩或将要驾崩："这两件事当中，必定发生了一件，要么父皇已经驾崩，要么就是已经失去权力。"[①]

鉴于这些事实，奥朗则布提议派遣他的儿子穆罕默德·苏尔坦带领一支军队前往布尔汉普尔，停运达布蒂河上的渡船，将纳西里汗等德干行省的重要人物扣留，不让他们返回德里。他还召集当地土地所有者为自己服务，招募新的部队。但要做这些事，必须公开承认自己的意图，这将是一种公开的叛乱行为，如果沙贾汗从病中恢复，他就无法解释。因此，奥朗则布犹豫了一段时间，并询问米尔·朱木拉的意见，后者反对这一提议，并要求将穆罕默德·苏尔坦送往伯伦达。[②]

---

① *Adab*, 199a–200b, 169b.

② *Adab*, 200a, 201b.

奥朗则布放弃争夺伯伦达要塞

事实上，数周来，他们所预期的事并没有在德里发生。于是，奥朗则布和米尔·朱木拉开始把目光转向伯伦达。奥朗则布写给米尔·朱木拉的每封信中都包含一个紧急命令："尽快解决伯伦达的事情，为了把一切最重要的事情都在为时已晚之前解决。"而后者仍然自夸，要塞可以通过威胁或贿赂拿下，而这两种手段是可以交替轮流使用的。但是，奥朗则布对比贾普尔人的性格和他们未来行动动向的估计比米尔·朱木拉更准确。他坦率地写道："不要相信比贾普尔人说的话……他们当中没有一个人会说实话，甚至汗·穆罕默德活着的时候他们也说谎（他是站在我们这边）。这事（和平地）解决不了。在伯伦达堡垒附近徒劳地等待是没有意义的。"①

与此同时，米尔·朱木拉却更抱有希望，进行了各种尝试

然而，米尔·朱木拉坚持自己的观点。在

① *Adab*, 200b, 93a and b.

他的请求下，奥朗则布向他发出了庄严的书面承诺，让他向伯伦达堡垒的奎拉达致敬，诱使其放弃堡垒。但是，尝试失败。之后，米尔·朱木拉试着以展示武力来让奎拉达屈服。为了协助米尔·朱木拉，奥朗则布不情愿地将穆罕默德·苏尔坦从帕特里（11 月 4 日）派到伯伦达。年轻的穆罕默德·苏尔坦被告知要服从米尔·朱木拉的命令，“完全听从他的决断”。[①]

米尔·朱木拉曾希望通过流言来夸大穆罕默德苏尔坦带来的兵力，希望这将使比贾普尔的奎拉达因恐惧而屈服。奥朗则布甚至公开宣称要亲自去艾哈迈德讷格尔给比贾普尔人施加压力，并命令那里的宫殿准备好一应事宜，以供他使用。[②] 但所有这些措施都失败了。沙贾汗生病的消息已经不是秘密。比贾普尔人精明地猜到了这种情况。他们知道，奥朗则布在力量消耗严重、对接连不断发生的事情应接不暇的情况下，没有准备好与他们重新开战，所以他们迟迟不肯交付堡垒和支付承诺的赔款。米尔·

① *Adab*, 201b，203a and b.

② *Adab*, 71a，150b.

朱木拉仍然抱着希望徘徊在伯伦达附近，相信自己的特使能在比贾普尔宫廷里对其君臣施加影响，并确保伯伦达和平投降。虽然每时每刻都在为“最重要的事务”做准备，但奥朗则布还是想让米尔·朱木拉回到自己身边，为与达拉·舒科的战争做必要的准备，然而，他允许米尔·朱木拉继续与他儿子一起在那里等待几个星期，如果能得到伯伦达要塞的话。大约在12月6日，穆罕默德苏尔坦被召回他父亲身边，穆阿扎姆王子则被派往比达尔附近朱木拉部队的营地。①

三个月后，米尔·朱木拉未能成功返回奥兰加巴德

但是，获得伯伦达和战争赔偿的希望越来越渺茫，而且，随着德里事态的恶化，奥朗则布越来越感觉到不祥，于是最终放手，放弃了对比贾普尔的所有要求，并试图与阿迪尔沙建立良好的朋友关系。对那些不懂外交曲折的人来说，这种做法是很有趣的。早在10月底，他

① *Adab*, 93b-94a, 94b.

就已经指示米尔·朱木拉通过放弃对伯伦达要塞和赔款的所有诉求来解决这件事。他对阿迪尔沙的承诺和誓言感到满意，并承诺在莫卧儿军队撤出后维持双方和平。但是，很明显，米尔·朱木拉仍然希望得到这些好处，所以他当时没有采纳奥朗则布建议的政策。米尔·朱木拉在比达尔（离伯伦达很近）待了三个月，他徒劳地希望说服比贾普尔人遵守他们的诺言。但是，直到最后，比贾普尔人连敷衍都懒得敷衍他；他不得不承认，再待在那里也不会有什么结果，12 月 22 日，沙贾汗发出召回令，这加快了他返回奥兰加巴德的行程。1658 年 1 月 1 日左右，他离开比达尔，前往奥兰加巴德。[①]

奥朗则布在奥兰加巴德：他为皇位继承战争所做的准备

奥朗则布于 1657 年 11 月 11 日抵达奥兰加巴德，开始着手为自己争夺皇位做准备。他一只眼睛转向比达尔的米尔·朱木拉，另一只眼睛转向阿格拉的沙贾汗。他放弃了向艾哈迈德

① *Adab*, 202b, 94b.

讷格尔进军以吓退比贾普尔军官的想法。10 月 28 日，他采取了一项非常必要的行动：派遣马立克·侯赛因带领一支部队向罕迪亚（Handia）进发，以夺取讷尔默达河上的所有渡船，并切断了达拉·舒科与派驻德干的莫卧儿军官的联系。在他的营地里，几个试图向阿格拉发送消息的人受到惩罚；一名秘密信使被驱逐。

与穆拉德和舒贾结盟

同时，他敦促他的朋友收集消息："我们应该密切注意从四面八方得到的消息。"他与穆拉德结盟的势头很强，与之签订了白纸黑字的条约。他还频繁地与舒贾通信，积极获取从阿格拉传出的消息。从敌人之手，也通过奥里萨邦。这两者都是不可靠的。但是，距离阻止了这两个兄弟之间的任何有益的联盟或协同行动。因此，他们满足于宣示共同的友谊和对达拉·舒科共同的敌意。[①]

从德里传来相互矛盾的消息

但奥朗则布现在采取了什么行动呢？他的

① *Adab*, 93a，201b，170b，203a.

追随者等待他宣布他的政策。他需要迅速做出决定，但现阶段做出决定是最困难的，充满了危险。来自帝国宫廷的消息相互矛盾。沙贾汗生病的消息第一次传出之后，很长时间杳无音讯，从10月8日到18日，他没有收到关于父亲病情的消息。然后（10月8日），他从他在德里的代理人那里得知，沙贾汗的病情持续恶化，首都的事态也呈现出新的特点。之后的几天，又来了一封信（写在10月5日），信中说沙贾汗的病情有所减轻，他已经能轻松处理事务。第二天，代理人又寄来一封信（注明了日期），信中说达拉·舒科实际上已经篡夺了皇位，并按自己的意愿安排着一切事务——换人，剥夺扎吉尔采邑，聚敛人力和财力，尽管这些命令都是以沙贾汗的名义发出的。从阿格拉传来的其他信息，也只是增加了他对沙贾汗真实状况的关注和不确定性。

奥朗则布举棋不定

他的下属也同样心神不宁。他在写给米尔·朱木拉的信中说："德干的军队经过一年艰苦的战斗，在听说皇帝生病后军心大乱，在各方面都感到不安。他们的问题难以用言辞描述。我麾下的许多军官都想回到皇帝身边。”[①]奥朗则布十分焦虑，烦恼不已，举步维艰，从书信集里他写给米尔·朱木拉的一封信中就可以看出。

奥朗则布秘密致信米尔·朱木拉，问他该选择什么政策

> 我的内心所图只有在父皇驾崩之事被证实并且消息到来之时才能实现。否则，倘若皇帝安然无恙，我便无计可施。在我的其他同伴（盟友）的秘密企图暴露之前，此计划就会进行，推进和跨越（边境）河流之事操办得如何？不过，我从宫廷代理人的信中得知，皇帝已是沉疴难起；他没有足够的力量恢复生机。很可能已经驾崩。
>
> 如果在这种情况下，我推迟装备我的军队和公布我的主张（皇位），别人还会鞍前马后地拥护我吗？如果这里的官员看到我的

① *Adab*, 93b.

疏忽和漠不关心，在回到宫廷后，达拉·舒科意识到我的情况，我就不可能得到朝中勋贵势力的支持。所以我已经决定，如果我们能尽快结束比贾普尔的事情，那就好了，因为这样我就可以在大幕揭开之前到达布尔汉普尔。沙斯塔汗被召回宫廷，其他人（作为马尔瓦行省总督）接替了他。达拉·舒科战胜了（马尔瓦行省的）柴明达尔势力，并占领了莱辛、曼杜等要塞。现在（我们）不费吹灰之力就能得到纳西里汗手中的雷辛要塞，这个行省的军队也有望陪伴我，也可以小心谨慎地招募新兵了。

但是，如果比贾普尔之事迁延未决，我麾下的军队就会力量分散，不能集中，万一就在这时候真正的消息（父皇殡天）传来，那上述大部分事务就行之已晚。这就是我一直催促你的缘由。①

在12月的最后一周，米尔·朱木拉接到沙贾汗严厉的召回令，奥朗则布抑郁的情绪达到

① *Adab*, 94a.

顶点。他写信给他的这个知己："朋友，愿真主保佑你！我该写些什么来描述我自己的困境，或者描述这些日子是如何度过的？除了保持耐心，我无计可施。[①]

奥朗则布希望静观其变

穆拉德也在一封又一封信中敦促他立即行动起来，做些什么，而不是让达拉·舒科更进一步和给他观察的机会。他会有更长的时间来巩固自己的地位，并且削弱他兄弟的力量，这将是无法挽回的。但是，奥朗则布拒绝举起叛旗，除非他听到父皇驾崩的消息。他自己的军队规模很小，他正在拼命地汇集可供进行战争的力量，确保比贾普尔人至少支付一部分补偿金。[②]

但是，事态的迅速发展迫使奥朗则布不得不出手。他在11月24日得知，达拉·舒科已经决定派遣一支帝国军队来对付正在从孟加拉推进的舒贾。沙贾汗的政策（按照他推

---

① *Adab*, 95a.

② *Anecdotes of Aurangzib*, §6. *Adab*, 205a.

测）显然是这样的："只要他还活着，出于对他的尊重，任何人都不会轻举妄动，他也会做出安排，以保证死后我们兄弟三个不会对达拉不利。"①

达拉·舒科充满敌意的计划浮出水面

达拉·舒科有关南方的计划现已全面展开。他想通过挑起他的两个弟弟间的争端来消灭他们。为此，他使重病中的父皇沙贾汗将贝拉尔从奥朗则布辖下转移到穆拉德辖下，并将这座城池从古吉拉特行省中分割出来。但是穆拉德已经和奥朗则布商量过，早就预先准备好应付这样的意外情况；他既拒绝接受管辖贝拉尔，也不肯放弃古吉拉特。达拉·舒科随后派遣了两支帝国军队在贾斯万特·辛格（马尔瓦行省候补总督）和（古吉拉特行省候补总督）率领下，封锁了奥朗则布的道路，并试图将穆拉德驱逐出古吉拉特。②这两支部队分别于12月18日和26日离开阿格拉。穆拉德在马尔瓦的采邑

① *Adab*, 205b.

② *Faiyaz*, 413-414.

被收回，沙斯塔汗因为亲奥朗则布被调离德干。9月，穆拉德给自己加冕，并武力强占了苏拉特堡；而这种公然的叛乱，也不能不受到帝国政府的惩罚。最后，米尔·朱木拉收到了帝国政府发出的一封正式的召回信，如果他不理会，就会被视为叛乱。奥朗则布麾下的其他军官也收到了类似的信件。[①]

行动的时候终于到了。如果奥朗则布希望成为皇帝，或者只是希望自由地生活，在这种情况下就不能继续无所作为。他已下定决心。他给米尔·朱木拉写了一封非常恭维的信，高度赞扬他的智慧，感谢他尽心尽力为自己效劳，并把他置于所有其他下属之上。

奥朗则布邀请米尔·朱木拉到他的身来帮助自己为战争做准备

> 我知道你信守诺言。你来到印度斯坦的意图，过去和现在都是为了增加我的力量和威严。你愿意站在我身边，使我得以一展抱

① *Adab*, 94b, 202b. Kambu, 10a.

负。你经常在我的耳边说："我祈求在战争中活下来，因为这样我才能看到有一天真命天子（指奥朗则布）登上皇位，为了实现这个目标，我把自己的身家性命一并献出。"现在是时候展示你的奉献精神了。只要有你在，就不需要旁人为此事提供附加条件。我不关心那些因我对你的偏爱而与我疏远的军官。来找我，好让我在你的建议下，做好夺取皇位的准备。[①]

奥朗则布以莫须有的叛国罪指控逮捕米尔·朱木拉

米尔·朱木拉于1658年1月回到奥兰加巴德，宣称他将前往阿格拉觐见皇帝。但是，他和奥则齐朗则布之间已经开始策划阴谋，并略施小计使自己在首都的家人免于被达拉·舒科报复。米尔·朱木拉假装害怕奥朗则布，拒绝见他，说："由于皇帝命令我去见他，我别无选

① *Adab*, 205b（a report of Aurangzib's words that Qabil Khan wrote to Mir Jumla）.

择，只好服从。”奥朗则布通过他的儿子穆罕默德·苏尔坦向他传达了一条友好的信息，“以消除所有的猜疑”，并说服他去拜访他的父亲，以便将一个重要的口头信息转给皇帝。米尔·朱木拉一进入奥朗则布的房间，就被他安排好的人逮捕，[①] 奥朗则布以国家的名义没收他的所有财产和火炮。但是，面具还没有撕下，所以奥朗则布给出了这一行为的表面原因：他公开宣布米尔·朱木拉应该受到惩罚，因为他没有尽力攻打比贾普尔，并且秘密勾结德干的两个苏丹！但他真正的动机可以从他打败达拉·舒科后写给米尔·朱木拉的一封信中看到，当时奥朗则布释放了他，并说：“你坚持要在不合时宜的情况下回到朝廷，尽管我极力劝说你。”[②] 米尔·朱木拉被关押在道拉塔巴德的监狱要塞里，在奥朗则布当上皇帝后，他被释放，财产

① Kambu，10b. Aqil Khan，20. *Alamgirnamah*，83, 84.

② Aqil Khan，20. *Adab*，67b，95a. 奥朗则布写道：“我监禁你并不是因为你有任何不忠行为，只是因为你在效劳时表现出懈怠并坚持要回去。”哈菲汗写道：“奥朗则布把米尔·朱木拉囚禁在道拉塔巴德要塞，作为一个维护他名誉的策略。”（ii.9）官方史料《阿拉姆吉尔书信集》也承认米尔·朱木拉是“由于政治原因”被捕（84）。

被归还，并被晋升为最高级别的贵族，还获得了“贵相”（Khan-i-khanan）和“忠诚之友”（Yar-i-wafadar）的荣誉称号。①

即使在这个阶段，奥朗则布也不准备走出不可挽回的一步，即公开与朝廷决裂。他劝说穆拉德保持冷静，并采取了一些手段。他自己宣布，由于听到关于父皇的不幸传言，他的孝心使他不知所措。作为一个孝顺的儿子，他要去阿格拉看望他生病的父亲，把他从达拉·舒科手中解救出来，从而使帝国免于恐慌、混乱和骚动。由于他那恭顺的探亲之旅可能会遭到达拉·舒科的阻挠，所以他带领他的军队一起去。但他此行完全是和平之举。于是他写信给父皇沙贾汗和新任宰相贾法尔汗。②

奥朗则布解决高康达问题的经过

与此同时，从 1 月初开始，他一直在大力

① *Adab*, 96a. *Alamgirnamah*, 191，563.

② *Alamgirnamah*，41. Kambu，11a. A. S. B. MS. F.56，pp. 54-57. Masum 44a-45a（incorrect paraphrase）*Adab*，I23a，（after the battle of Dharmat）. *Faiyaz* 466-467（Murad to Jafar Khan）.

推进他的军事准备工作。首先，他想要解决德干问题，确保有足够的军事力量。有人写信给库特布沙，要求他们支付赔款余额。自从他从海达拉（Haidara）回来后，他对高康达王国和高康达苏丹的态度就一直十分苛刻，对他们斥责有加。他对库特布沙尤其介意，因为后者和达拉·舒科勾结在一起，在皇帝面前中伤他。奥朗则布经常为了欠下的贡品和承诺的赔款的余额而谴责库特布沙，告诉他甭想收回卡纳塔克要塞（特别是对阿卜杜勒·贾法尔说），而他们正在阻挠米尔·朱木拉派出的人接管要塞。

此外，高康达苏丹被命令确保米尔·朱木拉从帝国德干行省派出的信使能穿过沿途到达卡纳塔克。当库特布沙为延期支付部分赔款而请求奥朗则布时，奥朗则布嘲讽道："我能做什么？你最好去求贾哈娜拉和达拉·舒科，并且通过他们的斡旋向皇帝递交一份请愿书。"他又说道："你言而无信，还听信谗言，误信小人。我可救不了你！"①

① *Adab*, 59a–63b，69a–70a（Aurangzib to Qutb Shah）.

在入侵比贾普尔期间，库特布沙被要求派遣一支辅助部队："尽管你（假装）贫穷，但是你手头还是留了13000匹马。尽快给我送5000匹过来，你要说话算数，不要拖延交纳你拖欠的贡品。把你的人从米尔·朱木拉在卡纳塔克的领地召回。"米尔·艾哈迈德是一个粗野无礼的人，他作为莫卧儿帝国的特使被派往高康达，以催促国王归还和偿付拖欠的贡品。当奥朗则布从比达尔撤退时，他斥责了库特布沙："我了解比达尔那里帝国军队的行军，还听到了一些庸人散布的谣言（关于沙贾汗驾崩）。你不再对帝国恭顺，你的愚蠢的臣子也给了你不正当的建议——因此，你们在派人护送和寄送你们所拖欠的贡品时就拖拖拉拉。你像狐狸一样玩把戏，凭借虚假的消息在虚妄的期盼中度日，你已经违背了从前的承诺！"①

与库特布沙和解

但不久之后，奥朗则布由于自己的需求不得不换一种更温和的语气。一开始，他指示米

① *Adab*, 69a, 70a-71a.

尔·艾哈迈德不要在催缴赔款时伤及苏丹的颜面。后来，这位令人反感的使节被召回，他又派了一位可以接受的人代替他，并命令他温和有礼地对待国王。当奥朗则布的先头部队被派往布尔汉普尔时，他敦促库特布沙："现在是你展现友谊的时候了，要尽己所能，不要做任何不友好的事情。"不久之后，当奥朗则布向北进军争夺皇位时，他给库特布沙写了一封语气非常温和的信，敦促他保护莫卧儿帝国的边境卡纳塔克免受无法无天之徒的侵害，自己也不要侵犯帝国领土。[①]

奥朗则布与比贾普尔的交涉

奥朗则布还给比贾普尔太后寄去了友好的书信和礼物，敦促她尽快支付赔偿金，然后向她发出秘密口信。就在行军到布尔汉普尔之前，他又给她写信："我希望德干苏丹在我不在的时候安分守己，而你会遵守诺言（支付赔款），这样我就可以在荣登皇位之时奖赏你。"[②]

---

① *Adab*, 64，71b，65a and b，72a.

② *Adab*, 51b-52b.

奥朗则布大幅度让步以作为对阿迪尔沙友谊的报偿

我们已经看到，早在10月，奥朗则布就向米尔·朱木拉提出了与比贾普尔王国睦邻友好的建议，处理比贾普尔在最近条约中承诺割让的所有领土和缴纳的赔款。① 这一政策在当时是有所保留的，现在已付诸实施。奥朗则布告诉阿迪尔沙："在米尔·朱木拉的恶意怂恿下，我才攻击了你的王国。你要好好保护你的人民。让我们拥有和平与幸福。保持忠诚，信守诺言！你要同意伯伦达要塞及其附属领土、康坎和旺吉的宫殿划归帝国，而卡纳塔克地区曾经属于你的那部分，还和以前一样留给你，你答应赔偿的1000万卢比，其中300万可以免掉。""保护这个国家；改善其行政管理状况。驱逐那些打入内部的异端邪魔。如果你想让他为你服务，就让他担任卡纳塔克行省的总督，让他远离帝国统治领域，这样他就不会打扰他们了。尽快

① *Adab*, 202a and b.

送来减免后余下的赔款。要忠诚，你会得到丰厚的回报。——我要和我的军队去印度斯坦。现在是展现你忠诚和友善的时候了。已故的老阿迪尔沙曾答应我，如果必要的话，会派一支特遣队给我。你送我至少 10000 名骑兵吗？我将把班加纳河沿岸的领土赐给你。我保证不接纳你麾下的背叛你的沙吉或巴赫洛尔的儿子以及其他军官。只要你保持忠诚，帝国的任何军官都不会骚扰你的领地。如果有人从印度斯坦入侵你的国家，我将保卫它。”①

这里做出的让步远远超出了阿迪尔沙最期望的，他知道，一旦奥朗则布不需要利用他了，就肯定会变卦。实际上，上述提议包含的条件有很大的解释自由；后来，奥朗则布战胜对手后就抓住了这个漏洞，违背了他的诺言，并在 8 月 16 日要求比贾普尔苏丹在条约中做出更多的让步。②

但是，从德干苏丹那里得到的钱财现在已经落入奥朗则布的手中，这些钱财将为他为争

① *Adab*, 162a-163b.

② *Adab*, 167b.

夺皇位所进行的困难斗争提供条件。① 米尔·朱木拉的财富和由欧洲炮手提供服务的出色的炮兵队伍，对奥朗则布来说大有用处，他在 1 月初就掌握了这支部队。正如历史学家阿奎勒汗·拉兹指出的那样，这些“为奥朗则布提供了在这个关键时刻朝着他的目标前进所迫切需要的东西”。

奥朗则布与宫廷贵族和将军暗中勾结

一直以来，奥朗则布都致力于积极但秘密地结交首都的朝臣和各行省（特别是马尔瓦行省）的高级官员。流传下来的一些轶事告诉我们，奥朗则布为大臣甚至沙贾汗本人所重视，

① 入侵比贾普尔之前，德干的公共资金为 640 万卢比。在道拉塔巴德城堡和阿西尔储备了 200 万卢比，在其他地方储备了 300 万卢比，1265 年 12 月前后，通过艾哈迈德·赛义德（Ahmad Said）得到了高康达王国支付的 200 万卢比赔款。（*Adab*, 1956，Waris，121b.）比贾普尔王国则在 1656 年 7 ~ 9 月让阿布·哈桑带着 40 万卢比的现金到达奥兰加巴德，向奥朗则布示好。（*Adab*, 191a）。从这一总数中必须扣除与比贾普尔的战争费用和贿赂比贾普尔叛徒的费用，在比达尔夺取的价值 12 万卢比的战利品是部分与其抵消的。如果有的话，奥朗则布和穆罕默德·苏尔坦父子曾从库特布沙那里偷偷拿走我们所不知道的财富；但是，流行的故事却过分夸大了它的价值。

被视为最有能力的皇子。我觉得，如果把它们当作事后才得出的结论而不予采信，就像事后预言的那样。在沙贾汗的四个儿子中，他以能力出众和经验丰富闻名。关于他的实际功绩的已知记录是最多样和最显著的。显然，所有为自己打算的贵族和军官都认识到他是即将继承大统的人，并迅速对他采取友好的态度，或至少向他发出他们的秘密保证，以确保他们的未来。正如达拉·舒科向沙贾汗汇报的那样，“奥朗则布正在争取贵族和各行省的高级官员。他正在通过秘密书信的方式来进行这项工作”。[①]

奥朗则布的军事准备工作已经完成

招募新士兵的工作一直在顺利进行，预发了一个月的薪饷，以保证能招募到足够的兵员——新兵。坎德什的穆罕默德·贝格被命令接触和选择尽可能多的邦德拉步兵（Bundela infantry）和布萨里炮兵（Buxari artillerymen），因为他们是出了名的善战。两名军官被派往俾路支普尔

① *Ruqat-i-Alamgiri*, Nos. 54 and 5, India Office Pers. MS. 370, f. 81a, Kambu, 86, 10a, Aqil Khan, 23.

（Balapur）运来2000芒德的硝石，并在苏拉特购买硫黄和砷，并将它们运往布尔汉普尔制造火药。布尔汉普尔和罕迪亚储存了足够的铅弹。大量的火药和引信，显然来自德干的堡垒，由穆罕默德·苏尔坦率领的先头部队随身携带。布加嘎（Bijaygarh）的领主苏尔坦·贝格征召了1000名士兵。许多马拉塔酋长也带领他们的私人武装一起加入奥朗则布的军队。这样，他的军队扩充到3万人，都是挑选出来的精锐，另外还拥有曾属于米尔·朱木拉的由英国和法国炮手操作的精良的火炮。①

奥朗则布杰出的军官团

奥朗则布所拥有的将领的实力甚至比他的兵力和物资还要强。在执掌德干期间，他聚集了一群非常能干的追随者，所有的人都对他心怀感激，有些甚至是出于个人的感情。他们在争夺皇位的过程中给他发信号，常常为他舍生

① *Adab*, 936，168b-169a，Isar-das（16a）和 Aqil Khan（25）都估计奥朗则布的军队在3万人以上。亦见 Kambu，11b. A. N. 42。

忘死，在皇位继承的残酷斗争中击退敌人的进攻。那些幸存下来的人自然加官晋爵，并在他执政的最初几年里成为股肱之臣，在他的朝堂里身居要职。这些人是穆尔希德·库利汗，财政主管谢赫·米尔（Shaikh Mir），军事与机要顾问卡比尔汗，精力充沛的军械总监汗－伊－扎曼，穆罕默德·塔希尔，被尊为“瓦齐尔汗”（Wazir Khan）的宿将、忠实的代理人伊萨·贝格［被封为“穆克里斯汗”（Mukhlis Khan）］，出身高贵、经验丰富的沙姆苏丁·穆赫塔尔汗，最重要的当然是米尔·朱木拉，他既善于打仗，也善于出谋划策。除了马尔塔法特汗外，还有他能干的儿子胡什达尔汗（Hushdar Khan）、纳贾巴特汗、卡齐·尼扎姆和其他一些人，如最近从德干前往马尔瓦的纳西里汗也归附了奥朗则布。最后，他还从监狱里放出了马尔瓦地区英勇的拉杰普特人——德哈穆德赫拉的王公因陀罗的于无拿（Indradyumna）。[1] 另外，还有

① 因陀罗即“帝释天”，是印度教神话里的战神，这个拉杰普特人以此作为姓名，大概是帝释天的信徒。——译者注

对奥朗则布最忠实的两位印度教徒：一位是比卡尼尔的王公拉奥·卡兰；一位是苏布里－卡兰（Subh-Karan），他是邦德拉的达提亚酋长，更是后来著名的将军达尔·帕特·拉奥（Dal pat Rao）的父亲。

奥朗则布不在的时候关于德干的安排

在离开德干之前，奥朗则布做了一些安排，以便他不在的时候维持行省秩序。沙贝格汗和他的部队被从卡纳塔克召回，并被命令守卫行省。他的儿子穆阿扎姆也被他留在奥兰加巴德，与两名高级军官一起，带领一支大军，以维持政府运转和公共和平，防止其被西瓦吉破坏。奥朗则布称西瓦吉为“狗崽子”，并且对这个年轻的马拉塔人的首领很是忌惮，唯恐他趁自己不在时进犯德干。他的小儿子穆罕默德·阿克巴才刚刚出生，被留在了道拉塔巴德城堡，而他的两个大儿子穆罕默德·苏尔坦及穆罕默德·阿扎姆与他并肩作战。一些要塞也被修复，在卡兰－普拉边区修建了一道防御工事，因为主力部队前往北印度，此地防守空虚，敌人可能会乘虚而入。军官们被命令在奥兰加巴德和布尔汉普尔买房租地，并将他们的家人留在那里。为了完成这些必要的安排，奥朗则布向他们提供了资金。①

奥朗则布公开向北进军以争夺皇位

听到穆拉德加冕和米尔·朱木拉被捕的消息后，在北方的沙贾汗向他的两个儿子去信训斥，命令他们回到恭顺和尽责的道路上，但他们假装只看到这封信是达拉·舒科写的，并且坚持要去首都，亲自探望父皇，以表示他们的敬意。最后，奥朗则布的准备工作进行得很好，他认为进一步的拖延是无意义的，尤其是当贾斯万特·辛格和卡西姆汗抵达马尔瓦时，肯定会引起达拉·舒科的注意，后者会组织当地的柴明达尔阻断他们从南方来的道路。于是，随后的几天里，在向穆拉德发出不耐烦的通知之后，奥朗则布把他的长子和中军一起派往布尔汉普尔（1658 年 1 月 25 日），而他和他军队

① *Adab*, 201a，168b，92a，123a; *A.N.*, 43-46; *Dilkasha*, 18-21.

里的其他士兵一起离开了奥兰加巴德（2月5日）。他现在开始行使皇室特权，被授予头衔，职位和军衔（mansab）得到提升。他任命穆扎姆为德干行省总督，瓦齐尔汗为坎德什行省总督。①

在布尔汉普尔停留了一个月

他于2月8日到达布尔汉普尔，在这里完成了军队的组编和准备工作。他给父皇沙贾汗写了一封信，询问他的健康状况，希望他早日完全康复，并亲自临朝，结束达拉·舒科对最高权力的篡夺。但是，一天又一天过去了，只有那些令人震惊的关于宫廷的消息传到他那里。他的代理人伊萨·贝格也从阿格拉回来了，把那里的情况都告诉了他，说沙贾汗病后是如何溺爱达拉·舒科的，达拉·舒科是如何使自己成为实际上的皇帝的。伊萨·贝格带来许多贵族的秘密信息，这些人表明了对奥朗则布的忠诚，并要求他继续向首都进发，而不必担心帝国军

① *A. N.*，42-46. Aqil Khan，24-26. Kambu，106.Masum，42b-45a.

队的庞大实力，因为军队对达拉·舒科抱有敌意。

囚禁沙纳瓦兹汗

奥朗则布受到这些支持和承诺的鼓励，不愿让贾斯万特·辛格有更多时间巩固他在马尔瓦的权力或成功地截断他通往北方的道路，于是在 3 月 20 日从布尔汉普尔出发。

走到曼德瓦的时候，他把长子派回去逮捕沙纳瓦兹汗，将其投入监狱，因为沙纳瓦兹汗不愿与奥朗则布一起公开叛乱，并且捏造借口待在布尔汉普尔。沙纳瓦兹汗虽然是奥朗则布的岳父，也是波斯王室的后裔，但此时身陷囹圄，以保全自己的忠诚（3 月 26 日）。根据奥朗则布的命令，他被关押在布尔汉普尔城堡的一个监狱里，足足七个月。①

---

① *A.N.*，46-53，209，*Anecdotes of Aurangzib*，§6，Kambu，106，Aqil Khan，23-24. 曼德瓦如今是位于布尔汉普尔东北方 19 英里处的一个火车站。（*Indian Atlas*，sheet 54）.

渡过讷尔默达河

在曼德瓦有一条通往印度斯坦的道路。一条向北的小路在罕迪亚穿过讷尔默达河。但是，奥朗则布选择了另一条路，转向西北方向，在七次行军中到达位于讷尔默达河岸的阿克巴布尔。讷尔默达河自古以来就是把印度南方和北方的界河。在这里，他顺利渡河，没有遇到阻击他的敌人（4 月 3 日），然后向北行至提加尼（Tjjjain），穿过曼杜山堡（hillfort of Mandu）俯瞰下的山口。

与穆拉德会师

4 月 13 日，他到达迪帕普尔附近，得知穆拉德已抵达他所在地以西几英里的地方。他派出一位信使邀请弟弟立即与他会师。随后，两支军队开始向对方靠近，在迪帕普尔湖附近，兄弟俩见了面；他们的军队也合兵一处。他们的力量和信心倍增，向乌贾因行进，向贾斯万特·辛格的军队进逼，后者离他们只有一天的路程。那天晚上，奥朗则布在达尔马特

（Dharmat）村歇息，这个村子位于昌巴尔河西岸甘布拉（Gambhira）地区的一个富裕之地，他决定第二天与敌人作战。[①]

① 阿克巴布尔在北纬 22.9°、东经 75.32°，在讷尔默达河沿岸，位于曼德萨（Mandlesar）以西 13 英里处。而曼杜山堡在阿克巴布尔以北 14 英里处。迪帕普尔在北纬 22.50°、东经 75.36°。达尔马特在北纬 23°、东经 75.43°，位于迪帕普尔以北 12 英里处、法特哈巴德火车站（Fatehabad Railway Station）西南 2 英里处、邬阇衍那（Ujjain）西南 12 英里处。*A. N.*，53-56，Aqil Khan，26，Isar-das，17.

索恩
THORN BIRD
忘掉地平线

此中文版根据

History of Aurangzib（Sarkar&Sons press, Calcutta, 1912）版本译出

Jadunath Sarkar

II

HISTORY
OF
AURANGZIB

皇位之争

〔印〕贾杜纳斯·萨卡尔 / 著
孙力舟 李珂 / 译

奥朗则布和他的时代

社会科学文献出版社
SOCIAL SCIENCES ACADEMIC PRESS (CHINA)

图书策划人
视觉设计师
THORN BIRD
联合创立

前　言 / 001

上　册

第一章　童年与教育，1618~1634 / 003
第二章　邦德拉战争，1635 / 018
第三章　第一次出任德干副王，1636~1644 / 036
第四章　婚姻与家庭　古吉拉特副王 / 064
第五章　中亚的战争，1647 / 094
第六章　担任木尔坦和信德总督，1648~1652 / 128
第七章　第一次围攻坎大哈，1649 / 141
第八章　第二次围攻坎大哈，1652 / 168
第九章　第二次出任德干总督，1653~1658 / 189
第十章　入侵高康达王国，1656 / 234
第十一章　攻占比贾普尔王国 / 281
第十二章　沙贾汗病重 / 326
第十三章　穆拉德自行称帝 / 356
第十四章　奥朗则布从德干起兵，1658 / 380

下　册

第十五章　达尔马特之战，
1658 年 4 月 15 日 / *421*
第十六章　萨穆加尔之战，
1658 年 5 月 29 日 / *453*
第十七章　占领阿格拉城堡，俘虏穆拉德·巴赫什，1658 年 6 月 / *486*
第十八章　在旁遮普和信德追捕达拉·舒科，
1658 年 6 月至 11 月 / *525*
第十九章　舒贾争夺王位——哈吉瓦之战，
1659 年 1 月 5 日 / *556*
第二十章　德奥拉伊战役（阿杰梅尔战役），
1659 年 3 月 / *592*
第二十一章　达拉·舒科的结局 / *621*
第二十二章　苏莱曼·舒科的结局 / *655*
第二十三章　追击舒贾及比哈尔的战争 / *673*
第二十四章　舒贾的结局 / *712*
第二十五章　奥朗则布的登基大典 / *732*

参考书目 / *745*
译名对照表 / *776*

第十五章　达尔马特之战，1658年4月15日

贾斯万特离开乌贾因，向穆拉德发起进攻

1658年1月末，贾斯万特率领大军赶到乌贾因，他对奥朗则布的行动及目标一无所知。奥朗则布对主要道路和讷尔默达河的渡口严加封锁，使贾斯万特无法从德干得到任何新消息。然而，拉杰普特部队的将军得知穆拉德正从古吉拉特赶来，便从乌贾因出发，夺取了卡奇拉德附近的阵地，以阻拦敌人的道路，并向穆拉德军营派出间谍以刺探更多情报。穆拉德当时在36英里之外，但当了解到贾斯万特的兵力远比自己强大之后，他明智地避开了战争，从卡奇拉德绕远路，到达该地区南端，以靠近讷尔默达河和奥朗则布的行军路线。

贾斯万特听到了奥朗则布前进的消息

贾斯万特得知了这个行军消息后，却并没有将之当回事。就在这时，他从曼杜要塞（Mandu Fort）收到一封信，信上说奥朗则布已经跨过了讷尔默达河。随着奥朗则布军队的逼近，达拉的一支部队从达尔（Dhar）要塞逃了出来，加入了贾斯万特的队伍，而他们也证实了这则情报。贾斯万特作为堂堂的马哈拉贾（Maharajah）①，却对此无能为力；奥朗则布行军计划的保密工作做得十分完善，他早在3月20日就从布尔汉普尔出发，而贾斯万特并没有打探到这一情报；同样，贾斯万特也不知道奥朗则布跨过讷尔默达河的消息。贾斯万特得知的关于奥朗则布的第一份情报是奥朗则布已经到达马尔瓦，并快速向乌贾因推进。同时，穆拉德也快速进军，两兄弟极有可能会合。

---

① 马哈拉贾，又称“摩诃罗阇”，是印度贵族头衔，高于“拉贾”，统治范围更大，享有高度自治权，通常被翻译为“大君”，此处指拉杰普特首领贾斯万特。——译者注

在极其混乱的局势中，贾斯万特返回了乌贾因。此时有一位姓卡维·拉杰（Kavi Raj）的婆罗门特使将奥朗则布的信件递交给贾斯万特，并劝他放弃抵抗，返回焦特浦尔，因为奥朗则布皇子只是想去阿格拉谒见父王，别无他意。[①]贾斯万特拒绝了这个提议，说："我必须执行皇帝的命令，绝对不能不光彩地撤退。"

贾斯万特在达尔马特驻足，抵抗奥朗则布

贾斯万特从乌贾因出发，往西南方向前进了14英里，在达尔马特对面安营扎寨，以阻挡从南面袭来的敌人。接着他又收到了另外一份令人吃惊的情报：穆拉德已经与奥朗则布会合（4月14日），这两队人马现在距离贾斯万特也就一天的路程。这是贾斯万特之前想都没有想过的突发情况。他一直采取静观其变的策略，因而未能阻止两队人马会师。面对两队人马的联合攻势，他该何去何从？考虑到可能发生的结果，他不禁退缩了。

① *A.N.*, 56-57.Kambu, 11a.Aqil Khan, 22.

贾斯万特试图动用外交手段，但是无果

次日清晨，奥朗则布的大军即将与贾斯万特的兵马相遇，贾斯万特在“心如死灰”的状态下要求谈判。他派遣使者到奥朗则布那里，请求皇子的原谅，说：“在殿下面前，鄙人不敢放肆。鄙人甘愿前来服侍殿下。如殿下大发慈悲，不再向我动武，鄙人将唯凭陛下发落。”但奥朗则布知道自己的优势在于不给敌人喘息的机会，他的回复如下：“我曾经说过，拖延已不合时宜了。你们若是言必有信，就应当留下大军，单独谒见纳贾巴特汗，他会带你见我的儿子穆罕默德·苏尔坦，也会带你见我，而我将饶你不死。”[①] 身为拉瑟尔人的领袖，贾斯万特绝对不允许自己在进行最后一搏之前就屈辱地投降。他准备一战，但是一个恐惧犹疑、举棋不定，试图以谈判来暂缓一时的将军，是不可能在武装冲突中取胜的。信心能铸就一半的胜利，而他已经丧失信心了。

---

① *A.N.*，58，64-65.Aqil Khan，27-28.Isar-das，19.Masum，46b-47b.

贾斯万特最终决定战斗

贾斯万特来到马尔瓦，希望单凭帝国威望就能使叛乱的皇子们打道回府，而他自己需要做的就是单纯地展示武力。但当他意识到对手求胜心切并做好死拼到底的准备后，一切都为时晚矣。他率领部队杀向对方，但是又像犯罪一样心虚，不敢放开手脚大开杀戒；在奥朗则布面前，他的气势一落千丈。正所谓两虎相争，必有一败。

贾斯万特的艰难处境之一：接到的指令使其束手束脚

沙贾汗给贾斯万特下了命令：以尽可能少的伤亡代价，将两名叛乱皇子赶回原来所属的行省，而向这两人开战是最后万不得已的举措。[①] 在任何时候，一个臣子对两名皇室宗亲磨刀霍霍，一名仆人为了遥远的主人而向两名不承认更高权威存在的领主开战，必定处在十

---

① Kambu, 11a.Masum, 46b.*Storia do Mogor*, i.258. Bernier, 37, 38.

分不利的情境之中。由此可知，贾斯万特从沙贾汗那里领受的命令，让本来就不利于自己的情况更加恶化。一方面，奥朗则布意志坚定、目标明确，并且动用全部资源，一心一意地奔着目标而去；另一方面，贾斯万特在他从阿格拉领受的指令和马尔瓦的实际军情之间摇摆不定，完全被敌人的行动所摆布。处在这种情形下的将军，不可能把握优势、发动进攻并打败敌人，也不可能为了目标而以钢铁意志奋战到底。

贾斯万特的艰难处境之二：军队内部的不和谐因素

贾斯万特的军队是由互不团结的派系组成的乌合之众。拉杰普特各部落因尊严和位次所导致的世仇和纠纷而四分五裂。与贾伊·辛格不同的是，贾斯万特并非一位能妥善管理士兵的指挥官，他无法将所有人凝聚在同一位领袖的领导之下。另外，他对印度教徒和穆斯林都抱有一种极其冷淡的态度。后来，事实证明他不可能把不同信仰的人拧成一股绳，为同一个目标而勠力同心。因此在参加第一次坎大哈战役的莫卧儿先锋部队中，所有的拉杰普特人都为比萨尔达斯（Rajah Bithaldas）王公效力，所有的穆斯林都为巴哈杜尔汗奋战，[①] 两支力量都只听命于总指挥。在比贾普尔战役中，所有从印度派来的拉杰普特增援部队都由查特拉·萨尔·哈达指挥，所有的穆斯林增援部队都由马哈巴特汗指挥。指挥官唯有对所有将军的首领有着说一不二的至高权威，才可以将信仰不同的两支军队团结在一起。奥朗则布就是拥有这样与生俱来的品质的领袖。但贾斯万特的称号是“曼萨卜达尔”，在军衔上仅仅比卡西姆汗高两个等级，在行政地位上则跟卡西姆汗保持平等，这两个人都是行省总督。因此他们不可能在帝国军队中进行统一指挥。事实上，卡西姆汗的军令需要与贾斯万特配合，而不是与自己的属下配合。

贾斯万特的艰难处境之三：军队内部的穆斯林军官耍诡计

因为信仰不同，所以指挥系统不同，这使

① Waris, 27b.

军队的指挥变得异常困难。更要命的是，军队内部的几名穆斯林军官很可能与奥朗则布暗通款曲。随后爆发的战争证实了这一猜测。尽管帝国军队在冲突中损失了24名拉杰普特军官，但只有一名穆斯林将军战殁。根据奥朗则布方面的官方记载，“卡西姆汗和这场战役中的帝国军队并没有沦为命运之矢的目标，他们都逃跑了”。贾斯万特部队的穆斯林在此选择明哲保身，下一件事更能说明这一点。这场战役发生的次日，帝国军队的4名穆斯林军官向奥朗则布倒戈，并得到他的犒赏。[①]但在24小时之前，这些人是不可能效忠于奥朗则布的。

贾斯万特作为将领的才能

总而言之，贾斯万特作为将军，远非“久经沙场”的奥朗则布的对手。同时期的历史学家指责他无能、缺乏经验、计划不周。他没有选择好自己的阵地，严重限制了军队的活动自

① *A.N.*，72，78.*Storia do Mogor*，i.258.Bernier，37，38.

由，导致手下的骑兵不能自由行动，无法抓住时机发动冲锋。贾斯万特未能在军队最需要帮助的时候及时伸出援手，一开战就丧失了对全军的统一指挥权，看起来似乎仅仅是一名分队的领导，而非全军的统帅。

贾斯万特拒绝了夜袭敌人炮兵部队的提议

贾斯万特犯了致命的错误——轻视炮兵。据说[①]，在战争前一夜，他的副官阿斯卡然·基尔万特（Askaran Kirtiwant）曾经劝他："两名皇子已经在我们面前部署好炮兵部队了，骁勇的拉杰普特人既不恋家，也不吝惜生命，因此一旦前进，决不后退半步。安排在别处的炮兵将会把他们赶尽杀绝，如果大人下令，我将率领 4000 人在午夜袭击敌人的炮兵部队，杀掉炮手，俘获大炮。这样敌人在遭遇战里就没有足够的力量击败我们了。"但是贾斯万特回复道："动用诡计、发动夜袭不符合拉杰普特人的刚毅作风。次日清晨在神的恩惠下，我的计划将会把

① Isar-das, 20a.

他们的炮兵阻挡在一旁，让攻击他们的拉杰普特人取得胜利。（我方）将没有一人受到大炮的伤害。”

贾斯万特的作战方案

毫无疑问，贾斯万特的作战方案是绕开炮兵部队近距离作战，并不理会炮兵部队开头几分钟的猛烈炮火。但是这个战术要想奏效，首先战场必须是广阔的平原，其次敌方炮兵部队在点火开炮时的动作必须出奇的慢。但是一开战，拉杰普特人就因为侧面都是沟堑和战壕而被困在狭小的空间内，在他们能够摆出阵型发动冲锋之前，不得不面对致命的炮火。同时，拉杰普特人越过炮兵部队与奥朗则布的部队交锋后，奥朗则布麾下的法国和英国炮手迅速调转炮头，在新的位置上攻击拉杰普特人。这确实是一场刀剑与炮弹的较量，炮兵部队最终战胜了骑兵部队。

贾斯万特选择了错误的阵地

贾斯万特选取的阵地，空间狭窄，路面不

平。[①] 一位历史学家断言，贾斯万特故意放水把他前方的地面变成200码长的泥滩，是为了阻挡敌人的冲锋。他的周围到处都是昨天挖好的战壕，这是他应对夜袭的日常预警措施。简言之，帝国军队似乎站在一座岛上预备打仗。

① 卡姆布说："这两名无能的将军，将狭窄的沼泽地和不平坦的路面作为自己的阵地。次日他们率领自己的部队时，一大波部队被困在狭窄的关隘里，一个人紧挨着另外一个人，有些人站在两侧，毫无章法和秩序……由于战场狭窄，加之（敌军）从两侧压境，帝国军队发现没有空间可以移动。"（11b）阿奎勒汗支持这个观点，还补充道："贾斯万特将自己的部队排列在讷尔默达河畔不平整的路面上！他放出水后，把200码的地面弄得泥泞不堪。"（28，30）穆拉德本人的记录如下："贾斯万特安营扎寨的地面四处都是充满水的壕沟，这些水（漫进）沼泽，使周围的战壕到处都是水。"（*Faiyaz*, 469）伯尼尔对战场的描述很不准确；波斯语史料从来没有说河上有任何"争议通道"，因为战场距离河岸似乎有一英里远。我参观了战场遗址，发现"河床里没有一块石头"；河岸也没有"高得出奇"，这点与伯尼尔（38，39）的记载相悖。战场的真实地址位于法特哈巴德西边，靠近拉坦·辛格纪念碑，并非达尔马特的东边（*A.N.* 中将这个村子叫作达尔马特－普尔，但是在 *Indian Atlas*, Sheet 36 N.E.，以及当地村民的习惯中，这个地方叫达尔马特）。我们从 *A.N.* 中读到这样的信息，在距离达尔马特－普尔一考斯远的地方，贾斯万特挡住了皇子的路……贾斯万特正对着达尔马特－普尔安营扎寨，距离奥朗则布的大军有一考斯远……奥朗则布的营帐安扎在焦纳拉尔纳（Churnarayanah）的沟渠边。没有沼泽地正对着达尔马特，但是靠近拉坦·辛格纪念碑附近的地方确实有沟渠。我根据波斯语史料的记载得出结论：战场并不是河岸，而是平原。

对于驾着烈马的骑手而言，遭遇战中没有哪种情况能比这种地形布置更让人闹心了。

论及参战兵力，我们知道奥朗则布身边有30000人，这个数目肯定算上了穆拉德的增援部队，增援部队可能少于10000人。至于帝国军队的人数，不同的人有着不同的估计。奥朗则布指出："有30000匹战马和很多步兵。"伊萨－达斯认为有50000人；穆拉德估计的数目更多，认为敌人有50000人至60000人。阿奎勒汗估计有30000人。因此我们得出结论，两军旗鼓相当，双方均超过35000人。①

奥朗则布军队的师团分制

奥朗则布军队的师团布置如下：先锋部队据说由8000名穿着铁甲的老兵组成，他们受穆罕默德·苏尔坦王子和纳贾巴特汗的领导；祖尔菲卡尔汗和一些大炮列席前位，炮兵主力部队由穆尔希德·库利汗率领；右翼部队由穆拉德指挥，左翼部队由穆塔法特汗指挥；他年

① *Adab*, 164a.Isar-das, 19a,（但是他指出穆拉德的军队有70000人）*Faiyaz*, 469; Aqil Khan, 28。

幼的继承人穆罕默德·阿扎姆（Muhammad Azam）被作为荣誉指挥官；先锋预备部队由穆尔塔扎汗（Murtaza Khan）和奥朗则布自己的卫队领导，部队中坚力量由奥朗则布亲自率领，谢赫·米尔和萨夫·希坎汗（Saf Shikan Khan）分别带领右翼部队和左翼部队；另外的一些炮兵部队殿后，如往常一样，一批散兵部队被安排在前面，这支部队由侦察员和骚扰部队的仆从兵组成。

贾斯万特部队的构成

贾斯万特的先锋部队由10000名精壮士兵组成。该部队分为两支纵队，一支纵队由卡西姆汗领导，另一支纵队有数千名拉杰普特士兵，由穆昆德·辛格·哈达（Mukund Singh Hada）和6名印度长官领导。

在贾斯万特的两翼部队中，右翼部队由拉伊·辛格·西琐迪阿王公（Rai Singh Sisodia）率领他的族人，左翼部队是由伊夫蒂哈尔汗（Iftikhar Khan）率领为帝国军队效力的穆斯林部队。贾斯万特本人亲自率领的中央部队，由

2000名对他忠心耿耿的族人组成，此外还有其他拉杰普特人和帝国军队为他殿后。先锋预备部队也由拉杰普特人组成，指挥官为一名高尔人和一名拉瑟尔人，散兵部队是一批精于弓箭的中亚战士。靠近战场的营帐和辎重，由马鲁吉（Maluji）、帕尔苏吉（Parsuji）（两名马拉塔辅助人员）和提毗·辛格王公负责守卫。①

战役开始

两军相遇时，距离日出已经两个多小时了。如往常一样，战争一开始就是远程发射炮弹、火箭、枪弹。随着奥朗则布的军队保持着整齐的队形缓慢挺进，弹药发射的距离逐渐缩小。突然，定音鼓响了起来，鼓声齐鸣，双方近距离发

① *A.N.*,61-66.Aqil Khan, 28-29. Isar-das, 20b.Masum（48a）里关于这段历史的叙述不可信。对于本次战役，可以信赖的主要权威史料为*A.N.*，66-73, Aqil Khan, 29-31和Isar-das, 20b-21b（为大家了解贾斯万特的事迹提供了无比珍贵的史料），其次是Kambu，11b和Masum，48b-51a（此人的记载向来不准确），*Faiyaz*, 469-470，还有*Adab,*164a, 164b, 206b，123a, 133b中记载的材料非常贫乏。伯尼尔的记载完全不可靠。Tod（ii.875）仅仅记载了拉杰普特诗人荒诞不羁的虚构内容。Khafi Khan（ii.14-18）不是权威的原始史料，但是被阿奎勒汗公开引用过。

生了冲突。拉杰普特人密密麻麻地分布在狭窄的空间内，被奥朗则布军队的前锋和侧翼发射的枪弹、箭矢伤得不轻，而他们却无法自由发动有效的反击。他们的伤亡人数每一分钟都在攀升。拉杰普特人不惧怕死亡，但此处的死亡是指战争冲突中的死亡。如果一个拉杰普特人要献出生命，那也是在杀掉几个敌人后再英勇捐躯，而不是漫无目的地站在纵队中被敌人屠杀。怀有这样的想法，拉杰普特先锋部队的统帅穆昆德·辛格·哈达、拉坦·辛格·拉瑟尔、达亚尔·辛格·加拉（Dayal Singh Jhala）、阿琼·辛格·高尔（Arjun Singh Gaur）、苏扬·辛格·西琐迪阿（Sujan Singh Sisoda）和其他统帅以及精心挑选的族人一往无前，高喊着口号："拉姆！拉姆！"（"Ram！Ram！"）"像猛虎一样，将一切抛诸脑后。"拉杰普特大军首先向奥朗则布的炮兵部队发动潮水般的进攻。大炮和火枪近距离地朝他们开火，削弱了他们的军队力量，但他们猛烈进攻，压倒了一切反抗。炮兵部队在主帅穆尔希德·库利汗的率领下，进行了一番英勇抵抗后全线溃败，穆尔希德·库利汗战死沙场；但是大炮并没有损坏。

炮手在潮水般的进攻发动之前就逃了出去，在进攻潮退去后又回到原位。尽管打败了炮兵部队，但袭击者倒在了奥朗则布先锋部队的脚下。接着，双方展开了一段时间的激烈肉搏战。拉杰普特人在人数上胜过对方，先锋部队的指挥官佐勒菲卡尔汗在被敌人步步紧逼时，依然怀有印度英雄在痛苦困境中的操守。他爬下大象，坚定地站在屠杀乱阵的中央，带着绝望的勇气奋力战斗，毫不吝惜自己的生命，也不计较身后有多少人在支持他。但是这种英勇的牺牲行为并不能阻挡拉杰普特人的进攻：两处重伤击倒了他；拉杰普特人洋溢在胜利的喜悦中，并迅速攻入先锋部队的核心地带。此时是这天中最重要的时刻，如果不能察觉出拉杰普特人的冲锋动向，那么奥朗则布就要失败了；袭击者既行动迅猛，又乘胜追击，即将击溃奥朗则布的防线，而战场上的恐慌情绪也将会散布到奥朗则布军队的各大阵营中。

奥朗则布先锋部队的顽强抵抗

但是先锋部队是由奥朗则布最精锐的士兵组成的，有“8000 名披坚执锐的武士”，很多人都是世代为军的阿富汗武士，他们的将军都是值得信赖的忠臣。穆罕默德·苏尔坦、纳贾巴特汗和先锋部队的其他指挥官骑坐在大象上，像山一样坚挺，而拉杰普特人冲锋的大潮像旋涡一样愤怒地围绕着他们。随后，这一天中最艰难和最具决定性的战斗开始了。彼此敌对的骑兵发动冲锋，短兵相接。“地面因为鲜血的浸染而如郁金香花圃般猩红。”

拉杰普特人的劣势

拉杰普特人分为互相敌对的不同派系，因而不能朝着同一个方向发动冲锋；他们被分成6~7队，每队在自己首领的带领下选择进攻点发动进攻。因此，当他们冲向奥朗则布的军队后，很快就被各个击破。每个部落都只为自己杀敌、包围自己的敌人，而不是万众一心形成一个楔子，插入先锋部队，让他们放弃抵抗。

贾斯万特的中坚部队和先锋预备部队中只有一小部分人驰援得胜的战友。他选择的位置非常糟糕，以致帝国军队的很多士兵站在不平坦的地面上，而无法加入战斗行列。其他人则因为被困在狭窄地带，而不能发动冲锋。一半的帝国先锋部队，亦即卡西姆汗领导的莫卧儿帝国士兵，面对正在与奥朗则布先锋部队殊死搏斗的拉杰普特同胞时，没有伸出援手；贾斯万特的先锋部队也未能发动冲锋。被进攻大潮冲散的奥朗则布的部队，在进攻潮过后重新集结，切断了拉杰普特人的退路。贾斯万特本人也并非冷静睿智的指挥官，不能总揽战场全局，未能向遭到严重攻击的部队施以援手。而局势的发展使再向先锋部队派出援军变得不可能，甚至贾斯万特本人领导的部队也自身难保。

奥朗则布加强先锋部队力量

警觉的奥朗则布已经察觉到了情况，他派出预备人员前来增援先锋部队。奥朗则布本人则亲自率领中央部队在后方督阵，形成一堵支援之墙。首先，在拉杰普特人与奥朗则布的先锋部队交手的时候，中央部队右翼的谢赫·米尔和左翼的萨夫·希坎汗从两侧袭击拉杰普特部队。敌人被全方位包围，拉杰普特人的阵列愈发单薄。由于本军没有增援部队，拉杰普特人逐渐气馁受挫。拉杰普特人英勇的领袖穆昆德·辛格·哈达，在眼部中箭后，倒地身亡。参战的6名拉杰普特首领，全部阵亡。令人绝望的是，现在敌方在人数上远远占据优势，己方的前方、右翼、左翼均被攻击，后方也被人截击，拉杰普特人像往常一样奋勇征战过后，尽遭屠戮。“死者堆积如山，匕首用着用着就因为杀人而变钝了。大量普通的拉杰普特士兵阵亡。”第一轮进攻由此停息了。

奥朗则布炮兵部队造成的恐慌

与此同时，战斗变得常态化。拉杰普特人从穆昆德·辛格的挫败中缓过神来，又派来一支骑兵队伍从另外一个方向发动攻击。奥朗则布的炮手和大炮驻扎在高处，集中火力对准贾斯万特本人率领的中央部队。帝国军队被堵在几乎无法通行的壕沟和沼泽地里，而无法自由移动。“就像战火中的飞蛾一样牺牲着自己的生命。”看到敌军的先锋部队惨遭屠戮，奥朗则布的军队士气大振，马哈拉贾的部队则开始军心涣散，来自中央部队右翼的雷·辛格·西琐迪阿，来自先锋部队的苏扬·辛格（Sujan Singh）和阿马尔·辛格·昌德拉瓦特（Amar Singh Chandrawat）将族人遗弃在战场上，自己逃命去了。

穆拉德袭击帝国军队左翼

但是，在马尔瓦尔（Marwar）领导的帝国军队核心力量中，有2000名拉瑟尔人，他们愿意跟着酋长同生共死，除此之外还有很多拉杰普特和莫卧儿辅助人员。这使形势变得严峻起来，但是这些军队并没有产生实际影响。因为与此同时，穆拉德·巴赫什和他的部队已经在靠近战场的贾斯万特的军营现身了，这使其中一个将领提毗·辛格投降，而其他人都逃走了。接着，大军冲入战场，穆拉德出现在帝国军队的左翼。该部队的指挥官伊夫蒂哈尔汗经历了一天的战斗后已经筋疲力尽，现在被人数上明显更占优势的新来的部队进攻，只能英勇奋战，直到死去。伊夫蒂哈尔汗的很多同僚怀有二心，次日便投降了奥朗则布。帝国部队左翼军团已不复存在。

贾斯万特被同僚抛弃

提毗·辛格的逃脱暴露了贾斯万特的右翼，伊夫蒂哈尔汗的溃败暴露了其左翼。同时他的先锋部队几乎全军覆没：部分人因为穆昆德发动的英勇冲击而溃散，剩下的昌德拉瓦特拉杰普特人和邦德拉人也已经逃跑了，卡西姆汗率领的穆斯林军队对打仗的态度很冷淡，一看到奥朗则布要发挥主场优势，就逃之夭夭了。在此情况下，只有一支部队在一名拉杰普特将军的指挥下留在原地，他必定向敌军最密集的部分发动冲锋，而最终死在尸体堆中。贾斯万特很想这样做，他英勇奋战了4个小时，坚守自己的阵地，将中军部队保留了很长一段时间。中军部队也是全军驻守关键之所在。

即将在战场中央被包围

尽管身上有两处伤，贾斯万特的言行仍然激励着拉杰普特人。但现在奥朗则布从前方攻来，穆拉德从左边攻来，萨夫·希坎汗从右边攻来，就像一片滔天洪水向他汹涌袭来，包围了他剩余的族人。这样的战斗只有一种结果，取胜无望，但是要舍身成仁——无愧于拉杰普特人心之所向——这是他力所能及的。他希望策马直入敌阵，献出生命。[①] 但是他的将军阿斯卡然、马赫什·达斯·高尔（Mahesh das Gaur）、格瓦丹（Govardhan）和其他部下抓住了缰绳，将他的马拉出了战场。

贾斯万特带伤逃到焦特浦尔

莫卧儿王公可能会割开对方的喉咙，但是为何拉瑟尔的首领和马尔瓦尔要在内部纠纷中

① Isar-das（21b）："贾斯万特希望纵马参战，死于敌人刀下，但是马赫什·达斯、阿斯卡然和其他大臣（pradhans）抓住了缰绳，把他带了回来。"Masum（50b）："马哈拉贾身上负伤，从马背跌落下来。麾下忠心耿耿的拉杰普特士兵希望把他带到安全的地方。他拒绝了，说……他们不听他的话，但是治好了伤者的伤口。"Aqil Khan（31）："尽管拉贾身上受了两处伤，仍然坚定地站立着，鼓励拉杰普特士兵尽可能往远方进发。"伯尼尔著作的第39页中说："卡西姆汗偷偷摸摸地逃离了战场，留下了贾斯万特独自面对最迫在眉睫的危险。这位顽强的拉贾在四面八方受到了大军的围困，因为拉杰普特人忠心耿耿，所以他们中大部分人都倒在了拉贾脚下。"Mannuic（i.259）："拉贾在看到自己身边只剩下一小批战士之前，从来没有绝望地停止战斗。"

放弃自己的生命？身边只有几名拉瑟尔人，且大多数受伤严重——这是贾斯万特的精锐部队仅有的残存部分了，挫败的将军只好取道焦特浦尔。

这场战役已经败了，拉瑟尔人的逃跑使最后一支表面上抵抗的力量土崩瓦解。曾经坚守战场的帝国军队中剩下的几个分队现在正进行总撤退。拉杰普特人回到了家乡，穆斯林则回到了阿格拉。

胜利之后

士兵们穿着盔甲，在炎热的 4 月已经鏖战 8 个多小时，疲惫不堪。无论是享受胜利喜悦的叛军，还是战败者，都已经筋疲力尽了。奥朗则布“仁慈地下令禁止追击屠戮，说保全人命是造物主的天课（zakat）”。但是在奥朗则布的信条里，造物主明显指的是穆斯林的安拉。他对军官下达的命令就是保全每一名在战场上被发现的穆斯林士兵的性命，尊重敌营穆斯林的财产和名誉。印度教徒就不能幸免于难了，尽管有数千名印度教士兵在他的旗帜下忠诚地效力，每四名受伤的高级官员中就有一名是印度教徒。[①]

掠夺

奥朗则布没有下令追赶残余敌军有另外一种可能。帝国军队遗弃的阵营靠近战场，里面的“战利品丰富得超出想象”，胜利者全部蜂拥此处。两兄弟互相猜疑对方，认为各自都不能逾越当得之份额——奥朗则布应该拿战利品总额的2/3，穆拉德应该拿战利品总额的1/3。贾斯万特和卡西姆汗的全部军营连同他们的大炮、军帐、大象，以及大量的财物，都沦为胜利者的战利品。此时的士兵正在劫掠溃散军队散落的辎重装备和包裹行囊。骆驼和骡子排成长长的队伍，载着各种物品，被普通士兵和随军流动的平民洗劫一空。[②]

---

① *A.N.*,73；Masum, 51a 是这样说的。但是 Kamub(11b) 和 Aqil Khan (32) 说是为了赶着走 3 或 4 考斯的路而出现了伤亡。但是我们接受奥朗则布官方本纪的说法。

② 论及战利品，参见 *A.N.*，71-72；Khafi Khan, ii.18；Kambu, 11b。

奥朗则布声威大振

但是，奥朗则布收获的道德声望远远大于物质所得。在他的追随者和帝国全境的人们看来，达尔马特之战预示了他未来的成功。奥朗则布一下子将达拉从至高无上的境地拉到与自己等同甚至更低的地位。现在，这位德干战争的英雄和达尔马特的胜利者，不仅收获颇丰，而且军威大振，在整个印度无人能敌。摇摆者不再观望了，他们现在立刻明白了四兄弟当中谁才是上天选定的胜利者。甚至在战场上，也有人高声欢呼："自大地深处，无论长幼，都传来喝彩声！"正如他的仆人用我们能够原谅的夸张笔触所记载的那样。

贾斯万特和卡西姆汗撤退没多久，奥朗则布的乐团就奏起了凯歌：锣鼓齐鸣，发出欢快的声音，号角大奏，向远近各处宣示战斗的胜利。奥朗则布跪在放着武器的战场上，向赐予战争胜利的造物主称谢。接着，他走进敌军废弃的营地，在那里搭建了自己的营帐，全体穆斯林军官和其他信徒进行晚间祷告（evening prayer）。穆拉德也赶来了，他带着提毗·辛格向奥朗则布表示庆贺。在这场胜仗中，穆拉德鼎力合作，以“治疗士兵伤病的医疗费”的名义分得15000金币，除此之外还有4头大象和其他礼物。①

奥朗则布在法特哈巴德县的纪念建筑

后来，在战场上建立了一个村庄，村庄里有花园、清真寺和行商旅店（serai）②。这个村庄通常被叫作法特哈巴德，意思是“胜利的居所”。③现在，因为铁路联络站的缘故，它已经变成了一座小镇。高台上树立着一座清真寺，清真寺的前部因为数个世纪的风雨摧残和拙劣的石工质量，已经向中间塌陷。三座圆顶中的一座已经塌陷，面向主殿的红岩多处倾颓，暴露出内部构建不佳的混凝土结构。但是清真寺的界墙围有一大片土地，站在顶端可以俯瞰整

① *A.N.*, 74-75.Khafi Khan, ii.19.

② serai，乌尔都语发音为“塞莱”，指丝绸之路沿线的旅店，为过往商人提供住宿和喂养牲畜。——译者注

③ Isar-das, 22a.*Dilkasha*, 23. 我对宫殿现状的描述基于1909年10月的一次考察。

座村庄，视角绝佳，尤其是可以饱览西边和北边的景色。250年之后，除了方庭北墙走廊的几处残迹，大旅社已经完全消失了。清真寺北面的丛林大概指的就是当年的花园。

拉杰普特人的损失

帝国军队损失惨重，其中主要伤亡的是拉杰普特人。根据统计，至少有6000名敌军阵亡，至少有500名拉杰普特人在穆昆德·辛格的冲锋下丧命，有2000名拉瑟尔人被屠杀。[①]每个拉贾斯坦的部落都有为他们的主公效力而舍身成仁的英雄。正如吟游诗人的编年史所记载的："格洛人（Gahlots）、哈达人（Hadas）、高尔人（Gaurs），以及其他的每一个拉吉瓦拉

① *A.N.*，73；*Adab*，164b；Khafi Khan，ii.17.Bernier 认为单贾斯万特的兵力损失就有7400人（39）。卡姆布描述得更惨烈，"在几次攻击过后，大量的拉杰普特人阵亡了"（11b）。《胜览录》第23页记载："双方共计阵亡5000人。"伊萨－达斯估计："24名英勇的拉杰普特酋长，马尔瓦的2000名拉杰普特人，帝国军队的6000名骑兵和士官全部捐躯。"（21b）奥朗则布则损失了一名不可多得的下属——穆尔希德·库利汗，没有哪个军官比他更出类拔萃了。伊萨－达斯说奥朗则布有7000名骑兵战死疆场，这个估计绝对不靠谱。

（Rajwara）部落，单就进攻而言，拉瑟尔部落损失的就有7000人。”“这是拉杰普特人一大光辉事迹，展示了他们对年迈衰弱的、从他那里领取薪水的主人沙贾汗之忠诚——抗拒所有幼主的诱惑——拉杰普特人将自己的忠诚融进了血液；没有哪个部落能比科塔（Kotah）和本迪（Bundi）的英勇的哈达人更为慷慨大方了。整个家族（科塔家族）的6个王室兄弟全部赶赴战场，世界上没有哪个国家的编年史能够举出如此伟大的事例。”[①]除了18名拉杰普特高级士官和一名帝国军官伊夫蒂哈尔汗外，战殁的显赫酋长当中有穆昆德·辛格·哈达、苏扬·辛格·西琐迪阿、拉坦·辛格·拉瑟尔（Ratan Singh Rathor）、阿琼·辛格·高尔、达亚尔达斯·贾拉（Dayaldas Jhala）、莫罕·辛格·哈达（Mohan Singh Hada）。拉坦·辛格的后人在勒德兰（Rutlam）的拉坦·辛格遗体火烧之处竖立了一座宏伟的纪念碑（拉坦·辛格纪念碑）。虽然时间已摧毁了纪念碑，但是1909年此地又树立起一座宏伟

① Tod, ii.875.

的白色大理石建筑，上面的浮雕宏伟而传统，描绘了战役的不同阶段，建筑顶端是一尊白马雕像。这是当地最引人注目的景点。

奥朗则布来到瓜廖尔

胜利之后的第二天，两兄弟来到乌贾因外围，发布胜利捷报，奖励麾下立功的军官。很多在战役中离开帝国军队的反水士兵，现在又重新加入了奥朗则布的阵营，两兄弟封赏头衔和职位，以此欢迎他们的加盟。他们在这里停留了3天，以补充战场上损失的物资，并做出行政安排，办理要事。到了4月20日，大军继续向北挺进，一个月后（5月21日）到达了瓜廖尔。[①]

情报显示达拉控制了多尔普尔地区的渡口

一位在比贾普尔战争中立过功的军官，加入了奥朗则布的阵营，不再为沙贾汗效劳，他被任命为5000人的指挥官，并沿用父亲的头衔汗－伊－道兰。这个头衔是奥朗则布给他写信时郑重承诺过的。现在的情报是达拉带领大军

① *A.N.*, 75-78.

已经来到多尔普尔，占据了昌巴尔河（Chambal River）上所有繁忙的重要渡口。达拉在过路处打满沟堑，炮兵部队则挤满了对岸；到处都是达拉严阵以待的大军。河岸上满是陡峭的岩石，河床满是沟壑，守军很多，在此种情形下渡河会造成大量兵力损失。

通过一处不为人知的渡口穿过昌巴尔河

附近一带的领主投靠奥朗则布后，告诉他一些安全的秘密小路，奥朗则布便沿着这些小路前进。一名柴明达尔告诉奥朗则布，说在多尔普尔以东 40 英里处，有一处鲜为人知的偏远渡口，河水深度刚刚过膝，之前未有任何部队涉足。因为这是一处人迹罕至的渡口，且距离奥朗则布很远，所以达拉疏于防守此地。

机不可失，时不再来。就在奥朗则布到达瓜廖尔的同一天（5 月 21 日），当大军还在休整时，一支精锐分队在 3 名将领的指挥下，带着一些炮兵连夜急行军，于次日清晨赶到渡口，安全赶到了对岸。是日，奥朗则布本人从瓜廖尔出发，率领剩余的大军走过两段长途路程，最终赶到了河口（5月23日）。在行军过程中，“路途艰险，士兵为到达渡口经历了很大的困难，路上有5000人因为口渴而死”，这部分人可能是随军后勤人员。但是奥朗则布不屈不挠的顽强意志战胜了一切困难，不惜一切代价地到达了目的地。[1] 行军推进等同于战斗减员（其伤亡人数相当于一场激战造成的减员），以此为代价，奥朗则布一举直达敌人的驻地，让达拉精心修建的战壕和炮台瞬间失去效用，通往阿格拉的大道现在已为他敞开。如果达拉不想被拦截的话，现在他应该放弃昌巴尔河的防线，赶回首都。匆忙撤退中，达拉不得不放弃布置在河岸的重炮，这导致他在下一场战斗中的炮兵部队实力严重削弱。[2] 通过向右绕行，奥朗则布避开了通往阿格拉的大道，到达了阿格拉东北方向的绝佳位置。从昌巴尔河出发，他往北来到了亚穆纳河，三天之内就同萨穆加尔（Samugarh）附近的敌人开始接触。

① *A.N.*, 79-80, 85; Isar-das, 23; Kambu, 12b; Aqil Khan, 33-34; *Storia do Mogor*, i.269-270; *Dilkasha*, 26.《阿拉姆吉尔大事记》和阿奎勒汗的著作分别将渡口称为巴达利亚（Bhadauriyah）和巴道尔（Bhadaur），认定此地距离多尔普尔40英里（或50英里）。

② *Dilkasha*, 26.

萨穆加尔的情况

亚穆纳河流经阿格拉城堡和泰姬陵，再向东 8 英里有一个渡口，坐落着赖普尔（Raipur）的伊马德普尔（Imadpur）村，里面有几座沙贾汗为了游猎而修建的山庄（在现代地图上，这个地方可能是巴德夏希清真寺①）。村庄以东 1 英里处为萨穆加尔村，村里有贾汉吉尔游猎行宫的遗址。从萨穆加尔东南一直到亚穆纳河拐弯处，有一处宽广的平原，② 此地正适合作为争夺阿格拉归属权的决战之地。

---

① 巴德夏希清真寺（Badshah Mahal），亦称皇家清真寺，是巴基斯坦的一座清真寺。位于旁遮普省拉合尔市内。为莫卧儿帝国皇帝奥朗则布时期兴建，1673 年竣工。

② 伊萨 - 达斯称此地为萨姆布加尔。“在伊马德普尔，要去萨穆加尔必须走 1 英里，在河岸有沙贾汗下令建造的别墅，花费约 80000 卢比。于 1653 年 11 月份落成。”（Waris, 81b）在《印度地图集》里，此地被称为萨莫加（Samogar），距离阿格拉城堡正好有 8 英里。亚穆纳河位于此地正北半英里再往东 4 英里处。战后一日，奥朗则布驻扎在伊马德普尔的游猎行宫。（Aqil Khan, 49）伊萨 - 达斯《阿拉姆吉尔书信集》第 23a 页和阿奎勒汗著作第 42 页记载：“拉杰普拉距离阿格拉有 10 考斯远，该地距离亚穆纳河很近，达拉将这里的地盘作为决战地点。”（*A.N.*，86）

第十六章　萨穆加尔之战，1658年5月29日

自1657年11月起，沙贾汗就一直驻留在阿格拉。他已不复当年之勇，且身体因老毛病而深受其害。随着夏天的到来，阿格拉的天气受到拉吉普塔纳沙漠（Rajputana desert）热浪和沙尘暴的影响而变得越来越热，医生担心这会加剧沙贾汗的病情。因此医生们建议沙贾汗将德里作为避暑地点，因为此地到了夏天便会有从南方吹来的凉爽微风，还有空气新鲜的花园、流动的运河和更为宽敞的宫殿。1658年4月11日，帝国宫廷人员从阿格拉出发，当达尔马特战败的消息传来时（4月25日），他们正在距德里西北方向80英里远的俾路支普尔（Baluchpur）。所有寄托在贾斯万特身上的希望

都破灭了。如果要阻挡反叛皇子的脚步，达拉必须率领一支新部队火速赶往阿格拉，并亲自监督整场行动。沙贾汗尽管不愿意折返阿格拉，但拗不过他最宠爱的儿子的强求，一行人又在5月2日返回了阿格拉。①

达拉组织了一支新军队：他真正的弱点

一支新的帝国军队被匆匆忙忙组建起来。达拉从各个省份召集了贵族和指挥官，以及他能取得联系的扎吉尔采邑的人马，他用阿格拉城堡军需库里的武器装备了众人，非常慷慨地从财库里拿出重金发放给新征招的人马，拉拢士官入伍。政府所属的大炮和大象都受他统制，短时间内有60000名骑手被召集在达拉的旗下。但是这支军队只是看上去威武：这是一支由多个阶层和多个地区的人员在仓促之间组成的杂牌军，既不能良好地配合，也没有被教导如何协调运作。更要命的是，除了宫廷里的骑士之外，很多指挥官还不如德干老兵，既没有经验也缺乏勇气。达拉部队的主力是拉杰普特人和

① *A.N.*, 81-82; Kambu, 12a; Aqil Khan, 32.

赛义德人，然而帝国军队中的其他穆斯林部队（尤其是莫卧儿人）大都想背叛他，或者至少对他的号召无动于衷。[①] 他犯的最致命的错误是调走苏莱曼·舒科并让他率领自己最信任的下属和最能干的副官去攻击舒贾，现在他迫切需要有能力的指挥者，因为手下既无能又不忠，他自己的前途也即将毁于一旦。

沙贾汗想阻止儿子之间的争斗，但是徒劳无功

同时，达拉也受到沙贾汗的牵制。即便到了现在，沙贾汗还劝儿子不要打仗，仍然希望儿子们的争端能够通过外交手段和平解决。听命于皇帝的贵族们不是被奥朗则布收买，就是只关心自己的利益。外来穆斯林群体（大多是波斯人和中亚雇佣兵）充分利用了沙贾汗作为父亲的天然感情，他们向皇帝指出，如果兄弟相争，那就是家门不幸，如果沙贾汗仍然要偏袒其中任何一个人的话，那将会使事态更加恶

① *A.N.*, 82-83; Aqil Khan, 33; Isar-das, 22b; *Storia do Mogor*, i. 265; Kambu, 9b.

劣。他应该让两个儿子谒见父王，然后利用皇帝威严和个人影响，驱逐权力争斗中那些野心勃勃的贵族，然后将被架空力量的皇子送回各自的省份。沙贾汗准许了这个建议，因为这个建议很符合他的感情。但是，达拉对这个意见的提议者回之以嘲笑，认为他们怯弱，有谋反之心，而且自己轻率地吹嘘，尽管众人可能不听从他的指示，但是他可以让奥朗则布的人马像骡子那样被查特拉·萨尔·哈达牵回来。外来的穆斯林都反感这番言论。他们收回对达拉的效忠之心，[①] 外来穆斯林群体立即私下做出决定——投靠奥朗则布。既然达拉声称自己不需要外来穆斯林的援助，那么外来穆斯林就不会帮

① “沙贾汗一直劝说达拉不要参与战争，总是提议和平；……但是他体弱，因此迁就达拉。”（*A.N.*，84-85；Kambu，10a）再者，“沙贾汗给达拉写信（在去萨穆加尔之前），劝达拉议和，放弃作战计划，但是徒劳无功。最终皇帝决定亲自到军营，消除战争，用他自己的努力和影响议和”。（*A.N.*，86-87）Khafi Khan，ii.21; Masum，56b，以及 Aqil Khan，33-34，这些史料也支持这个看法。（*Storia do Mogor*，i.264-267）至于莫卧儿人在帝国军队中的诡计［被阿奎勒汗解释为“既是图兰人的，又是伊朗人的”（both Turanis and Iranis）］，参见 Aqil Khan，34; *Storia do Mogor*，i.267，263。

助达拉；他们会让达拉的那些拉杰普特朋友自己看着办。

达拉与沙贾汗道别，离开阿格拉

1658年5月9日，达拉的先遣部队离开了多尔普尔，去昌巴尔河的渡口进行防卫。余下的部队将在他本人的指挥下于5月18日离开。皇子向父王道别的情形最为悲哀。对年迈的皇帝而言“实际上就是生命离开肉体的那一刻”。他送给达拉镶嵌有珠宝的饰品、罩袍、武器、马匹、大象和一辆马车。在印度人的印象中，最后一件物品是皇子去南部打仗时最幸运的乘坐工具。父亲长久而深情地将儿子紧紧地揽在怀中，流露出父爱之情，“就像抱着自己的生命和灵魂那样”。达拉回之以感谢和鞠躬，并请求离开。沙贾汗情不自禁地将脸朝向麦加，举起手为达拉的胜利祈祷，并背诵起穆斯林指定经文《开端章》(*Fatiha*)，为他的安全和成功祈祷。作为特殊宠信的标志，他命令达拉皇子在公共议事厅（Hall of Public Audience）登上皇帝的马车，敲响皇帝的鼓，带着皇室的威严出发。

沙贾汗的悲伤之情

离开了父皇，达拉乘上了马车，稍后又改乘大象。贵族和官员按照既定的礼节围绕在他左右。从右边到左边是带领着无数骑兵的众多士官，而后方则是一群侍者、仆人、士兵和火箭投掷手（rocket-throwers）。由此，众人开始出发。在他们的身后是荒废的四十柱廊大厅，其中有一位瘦高长者，他面容英俊，发色灰白，倚靠权杖而立，深情地注视着他们远去的背影，直到马队消失在四方庭院的大门处。他漫长光荣的统治岁月究竟以何种情形终结？他自己宠爱的儿子和储君的命运又将何去何从？“他不知道天堂的旨意不顺从他的意思，也不知道最后继承大统的另有其人（不是他希望的人选），他将会丢失自己的皇冠。”父亲和儿子都不会想到，这将是他们在尘世上的最后一次会面。①

① 离别场景在 Kambu，12a 里有生动的描绘，*Storia do Mogor*，i.267 和 Masum，57a 中的描述是简短的。伊萨 - 达斯在《阿拉姆吉尔书信集》第 26 页描绘了离别场景，但是错误地把发生的时间记为萨穆加尔之后的第二天夜里。对于达拉军队的远征，曼努西的描绘最为动人。（*Storia do Mogor*，i.268）

达拉未能在昌巴尔河抵挡住奥朗则布

1658年5月22日，达拉到达多尔普尔。在当地柴明达尔的带领下，他占领了昌巴尔河附近地区所有的渡口。达拉匆忙建造土木工事，在河岸架设大炮，控制了所有道路和过河点。他的目标是延缓奥朗则布的行程，防止战斗提前爆发，这样可以赢得时间，好让苏莱曼·舒科的部队及时赶来。但是他大大低估了对手的军事组织能力和长远计划能力。在几天后，他惊慌地得知奥朗则布已经于5月23日，在距离多尔普尔以东40英里远的巴道尔渡过了昌巴尔河。达拉的殿后部队现在遭到了威胁；他匆忙朝阿格拉赶来，在该城以东80英里处靠近萨穆加尔平原的地方安营扎寨，以期与敌一战。28日，奥朗则布从昌巴尔河河岸出发赶到萨穆加尔。

达拉赶到萨穆加尔

是日，达拉一听到奥朗则布到来的消息，便安排好队伍，并飞快地行军。但是，他在军营前走了一小段距离就停了下来等候敌人的进攻，拒绝再前进一步。事实上，这是他下得最糟糕的一步棋：奥朗则布的军队人数一来少于达拉的军队，二来在缺水而尘土飞扬的平原里，顶着烈日行军十个小时已筋疲力尽，而达拉的军队则精神焕发。达拉的军队在战斗上迟疑了一步，士兵对达拉也丧失了信心。相反，奥朗则布不费一兵一卒就取得了强于愚蠢兄弟的道义优势。即便在一个有着50000名骑兵的首领看来，达尔马特的胜利者也是令人畏惧的敌人。

5月28日，达拉在烈日下徒劳地示威

整个下午，达拉的军队不停地排兵布阵，烈日当头，黄沙在脚，狂风缠身，这些都使士兵和马匹受到了严重损伤。“很多人死于过热、口渴和饮用水缺乏。”而谨慎精明的奥朗则布为了准备明天的战斗，让将士提前休息。达拉的士兵累得脱了层皮，马匹和大象则因为酷热难耐而倒了下去。达拉的一个手下讲述了他的经历：“我们全身穿着盔甲，即便站着，也都像

晒干了一样。双脚动弹不得。在我们看来，原野似乎是一座燃烧的地狱。”日落时分，达拉撤回营地——这一举动预示着他在战场上的失败。达拉统领的士兵灰心丧气，因为在参战双方主要人员看来，达拉在逢及对手之前就已经左支右绌了。①

战斗之前的一夜

奥朗则布率领的士官在营地整夜巡逻，此时他们的主人用一篇长篇演讲打动了将士们的心：“明天就是诸位弟兄彰显英雄行为的日子了。我们从奥兰加巴德千里迢迢地赶到这里。请大家务必团结一心，众志成城，奋力杀敌，亮出刀锋，碾碎敌寇，永载史册，留芳千古。”②

达拉的大军：50000 人之众

最终，影响历史进程的 5 月 29 日到来了。早在印度仲夏之日的黎明到来之前，两军

① *A.N.*, 85-91; Aqil Khan, 42-43; Masum, 57b-60a（论述高温）; *Storia do Mogor*,i. 271-273; Khafi Khan, ii.22。

② Aqil Khan，43.

就各自展开备战活动很长时间了。一队接一队的人马摆好阵势，向预定地点挺进。听到奥朗则布行动的风声，达拉命令他的部队在宽阔的沙地平原上行进，军队从营地到前排共有两英里长，大约有 50000 人。军队骨干由拉杰普特部队和达拉的随从组成，这部分人马都维护达拉的利益。但是，整支军队有将近一半人属于帝国军队，这部分人马并不可靠。大多数士官打仗只是摆摆样子，并不真心出力或冒着危险打仗。他们中的几名长官，尤其是哈利卢拉汗（Khalilullah Khan），有被奥朗则布收买的嫌疑。

达拉军队的阵容

达拉的炮兵部队全都沿着前锋阵线排成一排。在炮兵部队后面密集地站立着数千名步行火枪兵，他们形成了一堵人墙。火枪兵后面是装载着回旋炮的 500 匹骆驼。骆驼后面是带着铁质倒钩的大象，再后面是大批骑兵，这就是印度军队的常规军团配置。

前锋部队是拉杰普特分队——哈达人、拉瑟尔人、西瑙迪阿人和高尔人，他们由酋长查特拉·萨尔率领，他在战场上的表现已被传为佳话，在莫卧儿军队广为流传——此外还有拉杰普特人的友军，一部分是4000名来自阿富汗的强悍的战士，由迪里尔汗（Dilir Khan）领导，另外一部分是由阿斯卡尔汗（Askar Khan）领导的3000名精锐骑兵。这是达拉军队中战斗力最强、最可靠的人马，达拉也希望这支军队能够为他在敌军中开出一条路。但是正如目前我们看到的那样，这部分军队没有专属的炮兵。左翼部队由达拉的二儿子西皮尔·舒科和著名的德干英雄菲鲁兹·江（Firuz Jang）领导，此人被称为“当代的鲁斯塔姆”（Rustam of the Age）[①]。还有一支由巴尔哈地区的赛义德家族（Syeds of Barha）组成的部队，因其英勇尚武在整个印度闻名遐迩——这部分人连同帝国近卫军的执权杖者和骑兵——总数有10000人至15000人。先锋部队和中心部队之间还有先遣预备队，作为机动部队，他们在先锋部队和两翼部队作战取胜时紧紧跟进，在他们处于混乱状

① 鲁斯塔姆是波斯史诗《列王纪》中的传奇英雄。——译者注

态时施以援手。这部分人马由10000名骑兵组成，其中部分是拉杰普特人，部分是达拉的穆斯林随从。他们的指挥官是斋浦尔（Jaipur）的库马尔·拉姆·辛格（Kamur Ram Singh）和赛义德·巴希尔汗（Syed Bahir Khan）。

中央军则由达拉亲自指挥。达拉骑坐在一头高大的大象上，能够俯瞰整个战场，其他大象则承载着他随行的乐团。除了帝国军队以外，他还召集了3000名最强的骑兵和最忠心的跟随者，这部分人马总共12000人。这支部队的两翼分别由他的亲信扎法尔汗（Zafar Khan）和法哈尔汗（Fakhar Khan）指挥。

右翼由哈利卢拉汗指挥，他是老臣也是第一等的贵族，却因为这一天的诡计而招致恶名。部队里有很多中亚雇佣兵和一小部分拉杰普特人。这5个分队组成了全军，既没有主力后备部队，也没有殿后部队，这是因为一小股非作战人员和杂七杂八的人员留在营地，并不参与战斗。

达拉军队不堪一击的原因

对于一名目光不够敏锐的观察者而言，达

拉的军队仅仅貌似威武之师。整支军队在行进过程中演奏着喧嚷的音乐，挥舞着缤纷的旗帜，大象和马匹身着华服，武士们的铠甲擦得锃亮，而且被精心装饰过，战袍五彩斑斓，上面绣着精巧的图案。但是作为战争机器，这支部队有很多致命的弱点。除了达拉本人的无能，以及哈利卢拉汗的奸诈外（还有几点原因）。首先，部队之间互相嫉妒，缺乏合作，甚至在达拉自己的追随者和打着达拉大旗的帝国军队之间出现了有意的敌对情绪，达拉没有时间将两队人马整合成一股齐心协力的力量。拉杰普特人是军队的重要组成部分，因而两者的分歧更大，因为拉杰普特人总是形成单独的势力，以自己的方式战斗，只听从自己长官的号令，而不能不折不扣地执行最高统帅的命令，或者跟穆斯林军队以及外籍军团协调作战。其次，达拉将炮兵部队都部署在一处，从而使其机动性不如奥朗则布的炮兵。达拉麾下的马匹和辎重也出现了问题：很多动物在帝国军队的马厩里被过度喂养，可以用作华丽的游行，但不适于作战，而且在昨天顶着烈日行军的过程中，有一半的动物都死去了。[①]

奥朗则布的军队：一整套严密的“战争机器”

同达拉的军队相反，奥朗则布的军队严厉冷酷，士兵久经沙场，经验丰富，米尔·朱木拉指挥的欧洲炮兵架设着品质精良的野战炮。奥朗则布军队有统一的指挥，军中所有的指挥官都被教导要无条件地遵从命令，总指挥绝对不允许属下有一丝一毫不服从或拖延的现象。

奥朗则布的兵团布置

奥朗则布的前锋部队由10000名骑兵组成，是清一色的穆斯林，由长子穆罕默德·苏尔坦

① 对于达拉军队的组成情况，参见*A.N.*，95-96；Aqil Khan，44; *Storia do Mogor*, i.275，其内在缺陷在*Storia do Mogor*, i.266-267，273，282里有详尽叙述。参战人员很难确切估算：有人说是60000名骑兵（*A.N.*，82）；有人说是70000名骑兵（*Adab*，166b，133b），“7万人或8万人”（Khafi Khan, ii. 24），“大约10万人”（阿奎勒汗在其著作第33页指出，但是在第44页里，他又给出除哈利卢拉汗领导的右翼部队之外的军队总数——45000人，而他将哈利卢拉汗领导的人马估算为15000人）；曼努西给出的人数为120000人（*Storia do Mogor*, i.265，275）。

指挥，他受到经验丰富的纳贾巴特汗（最近刚刚被任命为“贵相”）的辅佐。先锋部队由祖尔菲卡尔汗和萨夫·希坎汗指挥的两支炮兵部队保护。

右翼部队由伊斯拉姆汗指挥。指挥官包括因陀罗的于无拿、查姆帕特·拉奥、巴格万特·辛格·哈达（Bhagwant Singh Hada），除此之外还有诸多穆斯林长官。穆拉德带着自己的人马（大约有10000人）组成了左翼部队。在谢赫·米尔领导下的先遣预备队成员较少，有5000多人，但都是精锐士兵，可以在战场上深入敌阵。部队的中央部分如往常一样，奥朗则布骑在一头大象上监视全军。他的右侧翼部队和左侧翼部队分别由巴哈杜尔汗和汗－伊－道兰（在德干战争中名叫纳西里汗）指挥。大象高大凶猛，身上满是倒钩和铁甲，象鼻上挂着很多尖锐的武器，停在军队中。另外还有大量的骑兵和步兵，他们密密麻麻地排列着，增强了军队的气势。大象背上有着铁质的象轿（hawdas）[①]，看上去就像是一片人山人海中耸立

① 又称howdah，指大象背上的象轿。

的高塔。①

奥朗则布的右翼部队

率领奥朗则布右翼人马的巴哈杜尔汗已经迅速冲向敌军先锋部队和炮兵部队的缝隙，挡住了鲁斯塔姆汗的去路。一场肉搏战在此刻爆发了，刀光剑影，你来我往。但是人数众多的一方压倒了英勇的守卫方，巴哈杜尔汗受伤倒地；他手下的两名副官赛义德·迪拉瓦尔（Syed Dilawwar）和哈迪达德汗也不幸阵亡。伊斯拉姆汗和谢赫·米尔分别从右翼部队和先遣预备部队出发援助。此时，巴哈杜尔汗的部队腹背受敌。这下轮到鲁斯塔姆汗被对手压制了：他的前方、右翼和左翼部队均受到密集的枪火和大量箭矢的袭击，但双方仍然能够打成

① 对于奥朗则布军队的构成情况，参见 *A.N.*，91–94；Aqil Khan, 44; Khafi Khan，ii.23; *Storia do Mogor*, i.274。他的总兵力共计 40000 人，另外还有穆拉德率领的 10000 人（Aqil Khan, 44）。除了驻守营寨的人员，有 60000 人出动（*Storia do Mogor*, i.274），与《阿拉姆吉尔本纪》相比，曼努西给出的数据和位置不可靠，因为他是根据回忆写的本书，距事情发生时已经过了很长时间。

平手。此时，战斗处于白热化状态。

鲁斯塔姆汗之死

“血漫到齐腰高”，一颗子弹打进鲁斯塔姆汗的手臂，他感到大限已至，迅速地将大象坐骑换成一匹快马，“他下定决心，走好最后一程”，带着另外12名亡命的弟兄，冲入敌人兵阵的中央，在乱尸堆中舍身成仁。对一位走南闯北，身经百战，浑身伤痕的老兵而言，这是光荣的人生结局。伊斯拉姆汗斩下了他的首级，当着奥朗则布的面扔到地上，作为胜利的象征。达拉左翼部队的残余兵力在西皮尔·舒科的带领下逃了回去。

达拉的拉杰普特部队在查特拉·萨尔·哈达的带领下从右翼向穆拉德发起冲锋。同时奥朗则布的左翼展开了一场更为恐怖的恶战。哈利卢拉汗与乌兹别克随从向前猛冲，接着被穆拉德军团发射的弓箭射伤。尽管穆拉德的军队发射了密密麻麻的箭，哈利卢拉汗还是不管不顾地前进。在查特拉·萨尔·哈达的带领下，帝国军队中的拉杰普特人穿过祖尔菲卡尔汗的炮兵和穆拉德兵团之间的缝隙，向奥朗则布皇子凶猛地发起进攻。他们打入了楔子，将穆拉德的部队和奥朗则布的部队分离开来。一阵不停歇的箭雨让天色变得昏暗了。

对拉杰普特人而言，战争就像呼吸一样，是生活的一部分。在奔赴战场时，他们盛装打扮，犹如参加婚礼的新郎。在战斗中，他们最喜欢的服饰颜色是黄色——印度狂欢节期间流行的颜色。拉姆·辛格·拉瑟尔王公穿着黄色的罩袍，把一串价值不菲的珍珠系在头巾上，他扑向穆拉德的大象，嘲笑道："凭你也想篡夺太子之位！"他向象夫喧嚷，如果象夫吝惜自己的性命，就该让大象跪下来，并向穆拉德投矛，但是没能投中，而皇子（穆拉德）一箭就把他射死了。其他围绕在穆拉德大象前的拉杰普特人也被射杀，因为他们身着黄色罩袍，所以"地面看上去仿佛一片橘黄色的田地！"

穆拉德受伤，被迫撤军

因为穆拉德皇子坐在高大的大象上，所以拉杰普特骑兵无法接近，但是穆拉德脸上有三处伤口。他的象夫也阵亡了，而插满箭矢的象轿看上去就像是豪猪的背。[1]

皇子用他从未在战场上丢失的勇气和技术护卫自己，但他也被多德汗（Daud Khan）勇敢的族人攻击，因一阵联合猛攻而被迫撤退；他的副官叶海亚汗（Yahya Khan）、萨求法拉斯汗（Sarfaraz Khan）和拉那·吉勒布－达斯（Rana Gharrib-das）都阵亡了，而自己的人马也四散而亡。

拉杰普特人攻击奥朗则布

奥朗则布一听到穆拉德左侧部队遭殃，就紧急驰援，而取得胜利的拉杰普特人则向奥朗则布的中央部队挺进，准备扑向奥朗则布。两军交锋，战况激烈。拉杰普特人和帕坦人/普什图人（Pathan）怀着满腔的恨意搏斗。据说，在当地的编年史上没有第二例战斗可以与这场战斗相比。拉杰普特人冲向奥朗则布本人，但

① 后来，这座象轿作为帖木儿后裔英勇行为的纪念物被长期保管在德里城堡的储藏室内。（Khafi Khan，ii.29-30）而曼努西（*Storia do Mogor*, i.280）对拉姆·辛格·拉瑟尔之死的记载却完全不同。

是皇子的卫兵以同样英勇的行为反击。拉杰普特人因为跟穆拉德军队的战斗，已经被拖得疲惫不堪，而且人数大大削减，相反奥朗则布的卫兵却精神焕发，远比拉杰普特人在气势上占据优势。拉杰普特人在人数上也处于劣势，他们被箭矢、子弹和火箭所袭击，无法用同样的力量还手，拉杰普特人凭着本民族惯常的勇武精神进行战斗，“将生死置之度外”。甚至连奥朗则布的宫廷史学家都称赞拉杰普特人“战斗英勇”。但是面对人数上远远胜过自己的对手，拉杰普特人的抵抗徒劳无功。他们的领袖一个接一个地倒下了——查特拉·萨尔·哈达、拉姆·辛格·拉瑟尔、毕姆·辛格·高尔（Bhim Singh Gaur）和西瓦拉姆·高尔（Shivaram Gaur）。但是剩余的士兵正如一位欧洲目击者所言，“像狂犬咆哮一样”发动更为疯狂的进攻。拉普·辛格·拉瑟尔勇敢地跳下马，拔出宝剑，闯出一条杀向奥朗则布的血路，试着切断象轿的绳索，让奥朗则布跌落地面，但未能切断绳索，于是他又向象腿开刀。尽管奥朗则布极其欣赏他，并对自己的卫兵说要手下留情，但是拉普·辛格·拉瑟尔还是被斩成了肉酱。其余的拉杰普特人就像“飞蛾扑火一样葬身于烈焰之中了”。

此时，达拉的右翼部队和左翼部队都被消灭殆尽。接下来我们看看王位的追求者究竟怎样处理自己的事情。

达拉的行动：尝试跟随鲁斯塔姆汗

战斗起始阶段，鲁斯塔姆汗和查特拉·萨尔向达拉的左翼部队和先锋部队发起攻击，达拉没有在中央部队的位置停留，而是骑马经过炮兵部队来到奥朗则布的右翼部队，以阻挡鲁斯塔姆汗。他本来不该犯这样致命的错误：在一阵烟雾的笼罩中，在敌人枪炮射程的范围内伫立着密密麻麻的骑兵部队，事实上他放弃了将军的位分，而变成了一个师团的指挥官；他再也不能掌控全局，控制战场局势。最高统帅本来可以根据最新战局，正确调动手下的士兵，将各部队统一在一起，并在必要时派出增援部队。然而，现在达拉的部队失去了这样的最高统帅。（由此也失去了炮兵部队的辅助）

同时，“一切事情都陷入混乱”。他走到炮兵部队前方，阻碍了炮兵的火力，而奥朗则布的炮兵部队在没有敌人回击的情况下一直扫射达拉的部队。当达拉意识到自己的错误，向炮兵部队疯狂地发送信号，以让他们把大炮移到自己身旁时，已为时晚矣。所有的炮兵部队辅助人员都放弃了自己的阵地，因为在战线后面没有其他力量敦促他们这样行动；运输火炮的牲畜因为酷热难耐，也已经筋疲力尽地倒下了，再也没有牲畜可以将枪炮托运到前方。[1]意大利人曼努西当时是达拉炮兵部队的军官，对达拉的后续行动和由此导致的恶果做了相当清楚的描述。

① 我采用曼努西的生动记录，因为他管理着达拉的部分枪炮。*Storia do Mogor*, i.277–278 叙述了达拉犯的这个错误，其后果比其他所有错误的总和还要严重。同时期的历史学家对他这个愚蠢之举大加挞伐。“达拉对作战规律一窍不通，缺乏指挥经验，在鲁斯塔姆汗发动冲锋之后，愚蠢地匆忙带领中央部队和先遣预备部队，而将先锋部队和炮兵部队放到身后。”（《阿拉姆吉尔大事记》第 99 页）“达拉惊慌失措，顾此失彼，忘记了真正的将才，愚蠢地将自己的大象驱赶到炮兵部队之前，带领一部分巴尔哈的赛义德人和莫卧儿人冲锋，结果这样做就让他的炮兵部队哑火了。”（Kambu，15a）“达拉实在是一个拙劣的战士，他不仅把军队搞得一片混乱，还跑到了自家火炮的前头！”（Aqil Khan，47）

达拉遭到奥朗则布炮兵部队的重击

达拉从中央部队出发，沿着左边的路线来到了奥朗则布的右前方，一路敲锣打鼓，仿佛鲁斯塔姆汗的冲锋已经胜利了一样，只需要继续跟进就能将所有敌人赶尽杀绝。但是很快他就清醒过来。正如我们所见，奥朗则布的炮兵部队驱散了鲁斯塔姆汗的骑兵部队后冷静待命，保留火力，直到“达拉走得非常近，霎时间敌人发动大炮、火枪和旋转火炮，攻击我们，吓得我们的人马因为火器的进攻而四散各方”。达拉发现自己处在万分危险的境地之中，但是并未灰心，而是转向右边以避免敌人的炮火袭击，并带领自己的士兵扑向谢赫·米尔的部队。达拉往前线派遣了很多增援的部队，而且有太多的士兵逃跑，结果自己身边曾一度没有卫兵。如果达拉能够一如既往地进攻敌人，那么胜利一定是属于他的。“但是因为路途艰险，加之自己精力不支，他短暂地停了一下。”由此，他的部队丧失了前进的势头，行动的节奏和进攻力量迅速松弛了下来，大好时机一去不复返。[①]

达拉最终退回右翼部队

同时，奥朗则布整顿了部队，并下达了新的指令。对此，达拉立刻下令放弃向敌人的大象部队直接进军的行动，并调转自己的右翼部队，返回查特拉·萨尔的部队。达拉长途跋涉，从前线部队的最左端赶到最右端。在这个不划算的举动中，酷热击倒了达拉的士兵和战马，此时敌人的前锋部队炮兵正在向达拉的左侧翼军队开火。仍然追随达拉的士兵被长途奔波榨干了精力，一路上沙土飞扬，酷热难当，炎炎烈日使皮肤生了水疱。路上没有一滴水能够让他们解渴。等达拉赶到自己的前锋部队（此时是他的右翼部队）时，麾下的人马已死伤多半。

现在，他们被敌人的一支精力充沛的新部队袭击。战斗初期，奥朗则布率领的先锋部队严格遵守纪律，占据了恰当位置，既没有被达拉的左翼部队袭击，也没有受到达拉中央部队的骚扰。达拉的两翼部队和中央部队渐被瓦解，

① 曼努西的叙述，参见 *Storia do Mogor*, i.277-279。

中央部队秩序混乱，迷失了方向。穆罕默德·苏尔坦率领自己的部队（也就是先锋部队）向达拉发起进攻。同时，奥朗则布得胜的右翼部队赶来包抄达拉的部队，萨夫·希坎汗和祖尔菲卡尔汗率领的左翼部队也丝毫不怕火器的袭击，而向前进攻。

这只是终结大戏的序曲。达拉已经听到了自己麾下表现最好的将军的死讯，但他还是想力挽狂澜。“他现在对取得胜利极度绝望，但是在外面还是要假装意志坚定，鼓励自己的人马。但是奥朗则布的军队就像海浪一样，前排有无数的炮火向达拉逼近。”敌人的炮火十分猛烈、精准，人数不断减少的军队每分每秒都在遭受重大损失。

奥朗则布的炮火对达拉造成了毁灭性打击。

“靠近达拉的炮火相当密集，瓦齐尔汗和其他一些不久前被达拉受封的新贵族都阵亡了。加农炮弹击中了受害者，使其肢体断离、血肉横飞；炮弹重量为 16 磅，飞行时的力量为 20 磅（在空中）。”奥朗则布的炮兵部队一直向达拉的人马和大象密集分布的地方发射火箭。达拉的朋友和仆人赶来“将他从大象上运下来，免得成为敌人炮火下袭击的目标”，但这于事无补。不幸的皇子匆匆忙忙地下了大象，骑上战马，“将自己的盔甲、武器和鞋子一股脑遗留在”象轿上。①

达拉离开战象时，部队纷纷逃离战场

稍早以前，当达拉试图将自己的阵线推到奥朗则布那里时，“在战斗最激烈的阶段，帝国军队中一些袖手旁观的指挥官和一些在危险状态中藏身的人，在战斗中毫发无伤，他们逃命去了”。现在，达拉的残余部队被冲散在战场的各个角落，看到达拉的象轿空无一人后，他们便认为主人已经阵亡了。那是否应该继续为达拉效力呢？昨天战场上的无用功已经让他们半死不活，今天又在恼人的口渴状态下顶着从黎

① 达拉在极其危险的时刻下了象，当时他已经丧失了获胜的一切希望，这部分内容被下列史料所证实：*A.N.*（104），Aqil Khan（48），Masum（63b），Kambu（15a，bottom）。这些同时期的第一手记录驳斥了曼努西和伯尼尔散布的坊间传言：达拉听从了哈利卢拉汗的诡计，下了象，换乘战马，当时达拉几乎要彻底战胜奥朗则布了，但是这一举措使即将到来的胜利化为溃败。（*Storia do Mogor*, i.281-282；Bernier，53-54；Isar-das，24b-25a）

明到日落的烈日长途跋涉，况且战斗也已经让他们生不如死。更痛苦的是，一阵灼热难忍的热风在此时刮了起来，不停地刮在他们身上。“大多数军官和士兵无力使用箭矢和长矛，口干舌燥，高喊渴死了，渴死了，在战场每一个角落的人都丢了魂、断了气。”要继续待在这里已经不可能了。帝国军队现在只能等待逃命的正当时机，而达拉从象背上的突然消失恰好给了他们想要的机会。霎时，整支军队溃散成无数混乱的小团体，并在极其混乱的状态下逃离了战场。

达拉几乎是孤家寡人，除了极少数世代效忠的追随者和一批对达拉的忠诚胜过自己生命的朋友外，他已经被大多数士兵抛弃了。就在此时，一名正在给他扎腰带的贴身侍卫也被射倒了。而要延长作战时间，只会带来无谓的牺牲。达拉心烦意乱，他的儿子西皮尔·舒科哭天喊地。一些贴身侍从抓住达拉父子二人的马笼头，将马头转向阿格拉。①

① 战斗最后阶段的叙述来自马苏姆的权威资料，参见 Masum，62b-64b；Aqil Khan，47-48（尤其关于热浪袭击的那一部分）；*A.N.*，104-105；Khafi Khan，ii.28。

达拉逃亡阿格拉

逃命的皇子连续赶了4英里至5英里的路，随后拖着极其疲惫的身躯在一棵背阴的大树下坐了下来，卸下烫人的头盔，希望能喘一口气。但是此地不容他休息。人们听到了急促的铜鼓鼓声，达拉的随从开始警觉起来，并且劝他如果不想被捕，就得再次上马，赶快逃命。极度虚脱的皇子拒绝动身，他说："既然是命中注定要发生的事，那就让它现在来吧。敌人赶来，让我从羞辱的命运中解脱出来，还有什么能比这个更好呢？"最终，在众人的苦苦哀求下，他才再次上马，并于夜间九点，以无法用言语形容的狼狈状态来到阿格拉。①

而在战场另一边，达拉一离开自己的战象，奥朗则布的军队就奏起了欢快的音乐，并奋力向前以取得完全的胜利。士兵听到四面八方传来的欢乐音符，无不欢欣鼓舞。达拉的残余兵力立刻向胜利者投降或者逃离战场，连最后一丝抵抗痕迹也消失殆尽了；但是没有人追赶残

① Masum, 64b-65a.

敌，因为盛夏时节漫长的殊死搏斗，使胜利者跟失败者一样疲惫不堪。

重大人员伤亡：达拉军队阵亡 10000 人

事实上，没有必要追赶残敌。因为没有哪场战役像这场赢得如此彻底。失败方有 10000 人阵亡，还没有算上马匹和辎重动物。烈日和缺水的平原就像敌人的刀锋一样对达拉的军队造成了致命伤害。第二天清晨，当太阳再度升起之时，从战场到阿格拉这 10 英里的路上，人们可以看到战争所造成的令人震惊的恐怖景观。每隔几步就可以看到路边一群群的伤兵，他们徒劳地希望自己能够赶回家被救治，却终因物资匮乏、极度懊恼而绝望。路上逃亡的士兵没有受到敌人的伤害，但是被毒辣的热浪伤得不轻。与这些士兵相伴的是路边和战场上那些不会说话的受害者的尸体：牛、骡子、马和大象。很多士兵在进城后就死去了。①

在所有为了效忠达拉而献出生命的指挥官

① *A.N.*，105-106；*Adab*，167a，133b；Isar-das，26a 记载死亡人数有 15000 人之多；*Storia do Mogor*, i.282。

里，有9名拉杰普特人和9名穆斯林留名史册。其中最勇敢的就是本迪部落的酋长，一位参与过22场战斗的英雄，查特拉·萨尔·哈达。“他穿着橘黄色的哈达部落服装，佩戴着象征死亡和胜利的徽章，这名本迪王公在这天充当哈达的正前锋……爆发了一场恐慌，紧接着是一阵混乱和逃离，高贵的哈达在这个极其危险的事件当中，对自己的属下高喊：‘凡是逃命的，都是受诅咒的！在这里，我要对得起我自己领取的薪俸（salt），我的脚会扎根在这片战场上，除非胜利，否则我不会活着走出去。’”为了鼓舞士兵，他登上了战象，就在他身体力行地激励将士的时候，一枚加农炮炮弹击中了哈达的战象。查特拉·萨尔从逃走的大象上跳了下来，叫来战马，高喊：“我的大象会背朝敌人，匆匆逃命，但是它的主人永远不会。”查特拉·萨尔登上战马，命令自己的人马排成密集的阵型，他带领众人向穆拉德发动冲锋，想与穆拉德单挑。就在他拿起长矛刺向敌人的时候，一颗炮弹打穿了他的额头。与查特拉·萨尔一同倒下的是他最年幼的儿子巴拉特·辛格（Bharat

Singh）、弟弟莫吉姆·辛格（Mokim Singh）、他的 3 名外甥，以及最精锐的族中战士。“在两场战斗中（达尔马特和萨穆加尔战役），至少 12 名拉杰普特王公和哈达部落的头领阵亡，至死都保持忠诚。我们还能找到其他的例子吗？”托德怀着极大的崇敬之情问道。① 达拉军队中还有 4 名拉瑟尔酋长和 3 名高尔酋长阵亡，穆拉德这边也损失了一名西琐迪阿长官。

达拉军队中其他酋长的命运

然而，这一天中最有名的受害者是鲁斯塔姆汗，他姓菲鲁兹·江，是乌兹别克战争和波斯战争的英雄，是达拉军队的主力。达拉的财政主管（迪万）穆罕默德·萨利赫（Muhammad Salih）、阿里·马丹汗的两个儿子，迪里尔汗·鲁赫拉（Dilir Khan Ruhela）的弟弟（此人武功仅次于迪里尔汗·鲁赫拉），除此之外还有 5 名巴尔哈的赛义德人（这个部落的士兵久经沙场考验，能够跻身莫卧儿军队的最前线，承担最大的风

① 托德（Tod）的《拉贾斯坦编年史和古代风俗》第二卷，第 1341 页。

险，收获最大的荣誉）——这些人也被列入阵亡将士的名单。

奥朗则布的损失

奥朗则布的军队损失了第一阵营的阿扎姆汗，他之前的名字为米尔·卡里（Mir Khail），是德干炮兵部队中一名得力的督军——他死于持续不断的热浪，3名次级军官萨扎瓦尔汗（Sazawwar Khan）、赛义德·迪拉瓦尔汗（Syed Dilawwar Khan）和哈迪达德汗也阵亡了。其余8个人包括祖尔菲卡尔汗和巴哈杜尔汗也都受伤了。[①] 右翼部队遭到的损失最为严重，因为其在战斗初期持续受到敌军的攻击，并且这支敌军的实力比较强大。

受到批评的战术

一方面，达拉的作战方案极其简单原始：遇到敌人防线的脆弱部分，就发动骑兵袭击，然后赶到仇敌那里斩杀对手来终结战争。如果

① 要想了解三支军队的伤亡情况，参见 *A.N.*,105-107；Khafi Khan，ii.28，30；Isar-das，24a，26a。

奥朗则布阵亡或是被俘，那么其属下的军队就会投降。因此他发动了一轮又一轮的骑兵冲锋。另一方面，奥朗则布像滑铁卢战役中的威灵顿公爵那样严守防线：他耐心而坚定地保存自己的实力，静候达拉消耗实力，[①]等着敌人发动一次又一次的进攻。与他在达尔马特所用的战术不同，他在这场战役中并没有使用进攻性的战术。达拉一是愚蠢，二是没有经验，结果给对手的防守型战术送上了胜利奖牌。白天将近，奥朗则布军队的行进和达拉庞大军队的最终解体，好比拿破仑的最终落败，虽然这场滑铁卢式的战役中新来的俾路支人没有对落败的残军穷追不舍。最终，帝国军队将自己的落败归咎于哈利卢拉汗的诡计，正如在滑铁卢战役之后的法国人高喊“Nous sommes trahis”（“我们中出了叛徒”或“我们被出卖了”）。

① *Storia do Mogor*,, i.276–277, 279; Kambu, 13b.

第十七章　占领阿格拉城堡，俘虏穆拉德·巴赫什，1658年6月

战斗期间，阿格拉的焦虑

5月29日，阿格拉的贵族和百姓们，在极其焦躁不安的状态下度过了漫长的一天。达拉军营传来消息说这天要展开大决战。从正午开始，就能听到遥远的炮声，武装冲突之后的结果又会如何？储君会巩固自己的权力，结束皇位继承的纷争吗？或者他们的城市会被得胜的对手屠杀劫掠吗？大家脑海中满是这样的问题——普通市民对这些问题的疑虑，一点都不比士兵的亲戚或者帝国宫廷的成员少。

早在下午两时，当一些人明显是在战役的早期阶段逃回来时，只有那些深信这是灾难的

市民才受到触动。而等到白日将尽之时，公众忧虑的程度才进一步加深。

达拉赶到城市

最终在夜间九点，一小批骑手骑着气喘吁吁的马走在没有火炬的街上，他们经过红堡的大门时，没有进入，而是来到达拉在城内的宅邸。这批人正是达拉和其随从的残余人员。他回到自己的宅邸，关上门，在宅邸里大放悲声，声音一直传到了外面。[①]

沙贾汗面对灾难哀痛不已

一时间，绝望的消息传遍全城，城内到处都是警报和哀鸣。城堡内的场景同样让人哀叹。沙贾汗和贾哈娜拉听到最爱的儿子和大哥惨败的消息后，感到心痛不已。后宫的贵妇淑女们也纷纷失声痛哭。

沙贾汗传给达拉的信

第一轮哀恸过后，沙贾汗通过宦官向达拉

---

① *Storia do Mogor*, i.287，288-289；Khafi Khan，ii.30；*A.N.*，107；Masum, 65a，65b.

传话："你现在落到这般田地，只是命运的裁决。你最好现在来城堡见朕一面。听朕一言，你将会走到命运引领你应该去的地方。你命中所定的必将始终伴随你左右。"

但是，达拉身心俱毁。刚刚过去的40个小时的努力，在烈日下两天的长途跋涉，今天一整天漫长和绝望的战斗，以及从致命战场上匆忙地逃离，这一切已经彻底击垮了他。更要命的是，这件事给他的灵魂打上了烙印：他已经丧失了一切，不能再期盼荣誉。他还记得当初自己违背沙贾汗的意旨，冒险与奥朗则布开战的情景；父皇本来要跟各个皇子见面，利用个人影响终结争端，但是这也被达拉阻止了。现在父皇预见的最糟糕的结果已经发生了。慷慨的父皇赐给了他大量的人马、金钱和武器装备，在这场王位的赌博战中，他失去了一切。离开阿格拉的时候，他曾经高喊："不胜利，毋宁死。"① 他现在空手而归，声名扫地，羞于见朋

① "Ya takht, ya tabut"，这句话的字面意思是"要么夺得宝座，要么走入坟墓"。(*Storia do Mogor*, i.242，"这句谚语在争权夺利的皇子当中非常流行") 在Storia *do Mogor*, 的第262页也有记载。

友和陌生人，唯以这份动情的告白回复父皇：“以我惨境，无颜面见父皇，再者，如果我在此逗留更长一段时间，那么死亡之师会将我围困，将我灭口。求父皇不要再见我憔悴的脸，允许我离开。唯独乞求父皇，在我这个心烦意乱的半死之人开始漫长旅程之前，用《开端章》为我祝福。”

达拉的消息传到了沙贾汗那里，这加深了父皇的哀恸之情；他似乎感到“自己的生命将要从躯体分离出去了”。但是，残酷的自然规律甚至不允许父皇充分表达悲伤之情。为了使达拉在逃亡途中不被得胜的对手拦截，则必须立刻做好准备工作。装载着府库金币的骡子被送到达拉那里，以供其旅途所需，皇帝还给德里总督下令，要求他给达拉打开德里城堡的储藏，像供给皇帝那样供他使用物资。①

达拉离开阿格拉，逃亡德里

可怜的皇子在自己的寓所里休息了几个小

① Masum, 65a-66b；*Storia do Mogor*, i.287-288；*A.N.*，107；Khafi Khan，ii.30，与这些权威资料记载相左的是 Isar-das（26b），他错误地认为达拉在那天夜里谒见了沙贾汗。

时，又开始亡命天涯了。妻子娜迪拉·巴努（Nadira Banu）、子女和孙子女，以及几名精挑细选的女奴乘坐在掩盖严实的象轿里。他尽可能地装载能够拿得走的珠宝、金币和其他值钱物品，于凌晨三点启程赶往德里；离开时，身边只有12名仆人和卫兵随行。达拉的其他侍从不是被酷热击倒，就是被对手击败，再或是忙于搜集战场上丢弃的财物。接下来的两天中，达拉的一些士兵和随从三五成群地离开了阿格拉，加入了他的队伍，由此达拉的队伍又恢复到5000人马。在奥朗则布攻占阿格拉城，封锁阿格拉到德里的通道以前，沙贾汗继续向达拉输送金钱和物资储备。

被达拉遗弃的女奴、乐师和其他妇女在阿格拉城堡与沙贾汗一同避难；但是达拉在阿格拉寓所里留下的财产，尤其是家具、大象和马匹等物品，在达拉逃离之后就被抢掠一空。①

① *A.N.*，108-109，120；*Storia do Mogor*, i.287-290；Khafi Khan，ii.30-31；Masum，66b-67a；Kambu，15b.

胜利之后的奥朗则布

现在再把视角转回萨穆加尔战役的胜利者。达拉逃跑的时候，奥朗则布走下战象，跪在地上称谢安拉。为了体现他对胜利的赐予者所赋予的至高仁慈之感激，他连续做了两次拜谢的动作。接着他来到达拉的帐篷，将所有富丽堂皇的家具和值钱的财宝劫掠一空。军队中的首领们簇拥在奥朗则布周围庆祝胜利，同时也因为自己的功绩而受到赞赏。穆拉德·巴赫什也来到了现场，受到人们善意的接待。奥朗则布说胜利的功劳是弟弟的英勇行为，穆拉德的统治将会从这天起宣告开始。如果我们相信哈菲汗的记载，那么当时的情况应该是医生为穆拉德检查伤情之时，奥朗则布将穆拉德的头放在自己的腿上，用袖子擦净血迹，并忍不住哭了起来。

过了一段时间，奥朗则布退到帐篷里。这里有很多观众，凡是在战场上表现突出的军官都得到了奖赏。两个营帐里洋溢着他们彻夜寻欢作乐的声音[1]，印度教徒火化死者的火光点亮了天空。

奥朗则布来到阿格拉城外

得胜的皇子经过两次行军，来到了阿格拉，停驻在城外的努尔－曼西尔（Nur-manzil）[2]或达拉的花园。他在这里停留了十天。每天都有大量的朝臣、贵族和官员离开皇帝，来到花园敬拜新升的太阳。其中有些人非常乐意离开阿格拉，在萨穆加尔战役之后就开始欢迎奥朗则布。

帝国贵族和军队加入奥朗则布的阵营

诸如沙斯塔汗和穆罕默德·阿明汗等首都最高等级的贵族，以及达拉的主要官员都向胜利者表示效忠之意。落败军队中那些在刀口下捡了一条命的士兵们也加入了奥朗则布和穆拉德的军队，除了有些人不能跟随他们逃亡之外，

---

① *A.N.*，110；Aqil Khan，49；Isar-das，25b；Khafi Khan，ii.29；*Storia do Mogor*, i.283.

② 乌尔都语，意为“灯火辉煌的楼阁”。——译者注

大多数士兵都不愿意再跟随达拉。结束了众多的人事任命和职位晋升后，军队的力量也大大增强。[①]

奥朗则布与沙贾汗的通信

沙贾汗已经决定通过诉诸武力对付奥朗则布，并将采取外交手段展开行动。我们知道早在该年 1 月，当听到米尔·朱木拉被逮捕的消息时，沙贾汗就向奥朗则布写信[②]，在信中指责奥朗则布的举措不服从父皇的命令，并要求

① *A.N.*，111-115；Aqil Khan，49-50；Kambu，15b.

② 一听到米尔·朱木拉被捕的消息，沙贾汗就写信给奥朗则布（Kambu，10b）；奥朗则布对此做出回复（仅仅是大意，基于 Aqil Khan，20）；奥朗则布来到布尔汉普尔后给沙贾汗写信（*A.N.*，48）；沙贾汗向奥朗则布写信，劝奥朗则布放弃向印度地区行军（*Insha-i-Farsi*，A.S.B.MS.F.56，pp.59-61）；奥朗则布回信谴责达拉的篡权阴谋，力陈自己谒见父皇的和平意图（Cf.Masum，44a-45a，不确切的意译）。贾哈娜拉在萨穆加尔战役之前写给奥朗则布的信件（*Faiyaz*，117-119；Kambu，12b；Aqil Khan，34-37），对这封信的内容进行了解释，内容与卡姆布给出的大意不同；奥朗则布写给沙贾汗的信，实际上是向贾哈娜拉做出的回复（Kambu，12b-13a；*Faiyaz*，119-121；Aqil Khan，37-42）；奥朗则布同时写给法尔法汗（Farfa Khan）信件（*Adab*，123a，123b）；穆拉德给法尔法汗也写了信（*Faiyaz*，465-468）。

奥朗则布释放贵族。奥朗则布假造理由，说米尔·朱木拉与德干苏丹暗中串通。奥朗则布来到比尔汉普尔后，给沙贾汗写信（2月中旬），问候其健康状况，希望父亲能平息达拉的篡权行为并亲自处理朝政。沙贾汗并没有对奥朗则布的这封信做出满意回复。在打败贾斯万特以后，奥朗则布要求首相贾法尔汗（Jafar Khan）做出如下事项：向他的主君（沙贾汗）解释两名皇子从南边赶过来，只是为了亲自谒见父皇尽忠孝之节，澄清真相并驳斥有关皇帝近况的骇人传言，同时向父皇禀报达拉对两位皇子所做的恶事，以及达拉的篡权行为给整个帝国造成的动荡局面。奥朗则布解释，自己与贾斯万特作战是不得已而为之，是因为马哈拉贾的悖逆行为。奥朗则布决心扫除通往阿格拉道路上的障碍，这绝对不能被认定为谋反叛乱。

贾哈娜拉的告诫

一个月后，奥朗则布跨越昌巴尔河时收到了大姐贾哈娜拉写的一封信，但是信中真切地表达了沙贾汗的观点。信中这样说道：“父皇身体康复，亲理朝政，正试图扭转最近一段时间因为身体原因而造成的板荡局面。你现在的武装进军就是在向父皇宣战。即便这场武装行军是针对达拉的，也不能罪减一等，因为无论是按照法律还是惯例，长兄都是代表父皇行事。如果你珍惜自己在世界上的名誉以及在另一个世界的救赎，那么你就不该继续进军，而是要写信向父皇禀告自己的意向。”

奥朗则布的答复

奥朗则布对这封信的回复相当长，并用他惯常的方式为自己辩护：“沙贾汗已经丧失了一切实权和控制力，达拉做的每一件事都是自作主张，试图谋害诸弟。显然，他现在已经迫害了舒贾，还挫败了我在比贾普尔的战事（即便当时取得胜利近在眼前），并鼓动比贾普尔人反对我。他给皇帝进了谗言，反对自己的两个弟弟，从我手中拿走贝拉尔，而我没有任何过错。面对这种公开的敌意，我理应拿起武器自卫。然而我的愿望仅仅是来到沙贾汗面前，亲自将一切事情的真相说出来。我绝对不会在这美善的意图中添加任何阻碍。请看，贾斯万特在计划此事的时候是多么担惊受怕？因此应该将达拉从帝国宫廷送回旁遮普行省，以免发生大祸。”

法兹尔汗拿着沙贾汗的信，第一次见奥朗则布

萨穆加尔战役过后，奥朗则布直接向沙贾汗写信，言明自己跟敌人打仗以致晚些时候才回信的原因。来到努尔－曼西尔后，他收到了沙贾汗的亲笔信（7 月 1 日），沙贾汗在信中要求跟他面谈，因为奥朗则布与之离得很近，老父亲也很想见他。这封信的两名信使[①]——年迈

① 《沙贾汗致信奥朗则布》（Kambu，15b；Aqil Khan，50-51），请求对方面谈，《奥朗则布的回复》、《沙贾汗致信奥朗则布》（Kambu，16b；Aqil Khan，53）抗议对方怀疑自己的真诚信仰，《奥朗则布的回复》（Kambu，16b；Aqil Khan，54）、《沙贾汗致信奥朗则布》抗议断绝亚穆纳河的水源，这封信由我翻译成英语，放在本章中。[A.S.B.MS.F.56，pp.91-92，大英博物馆有该信更为简要的内容，MSS.，Addl.18881，folio 77a，这段内容只给出了奥朗则布的回复，“在父皇的信背面”写作“Karda i khwesh ayed pesh”（种的是什么，收获的就是什么），“ziyadah hadd-i-adad”]《沙贾汗致信奥朗则布》写于临近阿格拉城堡被奥朗则布攻陷期间（Kambu，16b-17b；Aqil Khan，56-57；Masum，69b-70b），《奥朗则布的回复》，参见Kambu，17b；Aqil Khan，57-58；Masum，70b-71b。

的法兹尔汗（Fazil Khan）和大法官赛义德·海达亚图拉（Syed Hedaitullah）——还拿了一封皇帝写的深情的口谕，奥朗则布就父子两人见面谈话一事表示同意，之后两人便离开了。此后，两人带着皇帝送来的信件和诸多礼物，再次拜访奥朗则布，礼物包括昂贵的珠宝和名剑“阿拉姆吉尔”（宇宙征服者），重申了皇帝渴望面谈的心情。但是他们发现奥朗则布改变了主意。

法兹尔汗第二次拜访奥朗则布

在使者第二次到访之前的那天夜里，奥朗则布的心腹告诉他，沙贾汗仍然最宠爱达拉，正在为了达拉的事情积极筹划，皇帝请求奥朗则布来阿格拉城堡面谈，其实只是个诡计，是为了逮捕奥朗则布。法兹尔汗竭力消除奥朗则布的怀疑，但一切都是徒劳，因此他不得不回到旧主那里，宣告任务执行失败。沙斯塔汗加深了皇子对父亲的不信任感，因为沙斯塔汗总是对奥朗则布保持友善的态度，所以沙贾汗以唆使奥朗则布反对皇帝为由对沙斯塔汗予以了谴责。

法兹尔汗第三次拜访奥朗则布，哈利卢拉汗抛弃了沙贾汗

7月5日，发须灰白的法兹尔汗带着沙贾汗的信第三次拜访奥朗则布，信中驳斥了他人对他的严重诽谤，要求奥朗则布亲自来拜访父皇，感受父皇的爱与仁慈。与法兹尔汗一起的哈利卢拉汗已经被奥朗则布收买了，他被获准与皇子单独会面。在这次会面中，哈利卢拉汗让奥朗则布确信，他的父皇正在谋划恶毒的诡计，并劝说奥朗则布唯有将这个年迈的君主囚禁起来，才能消除祸患。在这段时间里，年迈善良的法兹尔汗静静地在屋外等候，最后却被告知哈利卢拉汗已经被奥朗则布逮捕了。法兹尔汗只能单独一个人回去，并带来奥朗则布的回复——拒绝见面谈话，因为奥朗则布认为皇帝的想法并不在这方面。侍从回来后，说道："现在这件事的发展已经超出了送信和传信这个层面了。"①

① 对于法兹尔汗的出使行为，参见Kambu，15b-16b；Aqil Khan，50-54；*A.N.*，112。据说，沙斯塔汗在6月5日拜访了奥朗则布（*A.N.*，114），但是也可能在这之前就已经给皇子送出信了。关于沙斯塔汗与奥朗则布可能的合作伙伴关系，参见*A.N.*，114；*Adab*，261a；Khafi Khan，ii.21；*Storia do Mogor*，i.255，292。

事实也确实如此，因为在那一夜奥朗则布的人马已经开始攻占阿格拉城堡了。最终，最后一块遮羞布也被拉了下来，面具已经掉落，奥朗则布开始向皇帝本人下手了。

奥朗则布占领阿格拉城堡

得胜的大军来到了阿格拉城堡外围，让当地的居民陷入极大的恐慌和混乱之中。穆拉德的军队都是些不服管教的外邦人，丝毫不畏惧他们那放荡懒惰的主人，进城后开始大肆劫掠，对奥朗则布发出的保护首都财产和民众生命的命令全然不顾。这些不守规矩的士兵在城内和军营里的中下层流氓的帮助下，准备制造大动乱。因此在1658年6月3日，奥朗则布派出长子进城保护市民。根据当地首席警官（科特瓦尔）[①]的记录，西迪·马萨德（Siddi Masaud）被处决，取而代之的是奥朗则布任命的鞑靼族官员。[②]全城落入奥朗则布的控制当中，但是城堡

① Kotwal，中世纪印度的一种头衔，指大城镇的负责人或警务部门首长。

② Isar-das，26b；*A.N.*，113-114；*Storia do Mogor*，i.292.

仍然掌握在沙贾汗的手里。

6月5日，法兹尔汗回来了，沙贾汗从他那里了解到奥朗则布已经严重疏远了自己，他再也不能盼望与奥朗则布见面进而劝导其与兄弟和好了。于是，老皇帝下定决心做好坚守城堡的准备，以防有叛徒为了获得奥朗则布的宠信而杀害或囚禁自己。[①]

奥朗则布将沙贾汗围困在阿格拉城堡

夜里，奥朗则布的大军派出一支分队，由祖尔菲卡尔汗和巴哈杜尔汗领导。他们爬到城堡的墙角开始进攻。起先，分队尝试用炮攻击。随后，一台大炮被抬到了主麻清真寺的阳台，此地正对着阿格拉城堡的西门，另外一门大炮被抬到了达拉靠近亚穆纳河的别墅。据说这两门大炮对阿格拉城堡的大炮和宫殿上层建筑造成了一些破坏。但是阿格拉城堡作为同时期最

① Kambu，16b；Aqil Khan，54-55. 城墙的守卫任务委派给皇帝认为忠于自己的军官，此外还有由1500名外籍仆人组成的卫戍部队——卡尔马克人（Qalmaqs）、阿比西尼亚人（Abyssinians）和突厥人（Turks），这些人对自己的工作尽职尽责。

为坚固的建筑，"没有任何攻击手段、开凿手段和潜入手段可以占领这座城堡，该城堡有深不见底的护城河，高耸的塔楼，深厚的城墙，这些都无法被摧毁"。①

围攻者的炮兵部队并未发挥效用。围攻军队不可能攻破城堡发动袭击。阿格拉城堡中的火枪兵勇猛威武、信心十足地战斗着，射倒每一个在城下露出脑袋的士兵。但是大多数围攻军队不是躲在城堡的挑檐和走廊里，就是藏在邻近的树林中，还有人蹲在附近的房屋里，他们的军官则驻扎在达拉的别墅里。因此，他们几乎没有人员伤亡。但是他们也不可能接触卫戍部队，占领阿格拉城堡变成了遥不可及的任务。

如果是常规的兵力投放，则会造成旷日持久的战事，奥朗则布的军队在这里耽搁，而达拉却有时间在德里聚集兵力。因此，奥朗则布

---

① 关于攻占阿格拉的详细过程，参见 Masum，68a-72a；Isar-das，27b-28b；Aqil Khan，55-58；Kambu，16b-18a。而《阿拉姆吉尔本纪》对此只字未提，哈菲汗著作第二卷的第 32 页对这件事略有提及。*Storia do Mogor*, i.293-295 的史料用处不大。

和诸多将军召开会议，经过长时间讨论以后，做出了明智的决策，该计谋“能够让异常坚固的堡垒只能撑三天”。比起攻击或炮弹轰炸，切断水源能够使其更快地打开城门。

奥朗则布切断了卫戍部队的水源

按照行动方案，奥朗则布的士兵迅速攻占了河上的希泽里门（Khiziri gate）。拱门使围攻者免于受到阿格拉城堡防御城墙上守卫者的火攻，围攻者可以安全地阻止（守卫者）从河里取水。此时，卫戍部队已经感受到了围城的恐慌。亚穆纳河被围攻者掌控后，阿格拉城堡内的其他水源就可以忽略不计了。毫无疑问，城堡内有几座水井，但是水很苦，水井也已长期弃置不用。皇帝和朝廷众臣已习惯于长期饮用亚穆纳河的“融雪”之水，现在才发现水井里的水难喝得要命。在朝廷中，很多官员长期养尊处优，无所事事，连超过一天的苦都吃不消，竟以照看水源为借口，从城堡中溜了出去。其他人则被奥朗则布用金钱收买了。普通士兵确实有勇武忠心，但是所有人因为统治者的年迈昏聩而灰心丧气，最后他们请求得到奥朗则布的饶恕。

沙贾汗请求奥朗则布的怜悯

沙贾汗年迈多病，在烈日下口渴难耐，对苦涩的井水吃不消，因而向他残暴的儿子写下了动情的信：

朕的儿子，朕的英雄！（诗句）

寡人为何要抱怨命运的残忍，

树上掉下的每一片叶子，难道不都是出于安拉的旨意？

就在昨天，朕是九十万大军之主；而今天，朕却要为一口水而挣命！（诗句）

在一切场合，当颂赞印度教徒，

因为他们一直将水顶在自己的头上，

而你，朕的儿子，大能的穆斯林啊，

让朕过上了为（缺）水而哀叹的生活！

哦，得势的儿子！切勿在此悖逆世间，为一时好运而自傲。

毋将渎职之尘和傲慢之灰洒在你的头上，

（当晓得）终将朽坏的世界是通往黑暗之域的（窄道），

唯有牢记安拉，对万民仁慈，才是永恒繁盛之途。

法兹尔汗第四次拜访奥朗则布

对于这一请求，奥朗则布的回复相当粗暴：“这是你自己做的孽。”在这种情形下，沙贾汗抵抗了三天，但是，在难以忍受的口渴中，面对绝望和背叛，他最终屈服了。法兹尔汗带着信第四次拜访奥朗则布，老皇帝在信中慨叹自己的命运不济——在历朝历代帝王史上未有先例——将万事万物归于安拉的旨意，告诫儿子既不要以自己的权力为傲，也不要太相信好运。如果奥朗则布珍视自己的美名，畏惧往生之后的末日审判，就应该像《古兰经》所指示的那样遵守父亲的训诲。皇帝最后恳求奥朗则布敬守忠孝之道，不要糟蹋当时因奢华和权力而名满天下的莫卧儿皇室家族的威名，也不要辱没家族在海外的声誉（尤其是在波斯国王的心中）。

奥朗则布要求阿格拉城堡投降

奥朗则布以极其谦卑恭顺的态度回信，声明自己的所作所为乃是被敌人所迫。他指出，尽管达拉的行为敌意重重，但是自己对皇帝始终保持忠敬之心，并且写道:“由于某些情况，儿臣害怕与父皇面谈……倘若父皇放下城堡大门，交给我的人手，允许我的士兵自由出入，由此打消我的疑虑，我将会静候父皇的指示，无论您有何愿望，我都同意，儿臣不会对父皇做出任何不讨悦纳或伤天害理之事。”

沙贾汗屈服

1658 年 6 月 8 日，沙贾汗向奥朗则布的军队打开了阿格拉城堡的大门。他们接管了大门后，将沙贾汗手下的所有官员从城堡的各处驱逐了出去。城堡内的财物、珠宝、华丽的罩袍、家具和政府储藏物资都被奥朗则布的官员接收后放置在几间屋子中，上锁并贴上封条保管起来。由此，拥有巨额财富和丰富武器库的阿格拉城堡——由世界上最富庶国家的三代皇帝积累而成——几乎不费吹灰之力就落入奥朗则布手中。

沙贾汗被囚禁在自己的宫殿内

穆罕默德·苏尔坦拜访祖父，受到了非常热情的接待。这几天，他从奥朗则布那里领受了指示（穆罕默德·苏尔坦该如何做，该批准什么样的人拜访皇帝），担当囚禁皇帝的看护人。沙贾汗被褫夺一切权力。从前的“万王之王”（Shahan-shah）沦落为无助的囚徒，哪怕是换件衣服都要仰人鼻息。皇帝被囚禁在宫殿的后宫中，位于公共议事厅的后面。城堡内外部署了重兵，以防任何人营救皇帝。宦官和其他仆人离开宫殿的时候，被严密监视，以防与外界串通。“在相当长一段时间中，只有几名仆人获准可以在任何情况下接近陛下，然而，即使他们跟皇帝讲话时，也要站在一定距离之外！”而奥朗则布派出的医生决定陪伴这位老人。①

---

① 关于沙贾汗的囚禁信息，参见 Kambu，18a；Aqil Khan，58，59，63；*A.N.*，116（这段材料对贾哈娜拉拜访的目的缄口不语）；Masum，72a，72b，77b-79a；*Adab*，187b-189a（几天后，奥朗则布命令穆罕默德·苏尔坦看管沙贾汗），137a，137b（奥朗则布让法兹尔汗负责照看沙贾汗）；*A.N.*，124；Khafi Khan，ii.32。

贾哈娜拉向奥朗则布派遣使者

1658 年 6 月 10 日，贾哈娜拉公主拜访了奥朗则布，试图用自己的影响力和身为姐姐的说服力游说奥朗则布。她对奥朗则布说，父亲希望能够见他一面，提议以沙贾汗的名义将帝国分给四个皇子统治：达拉统治旁遮普地区和邻近省份，穆拉德·巴赫什统治古吉拉特地区，舒贾统治孟加拉地区，穆罕默德·苏尔坦统治德干，奥朗则布统治帝国的其余部分，成为储君，享有“太子殿下”（Buland-i-qbal）头衔（该头衔从达拉那里褫夺而来）。

贾哈娜拉未能让四位皇子友善地解决统治权分配问题

奥朗则布已准备好借口来拒接这个要求。“达拉，”他说道，“对伊斯兰教并不虔诚，和印度教教徒勾结在一起，图谋不轨。为了正义和国家的和平，应该将他放逐出去。在完成这件事之前，我绝对不会面见父皇。”[①]但是经过贾哈娜拉漫长的恳求之后，奥朗则布再一次被说

① Aqil Khan，59-61.

服去会见沙贾汗。于次日出行的队列声势壮大，从花园一路走到市区，街上站满了观景人，密密麻麻，他们欢呼雀跃，向奥朗则布献上祝福。但是在途中沙斯塔汗和谢赫·米尔赶上前去，劝奥朗则布不要拜访沙贾汗，因为这样做没有必要，实在是羊入虎口。他们告诉奥朗则布，只要皇子踏入城堡后宫，就会被鞑靼女奴害死，这是沙贾汗设下的圈套。这使奥朗则布动摇了。

奥朗则布害怕有诈，拒绝与父皇沙贾汗会谈

他停下前进的步伐，踟蹰不前，不知道下一步该如何行动。这时一名叫纳希尔－迪尔（Nahir-dil）的仆人从阿格拉城堡赶来，将皇帝原本嘱咐他交给达拉的信件转交给奥朗则布。信中写道："达拉·舒科！要在德里挺住。这里不缺钱，也不缺兵马。注意，不要离开这个地方，朕将在阿格拉迅速处理此事。"①

① Aqil Khan，61-62. Masum（79b-82a）说沙贾汗给穆拉德写了秘密信件以谋杀奥朗则布！（Waris，106b）曼努西的著作（*Storia do Mogor*, i.296）和伯尼尔著作的第 65 页都称沙贾汗写给达拉的这封信是奥朗则布伪造的。至于奥朗则布拒绝谒见沙贾汗，亦参见 *A.N.*，122-123；Khafi Khan，ii.34-36。

谋士的警告被证实了。看到父亲仍然完全偏向达拉，奥朗则布极其不快：他放弃了与父亲面谈的计划，经过阿格拉城堡大门而没有进去，随后占领了达拉在城内的府邸。沙贾汗也被看管得更严了，他与外界的联络被完全切断。

甚至从萨穆加尔战役开始，奥朗则布每天都能接收到来自帝国军队的投诚人士，由此召集了大量的士兵和士官。

奥朗则布公开行使帝国权力、接管政府

阿格拉城堡被攻占之后，奥朗则布成了真正的君主，全体行政官员皆臣服于他。其在1658年6月10日召开了议事大会（darbar）。公众急切地想见到新君，奥朗则布坐在国家统治者的宝座上，准许公众与他见面。新任的大法官兼大维齐尔贾法尔汗和其他大臣以及属下官僚都向奥朗则布致敬。大批人马在出纳员和朝臣的带领下走到奥朗则布面前，按照奥朗则布的指示被元帅授予相应的军衔。奥朗则布来到阿格拉城后，在6月11日和6月12日进行了新的人事任命。他现在已经完全做好了准备，

对沙贾汗的看法也已成定局。奥朗则布于13日从阿格拉出发，赶往德里捉拿达拉，10天后来到马图拉附近。[①]然而奥朗则布现在犹豫不决，行军缓慢，因为与此同时发生了一件非常恐怖却很难预见的事情。穆拉德试图坚持自己的主张，与能够掌控大局的兄长意见相左。在危险发展到无法控制之前，必须扼杀其苗头，因此奥朗则布决定在继续行军之前，解决与穆拉德的争端。

穆拉德越来越嫉妒奥朗则布

萨穆加尔战役过后，穆拉德因为受伤一直守在军营里。[②]他的朝臣向其表明穆拉德自己的权力是如何一天天丧失的，而奥朗则布是如何

---

① *Storia do Mogor*, i.300a（提到了穆拉德被捕的地方）Aqil Khan，65；Isar-das，31b（at Brindadan）；*A.N.*，138“马士拉更远的一边”。

② 逮捕穆拉德的原因由奥朗则布在*Adab*（188b）中给出，并且在奥朗则布的官方本纪《阿拉姆吉尔生平大事记》（第134~148页）中也可以看到。此外，还可参见Kambu，18b（边缘内容）；Isar-das，29b-31a；Aqil Khan，64-66；Khafi Khan，ii.37（内容比较贫乏）；Masum，79a-81b（可能仅仅是一则故事）；*Storia do Mogor*, i.263，283-284，298-300；Bernier，66-67。

通吃大权的。朝臣们认为这两场战役的胜利都是穆拉德用自己的英勇换来的，而奥朗则布却未置身于酷热的天气中，进行艰辛的战斗，朝臣的这些话满足了穆拉德的虚荣心。然而现在所有的帝国官员都向奥朗则布俯首称臣，奥朗则布像一名独裁者一样发号施令。阿格拉城堡的攻占使奥朗则布皇子成为无冕之王。难道奥朗则布登基称帝，就要让穆拉德流血？难道奥朗则布会和平授予穆拉德统治西部省份的权力，作为联盟协议的基础？随着伙伴实力的愈发壮大，穆拉德肯定会迅速丧失讨价还价的筹码。

穆拉德谴责奥朗则布的欺诈和虚伪

据说有件事令穆拉德非常失望，并加重了他的嫉妒和戒备之心。从两人在迪帕普尔会面开始，奥朗则布做的每一件事都是在安慰和奉承穆拉德。奥朗则布说自己在皇位继承人战争中获取的唯一利益就是做一个虔诚的穆斯林，不忍看到达拉公开蔑视自己的信仰，亲善异教徒。奥朗则布的目的不在于皇冠，而在于将信奉异端的皇位继承人杀绝，他称太子为“偶像崇拜者”。奥朗则布说自己会将穆拉德扶上皇位，而自己会选择一个相对卑微的职位，当穆拉德的大臣或者退隐。因此在两人的谈话中，穆拉德称奥朗则布为“阁下”（Hazrat-ji）[①]，而奥朗则布称自己的弟弟为“陛下”（Padishah-ji）[②]。萨穆加尔战役胜利后，奥朗则布祝贺穆拉德开启了自己的统治时代，然而奥朗则布本人却大权独揽！这就是所有非官方历史学家讲述的那个时代的故事。

但是，我发现不能完全相信这一历史记载。穆拉德要是相信这一欺骗性的许诺，肯定要比历史上的本人还要愚蠢。奥朗则布不可能在公开场合假装误导穆拉德的判断，也不可能用花言巧语让穆拉德脑中产生不切实际的幻想，使其以为自己能够取得比条约规定多得多的领土。至少穆拉德认为奥朗则布不会在沙贾汗在世期间攫取最高权力，因为奥朗则布到目前为止都避免戴上皇冠，甚至劝说穆拉德在古吉拉特也

---

① 阿拉伯语，直译是“值得尊敬之人”“行使法律之人”。

② 帕迪沙在波斯语中意为“至大之王”，也就是“皇帝”，而“帕迪沙－吉（Padishah-ji）”是“陛下”的意思。

不要这样做。

无论如何，穆拉德热衷于像国王那样治理天下。他无法控制自己不做皇帝梦，自从离开艾哈迈达巴德就随身带着宝座、金伞和其他帝王徽章，他希望这些物品能够在北印度派上用场。然而现在却失望地看到自己的帝王大梦受到了威胁。在接连不断的胜利和行军中，奥朗则布的实力愈发强大，地位越来越高，而穆拉德本人的实力越来越小。满嘴谗言的朝臣煽动起年轻皇子的嫉妒心和野心，促使穆拉德有了新的想法：德里的皇冠最好由他这样的英雄来佩戴。如果奥朗则布能够篡夺最高权位，那为何穆拉德不可以？

穆拉德扩充军队，与奥朗则布对抗

在几名满足他虚荣心的谋士的撺掇下，穆拉德开始反对奥朗则布，坚持按照自己的主张行事。为了对抗兄长，他开始扩充军队，从奥朗则布的军队挖走了很多新加入的原帝国军队成员，许诺给出高额军饷，甚至将自己军营中要为奥朗则布效劳的士兵拦截下来，转回自己的阵营。穆拉德军纪松懈，慷慨无度，使自己成为部分士兵的拥戴者。莫卧儿雇佣军对这位慷慨宽容的主人尤为钟情。很多利己主义者也欢喜地离开了过于苛刻的奥朗则布，以求在穆拉德那里获得高官厚禄。因此，在很短的时间中，穆拉德的军队人数就增加到20000人。他仿效奥朗则布给跟随者授予头衔和军阶，仿佛他已经成为皇帝。最后，他甚至不再屈尊拜访奥朗则布了。

一场公开反对奥朗则布的活动就此开始。对奥朗则布统治不满的人和阴谋家建立了用来避难的营地，定期组织活动，宣泄他们对奥朗则布的敌意。对奥朗则布而言，形势已变得非常危急，唯有顺利地追捕到达拉，方能找出解决危机的方案。

穆拉德公开疏远奥朗则布

当奥朗则布从阿格拉启程时，穆拉德依旧留在城里；但是穆拉德的谋士告诉他，如果奥朗则布单独进入德里，就会轻而易举地加冕称帝。因此，穆拉德改变了主意，跟着自己的兄长，在距离奥朗则布大军几英里处安营扎寨，仿佛要从后方发起猛攻。民心因为公开的对峙而大为不安，好事之徒则乐见内战的到来，这样的话他们就可以随意劫掠财物。穆拉德发动的暴力行为尚不能被惩处，因为奥朗则布现在的影响力还不能将弟弟完全压制。现在，奥朗则布要为解决这个问题而进行谋划了。

奥朗则布邀请穆拉德赴宴

奥朗则布很快心生一计，用他与生俱来的狡猾打消了穆拉德的疑虑。因为穆拉德抱怨自己资金太少，无力武装部队，奥朗则布分两次给穆拉德送来了233匹马和20万卢比。紧接着，奥朗则布许诺会像先前协议上约定的那样，将1/3的战利品给予穆拉德。随后，他邀请弟弟参加宴席，庆祝他完全康复，并且召开战争会议，为进攻达拉制定作战方案。事后几天，穆拉德的主要随从都劝他不要进入敌人的营地。尽管这位皇子在表面上对奥朗则布的许诺和誓言持信任态度，但似乎已在心底对此意图表示否定了，于是以一个礼貌的借口拒绝了对方的拜访。奥朗则布每天都向穆拉德发出邀请，并暗中收买了他的私人随从（khawas）努尔丁（Nuruddin）。穆拉德刚刚狩猎回来就被这名叛徒引诱去了兄长的军营（6 月 25 日），其他下属对此表示抗议，但是于事无补。

穆拉德在门口受到了奥朗则布的接待，随后被带进了帐篷。穆拉德的官员则坐在门廊外的亭子里，受到奥朗则布麾下元帅的欢迎，庭院里满是穆拉德的警卫军官。

穆拉德在奥朗则布的营帐里受到欢迎

穆拉德被带进了奥朗则布的私人卧室。此时，穆拉德身边只由一名宦官巴沙拉特（Basharat）陪同。两兄弟坐在同一张地毯上，奥朗则布一脸慈爱、神情真挚地接待穆拉德，他把香膏涂在穆拉德身上，问候对方的健康状况，见其身体康复后，感到了极大的欣慰。奥朗则布此时对穆拉德的好意和恩惠让人“超出想象，无可估量”。过了一段时间，皇家盛宴摆在了两人面前，饥饿的猎人大吃了一顿。根据史料的记载，奥朗则布甚至给穆拉德倒酒，让他在兄长面前充分享受美酒的自然甘甜，奥朗则布说："战胜了那么多敌人后，看你在哥哥面前开怀畅饮，我感到非常高兴。"

用餐之后，两人便开始谈话。打猎带来的劳累和宴席带来的饱腹感让穆拉德哈欠连天，并打起了瞌睡。奥朗则布让他在附近的床上小憩一会儿，同时借口休息，退出帐篷。作战方案留待午休之后再讨论。

穆拉德入睡，解除武装

穆拉德摘下自己的宝剑和匕首，宽衣解带，让自己在床上放松下来。巴沙拉特在一旁揉着他的腿。这时，一个可爱的女奴进了帐篷，示意宦官离开后，捧起了穆拉德的双脚，开始为他沐浴洗身。女奴轻柔的手掌抚慰了穆拉德，让他香甜地遁入梦乡。随后女奴起身，偷偷地离开屋子，并从枕头边取走了穆拉德的武器。让奥朗则布等人等待已久的时刻终于到来了。

奥朗则布设计囚禁穆拉德

女奴一离开，谢赫·米尔就带着12名奥朗

则布最信任的仆人进入卧室，将穆拉德围住。他们发出嘁嘁喳喳的谈笑声，惊醒了穆拉德。被声音吵醒后，穆拉德首先想拿起自己的武器，但是这些武器全都不翼而飞。他立刻明白了“奇怪的变化”的含义：他已经沦为囚徒了！抵抗是徒劳无用的。陷入绝望的穆拉德，怒斥奥朗则布是奸诈小人，违背了自己依据《古兰经》立下的誓言。藏身在屏风背后的奥朗则布回复道：“你受到了奸诈之臣的教唆，最近对你的子民做了很多伤天害理之事，败坏了国家，你的头脑中充满了傲慢和无礼，有识之人都察觉到了事态，知道了你破坏治安、劫财扰民和造成行政混乱。因此，为了磨炼你的脾气心性，也为了国泰民安，我认为有必要让你安静地休息几天，这样才能重新恢复冷静。在我的监督下，你可以不再劳神费心，可以免除俗世之繁务。但是我断不以安拉为夸口论及‘御眼之光’，让人有将你的宝贵生命置于险境之中的想法！一切颂赞，全归真主！我对你立言许诺之基未曾动摇。我弟弟的性命在安拉的保护下安然无恙。每天都吃智慧之粮……当晓得（约束，监禁）是（对你）全然有益的事情时，你心中自然无所畏惧，无所忧愁。”

穆拉德发现劝告和哀求都已无用，抵抗也只能招致杀身之祸。他只能沉默地抗拒着。谢赫·米尔将一双黄金脚镣放在他面前，铐在他脚上的时候恭维地道了一声“平安”（salam）。

被捕的穆拉德被送到萨林加尔城堡的监狱

午夜过后，囚徒被放置在一个裹得严严实实的轿子里，这种轿子通常是给贵妇使用的。轿子被放在象背上，由一支人数众多的骑兵队护送，指挥者是奥朗则布最信赖的将军谢赫·米尔和迪里尔汗。经过一番急行军，他们迅速赶到了德里的萨林加尔城堡（Salimgarh Fort），将穆拉德投放在这座坚固的国家监狱里。为了混淆穆拉德朋友的耳目，从东方、南方和西方三处方向，以三头大象载着同样覆盖严实的象轿，在同样的骑兵队护送下出发！

在根据奥朗则布的指示写成，并由他本人亲自修订的官方本纪中，这一计划被形容为“神机妙算”——这一计谋执行得相当顺利，穆拉德的朋友们直到无力回天的时候才得知他的命运。他们以为穆拉德在这段时间里一直和奥朗则布吃饭或召开秘密会议。次日清晨，穆拉德属下的 20000 名士兵已经群龙无首，随后被纳入奥朗则布的麾下。

穆拉德的财产被没收，家人被囚，军队被奥朗则布接收

尽管穆拉德手下忠心耿耿的官员忠言逆耳在先，但穆拉德还是顽固不化，一头扎进了陷阱。这些官员也在主人缺席的情况下筹划营救方案，但最后连这些人也投入胜利者的门下，奥朗则布用极大的恩惠抚慰了这些人的心。穆拉德的全部军队建制——将军、大臣、文官、士兵、随军后勤人员和仆人，以及他的财产都收归奥朗则布名下。穆拉德的儿子伊兹德·巴克什也被送到德里与他的父亲蹲在同一所监狱。投诚人士努尔丁和其他设计陷害主人的参与者，或者至少没有援救主人的相关人员都得到了奥朗则布的重赏。[①]

---

① 关于穆拉德被捕之后，原属下官员和财产的去向，参见 Aqil Khan, 70; Isar-das, 34a, 34b; *Storia do Mogor*, i.305, 306; *A.N.*, 139; Khafi Khan, ii.38; *Dilkasha*, 30。

奥朗则布终于解决了穆拉德这一心头大患。1658 年 6 月 27 日，奥朗则布恢复行军，于 7 月 5 日到达德里外围。

穆拉德在瓜廖尔的囚徒生活

我们可以在这里讲完穆拉德的全部故事。1659 年 1 月，穆拉德和儿子被送往瓜廖尔的国家监狱，在此他又度过了三年难熬的铁窗生涯。但是他并不因为被关押在牢就不再作为政治威胁存在了。为人仗义疏财、重视兄弟情谊的良好品德使他广受欢迎。市集上传唱着被囚禁皇子的颂歌，最终一个几乎就要成功的越狱阴谋使奥朗则布开始考虑要使对手与其尘世的朋友彻底隔绝。穆拉德在掌权的时候，对士兵百般呵护，即便是现在，他仍然花费一半的监狱津贴来接济生活在瓜廖尔附近的莫卧儿人，比如法基尔（Faqirs）[①] 修士，以及来到此地的莫卧儿旅行者和商人。包括历史学家哈菲汗的父亲在内的一些旧臣，都乔装生活在此地（密谋营

① 法基尔（Faqirs），中亚和南亚一些守贫、虔诚、禁欲的苏菲派修士。

救）。现在，这些莫卧儿人感恩戴德，也计划营救他。一天夜里，他们把绳梯系在城堡的城垛上，绳梯底下放着一匹装上马鞍的马，并向穆拉德传话，劝他逃跑。皇子十分宠爱他的美貌姬妾萨拉斯瓦蒂·白（Sarsati Bai），她是他百般央求奥朗则布后才带到监狱里与他同住的。午夜时分，万事俱备，穆拉德在逃跑之前与姬妾告别。得知消息后，这个女人声嘶力竭地哭喊道："你撇下我走了，我怎么办呢？"听到吵闹声，卫兵醒了过来，点燃火炬，打开探灯，迅速发现了绳梯。[①]

穆拉德被指控谋杀阿里·纳奇，被法官审讯

当逃跑未遂的计划传给奥朗则布后，他决定一劳永逸地除掉穆拉德这一祸患。多年前，阿里·纳奇在艾哈迈达巴德被穆拉德杀害，现在在奥朗则布的授意下，由阿里·纳奇的儿子

① Khafi Khan，ii.155-156."莫卧儿"一词在印度指的是帝国的军事统治阶级，因为开国皇帝巴布尔是成吉思汗和帖木儿的后代。有时指中亚人，有时也指波斯人，但并不专门指代蒙古人。

给死去的父亲平反昭雪，请求司法审讯。长子执意向穆拉德复仇，次子也在法庭上控诉穆拉德的罪行。现在已经是皇帝的奥朗则布，根据《古兰经》教法，告知了瓜廖尔的司法审判官。原告也来到由奥朗则布麾下宦官管理的城邦门口，在法官面前发起诉讼。穆拉德对此非常生气、拒绝答辩，说道："如果皇帝信守对我的诺言，拒绝沾染悲惨造物的鲜血，那么他的国家和权力会毫发无伤。但是如果他非要渴求无助造物之死，那我就与如此低下卑微之人当庭对质，如若没有任何益处，那就请便。"

穆拉德被斩首

法官给穆拉德定了罪。因为复仇者不接受任何价码的赔偿，只要求血债血偿，以报杀父之仇。那么，按照伊斯兰教法，（被告）被判处死刑是唯一的选择。1661年12月4日，星期三，两名仆人带着大刀"将皇子从监狱狭窄的牢房里拖了出来"。遗体被埋在瓜廖尔城堡的"反贼公墓"。四十年后，已经垂垂老矣、走向人生终点的奥朗则布提到了弟弟的死，但其言语中没有一丝悔恨和同情。[①] 对待一个虎落平阳而又可能东山再起的对手，皇权与兄弟之情或骨肉之情不可兼得。

① *A.N.*(291, 304) 记载，1659 年底，穆拉德被送往瓜廖尔监狱；Khafi Khan(156) 记载，穆拉德是在 1072 年 4 月(Rabi-us-sani) 被斩首的；Kambu, 24b(都是手稿状态，这些手稿保存在库达·巴克什图书馆)给出的具体日期是 1070 年 4 月 21 日，在这段史料中，最后的年份数字 2 脱落，导致史料出错；确切的年份应当是 1072 年，而非 1070 年，因为有史料记载在 1071 年 6 月(Jamadi ul-awwal)，穆拉德仍然在瓜廖尔。(*A.N.*, 603) 关于穆拉德处决的具体史料，参见 Kambu, 24b；Khafi Khan, ii.156；*Storia do Mogor*, i.382-383；*Dilkasha*, 35。奥朗则布的信件提到了穆拉德墓地的位置(Inayatullah's *Ahkam*, 289b, 302b)。

第十八章　在旁遮普和信德追捕达拉·舒科，1658 年 6 月至 11 月

达拉在德里筹款，招兵买马

从上文中已经看到达拉如何在 1658 年 6 月 5 日带着 5000 名士兵逃到德里，并在老城区巴布尔城堡的废墟上建立基地。他将首都的财产、马匹和大象据为己有，还夺走了一些贵族的钱财和货物。他的计划是用这些资源训练一批新军，直到自己的军队和长子的军队会师。达拉在亚穆纳河东岸下令，让长子从孟加拉火速赶回德里，这样可以避开当时在阿格拉的奥朗则布。他还忙着四处送信，以寻求帝国军官和贵族的支援，并和沙贾汗保持了几天的通信。①

① *A.N.*，120-121；Aqil Khan，63（大概内容）；Masum, 75b。

但是，他很快发现苏莱曼·舒科不可能迅速与他会师，奥朗则布并不会让达拉安心。阿格拉城堡的沦陷（6月8日）使奥朗则布能够腾出手来追击自己落败的兄长，奥朗则布公开为北进做准备。一听到这个消息，达拉便决定逃亡。首先，得胜的敌军从南边以明显占优的兵力北伐；其次，雨季威胁了他与旁遮普的联系，他如果再在德里滞留，就会非常危险。那么，他是否应该东进与长子统率的22000名士兵会师，在阿拉哈巴德（当时此地由一位对达拉非常忠心的官员把守）建立牢固的防御要塞，然后与舒贾结盟，用联合起来的军队对抗奥朗则布？但舒贾是奥朗则布和穆拉德的盟友，而且最近在苏莱曼军队那里吃了大败仗。舒贾除了跟奥朗则布结盟外，不可能再与其他人友好合作。因此对达拉而言，从德里移师到阿拉哈巴德意味着自己会受到两个敌人的夹击，西边是奥朗则布，东边则是舒贾。另外，旁遮普对他很有吸引力，此地是武士之乡，靠近阿富汗边境，能够召集最骁勇善战的雇佣兵。作为总督，他长期统治旁遮普，由自己忠心耿耿的代理人赛义德·盖拉特汗（Syed Ghairat Khan）治理。拉合尔堡垒储藏了达拉的许多财富，还存有一千万卢比的帝国资金，同时该城堡还是一个巨大的武器库。因此，达拉转向拉合尔，命令大儿子绕过阿格拉和德里，穿过恒河和喜马拉雅山脉脚下的亚穆纳河与他会师。然而，这个决定把父子二人都害惨了。①

达拉离开德里，赶赴拉合尔

经过一周的停留，达拉于1658年6月12日率领已增至10000人的军队离开了德里，来到了沙尔亨德（Sarhind），夺走了当地税务部门的财产，在税吏逃走以前，挖出了藏在地下的120万卢比的钱财。在穿过萨特累季河后，他毁掉了活动范围内的所有渡船，以拖延敌人的进程。7月3日，达拉到达拉合尔，在这里花了一个半月的时间招收新兵，进行军事训练，以期能以同样的条件再次跟奥朗则布一较高下。甚至在离开阿格拉之前，达拉就指示他在拉合尔的代理人赛义德·盖拉特汗征招军队，聚集

① *A.N.*，125-126.

枪炮。此外，他还“向这片士兵之乡的每一个角落写信，邀请部落入伍，向当地的柴明达尔送去荣誉罩袍……以及旁遮普、木尔坦、塔塔（当时这个地区属于其总督的管辖范围）的军官，还向白沙瓦（Peshawar）附近的部队写信，邀请他们加盟”。来到拉合尔以后，达拉打开富裕的帝国府库，慷慨地向士兵发放奖赏，肆意授予军官品级和头衔，以获得支持。

达拉在拉合尔备战

在很短的时间内，就有20000人加入达拉的队伍。一些帝国军队指挥官也加入进来，例如拉杰鲁普王公（Rajah Rajrup）[贾姆努山（Jamnu hills）脚下的一名柴明达尔]，还有罕贾尔汗（Khanjar Khan）[佩拉和胡沙布（Khushab）的军官]，他的军事实力日渐增强。达拉向奥朗则布的军官和待在自己家乡的拉杰普特士兵秘密写信，引诱他们背叛奥朗则布。[①]

① *A.N.*,142-143，178-179；Khafi Khan，ii.33；*Storia*，i.310.

达拉坚守萨特累季河

在萨特累季河岸的塔尔万（Talwan），达拉留下自己的大将多德汗以阻挡敌人的渡河行动，并派去一支5000人的增援部队，以及刚刚从拉合尔征集的炮兵部队和物资。第二批人马在赛义德·盖拉特汗和穆萨希卜·贝格（Musahib Beg）的率领下前去守护塔尔万以外数英里远的鲁帕尔（Rupar）。奥朗则布还向舒贾写信，劝他从东边转移兵力抵抗奥朗则布，并且许诺在击败共同敌人之后，将帝国的一部分统治权授予舒贾。①

奥朗则布的人马从德干高原出发，已经经历了两场恶战和西南季风带来的暴雨。达拉希望这些困难能够让奥朗则布的人马筋疲力尽，还希望旁遮普地区的诸多河流和泥泞的路面能阻止他们追击，这样达拉就可以在拉合尔休整

① *A.N.*,143，180. 这段文本中出现的不是盖拉特汗，而是伊萨特汗（Izzat Khan）。塔尔万，北纬31° 75′，东经40°，距阿里瓦尔战役（Battle of Aliwal）战场以北4英里（*Indian Atlas*，30）；而鲁帕尔距塔尔万以东60英里。

很长一段时间。但在寄希望于此的同时，达拉未能准确估算奥朗则布的精力和意志力，这些力量实际上战胜了一切人为和身体上的困难。达拉到达拉合尔一个月后，对手的先锋部队已穿过了萨特累季河（8 月 5 日）。几天以后，奥朗则布本人也率领大部队穿过了这条河（8 月 14 日）。

奥朗则布从阿格拉到德里的进军

1658 年 7 月 13 日，奥朗则布皇子离开了阿格拉，两天后便听到达拉从德里逃跑的消息。奥朗则布没有立即追赶达拉，至少在目前如此，因为当时穆拉德公开的敌意已经对奥朗则布造成了迫在眉睫的威胁，其迫切性远远超过其他任何事情。因此，奥朗则布派汗 - 伊 - 道兰从达拉那里夺走阿拉哈巴德，以确保阿格拉东侧的安全，同时派遣巴布尔汗跟踪达拉（7 月 21 日）。接着，他全身心地处理当前这件最重要且棘手的任务——捉拿穆拉德，并进军德里。

为对付苏莱曼和达拉·舒科做出人员部署

因为达拉舒科行踪不明，杂事太多，于是奥朗则布在德里耽搁了3个星期。经过长途跋涉和激烈的战斗，其手下的人马也需要休整，这样他们才能在雨季的旁遮普进行下一场战斗。因此，奥朗则布只派出沙斯塔汗防守恒河右岸，派出谢赫·米尔防守亚穆纳河，以防苏莱曼·舒科入侵，使新任命的旁遮普总督哈利卢拉汗率领的一支新队伍加入巴哈杜尔汗手下的追击部队，同时组建了一批新政府班子取代了战胜帝国军队后已经筋疲力尽的原政府班子人员。对此，奥朗则布必须任命新官员，让他们上岗。对于那些因为内战而陷入混乱的地区，必须做出新的安排以重建权威：必须考虑上千条道路的细节，并做出部署；向萨特累季河进军的部队必须获得新的装备和物资给养；最后，因沙贾汗被囚禁而造成的皇位空缺也必须有人填补。奥朗则布终于揭下假面具，要公然实现他期盼已久的梦想。奥朗则布囚禁了父皇沙贾汗，不必再伪装成皇帝的仆人和忠实的代理人，他必须戴上皇冠，为自己发号施令和所做的一切正名，消除权力纷争的最后可能性。[①]

奥朗则布加冕称帝

占星术士指出，1658 年 7 月 21 日是登上皇位的良辰吉日。在德里城堡，他们没有条件用莫卧儿的传统方式来为加冕典礼做详尽准备。但是良辰吉日机不可失，因此经过一番匆忙的准备和简短的仪式，奥朗则布于指定时间在德里城外的夏利马尔花园登上了皇位，并采用了尊号阿拉姆吉尔（宇宙征服者），另外还要加上帕迪沙和加齐（Ghazi）的称号（也就是“皇帝”和“神圣战士”）。6 天后，他开始长途跋涉，向拉合尔进军。

同时，他加紧步伐追击达拉，让这个不幸的皇子没有喘息之机。他做了长远的谋划，让

---

① *A.N.*，125，126，128，144-148，155-159；Kambu，19a（简短叙述）；Aqil Khan，63-64，70-71，72-73；Khafi Khan，ii.39。奥朗则布加冕时所在的花园被称为阿利亚巴德，当地有很多奇珍异草。自哈菲汗时代起，宫殿就被称为夏利马尔花园（Shalimar），距德里城西北方向 8 英里远，与另外一处名为萨希卜阿巴德（Sahibabad）的花园相距不远。

海军部门制造了可拆卸船只，并用车辆从全国各地运到前线。[①]

奥朗则布的先锋部队穿越萨特累季河

为了到达萨特累季河，巴哈杜尔汗先火速赶到塔尔万，但是发现河对岸的敌人已部署了太多的兵力。接着，他在几名友好的柴明达尔的带领下，朝着60英里外的防守空虚的拉普尔渡口行军，并在那里准备了25艘船，部分船只是通过车辆从德里城运来的，部分船只是在当地柴明达尔的帮助下获得的。8月5日夜，他带领800名士兵，带着几门大炮，朝对岸"向懒惰的敌人发动了波浪般的冲锋"，敌人逃到塔尔万，将恐怖的情绪传染给了守城者，这些人都逃到了比亚斯（Bias）河东岸的苏尔坦普尔（Sultanpur）。

萨特累季河上的渡船全被撤走了，8月6日由哈利卢拉汗率领的追击部队一听到消息，便开始急行军，并在次日穿越了拉普尔河。[②]

---

① *A.N.*，164.

② *A.N.*，164-166.

达拉率人马把守比亚斯河

现在，达拉和敌人分别到达了比亚斯河两岸，渐渐形成了剑拔弩张的局势。多德汗接到命令后从拉合尔赶来，他认为如果可能，就穿越比亚斯河，与帝国军队交战，否则就退守比亚斯河的西岸。他匆忙赶往古文德瓦尔（Govindwal）的渡口，从当地了解到帝国军队的实际兵力是哈利卢拉汗和巴哈杜尔汗两人兵力总和的两倍。对付这样的敌人，是超出自己能力范围的。他因此从苏尔坦普尔召回军队，西皮尔·舒科（达拉的次子）带着增援部队和抗敌命令加入了多德汗的部队。

但是随着奥朗则布先锋部队的到来，他们放弃了防守

开始时，奥朗则布命令哈利卢拉汗按兵不动，等候援军的到来。1658 年 8 月 14 日，他作为皇帝，来到萨特累季河畔的拉普尔，一方面计划用 8 天时间，让自己的官兵乘坐船只渡河，确保通往比亚斯河的路畅通无阻；另一方面派

出贾伊·辛格和迪里尔汗，以及萨夫·希坎汗率领的炮兵部队加入哈利卢拉汗的队伍，让其兵力远胜于敌方。部队于18日赶到萨朗城堡（Garh Sarang），并得到情报：达拉先是将西皮尔·舒科从比亚斯河召回，然后当帝国军队从古文德瓦尔出发来到河流左岸时，达拉又命令多德汗烧掉船只回到自己身边。[①]

绝望的达拉：部下纷纷反水、开小差

实际上，当帝国军队穿过萨特累季河，新皇帝本人也渡过河时，达拉再一次被吓得斗志全无。敌军在人数上占据优势，曾经击败过贾斯万特·辛格和鲁斯塔姆汗，也曾经战胜过糟糕的路面和雨季涨流的大河，现在的士兵都已身经百战，未尝有过败绩，达拉的人马怎能跟这样的威武之师抗衡？达拉的人马不是新征招的士兵，就是萨穆加尔战役中灰心丧气的逃亡者，根本不是奥朗则布大军的对手。随着敌军

---

① *A.N.*, 182–186; Kambu,19a. 苏尔坦普尔（北纬31° 12′，东经75° 15′）位于卡尔纳河（Kalna）东岸，与比亚斯河以东相距5英里。古文德瓦尔位于比亚斯河西岸，在苏尔坦普尔西北11英里处。（*Indian Atlas*,30）

离得越来越近，达拉军队中的叛徒和本性散漫的雇佣兵反而变成达拉的一大危险源，他们很容易逃离战场或发动兵变。达拉对打赢此仗不抱信心，并将自己绝望的心情透露给心腹："如果敌人是其他对手，我尚且能死战到底，但是在奥朗则布面前，实在毫无胜算。"领袖的失望情绪传染给全军，主帅的不自信让手下的将士也失去了信心；大多数新征招的士兵临阵倒戈，离开了消极情绪蔓延的军营，投入胜利者的麾下，希望胜利属于奥朗则布。奥朗则布皇帝不停地写信，信中充满了对达拉手下军官的劝降言辞，成功地引起好几名军官的倒戈，包括拉杰鲁普王公、罕贾尔汗和其他一些将士。[①] 然而，比这些将士反水更糟糕的是，原本最英勇最忠诚的多德汗和其率领的右翼部队（达拉全军学习的榜样和动力来源），因为奥朗则布的一则诡计，达拉对他产生了疑心，结果达拉右翼军队陷入瘫痪。

① *A.N.*, 181-182；Masum, 88b-89a；Kambu, 19a.

因为一封伪造的信，达拉对多德汗起了疑心

奥朗则布接着给多德汗写信，并将这封信塞给达拉的警卫，以送呈达拉：“朕从某地收到你的信，在信中你表达了希望朕取得突破性胜利的愿望。正如你所希望的那样，朕万事顺遂，志在必得。如真主所愿，不日你将有幸目睹朕大获全胜。在此番事务上，一位（像你）这样忠心的仆人，正确的作为就是依凭信中指示行事，这样你将了结此事，消灭达拉·舒科——不仅如此，所有违背先知预言之人，所有拒绝相信先知预言之徒——当被弘扬主道之军铐以锁链。”

信中的每句话每个词都是伪造的，因为忠心耿耿的多德汗从来没有跟奥朗则布通过信，更不可能密谋捉拿主人达拉和儿子，背叛他们。但是现在很多人反水投敌，这封信来得正是时候，符合达拉·舒科的心理预期。“达拉读着这封信，对未来的希望变得越来越渺茫了。他陷入极大的悲痛之中，逐渐被怀疑和不信任的情绪占据了头脑。”他将西皮尔·舒科从多德

汗率领的军队中召回，此举削弱了比亚斯河的兵力部署。多德汗一回来，就发现自己的主人变了一个人似的，板着阴沉的脸，朝他抛出了怀疑的眼神。主公和部下心有灵犀的默契不复存在。①

达拉弃守拉合尔

多德汗从古文德瓦尔传来情报，说自己的兵力处于劣势，无法抵抗帝国军队的先锋部队，将要被 4 名将军率领的联军吞没——巴哈杜尔汗、哈利卢拉汗、贾伊·辛格、迪里尔汗的骑兵步兵，以及萨夫·希坎汗的炮兵部队。听到这个消息后，达拉陷入了绝望。他开始实施酝酿已久的逃跑计划，与心腹谋士商量流亡事宜。8 月 18 日，他带着家人和城堡内的全部财物（他带走了除政府库藏以及贵重物品之外的财物，价值相当于 1000 万卢比）离开拉合尔，另外还带走了很多大炮和武器装备。这些物资大多用船装载，少量物资用牲畜运输。接下来，他火速赶往木尔坦。西

① Masum, 89b–93b; Manucci, *Storia do Mogor*, i.311, 312. 除此以外，没有其他权威文献可供参考。

皮尔·舒科从古文德瓦尔急行军，在拉合尔城外与达拉·舒科会师，多德汗烧毁了比亚斯河的船只后也赶到达拉身边。将近 14000 名士兵陪伴着皇子，“所有人都被他价值连城的辎重所吸引”。[①]

奥朗则布的军队占领拉合尔

但是，追击部队并没有在后面落得太远。达拉逃离拉合尔的消息传来的时候，当时还在萨朗格阿尔的哈利卢拉汗，急忙派一队人马赶往古文德瓦尔，从柴明达尔那里取得船只，并且打捞起被敌人砸沉的船只，继而在比亚斯河架起了一座桥。塔希尔汗（Tahir Khan）派出另一队人马，急行军赶往拉合尔，维持无主之城的秩序，防止达拉落下的财产和政府储备落入敌手。他们在 1658 年 8 月 25 日抵达拉合尔，一下子就占领了城市，距离达拉离开已过去整整一周。

由哈利卢拉汗领导的先锋部队在经过漫长的行军后，于 29 日抵达拉合尔附近。第二天，

① *A.N.*，186-188；Aqil Khan，73（内容叙述很简短）；*Storia do Mogor*, i.312。

先锋部队没有进拉合尔城，而是跟随达拉赶往木尔坦。奥朗则布花费了三周时间（8 月 14 日到 9 月 4 日）在萨特累季河两岸来回运输自己庞大的军队[①]，接着在 9 月 11 日穿越比亚斯河，次日抵达了海巴特普尔·帕提（Haibatpur Pati）。随后他从先锋部队那里收到了一份惊人的情报，哈利卢拉汗说："达拉会在木尔坦建立强大的根据地，追击军队里没有将军血统可以与这位王公相提并论，也就没有人可以统率全军。如果现在就开战，我军会遭遇血光之灾，因此我们必须停止追击。"

奥朗则布亲自率军从拉合尔出发，追击达拉

奥朗则布听了这个消息决定亲自追讨达拉，他让儿子阿扎姆将大营帐、重型辎重和多余的部队带回拉合尔，自己带着小营帐、必不可少的装备和精英士兵，朝着西南方向的木尔坦进发。每天强行军 14~22 英里。[②] 经由卡苏尔（Qasur）和

① *A.N.*，186-188，在鲁帕尔西北方是尚卡尔堡（Garh Shankar）。原手稿误写为萨特累季河。

② *A.N.*，189，192，197-201；Kambu，19b（简短叙述）帕提（Pati）北纬 31° 16′，东经 74° 55′，距索拉翁战役战场（Battlefield of Sobroan）以北 11 英里远。（*Indian Atlas*,30）

谢尔格尔（Shirgarh），在1658年9月17日抵达穆曼普尔（Mumanpur），并于此地收到消息：达拉已经逃离了木尔坦（9月13日），随着军中开小差的士兵朝南奔向珀格尔，达拉的兵力日趋减少。奥朗则布此时没有必要再消耗士兵的耐心了，他决定折返。但是萨夫·希坎汗率领的6000名先锋部队士兵受命追赶逃出木尔坦的达拉，将他驱逐出省。奥朗则布运来20000金币用作军饷。哈利卢拉汗带着剩余的先锋部队在皇帝到来之前将一直待在木尔坦。

奥朗则布来到木尔坦，接着折返德里

25日，奥朗则布来到了木尔坦近郊，但是5天后就返回德里了，因为东边出现了危急情况，需要奥朗则布救场，而达拉的兵力现在被严重削弱，因此追讨达拉的任务可以安心交给部将处理。

我们现在把注意力从追赶者那里移开，再看看被追击者的遭遇。达拉逃出拉合尔后，帝国先锋部队离他只有12站的路。每天都有人抛弃这个倒霉的皇位继承人；即便是自己的财政主管科瓦贾·萨迪克（Khwajah Sadiq）也投诚到胜利者一方了。

达拉从拉合尔逃到木尔坦

9月5日，达拉来到木尔坦行省，但是他无法在这里的任何地方建立稳固的根据地。他从当地财库拿出220万卢比的现金款项，把它们装在大船里，将船只委托给备受信任的将军菲鲁兹·米瓦提（Firuz Miwati）和宦官巴桑特（Basant），让他们沿着印度河把这些船送往珀格尔。自己则通过陆路（9月13日）赶往乌杰（Uch）。在木尔坦，大多数官员和士兵离开了他。达拉在23日赶到乌杰，但是此处没有地方供他休息。追击者通过不间断的长途跋涉，赶上了达拉；在拉合尔时，奥朗则布的先锋部队距离达拉有12天的行程；在木尔坦时，奥朗则布一方落后达拉8天的行程；等达拉赶到乌杰时，奥朗则布的先锋部队距离他只有4天的行程了。

达拉跑到萨卡尔之外的印度河

为此，达拉逃得更远，于1658年10月13

日来到印度河西岸的萨卡尔（Sakkar，正对着珀格尔），他只在此地停留了 5 天，接着又开始了痛苦的沿河逃亡之旅。（10 月 18 日）[①]

奥朗则布从木尔坦出发，追击达拉

同时，在 1658 年 9 月 21 日，哈利卢拉汗率领的奥朗则布先锋部队抵达了木尔坦，此时距离达拉逃离此城已经过了 8 天。侦察兵未能从前方打探到逃亡者的具体行踪，他们不能确定达拉是朝着东南方向逃向拉吉普坦纳（Rajputana），还是沿着西南方向逃向信德。在沿着东南方向追踪数天后，侦察兵们空手而归。就在此时传来了消息，当地一位显赫的柴明达尔地主哈吉汗（Haji Khan）成功地找到了达拉在印度河地区的财宝船队的行踪，现在大家确定了达拉的逃亡路线。9 月 22 日，一名信使带着奥朗则布的指示和 20000 枚金币赶到了木尔坦，萨夫・希坎汗马上率领大军离开木尔坦追击达拉。9 月 26 日，奥朗则布派出谢赫・米尔和迪里尔汗，让他们率领 9000 名士兵增援

① *A.N.*，203–205；*Storia do Mogor*，i.316.

追击部队。经过长途跋涉，萨夫·希坎汗在9月30日抵达乌杰，此时距离达拉离开该城已经4天了。一是要在萨特累季河搭桥［也可能是在贾拉尔普尔（Jalalpur）］，二是等候落伍士兵赶上队伍，三是等候发放军饷，这三点延误了追击行程。10月2日，萨夫·希坎汗得到了一支火枪队、80000枚金币的军费，以及皇帝送来的其他必备物资，继续行军。虽然谢赫·米尔的大军仍然落后60英里，但是萨夫·希坎汗并没有等他，而是向珀格尔以北126英里的地方行军。他在那里待到了10月17日，与谢赫·米尔的部队成功会师。侦察兵从此地传来消息说达拉在10月13日已登上印度河右岸，来到了萨卡尔。①

现在，追击军队的人数已经达到15000人，如果以一支队伍走老路的话，会因为人数太多而行动不便。因此他们兵分多路：谢赫·米尔带领自己的部队穿越印度河，沿着右岸行进，

① *A.N.*，205-209，272-273. 乌杰，北纬29° 15′，东经71° 7′。（*Indian Atlas*,18N.W.）莫卧儿军队往木尔坦南部长途跋涉了3次，都是先穿过比亚斯河，然后再通过干涸的旧河道。（*A.N.*,272）

而萨夫·希坎汗沿着左岸行军，朝着珀格尔和萨卡尔进发。两条行军路线分别为 200 英里和 126 英里。

追击部队来到了珀格尔

10 月 18 日，在靠近坎（Kan）的地方，两名将军兵分两路，谢赫·米尔停留了两天，在印度河上用船架桥，而萨夫·希坎汗沿着左岸推进，经过三次行军于 10 月 21 日来到珀格尔。谢赫·米尔在印度河右岸用 3 天时间走了 160 英里，一路上忍受着荆棘丛生和崎岖不平的路面；很多运输辎重的牲畜累垮了，大量的随军仆从倒下了。到了行军的第三天，辎重和营帐已远远地落后于大部队，部队依赖的口粮数量有限。到了第四天，经过 24 英里的行军，部队终于来到萨卡尔。①

达拉的悲惨处境

奥朗则布的军队在此地得知了达拉军队的

---

① *A.N.*，273-274. 萨卡尔位于印度河西岸，罗赫里（Rohri）位于印度河东岸，而珀格尔的岛屿营寨位于印度河正中的两座城镇之间。[参见迈克尔·波斯坦（Michael Postan）的《信德》]

情况进一步恶化。达拉将大量的财产、后宫女眷、一些财宝、所有沉重的黄金和白银盘子，以及一些重炮放在珀格尔的城堡内。为了保卫这些物资和人员，达拉将防守任务委派给宦官巴桑特和赛义德·阿卜杜尔·拉扎克（Syed Abdur Razzaq），给了他们大量的弹药，以及一支由火枪部队、弓箭兵和护甲火绳枪兵组成的联合部队，另外还将曼努西指挥的欧洲火枪兵部队交给他们。剩余的财产则通过船只沿河流运输，他本人率领部队向南进发（10 月 18 日），沿着印度河右岸行军，准备在丛林中杀出一条路来。（现在）只有 300 人跟着他，当初离开拉合尔的 14000 人因为开小差而逃亡，在离开木尔坦时就已经减员一半。现在，达拉甚至拒绝以萨卡尔坚不可摧的城堡为据点进行防守。战斗持续不断，兴师动众又毫无荣光可言，获胜希望渺茫，领袖怯弱无能，这一切都让将士们倦怠不已。达拉离开萨卡尔的时候就已经有 4000 名士兵抛弃了他，这其中包括几乎所有的军队长官和贴身随从。其中有些人回到了自己的采邑（扎吉尔），但是大多数人倒戈加入了奥朗则布的军队。[1] 甚至连忠心耿耿的多德汗也离开了冷漠多疑的主人。

多德汗抛弃达拉

多德汗十分不满自己受到的待遇，他直截了当地问达拉自己为何受到猜疑，并表明了忠心。达拉把这番言论看成虚伪之辞，将多德汗解职，说："我的情况已经非常糟糕，那些我一手带大的人现在不带一丝感恩之情就离开我。你逃离本家，跟着我忍受困苦走南闯北，我并没有给你优厚的待遇。现在你要离开我，到你想去的地方是应该的……别再坚持跟在我身边了。"

多德汗听了这一命令十分愕然，他一再表明自己的忠心，甚至在主人的命令下也拒绝离开。多德汗把自己重要的女眷杀掉，以表明再无后顾之忧。然后就"稳定军心、安抚下属，以及应付当前危乱时局的策略"向达拉奏报自己的看法。他恳求达拉消除对自己的一切疑虑，现在已经没

① *A.N.*，270–275；*Storia do Mogor*, i.318，326–327（占领珀格尔）。

有什么能妨碍他坚定的表现和忠心了，因为他没有家室牵绊了。但是，这些表忠心的举动都未能打动达拉；达拉将他从自己的军营中请了出去。这位阿富汗将军被迫离开军队，后来加入了奥朗则布的阵营，并被擢升高位。①

达拉带着不到3000人来到了一处地方（可能是拉尔卡纳，Larkhanah），此地位于萨卡尔以南50英里处，从这里出发就能通往坎大哈。但是达拉的仆人和妻妾都不愿意去俾路支人的这片蛮荒之地。他别无选择，只能放弃这个计划，向南继续进发。他从陆路抵达了塞赫万，同时他的船只沿着印度河航行。②

在塞赫万追击达拉

1658年10月21日到达珀格尔的萨夫·希坎汗，此时距达拉离开对岸（萨卡尔）只有三天的时间差了，他停留了一天后占领了这座城

---

① Masum, 93b–96a（针对上述内容的细节）；*A.N.*，274, 275; *M.U.*，ii.33（多德汗的生平）；*Storia do Mogor*, i.317–318。

② *A.N.*，275，Sehwan在波斯语史料里总是被写成西维斯坦。（参见Postans,8）

市，在罗赫里安排了一支卫戍部队，在萨卡尔又安排了另外一支部队以防守要塞大门。谢赫·米尔要走漫长的一段路，被萨夫·希坎汗落下了3天的行程，但是萨夫·希坎汗等不及了，他在23日继续追击达拉。[①]30日，他从塞赫万的奎拉达[②]那里收到一封信，信中说达拉距离要塞不到10英里，并敦促他迅速截击即将到来的敌人的财宝船。萨夫·希坎汗立刻派遣了1000名骑马的护甲火绳枪兵，让骆驼驮着14门旋转炮，另外还准备了一些火箭，赶在达拉船队之前，在印度河流域更深的地方，也就是河道狭窄的塞赫万附近挖好壕沟，防止船只逃脱。当天夜里他调来了急行军，沿着河岸走了24英里，将右岸的达拉远远地抛在了后面。31日中午，希坎汗的护甲火绳枪兵部队沿着河岸赶了过来，距离要塞不到1英里（要塞在河对岸）。希坎汗在河边挖了2英里的壕沟，等着敌人船队的到来。

① *A.N.*，275-276.

② 意思是城堡之主。——译者注

希坎汗试图截击达拉的军队和船只

在距离帝国部队所挖的壕沟3英里远的地方，达拉的士兵正在操纵运输船只航行。从后面可以看到达拉军队的部分成员：约1000名骑兵、10头战象和几名旗手。这是追击达拉最关键的一步。现在如果有机会的话，达拉的逃亡之旅将会被拦腰截断，他现在位于两支莫卧儿帝国军队的夹心地带——前方是萨夫·希坎汗的军队，身后是谢赫·米尔的军队；两支拦截达拉的帝国军队人数总和是达拉现有军队人数的5倍。达拉的船只必须闯过印度河右岸谢赫万城堡的炮火和左岸谢赫·米尔轻型炮兵部队的袭击。但是他仍然有一条逃出生天的路：敌人的两支部队分别位于一条水流湍急的大河两岸，两支部队相距甚远，相互之间没有足够的船只以供交流通信。反应迅速的达拉抓住这一弱点，展开了自己的逃跑计划。

帝国军队的船队力量薄弱，只有将两岸要塞（城堡）和军队密切配合，才有可能发挥自身的体量优势。萨夫·希坎汗移动速度过快，将自己的全部船队落在了后面；现在处于希坎汗军队之间的是达拉占优势的船队，后者试图阻击敌人。

塞赫万要塞的奎拉达不与军队配合

因此，萨夫·希坎汗向塞赫万要塞请求几艘船支援，以便赶到印度河右岸，在陆地上跟达拉交战。他进一步指示奎拉达出城支援，占领达拉前方的一道关隘，另外指示：如果达拉的船队沿着印度河右岸，靠近要塞城堡的城墙航行时，要塞要向船舷侧开火。但是奎拉达穆罕默德·萨利赫·塔尔坎（Muhammad Salih Tarkan）并未应对挑战：他担心自己的卫戍部队数量较少，如果没有萨夫·希坎汗的援军，则担不起与达拉在陆上作战的风险，因此他没有采取进一步的行动，而是丢掉了萨夫·希坎汗本来可以派出援军的机会。他说自己为数不多的几艘船只被达拉的船队拦截，而无法到达萨夫·希坎汗的壕沟，又说印度河右岸河水水位较浅，达拉的船队可能在左岸登陆，萨夫·希坎汗的炮火可以轻易地压制住这些力量。

城堡要塞在情报的沟通中度过了一天。萨夫·希坎汗无法穿越印度河，他的部队只能用整整一夜和第二天一整天的时间（11 月 1 日）在壕沟中保持警戒。他收到了达拉停止行军的消息，谢赫·米尔将在两三天之内赶上敌人。

达拉和船队的逃亡

但是到了 1658 年 11 月 2 日上午 9 点，西边天空的云彩罩上了一层沙尘：达拉的军队此时正在向前挺进。很快，人们站在萨夫·希坎汗的位置上也可以看到达拉的船队。站在左岸的帝国军队整装待发，高度警戒，静候敌方舰队的来临。但是接下来的一切让他们大失所望，不到一个小时大家就明白达拉的船队正在经过更远的河岸（靠近城堡要塞），而不是接近壕沟。萨夫·希坎汗的炮兵部队发起进攻，但是河流太宽了，火炮根本到不了对岸。只有两艘船遭到毁损，其他船只安然无恙，依旧沿着河流向下航行。达拉的陆军力量也逃过了追捕，达拉从塞赫万城堡的秘密通道里逃出，急忙赶往塔塔，13 日才到达目的地。

逃亡者赶往塔塔

1658年11月3日，萨夫·希坎汗得知达拉昨天从塞赫万城堡要塞成功逃跑的消息，立刻沿着左岸行军，希望能够赶上敌人。接着，他停了下来等候谢赫·米尔。谢赫·米尔在11月6日赶到此地与萨夫·希坎汗汇合，并整合两军力量。因为船舶数量少，人们花了数天时间才将萨夫·希坎汗的部队移往右岸。经过几次强行军，萨夫·希坎汗在去往特达的路上赶上了谢赫·米尔（11月14日），接着再次领先于他。10月17日，他在塔塔收到消息，得知达拉在前一天已经渡过印度河左岸，进城的帝国侦察兵同敌人的残军败将发生了冲突，但是达拉仍然在其他地方停留了下来。于是，萨夫·希坎汗强行军28英里，来到距离特达两英里的印度河岸。次日（19日）他停了下来，收编了城中达拉抛下的财产，再次与谢赫·米尔会师。[1]

① *A.N.*，276-282.

达拉离开信德，前往古吉拉特

1658年11月20日，萨夫·希坎汗恢复行军，离开特达往南走了6英里，将船只集结起来准备横渡印度河。之后，他在11月23日穿过印度河，并在左岸安营。但是，他们这些人无法探寻到达拉在信德的踪迹，达拉趁着帝国军队在特达强制休整时，从印度河出发，朝东行进，抵达巴丁（Badin）后穿过大盐沼（Greater Rann）[①]，再向喀奇和古吉拉特赶去。

奥朗则布召回追击部队

不久，皇帝的命令传来了，要求部队停止追赶，回师向东抵抗舒贾入侵。部队领命后立即马不停蹄地在信德地区炎热的沙漠和瘴气丛生的雨林里跋涉，替班的马匹和辎重牲畜因为疲劳过度而死。他们开始沿印度河返回（12月5日），[②] 虽然未能追捕达拉，但是虽败犹荣。他

① 大盐沼，即库奇地区的拉姆萨湿地（Ramsar Wetland）。——译者注

② *A.N.*，282-283中提到，他们于次年的2月8日在拉普巴斯（Rupbas）的狩猎行宫与皇帝会师。

们已经忍耐了很久，但在最后时刻却因为缺少船只而功亏一篑。随着达拉离开拉合尔，帝国军队不倦不休的三个月的追击行动也到此终结，现在也没有必要继续追击了；而达拉不仅境况窘迫，而且逃往的地方对他而言敌意重重。他再也不能对莫卧儿帝国的皇位构成威胁。

第十九章　舒贾争夺王位——哈吉瓦之战，1659年1月5日

沙贾汗的次子穆罕默德·舒贾现在是孟加拉总督，智力超群，品位非凡，地位显赫。但是他一直贪图享乐，加上孟加拉地区易于管理，使其在这个贫弱的国家居住了17年，这几点让他变得孱弱、懒惰、粗心，既不能承担沉重的劳务，也不能保持精力和警惕，更不用说从事兼具这几大特点的工作了。他纵容自己的政府，让军队变得无能，使各个部门陷入了懒惰懈怠的状态。当时一位作家写道："像茉莉花那样大的东西他都看不见。"因为孟加拉的气候易于产生传染病，因此他的健康状况恶化了，尽管才41岁，他就已经感到岁月不饶人了。在精神上，舒

贾跟以前一样敏捷，但是需要极大的操练才能恢复，而且只是灵光一现；他仍然能够干一些重体力活，但总是时断时续。

舒贾自行加冕

在当时孟加拉的首府拉杰马哈尔(Rajmahal)，舒贾听到了沙贾汗的病情以及统治崩溃的传言后，立刻自行加冕，采用了尊贵的头衔：阿布·法鲁斯·纳萨鲁丁·穆罕默德·帖木儿三世·亚历山大二世·沙舒贾·巴哈杜尔·加齐(Abul Fauz Nasiruddin Muhammad Timur Ⅲ Alexander Ⅱ Shah Shuja Bahadur Ghazi)。[①] 清真寺内的呼图白(Khutba)以他的名义念诵，硬币上印着他的尊号，他作为国王取得了完全意义上的王权。唯一要做的就是击败对手，夺取德里的皇位。

向贝拿勒斯进军

为了图谋大业，舒贾组织了一支庞大的军队、一支装备齐全的炮兵部队和极其实用的孟加拉战船部队。行经巴特那，他于1658年1

① Khafi Khan，ii.5；Masum, 32b.

月底赶到贝拿勒斯。同时，达拉也派出一支大军——骑兵 20000 人，火枪步兵 2000 人，护甲火绳枪兵 200 人，还有为数众多的战象和丰厚的战争资金。① 老皇帝恳求将军竭尽所能阻止手足相残的战争：如果舒贾在自己统治的地区和平逊位，他们就不会搅扰舒贾，但是如果舒贾一意孤行，那么就会跟他干戈相争。②

舒贾在巴哈杜尔普尔的军营

舒贾在恒河上游安扎了一个稳固的大营，停在他身边的还有一支船队。三英里外驻扎着达拉的军队。有时会有远程炮火冲突，有时双方的侦察兵会发生冲突。德里的军队在人数上并未占绝对优势，没有必胜的把握夺取敌人的阵地，因此苏莱曼仔细研究了敌人所处的地形和习惯。他发现这些人既没有采取通常的军队

---

① *Adab*，215b；*Alamgirnamah*，31；Masum，34a；Kambu，9a. 长子苏莱曼·舒科年纪尚轻，担任名义上的长官；但是军队实权掌握在他的副手——政坛经验老到的拉杰普特长官贾伊·辛格（Jai Singh）和彪悍的阿富汗人首领迪里尔汗·鲁赫拉的手中。

② *Adab*，216b；*Storia do Mogor*, i.244; Benier，35.

预警措施，也没有在军营内安置巡逻人员，舒贾十分懒散，对军队放任自流，经常任由士兵们睡到日上三竿。

舒贾遭到苏莱曼·舒科出其不意的进攻

因此，苏莱曼开始自己做好准备。1658年2月14日清晨，他带领部队假装转移阵地，然后突然一下扑向舒贾的军营。①

舒贾本来睡在被蚊帐围住的睡椅上，结果骚乱一下子让他从梦中惊醒过来。他骑上战象，企图挽回局势，但是败局已定。敌人疯狂地涌入军营进行劫掠。"他手下所有支队的长官都逃走了，全然不顾上司的生死。"军营各处有零星的几伙人在抵抗敌人，但是更多人想求得自保而非夺取胜利。大约有300名敌军包围了舒贾的战象，他们排出火枪，拿出弓箭对准他。弹药和箭雨落在了象轿上，有些箭矢甚至擦过了舒贾的甲胄。但是舒贾亲自上阵，

① *Alamgirmanah*, 31; Masum, 34a，我笔下的惊险场景来自第二份史料的生动描绘："孟加拉士兵擦亮了睡意惺忪的眼，敌人就已经在他们身边了；他们没有时间穿上战袍，只有从小路溜走以求自保。"

勇敢地抵御攻击，射光了两箭筒的箭。舒贾向自己的人马喊话，让他们跟在战象后面勤王，但是没有人响应。敌人仍然持续向他靠近，企图抓住大象，其中有个士兵靠得很近，甚至可以用手中的宝剑劈向舒贾的腿。

舒贾的逃亡

舒贾现在只有一条逃生之路。战象被召集到河边，海军炮火也不断试探敌人的路线。即便如此，这场撤退还是要直面敌人最猛烈的攻击，在米尔·伊斯法迪亚尔·马穆里（Mir Isfandiar Mamuri）和赛义德·伊斯梅尔·布哈里（Syed Ismail Bukhari）的带领下，舒贾手下的一批忠臣一次次地发动反攻。他们为战象挣脱敌人封锁赢得了时间，战象最终抵达了河岸，舒贾迅速地躲进了船里。

舒贾的营地遭到劫掠

苏莱曼的手下现在抢劫了舒贾的整个营地。营帐、珠宝、家具和其他一切家当（金钱、马匹和大象除外）全部被胜利者劫掠一空了。孟加拉士兵们只捡了条命，其他东西都丢在了一旁。舒贾本人的损失约为500万卢比；他手下的主要大臣米尔扎·江·贝格（Mirza Jan Berg）除损失了大象和马匹外，还损失了价值60万卢比的财产。甚至连位阶最低的士兵也丢掉了少得可怜的财产。全部的财产损失绝对不少于2000万卢比。

逃亡的皇子立刻启航，沿河而下，赶到河岸的很多随从因没有来得及上船，而无助地沦为敌人的刀下鬼。船队匆忙地航行了10英里，从未停下来让散落在河岸上的部下上船。最后，船只有气无力地停靠在更远的地方，担任维齐尔的米尔扎·江·贝格才带着区区400人上船。“因为主人在大屠杀中救了他的命，米尔扎·江·贝格向主人祝贺，认为这样做抵得上1000次胜利。”从这点可以判断这场恐慌的性质。

逃亡人员的悲惨命运

但是大部分沿着陆路逃亡的军队人员都途径萨瑟拉姆和帕特那。这些人彻底崩溃了，耻辱的场景加速了他们仓皇的逃亡。一小群半裸的农民手挽着手不知所措，本来他们就为追击军队担惊受怕，无时无刻不担心他们的到来，如今恐惧也被无限放大了。被击溃的士兵尽管有10000人到15000人，但他们身穿的盔甲和链甲，骑着的战马，都被这些村民偷偷拿走了。有些人甚至为了能够更好地逃命而主动扔掉了自己的军装和钱财！有些村妇引诱士兵，许诺给他们水喝，接着就拿走了士兵的衣服和财产，而这些士兵只能吃哑巴亏。通往巴特那的整条路上都是被遗弃的战象、战马、骆驼、骡子、昂贵的财物和钱币。这些东西很快就被村民抢光了。

舒贾逃到蒙格埃尔

1658年2月19日，舒贾来到巴特那召回一部分人马。但是打了胜仗的苏莱曼·舒科尽情地劫掠了巴哈杜尔普尔军营后，现在又继续追击舒贾。因此，舒贾被迫逃亡到蒙格埃尔（Mungir/Monghyr），在此地召集流亡士兵，让伤员休息，以抵抗敌军的追击。他费了很大力气在城外的平原上修了一道长达两英里的土墙，从山头修到河边。通过修建壕沟、栅栏和炮台，这个土墙的防御力得以加强；士兵日日夜夜守在土墙内部进行警戒，提防敌军来袭。[①]

舒贾与苏莱曼媾和

不久，朝廷传来了震惊的消息，父皇写信劝苏莱曼与舒贾达成停战协议，以赶回阿格拉应对来自南方的新威胁。奥朗则布和穆拉德从德干高原赶来，并已在路上会师。他们在达尔马特击败了达拉的军队（4 月 15 日）后正在全力赶往京师。

舒贾门下的维齐尔米尔扎·江·贝格和贾伊·辛格王公很快商量好了协议条款，主要人员准许了提议。协议规定孟加拉、奥里萨邦和比哈尔邦直到蒙格埃尔东边的地盘归舒贾所有，但是他的王权应该归拉杰马哈尔所有，拉杰马哈尔的西部边界靠近蒙格埃尔，对德里造成了威胁。条约一签署（签署时间为 1658 年 5 月

---

① Masum, 40b，41a. 这个未曾预见的障碍使苏莱曼立刻停止了行军，他在蒙格埃尔西边 14 英里处安营扎寨，花时间来构思新的计划。

初）[①]，苏莱曼就火速赶往阿格拉。可惜，一切都为时已晚，他们无力拯救达拉，也无力挽救自己的命运。

奥朗则布称帝

现在，政治格局发生了翻天覆地的变化，奥朗则布步步为营，在萨穆加尔击败了达拉本人，占领了阿格拉城堡，废黜了父皇，在宴席上施加诡计囚禁了穆拉德·巴赫什，使自己成为印度至尊的统治者。奥朗则布一方面在德里组织自己的新政府，登基称帝，另一方面为了确保大后方绝对安全，他用最友好的措辞向舒贾致函；奥朗则布将比哈尔邦划为舒贾的封地，并且许诺等达拉的事情摆平以后，会给舒贾领土和金钱方面的其他好处。

奥朗则布向舒贾友好致函

在舒贾人生中的至暗时刻（1658 年 5 月

---

① Masum, 52a-56a. 马苏姆在史料中（52b）说苏莱曼的军营距离蒙格埃尔 30 英里远，但是另一处史料（147b）说距离蒙格埃尔 14 英里远。

初），笼罩在他身上的乌云被风吹散了。他不光有了喘息之机，从追捕中缓过神来，而且随着自己领土的增加而变得更为信心十足。奥朗则布给他写的信传达了最友善的兄弟之情，“你以前经常在父皇面前央求得到比哈尔邦，现在我把比哈尔邦划为你的封地。花些时间安心治理该地，恢复你那受损的权力。当我处理完达拉的事情后，会满足你的其他愿望。作为亲兄弟，我不会拒绝你的任何愿望，无论是钱也好，土地也罢”①。父皇沙贾汗慈爱如山，穆拉德·巴克什是奥朗则布登上皇位的梯子，但是奥朗则布把他们都变成了阶下囚。这种处理方式让舒贾都看在眼里，于是他开始怀疑奥朗则布在信中表达的兄弟之爱。他回了一封信，表示感谢，同时准备兵戈相见。

舒贾希望巧施妙计抓捕奥朗则布

奥朗则布的人马在遥远的旁遮普追击达拉，但是奥朗则布本人并不在场，这一消息重新点燃了舒贾的野心。尽管手下的长官和大臣反对，但他决不希望错过这个千载难逢的机会。他这

① *Alamgirnamah*，211，223，224.

样回答部下："奥朗则布离开了那个地方，距离京城又有一段距离，他现在的人马不足以跟我们对抗。如果王子穆罕默德·苏尔坦挡道，我会打败他，迅速救出沙贾汗，赢回圣驾。我会待在朝廷，忠心地侍奉在父皇左右。"①

于是他去了巴特那。他手下的将领米尔·伊斯法迪亚尔在巴哈杜尔普尔受伤，被苏莱曼·舒科所俘，押往阿格拉。后来。随着达拉的出逃，伊斯法迪亚尔趁乱从阿格拉越狱出逃，加入舒贾的麾下。此人是孟加拉长官中唯一助长舒贾虚荣心的部下，他劝阻舒贾大胆地迈出一步，加冕称帝。②

向阿拉哈巴德进军

1658 年 10 月底，有着 25000 名骑兵、炮兵部队和船队的孟加拉军队迅速从巴特那出发。起初，命运女神向远征军露出了笑容，达拉麾下在东部省份负责看守堡垒的军官收到命令：达拉皇子刚刚打了败仗，现在将要把主权移交给舒贾，以免堡垒落入奥朗则布之手。罗塔斯（Rohtas）、

① Masum, 96a，96b；*Alamgirnamah*，224.

② Masum, 97a，99a.

丘纳尔（Chunar）和贝拿勒斯都向舒贾打开了大门，阿拉哈巴德的长官向舒贾致函，表示愿意纳土归诚。舒贾向恒河北方派出一支小分队占据了斋普尔，同时在贝拿勒斯向印度教徒和穆斯林征税，征收了30万卢比的军饷。舒贾的军队在12月23日抵达阿拉哈巴德。一小支由汗－伊－道兰率领的奥朗则布的军队占领了城堡，该部队距离舒贾只有咫尺之遥。①

奥朗则布的部队赶到哈吉瓦

但是皇子在征程中很快就遇到了阻碍，他要面对状态全新的敌人。从阿拉哈巴德出发，他经过三处驿站，来到了哈吉瓦（12月30日），②

① *Alamgirnamah*，224，225，239，240.Kafi Khan，ii.45-47. 马苏姆对这件事的细节只字未提。1764年，英国人从贝拿勒斯攫取了40万卢比的赎金，作为他们不劫掠贝拿勒斯的补偿（Broome，485）。

② *Indian Atlas*,sh.69 N.E.，*Khajuha*. 哈吉瓦位于费特普尔区（Fatehpur District）西南方向5英里处的英国东印度铁路公司（EIR）的宾德基道路站，此地距离北边的恒河和南边的亚穆纳河都有10英里的距离。距离此道路站西边8英里的是可拉（Korah）道路站，另一场战役的名称即源于该地名。一个世纪之后（1765年5月3日），卡尔梅克将军（General Carmac）在可拉平原上打败了奥德维齐尔的马拉塔盟军（Broome，513）。

发现奥朗则布的儿子穆罕默德·苏尔坦阻挡了道路。三天过后，莫卧儿帝国的军队力量大增：奥朗则布本人御驾亲征，来到军营接管了最高统帅的指挥权。现在，双方要一决胜负，看看这片土地上谁才是王者！

奥朗则布赶到哈吉瓦对抗舒贾

要真正理解这令人惊骇的一幕，我们还得从去年7月份的故事讲起，当时奥朗则布刚刚在德里加冕称帝，就从德里出发赶往拉合尔追击达拉，而且对自己在孟加拉的兄弟并不放心。奥朗则布在印度东部地区安插了很多间谍，这些谍报人员监控舒贾的一举一动，再由信使快马加鞭，将信息传递给皇帝本人。舒贾从拉杰马哈尔赶到巴特那的长途跋涉很可疑，而且他在去阿拉哈巴德的路上又公开做出不友好的行为，这些消息都按照惯例由信使传给奥朗则布。但是奥朗则布对舒贾的个人能力、军事实力、指挥能力和行动能力评价不高，因此他决定追捕了达拉后，再对付舒贾。因此，他沿着印度河追击达拉。但是面对奥朗则布手下的将军，达拉像野兔一样敏捷，前者没有在任何地方成功逮捕他。同时，印度东部传来的消息越来越危急。因此，当时还在木尔坦的奥朗则布认为再不把舒贾当回事，就很不明智了。奥朗则布将追击达拉的任务交给手下的将领（1658 年 9 月 30 日），自己则带着精锐的骑兵火速赶回京师，为了弥补损失的时间，每天都要过两个驿站。[①] 这是一场非常精彩也十分有必要的战斗。11 月 20 日，奥朗则布一行人抵达德里。三天后，他让穆罕默德·苏尔坦率领炮兵部队和一支强大的军队从阿格拉赶来，与汗 - 伊 - 道兰在阿拉哈巴德的部队会师，穆罕默德·苏尔坦负责阻击舒贾，向皇帝汇报军情。从旁遮普刚刚赶回来的一支精锐老兵又从德里出发，加入穆罕默德·苏尔坦的军队。稍后不久，祖尔菲卡尔汗带着更多的炮兵部队和 1000 万卢比从阿格拉城堡赶到阿拉哈巴德，其他几名军官也来到阿拉哈巴德以充实奥朗则布军队的力量。这些军官大多数是拉杰普特人，他们

① *Alamgirnamah*，212 et Seq；Masum，100a，100b.

带着自己的亲兵而来。[1]在奥朗则布排兵布阵的同时，舒贾仍然滞留在贝拿勒斯：他由此错失了袭击阿格拉城堡的良机；摆在他面前的康庄大道现在已经封闭了，皇帝本人就在德里附近。

奥朗则布抵达可拉的军营

由此，双方博弈的格局彻底改观，奥朗则布本人希望舒贾能够迅速退出无益的争夺，这是任何有识之士都会做出的抉择。因此皇帝本人放慢速度，在德里停留了12天，接着前往索龙（Soron）的狩猎场所打猎，静候消息。如果舒贾逊位，皇帝就召回皇子穆罕默德。然而正如我们所见，舒贾盲目挺进，来到了哈吉瓦。不断获知敌人动向的皇帝，在1658年12月21日离开了索龙，命令穆罕默德·苏尔坦不要继续行动，而要听候下一步的指令。1659年1月2日，父子二人在位于舒贾所在地以西8英里的可拉会师。[2]是日，好事成双，经过了艰苦的行

① *Alamgirnamah*，226，234，235.

② *Alamgirnamah*，225-238，241.

军，米尔·朱木拉从德干高原来到阿拉哈巴德后，立刻成为皇帝的机密谋士和左膀右臂。

奥朗则布统率全军

莫卧儿帝国军队早就想加入战斗。1659年1月3日，奥朗则布制定了作战方案，给每个师下达了指定的任务。1月4日清晨，作战命令下达：炮兵部队来对付敌人的大炮，军队士兵要排在炮兵部队前方。军营内部熙熙攘攘，统帅和传令兵忙着安排队伍阵列；外面锣鼓喧天，旌旗飘扬，战象和大炮在各个师团前移动；各个师团后面是有钢甲护身的骑兵。90000匹战马掀起了“一片浓厚的沙土，遮天蔽日”①。

向舒贾进军

上午八点，奥朗则布亲自乘坐一头巨型战象视察部队，在战场上为手下的人马打气。在

① *Alamgirnamah*，242，245，250.Khafi Khan，ii.49.奥朗则布在《阿拉姆吉尔本纪》中对军队的部署情况有具体生动的描绘，参见第245~250页，对舒贾军队的描绘参见第250~251页。另外，Aqil Khan（75）、Aqil Khan（ii.49）仅仅对《阿拉姆吉尔本纪》的内容进行了概括。

他的领导下，部队缓缓移动，井然有序。这个进程一直持续到下午三点，莫卧儿帝国军队在距离敌人1英里处停了下来，身后就是帝国的炮兵部队，这个位置是侦察兵找到的最佳作战位置。舒贾也带领着自己的部队，但是并没有离开自己的位置。唯有舒贾下属的炮兵部队往军营前走了半英里。莫卧儿帝国军队向舒贾的炮兵部队回敬了几炮，但是双方似乎没有开战。①

双方部队在警戒中过夜

夜幕降临，舒贾的炮兵部队退回军营，以与大部队保持联络。天生有着将领直觉的米尔·朱木拉立刻占领了敌人的阵地。此处地势险要，可以俯瞰敌人军营。他费了很大的力气，终于将40门大炮拖到高地上，瞄准敌军，为次日的战斗做好准备。士兵遵照奥朗则布的命令，没有脱下盔甲，也没有卸下马匹上的马鞍，只在

① Masum（101b）说整夜炮火不停，一直有稀稀拉拉的炮火声，但是这种情况实际上不大可能发生。*Alamgirnamah* 给出的描述更为合理，也是我采纳的史料。

原地原岗休息。皇帝本人也在路上的一个小帐篷里休息。皇帝麾下的将军们忙着在阵地前面挖战壕，保持着警戒状态。在上半夜，米尔·朱木拉四处巡查，监督战壕挖掘工作，敦促哨兵时刻保持警戒。[①]

军营中的骚乱

在剑拔弩张的气氛中，1659 年 1 月 5 日即将迎来黎明。还有数个小时，天空才会放亮。远方的先锋部队发出喧嚷声，并在一点点地集结，皇帝此时正为最后的进攻而进行夜间祷告[②]。

军营中的骚乱由贾斯万特用诡计发动攻击所致。这种诡计[③]对任何一名军人而言都是不光彩的，对任何一名拉杰普特人而言更是奇耻大辱，也是这场灾祸的根源。贾斯万特·辛格指挥帝国右翼部队，将很多鸡毛蒜皮的小事忍在心里或视而不见，但他正在筹划一场巨大的

① *Alamgirnamah*, 252.

② 泰罕朱德（tahajjud），即夜间拜。——译者注

③ 出自奥朗则布本人的话，参见他给贾伊·辛格的信件（Paris MS., 2b）。

复仇阴谋。据说，他向舒贾派遣特使，会在将近天黑时攻击战场旁边的莫卧儿帝国军营，[①]再回到战场，冲入挡在中间的穆罕默德·苏尔坦的军营。军营里的几名护卫很快就招架不住了，在路上看到的其他几个随从也丢掉了性命，拉杰普特人把能够用手拿的东西都扛起来了，军营中的有些人被闹声吵醒而误以为是敌人来袭，匆忙地把辎重放到动物身上，然后准备战斗，结果这些辎重落入拉杰普特人的手中，拉杰普特人因此省了包装辎重的大麻烦！不计其数的

---

① 关于袭击下层军营的状况，参见 Masum，110b-114b；*Alamgirnamah*，253-256；Khafi Khan，ii.51-53；Kambu，19b(内容很简略)；Aqil Khan，76，77(内容简短，而且极其混乱)；*Ahkam*，Irvine MS.，4b，India Ofice MS.，34a(这里多了几行描述)。

关于这件事的史料最佳来源是《阿拉姆吉尔本纪》和《阿拉姆吉尔故事集》，哈菲汗则给出了更多有趣的细节。就在皇帝跑到后部驱赶舒贾时，舒贾迅速扑向敌军，在敌军的散乱阵线之间横插了一刀。因此，午夜过后不久，他从1400名拉杰普特人的包围中突出重围。阿卡姆的书中给出了这个数字，而马苏姆的书中说："有5000人到6000人。"本书之所以采用更多的人数，是因为贾斯万特身为右翼部队的司令，手下兵马至少有10000人。次日，莫卧儿军队右翼部队的人数减少，也有10000人，另外还有3000多人的预备部队。同时，《阿拉姆吉尔本纪》的相关记载承认，奥朗则布在黎明时分发现"有一半的兵马因为骚乱而四散"。

马匹和骆驼载着大量的现金和实物都被拐走了。从皇帝本人到最卑微的列兵，他们在帝国军队中的包裹、储存和役畜都放在军营中，现在这些物资都被劫掠一空。“皇子军营中的每一件物品都被劫掠的扫帚一扫而空。”在拉杰普特人攻打阿格拉的路上，皇帝自己的军营也遭遇了类似的命运。人们排着不成形的队伍，灾难的流言遍布全军。“消息造成了全军的离心离德；他们的秩序非常混乱；懦夫或叛徒不是跟着贾斯万特逃走了，就是跟在他后面：一些心怀二心的人跑到了舒贾那里。很多指挥官离开了岗位，并急忙跑到军营后面，照看自己的财产。”

舒贾犹豫怠惰

但是，奥朗则布的冷静和舒贾的犹豫使危局扭转了过来。舒贾收到了贾斯万特的消息，但是他在夜间没有离开军营，因为他认为这是贾斯万特和奥朗则布两人导演的一出阴谋，是为了引诱自己上钩！奥朗则布写假信的名气太大了，他制造假象，实施一切战略措施和密谋，舒贾不敢因奥朗则布表面上的慌乱而下手打劫。

犹豫的舒贾最后损失惨重，千载难逢的良机一去不复返。

奥朗则布镇定自若

当贾斯万特发动攻击、擅离职守的消息传来时，皇帝正在自己的军营中进行夜间拜。奥朗则布不置一词，仅挥挥手说：“如果他要走，就由着他去吧！”在认真祷告完毕后，他从营帐中走出来，坐上一架抬轿[①]，向手下官员发话：“这件事就是真主赐给我们的，如果异教徒在战争中成了叛徒，那一切就完了，（现在）他的离开对我们而言非常好。要感谢真主，借助这一方法将真主的朋友与军中的秘密敌人离出来。这件事是真主赐予我们的，是胜利的迹象！”[②]

奥朗则布力挽狂澜

因此，奥朗则布坚持按兵不动，避免自己的部队也造成混乱。这一做法给其他人吃了定

① 抬轿（takht-i-rawan），一种以人力抬起的单轿，一般是一人乘，两人抬，无顶棚。

② *Alamgirnamah*，255，256；Khafi Khan,ii.53；Ahkam，4b.

心丸。奥朗则布派出传令兵，向各个部队的领导人发话不要离开原来的位置。任何人如被发现擅离职守，就会被带到皇帝面前接受一番训斥。[①] 伊斯拉姆汗受命接替贾斯万特，指挥右翼军队，萨夫·希坎汗受命独立指挥前路锋队。前一天战役中的其他部队安排都保持不变，但是米尔·朱木拉被允许可以在必要时刻做出任何行动。这一夜所有人都是在警戒中度过的。

双方对决

到了黎明时分，奥朗则布骑着一头战象观察敌情。贾斯万特的反水已经让莫卧儿帝国军队损折了一半的兵力。但是天亮时分，很多在逃亡路上走得并不远的忠心的军官又折回来，重归皇家军队。奥朗则布由此看到自己身边跟着 50000 名士兵，而舒贾只有区区 23000 人。[②]

---

① Khafi Khan，ii.53.

② 阿奎勒汗给出的舒贾军队的人数如下：右翼部队 5000 人，左翼部队 4000 人，右翼后备部队 2000 人，左翼后备部队 2000 人，中央部队 10000 人。这部分人加起来为 23000 人，但是主要后备力量没有提及具体人数。

奥朗则布带着必胜的信心下令开战，奉承主上的宫廷史官这样写道："他仰赖真主和天使。"但是现代的批判（或译为重要、考据）历史学家给出了更为现实、平常的解释：奥朗则布的兵力是舒贾兵力的两倍。

奥朗则布军队的阵容

首先出场的是一队护甲火绳枪兵，人数虽然不多，但都是精挑细选的人马，由阿卜杜拉汗领导。接着是帝国猎兵的随员部队，这些猎兵习惯于追踪野鹿和老虎，现在他们可以利用这一优势，仔细观察地面情况。祖尔菲卡尔汗和穆罕默德·苏尔坦领导先锋部队，伊斯拉姆汗领导右翼部队，汗-伊-道兰和库马尔·拉姆·辛格（Kumar Ram Singh）（贾伊·辛格的儿子）领导左翼部队。每支部队有10000人，在部队的前方都布置了枪炮。巴哈杜尔汗领导的是小型先遣后备部队。两翼的后备部队中，每个部分有3000人，分别由多德汗和苏扬·辛格王公领导。在中央部分，皇帝麾下至少有 20000 人。[①] 奥朗则布本人的左翼部队和右翼部队分别由阿明汗和穆塔扎汗领导，卡瓦斯汗率领的是人数勉强凑足的殿后部队。奥朗则布和自己的第三子穆罕默德·阿扎姆一同坐在战象的象轿上，米尔·朱木拉乘坐另外一头战象，这头战象离皇帝的那头非常近，必要时可以勤王。全军以上述阵型缓慢行进，在清晨八时与敌军交锋。

舒贾军队的阵型

舒贾对前一天莫卧儿帝国军队的庞大阵

① 帝国军队的实际兵力状况在《阿拉姆吉尔本纪》和卡菲汗的《往事拾珍》的记载中都没有提及。《阿拉姆吉尔本纪》只是说前一天出现的兵力总数（90000 人）中有一半在场（第 256 页），按照这则史料的记载就是 45000 人到 50000 人的兵力。而卡菲汗的记载中说黎明时分很多军官回到奥朗则布麾下（第 53 页），因此在贾斯万特脱逃之后，奥朗则布手中的马不可能低于 50000 人，60000 人可能更接近历史真相。阿奎勒汗著作的第 78 页这样评估帝国军队兵力：先锋部队、左翼部队和右翼部队各有 10000 人；右翼后备部队和左翼后备部队各有 3000 人。很遗憾的是，我们找不到（皇帝带领下）中央部队的人数。但肯定是侧翼部队人数的两倍，因为《阿拉姆吉尔本纪》提到军队中总共有 43 个军官，左右两翼各有 20 个军官。阿克巴姆（第 246~248 页）的史料记载战争开始时，奥朗则布的军队“甚至连舒贾的 1/4 都不到”，这显然是荒唐离奇的夸张说法，只存在于印度公共图书馆的手稿中。

势印象深刻，传言奥朗则布的军队有 90000 人之多。他知道自己不能采取常规作战方式，让自己的兵力跟敌方对应的兵力抗衡。面对敌人三倍于自己的力量，他自己的小规模兵力会被严重打击。因此，他做出英明的决断，组建了当天打仗所用的全新阵型：全部兵马在炮兵部队后面排成一字长线。他的右翼部队由长子扎伊努丁·穆罕默德和赛义德·阿拉姆（Syed Alam）（手下人马有 5000 人）指挥，左翼部队由哈桑·赫斯基（Hasan Kheshgi）领导（手下有 4000 人）。除了两翼部队，还有左右两支后备部队，各自有 2000 人，分别由伊斯法迪亚尔·贝格（Isfandiar Beg）和赛义德·库利（Syed Quli）领导。舒贾和次子阿克塔尔殿下（Buland Akhtar）位于中央（中央部队有 10000 人）。舒贾前排的军官是谢赫·扎里夫（Shaikh Zarif）和赛义德·卡西姆。舒贾的军队似乎没有主要后备力量，他大权在握，并决定利用进攻方通常所具备的道义优势。战斗的第一阶段证实了他的判断。

战斗开始阶段

战斗在清晨八点开始，双方火炮部队猛烈开火；加农炮、火箭和火枪齐鸣，造成了严重的杀伤。一枚炮弹击中了赛努丁的战象，象背上的象夫和仆人受伤，而赛努丁却安然无恙地逃走了。此时，两军的先锋部队已经离得很近，开始互相发射弓箭。[①]

奥朗则布的左翼部队被打败

舒贾右翼部队的赛义德·阿拉姆率先出击，他向莫卧儿帝国左翼部队猛冲，用三头受怒的战象强行打入敌军前方，每头战象的脚被锁上了两芒德重的脚链。[②] 无论是人还是野兽，都无法承受如此强大的攻击。帝国军队的左翼没有

---

① 关于哈吉瓦之战的详细史料，参见 *Alamgirnamah*，257-265；Masum，102b-105b；Khafi Khan，ii.53-56（这段史料大多数是对 *Alamgirnamah* 的复述）；Kambu，20a，20b；Aqil Khan，75-79，最后一段史料增加了很多宫廷史官删掉的内容。马苏姆的史料有着特殊价值，他站在舒贾的立场上生动地描绘了战争。尽管如此，但《阿拉姆吉尔本纪》还是我的主要参考史料。

② Khafi Khan, ii.56.

皇子或将领指挥，溃不成军，成鸟兽散。军队的恐慌情绪传递给中央军队：士兵在慌乱之中逃跑；意志脆弱的人不想被攻击，也逃亡了。[①]让事情雪上加霜的是，有人谎报军情，说皇帝已驾崩，假消息很快传遍全军，这使士兵惶惶不安。很多士兵逃亡，“甚至连德干战争的老兵和皇帝的老部下都加入了逃亡大军”。[②]军心十分混乱，有的人直到阿格拉才停下脚步。贾斯万特神秘的行踪以及士兵的迅速逃亡，使得皇帝战败和被捕的故事在通往阿格拉的路上被传得神乎其神。后来逃离战场回到阿格拉城堡的人证实这一了消息，把细节说得跟亲眼看见似的，并宣布得胜的舒贾会迅速赶来释放老皇帝沙贾汗。此时的阿格拉就如同滑铁卢（Waterloo）之战后的布鲁塞尔！

舒贾攻击奥朗则布的中央部队

但是战争仍然在继续，离胜利仍然有一段时间。敌人再次冲击了奥朗则布的左翼部队

---

① Kambu, 20b.

② Aqil Khan, 76，77.

后，开始向中央部队进攻。但是皇帝身边仍然有2000名忠勇的武士护卫，来自先锋预备部队的穆尔塔扎汗和来自左翼后备部队的哈桑·阿里汗各自带领一小批精兵，赶在前面阻挡敌人。皇帝本人意志顽强，将战象调转到左边，与前方的敌人交锋。中央部队护卫皇帝，其他少数英勇的军官成功地驱逐了赛义德·阿拉姆，使其原路返回。

舒贾的部队被击败

但是三头战象仍然在迅猛推进，攻击力比以前更为强大。其中一头战象冲到了奥朗则布战象的前面，此时战斗到了最危急的时刻。如果皇帝退步或是调转方向，那么全军就会逃散。但是他像石头一样坚强地挺立着，命人用铁链牢固地拴住自己乘坐的大象的双腿，防止战象逃离战场。[①] 在皇帝的号令下，其中一位火绳枪兵贾拉尔汗（Jalal Khan）击中了进攻大象的驯象师，稍后让几头战象围了过来。一名勇敢的皇家驯象师敏捷地跳上象背，控制了无人管教

① Khafi Khan，ii.56.

的大象。其他两头大象离开中央部队，往右翼部队冲去。皇帝现在有了喘息之机，前来援助此时遭到严重攻击的右翼部队。

奥朗则布解救被猛烈攻击的右翼部队

赛义德·阿拉姆成功发起攻击，在其鼓舞下，由布兰德·阿赫塔尔、谢赫·瓦利（Shaikh Wali）、谢赫·扎里夫、哈桑·赫斯基和其他军官率领的敌人先锋部队和左翼部队开始攻击帝国右翼部队。尽管敌人人数很少，但是他们的英勇冲击破坏了原有的阵型；很多帝国军队士兵逃走了，尽管身边只有极少数人，但是帝国军队军官仍然站在原来的岗位上奋战。[①] 此时，左翼军队的战斗情况十分紧急，奥朗则布没有时间思考右翼军队的情况。现在，左边军队的威胁解除后，奥朗则布看到右边的军队又陷入混乱和逃亡状态中。他的第一反应就是给受到严重攻击的右翼军队增加兵力。但是即便在最危难的时刻，他仍然保持冷静和风度。[②] 但

---

① Kambu, 20a；Masum, 102b, 103a.

② *Alamgirnamah*，261，262.

是他突然意识到，到现在为止他一直待在左边，如果此时迅速往右边挺进，军中其他将士会将此误解为撤退。因此他首先派传令兵到前方部队，对将军说出自己的真实意图，以让各个将军无畏地战斗下去。

接着他绕中央部队一圈，来到了右翼部队，援兵来得正是时候。伊斯拉姆汗的战象被火箭吓得不轻，逃了出来，而动摇了军心。右翼炮兵部队指挥官以及这名指挥官的儿子都已经阵亡。但是赛义夫汗（Saif Khan）和右翼先锋部队的领导阿克拉姆汗（Akram Khan）带着少数几个人稳住了阵脚，奋力阻挡敌人的进攻。

击溃敌人的左翼部队

就在此时，皇帝赶到右翼的位置，使其兵力加强，这是具有决定性的一步大棋：舒贾在战场上势不可挡的运气变差了。得到兵力补充的帝国右翼部队发起反攻，杀掉一大批人，成功地扫荡了面前的敌军。布兰德·阿赫塔尔先锋部队的指挥官谢赫·瓦利·法尔穆利（Shaikh Wali Farmuli）和其他几名指挥官都阵亡了。舒贾部队的左翼将军哈桑·赫斯基，也受伤倒下了。身为达乌扎伊阿富汗人的谢赫·扎里夫，在跟皇帝进行了英勇的搏斗之后，受伤被俘。布兰德·阿赫塔尔也逃往他父亲那里。①

先锋部队欢欣鼓舞

同时，祖尔非卡尔汗和穆罕默德·苏尔坦率领的帝国先锋部队已经击溃了进攻方，又向前挺进，动摇了敌人的锋线。孟加拉指挥官塔哈乌尔汗（Tahawwur Khan）带着一小批人勇敢地向帝国先锋部队发起反攻，使逃亡人员免于屠戮。但是奥朗则布军队发出的加农炮和子弹攻击太过猛烈，没有人能吃得消。舒贾部队的锋线力量开始撤退到安全距离以内。②

奥朗则布军队的总进军

现在整个帝国军队，无论是左翼军队还是右翼军队，抑或中央军队，都发起了总攻。“就像乌云一般，他们围绕着舒贾的中央部队。”因

---

① *Alamgirnamah*，263；Aqil Khan，78.

② Masum, 103a-104a.

为右翼部队和左翼部队死的死、逃的逃，现在这两部分兵力彻底虚空了。舒贾的很多私人随从都死于帝国军队的炮击。加农炮对敌人造成很大的杀伤。有些炮弹重达16磅到20磅，在奥朗则布的头顶上飞来飞去。[①] 因此，在伊斯法迪亚尔·马穆里的建议下，奥朗则布下了战象，换上了马匹。

舒贾离开战象

现在，战斗进入尾声。[②] 一切都已经无可挽回。从战场最远处，人们可以看到舒贾的空象轿，舒贾的军队士气低落。因此他们认为，既然主人现在已经阵亡了，那接下来还要继续为谁出力？他们已经被奥朗则布的炮火打得溃不成军，只想找个正当的理由逃出升天。现在连

---

① 最后一幕场景在马苏姆的记载中有生动描绘，参见103b，104a。

② 伯尼尔的言论由斯图尔特复述如下：舒贾在可以取得胜利的关键时刻，从战象上跌落下来，但是这段表述是坊间传言。我写作本书时所依据的同时期权威史料没有一处采取这种说法，这件事自然也不可能发生。实际上，舒贾在这个节骨眼上败势已定，而舒贾此时如果乘坐马匹，则会冒着被捕的极大风险。

没有主人的战象也不例外。一时间全军人心惶惶，作鸟兽散。

舒贾军队逃亡

舒贾向自己的人马喊话，要他们坚守岗位，但是他的命令却赶不上人们离开的速度；他已经不能扭转败局，唯有孤零零地伫立战场，无助地“当一名命运之手的观察者”。他手下几名曾经勇敢地抵抗敌人的军官，现在环顾四周，惊讶地发现战场上已经没人了，身边也没有随从了。现在他们要么逃走，要么赴死。赛义德·阿拉姆本人也冲破了敌人的包围圈。[1]

士兵向奥朗则布倒戈

胆小的士兵为求自保，而背弃了达拉，向奥朗则布倒戈。当奥朗则布向右路进军时，先是穆拉德·卡姆·萨法维（Murad Kam Safawi，姓氏为穆卡拉姆汗，Mukarram Khan）倒戈，接着投奔而来的是阿卜杜尔·拉赫曼汗（Abdur Rahman Khan）（巴尔赫前国王纳萨尔·穆罕

① Masum, 104a，104b.

默德汗的儿子）和桑贾尔·贝格（Sanjar Beg）（阿拉瓦尔迪汗的儿子）。这些人都离开舒贾，投奔了奥朗则布。在这些投诚者的引领下，皇帝的左翼部队围困了舒贾的炮兵部队，向敌人的中央部队发动冲锋（如前所述）。[①]但是双方战局已定，现在一名信使带着好消息飞快地向奥朗则布奔来，信使说舒贾和儿子赛义德·阿拉姆、阿拉瓦尔迪汗，以及残余的一小部分军队已经逃离战场了。[②]

战利品

帝国军乐队很快奏起了“胜利的凯歌”，向战场上的每一个士兵传达了好消息。战役终于结束了。奥朗则布从战象上下来，跪在战场上，向胜利的赐予者道谢。舒贾的全部军营和包裹都被帝国军队抢夺一空。114门大大小小的加农炮和11头上好的孟加拉战象成了战利品。敌人留下来的少量钱财和珠宝也被士兵抢走了。[③]

---

① Kambu，20b；*Alamgirnamah*，263，264.

② 奥朗则布本人的战斗记录，参见 *Ruqat-i-Alamgiri*，No.19，Paris MS.，2b。

③ *Alamgirnamah*，265；Khafi Khan，ii.59.

对战术的评判

再回过头来看看这场战役，我们必须向舒贾的领导才能竖起大拇指。奥朗则布则展现出了坚定的意志和非凡的风度，但是他本人没有展现出军事才能。舒贾的作战方略可圈可点；如果兵力不是那么薄弱，就不会寡不敌众。当赛义德·阿拉姆从背后支援，发动深入进攻时，本来他是有希望打赢这场战役的。赛义德·阿拉姆击退了奥朗则布的左翼部队后，与奥朗则布的中央部队遭遇，一时之间陷入困境，不得不撤退。如果当时他能够再坚持一段时间，等到两头愤怒的战象将敌人的中央部队拉开大缺口时，情况就会好转。而布兰德将对奥朗则布的右翼部队发动冲击，同时伊斯拉姆汗的大象疯狂踩踏敌人的右翼军队，这时阿拉姆本来可以趁此从背后冲入奥朗则布的右翼部队，与友军呼应。如果这样做并能够成功的话，奥朗则布两翼的部队就都会被彻底消灭；在舒贾的这番战术胜利之后，留在战场上的帝国中央部队和先锋部队的士气会大大削弱，接着就很容易被击败。但是赛义德·阿拉姆不是一名顽强的战士，舒贾也太过怯弱，不敢放手一搏，让中央部队援助当时胜利势头正盛的右翼部队。这也可能因为当时他被奥朗则布的先锋部队围困住了。①

① 这段推测是笔者根据阿奎勒汗著作第78页和马苏姆著作第103页a栏的记载而得出的，马苏姆说当时奥朗则布军队的两翼被驱散（或不久就要被驱散），由穆罕默德·苏尔坦领导的先锋部队向敌人挺进，“向敌军射击”（根据阿奎勒汗的说法）或者“冲破他们的阵型”（马苏姆的说法）。

第二十章　德奥拉伊战役（阿杰梅尔战役），1659年3月

我们已经看到，达拉是如何被敌人一路从拉合尔追到信德行省的塔塔，最后被赶出那座城市的。1658年11月18日，他转向内陆，向东南方向55英里外的巴丁进发，然后沿着库奇盐沼的北岸走了三天。一路上，由于缺水，他们吃尽了难以形容的苦头。那年正逢大旱，降雨稀少，这条路旁的蓄水池都干涸了，而仅有的几口井里也只有少量的泥水。他的许多牲口都渴死了，士兵们也几乎都送了命。库奇盐沼宽80英里，有许多流沙，根本没有饮用水。但是，一切都必须服从于现实需要。达拉别无选择，只能带着他那娇贵的妻妾和女儿们进入大

盐沼（11 月 27 日），以抵达古吉拉特行省。①

达拉受到库奇王公的欢迎

在穿越了大盐沼后，达拉到达了库奇岛西北方的卢纳村。然后，他在当地柴明达尔的指引下，沿着一条曲折而人迹罕至的小路穿过沙漠和海岸，来到了库奇岛上的首府。王公热情地接待了他，他被达拉的个人魅力倾倒，并且希望与德里皇室联姻，于是他把女儿许配给西皮尔·舒科②，并且尽一切力量帮助达拉，使他能顺利前进。这个亡命太子借助新朋友的势力恢复了自己的实力，来到了卡提阿瓦（Kathiawar）。在这里，纳瓦讷格尔（Nawanagar）的首领给他送来了礼物和生活必

---

① 巴丁，在塔塔以东 55 英里。达拉可能在巴丁东南 30 英里的拉希姆集市（Rahim-ki-Bazar）越过了大盐沼。贾伊·辛格后来也到了大盐沼北岸的“拉赫曼村”。根据巴黎图书馆的文献（Paris MS.，103a）记载，我认为拉辛基集市和拉赫曼村是同一个地方。

② 库奇的拉奥，“当他出现在公共场合时，他既去印度教徒的寺庙里参拜，也去穆斯林的清真寺里参拜……库奇的王公贵族们从未拒绝在合适的时机与穆斯林缔结婚姻联盟或者政治联盟……王公雇用了穆斯林厨师，并且吃他们做的东西”。(《伯尼斯访问信德宫廷和库奇的历史》，1839，第 14 页）

需的用品，以及交通工具。他越往前走，积累的实力就越强，并渐渐进入了古吉拉特地区。一路上遇到的地方军官和部族首领都被迫加入他的队伍。

到达艾哈迈达巴德，重整军备

当达拉带着 3000 人到达艾哈迈达巴德时，幸运之神开始向他微笑了。新上任的省督沙纳瓦兹汗（Shah Nawaz khan）十分憎恨奥朗则布，因为当他拒绝与奥朗则布一起反抗沙贾汗时，奥朗则布曾将他囚禁在了布尔汉普尔。奥朗则布的确娶了沙纳瓦兹汗的女儿为妻，但她已经去世了，而沙纳瓦兹汗对这个曾经迫害过自己的女婿并没有什么亲情可言。此外，他只是在最近才接管了古吉拉特，因此在该省服役的军官和士兵还没有被他有效控制。他的军事力量很小，而且军队各部之间由于相互猜忌而四分五裂，无法有效地对抗入侵者。

不管是出于报复还是怯懦，沙纳瓦兹汗从一开始就投降了达拉。他和他的下属军官们一起到了离首府 4 英里的西塔尔甘杰（Sitarganj），在那里欢迎达拉，让他进入要塞（1659 年 1 月 9 日），并向他开放了藏有穆拉德 100 万卢比的金库。达拉在古吉拉特待了 1 个月零 7 天，他毫不吝惜地花钱，在这片“出产士兵之地”上，很快就把他的军队扩充到 2.2 万人。他的一名军官从奥朗则布的总督手中和平地占有了苏拉特，夺取了帝国的钱库，同时向市民勒索钱款，得到了 30~40 门大炮并将其交给主人达拉。在艾哈迈达巴德的宫殿里，出于对父亲的尊重，达拉没有坐在皇帝的位置上，而是坐在一个稍低的位置上。但是，沙纳瓦兹汗的坚持让他出现在皇帝经常接见公众的窗口前。①

达拉的作战计划

达拉集结了兵力，并得到一个有大炮、材

① 波斯人的记录来自一个名叫巴哈拉或拉奥·巴哈拉的酋长。至于贾伊·辛格在信中提及的（Paris MS., 109a, 110a），这位酋长或可称为“库奇的拉奥”。我想，莫卧儿人对他的称呼，是来自巴哈马·马勒（Bihari Mal），这个拉奥生活在阿克巴大帝时代，曾与帝国军队交战。（*The Imperial Gazetteer of India*, xi., 78）有一两次，贾伊·辛格提到了“库奇的柴明达尔”，但这并不是另指他人。

料和金钱的良好的军事基地，于是他开始制定作战计划。他应该向哪边走？德干地区对他而言是最有吸引力的选择。他与比贾普尔和高康达的苏丹——阿迪尔沙和库特布沙长期保持友好通信；他曾反对奥朗则布入侵。在奥朗则布的入侵结束时，他还向父亲求情，为他们争取了宽大的待遇。奥朗则布是他的死敌，也是两位苏丹的死敌。即使不指望他们出于感激帮助自己，也可以指望他们为了报复奥朗则布而帮助自己。于是，达拉一开始想南下德干，在那里建立他的政权，然后与高康达和比贾普尔王国联合起来，团结一致，对共同的敌人进行复仇。他还在盘算着，这个计划就已经被泄露，而传到了奥兰加巴德省总督穆阿扎姆耳中，他是奥朗则布的儿子。于是阿扎姆开始征召部队，以便在道路上阻截他的大伯达拉。但是，一个新的希望使达拉放弃了这个打算。

在古吉拉特行省的达拉得知了东方的舒贾正在快速进军，而奥朗则布已经不在旁遮普了。现在到了达拉从西方杀向阿格拉并且释放沙贾汗的时候了。不久就有传言说奥朗则布的军队在阿拉哈巴德附近与舒贾交战，已经惨败给了后者。帝国的拉杰普特将军贾斯万特·辛格拖着帝国军营的剩余家当，灰溜溜地回了拉杰普特老家。这真是一个令人振奋的消息。千载难逢的时机已经来了。达拉不再犹豫了。1659 年 2 月 14 日，他启程前往阿杰梅尔，留下他的一名亲信担任古吉拉特总督，自己则带走了穆拉德的仆人、子女和妻妾，以及沙纳瓦兹汗等几名当地军官。

贾斯万特·辛格邀请达拉前往阿杰梅尔

走了一段路之后，达拉得知了真相，原来奥朗则布已经战胜了舒贾。但是，他的失望情绪却被突然的好运给弥补了。贾斯万特·辛格王公派他手下的一个高级军官给达拉送了一封信，信中声称他忠于老皇帝沙贾汗，痛恨逆贼奥朗则布，并请达拉尽快去阿杰梅尔。在那里，拉索尔人和其他拉杰普特人正在翘首企盼达拉的到来，想让达拉带领他们营救身陷囹圄的老皇帝。只要贾斯万特给予帮助，就能轻而易举地召集一支庞大的拉杰普特军队。

阿杰梅尔是拉贾斯坦邦的心脏、“拉杰普特人聚居区的中心”，它东面是吉申格尔（Kishangarh）和斋浦尔，南面是梅瓦尔（Mewar），西面是科塔和本迪，西北面是马尔瓦尔，北面是谢克瓦蒂（Shekhwati）和比卡内尔（Bikanir）。阿杰梅尔是拉贾斯坦邦的心脏。达拉也发现阿杰梅尔这个地方最方便不过了，因为可以在很短的时间内召集一支庞大的拉杰普特军队。在到达马瑞塔[①]，离焦特浦尔还有三站路的时候，他收到贾斯万特寄来的更友好的信，于是充满了希望。[②]

奥朗则布赶到马尔瓦尔

可惜，这些希望在不久之后就破灭了，因为奥朗则布已经控制了贾斯万特。哈吉瓦战役之后，皇帝对贾斯万特的背信弃义大发雷霆，他想把贾斯万特树为反面典型，狠狠惩治一番。

---

① 印地语意思是“市场”，在这里指拉贾斯坦的一个地点。——译者注

② *A. N.*，229-300，311; Aqil Khan，81-82. 马瑞塔在阿杰梅尔西北 37 英里处，在焦特浦尔东北 68 英里处。（*Indian Atlas*, 33 S.W.）

他派遣了一支由10000名荷枪实弹的士兵组成的军队，在穆罕默德·阿明汗的领导下入侵马尔瓦尔，驱逐了贾斯万特，并登上拉伊·辛格·拉瑟尔的宝座。这段时间里，贾斯万特曾经试图反抗，他想召集军队与达拉结盟，夺回地位。但他很快意识到了自己的无能为力。“阿格拉和德里这样的城市，都被奥朗则布在旦夕之间拿下，那么，区区一个焦特浦尔要塞能支撑多久？”在他过去的首府曼杜尔（Mandur）等了几天，然后得知他的惩罚者和敌对者——帝国军队已经到了拉纳特（Lalnuth），在他的老家势如破竹地前进。于是，他失去了反抗的勇气，逃到了山里。同时，奥朗则布也已经意识到，不能把贾斯万特推到敌人那边。

将贾斯万特拉离达拉的阵营

在帝国军队与达拉之间战争一触即发的危急时刻，贾斯万特将发挥决定性的作用。他的加入将吸引印度两万名最英勇善战的战士加盟，并扩大拉杰普塔纳地区无与伦比的影响力。奥朗则布让贾伊·辛格给贾斯万特写了一封友好的信，希望与他建立真正的友谊，而且不愿意看到这样一位显赫的印度王公遭到彻底的毁灭。作为朋友，贾伊·辛格指出了违抗奥朗则布的愚蠢之处，也指出了彻底毁灭的必然性。因此，如果贾斯万特放弃达拉，返回正道，继续效忠奥朗则布，贾伊·辛格就会为贾斯万特开脱，向奥朗则布美言几句，为其争取完全的赦免，恢复贾斯万特的王公头衔和曼萨卜（军阶）[①]，还能在宫廷中为其谋得高位。这封信是在一个关键时刻送到贾斯万特手中的，当时他正处在绝望之中，未来一片黑暗。（看到信后）他立即改变主意，决定站在奥朗则布这边，并开始撤退到焦特浦尔。

达拉敦促贾斯万特遵守承诺

因为贾斯万特改换阵营，所以达拉抵达马瑞塔之后，一直没有看到贾斯万特要来的迹象。疑惑和震惊占据了达拉的头脑，他惊慌失措地停下脚步，派了自己信得过的印度教徒杜宾昌德（Dubinchand）去催促王公履行承诺。贾斯

① 莫卧儿帝国分封的军事领地。——译者注

万特在回信中撒谎说，他希望召集更多的人，并且整合他的力量，所以才没有去。但是，他敦促达拉前往阿杰梅尔，到了那里就能跟他和他的拉杰普特部队会合了。

到了阿杰梅尔之后，达拉还是见不到贾斯万特的踪影，于是他再次派杜宾昌德去见贾斯万特，但仍旧是徒劳无功。贾斯万特显然已经完全放弃了去阿杰梅尔的打算。不幸的达拉进行了第三次尝试。在迫不得已的情况下，他让他的儿子西皮尔·舒科到焦特浦尔恳求贾斯万特王公到阿杰梅尔来，希望唤起他的荣誉感和对诺言的重视。贾斯万特很有礼貌地接待了西皮尔，但并没有被他说动。在白白浪费了3天时间又被贾斯万特用花言巧语敷衍了一番之后，西皮尔·舒科最终失望地回到了父亲的身边。一位地位和声望都最为显赫的拉杰普特人已经违背了他的诺言。在皇位继承战争这出大戏的所有演员中，贾斯万特脱颖而出，成了最佳丑角：

他在带兵打仗时临阵脱逃了，他袭击了一个对他毫无戒备的朋友，现在他又抛弃了

> 一个他发誓要支持的盟友，而且他的诺言诱使盟友陷入了危险之中。不要相信贾斯万特·辛格王公，否则一定会倒大霉，他就是马尔瓦尔的首领，是拉瑟尔家族的首领。①

达拉在阿杰梅尔附近筑起一道关隘

达拉意识到己方实力远远比不上敌人，于是明智地改变了自己的计划。他不想在空旷的平原上与敌人打硬仗，于是决定在阿杰梅尔以南 4 英里处的德奥拉伊山口进行战斗②。在这个狭窄的山口里，一夫当关万夫莫开，以一股小规模的防御部队就可以阻止一支大军的进攻。他的部队两翼由比蒂利山和高克拉山相护，而他身后则是富庶的阿杰梅尔城。他的军官已把

① 贾斯万特与达拉的交易，参见 *A. N.*，300，309-312；Khafi Khan, ii.65-66; Bernier, 85-86; Isar-das, 43a；Kambu, 21a；Aqil Khan，81-84。Isar-das，41 a-43a 对莫卧儿人入侵后的状况进行了详尽描述，在 *A.N.*，288, 305 中也简要提到。

② 德奥拉伊，在《印度地图集》中被称为多拉伊姆（Sheet 34 N.E.）。在阿杰梅尔以南 4.5 英里处，在拉吉普塔纳—马尔瓦铁路线的东面。

他们的财产和家眷安置在那里，他从那里也可以很容易地获得补给。他在阵地以南的地方修筑了一道矮墙，横穿山谷，从一座山到另一座山，在前面设有防线，在各个地段建有棱堡。整个防线被分成四个部分，每个部分由不同的人指挥，都配备了火炮和火枪手。在阵地的西南角，靠近比蒂利山的地方，是赛义德·易卜拉欣（Syed Ibrahim）（姓穆斯塔法汗）和贾尼·贝格（Jani Beg）（达拉火炮部队的总指挥）的防线，另外还有1000名士兵。接着是菲鲁兹·米瓦提的防线，再往前的一个高高的山岗上还架起了几门大炮。在队伍的中央，是达拉和他的近卫队。在他的左边，"第三段防线，由达拉的部下沙纳瓦兹汗和穆罕默德·谢里夫·卡利什汗指挥。第四段是毗邻戈克拉山的东南角的防线，由西皮尔·舒科指挥"。[①]

这个阵地选得很好，它的自然力量因战争艺术而大大增强。两道山脉保护着阿杰梅尔，使它的侧翼处于绝对安全的状态，因为如

① 关于达拉的秉性，参见*A.N.*，313-314; Khafi Khan, ii. 67; Aqil Khan, 84; Isar-das, 43b。

果从侧翼突袭，则必须绕一个大弯，走过一条非常艰难的道路，才能转过弯来。在阵前，敌人也只能从下面的平原艰难地爬上斜坡。当他们在狭窄的山道上挤在一起时，就会受到敌军炮火的猛烈攻击，敌军的火枪手也会在工事的掩护下有恃无恐地射击他们。达拉就占据着这个位置，等待敌人的到来。奥朗则布从拉姆萨尔湖出发，从东南方向进入山谷，在离德奥拉伊大约 1 英里的地方停下（3 月 1 日）。在他前方大约两英里的地方，达拉的防线挡住了他的去路，再往北走 4 英里就是阿杰梅尔城。

第一天的战斗：小规模冲突和炮击

就在那天晚上，勇敢的帝国军官普迪尔汗（Purdil khan）带领 150 人爬上了一个山岗，并在那里待了一夜。这个山岗位于两军阵地之间，在德奥拉伊的北边。拂晓时分，敌军派出一支散兵部队，试图将他们逐下山。但是帝国军队派出了一支 2000 人的部队来协助控制这个前沿阵地，达拉也派出同样强大的力量来支援他的部队。[①] 双方纠缠了四个多小时，但普迪尔汗顽强进取的精神结出了硕果：在他的有效掩护下，帝国军队的火炮被拖到了这里，这个险要据点得到了巩固。达拉的前锋部队退却了，他们躲在防线后面不知所措。现在，帝国军队整支部队都向前推进了。前锋和右翼在靠近高克拉山的东部防线对面，左翼则在比蒂利山附近的防线对面。奥朗则布的军队不可能全部展开行动[②]。他的大炮被往前移动了半个射程，因为这样就能在前线的中央与敌人的火炮正面交锋了。

到了晚上，在总攻开始之前，帝国军队完成了营地的移动工作，并对炮兵和进攻部队予以部署。然后，战斗就打响了。首先，像莫卧儿战争通常所做的那样，先打了一场炮战。从1659年3月12日的日落时分到13日的破晓时分，双方都在不断地朝对方开火。“炮声轰鸣，

① 关于这场战役的描述，参见 *A.N.*,314–326; Aqii Khan, 84–87; Khafi Khan, ii. 68–71; Kambu, 21b–22a（非常简略）; Isar-das, 436–446（较简略）; Masum, 137b–138a（较简略）。关于战斗中的奇闻趣事，参见 *Storia do Mogor*, i.342–343; 而 Beriner, 87–88 中讲述了一个令人难以置信的故事。

② 根据前文判断，大概是因为峡谷地形限制。——译者注

响彻云霄，天与地皆为之震颤。”大片的火药烟雾遮蔽了原野。[①]

第二天，炮击继续进行

1659年3月13日这一天也是在炮击中度过的。从早上到下午3点，炮战继续进行，帝国军队忙于挖掘战壕来掩护前线战士，但是达拉军队的勇士们从己方阵地攻破这些防线，杀了敌军的人马之后，又回到山上。下午，达拉的两千钢甲骑兵从左右翼同时出发，挥舞着他们的剑和矛向帝国军队杀来。帝国军队随即应战。在两军的中间地带，一场白热化的肉搏战开始了，一直持续到太阳下山。

达拉的炮兵和火枪部队占据了有利地位，居高临下地攻击奥朗则布的炮手和部队，使其造成大量伤亡。而帝国军队的炮弹落在敌人垒的石头矮墙上或山坡上，并没有对敌军造成损失。13日整晚，大炮持续轰鸣，显然是为了防备夜间的突然袭击。

---

① *A.N.*，315; Aqil Khan, 85.

帝国的将军们认为敌人的阵地坚不可摧。“由于敌军防线坚固，且赖以护翼的两山难以攀登，因此帝国军队久攻不下。”[①] 谢赫·米尔和迪里尔汗意识到，想靠骑兵冲锋来攻打敌人的防线，只会使己方人马白白送命。所以，他们并未发动进攻。那晚，他们召开了一次军事会议，彻夜长谈。第二天（1659 年 3 月 14 日）[②] 奥朗则布把他的将领们召集起来，怒斥他们作战不力，迟迟未能取得胜利，并敦促他们尽最大努力去攻破敌人的防线。

于是，一个新的作战计划被制定出来。各个部队使出浑身解数，作战部队对敌人展开冲锋进攻、火炮部队用大炮与敌军对轰，而工兵试图破坏敌军的土石方工程。在浪费了两天的

---

① Khafi Khan, ii. 68.

②《阿拉姆吉尔本纪》和阿奎勒汗的文献都把 6 月（Jumada al-Thani）的第 29 天作为胜利之日。这个日期相当于公元 1659 年 3 月 14 日。《阿拉姆吉尔本纪》和贾伊·辛格的记录都说那一天是星期天，但是 1659 年 3 月 14 日实际上是星期一。从《阿拉姆吉尔本纪》第 3301 页中可以清楚地看出，那一天是 6 月的第 30 天。在这段有待考证的历史中，在下一章所发生的事件可能会因为上述文献在叙述上的差异而产生难以调和的矛盾。

时间和大量弹药之后，他们放弃了，因为这些办法都没用。

第三天的战斗

奥朗则布麾下的将军们决定集中火力攻击敌人左翼沙纳瓦兹汗的防线，而帝国军队左翼的任务是缠住敌人的右翼，使其无法支援友军。然而，这个计划的成功不是依靠正面进攻，而是依靠一个靠近敌人左翼的秘密行动。

达拉的左翼被偷袭

在达拉的右边是比蒂利山，该山绵延数英里，又高又陡，任何人都无法攀登。但是，他左边的高克拉山要小得多，高度要低很多，坡度也更平缓些，如果进攻者从山的东面前进，达拉在山岗的阵地上是看不到的。在查谟山区的拉杰普特部族——拉杰鲁普王公，带着一支部队在奥朗则布麾下服役，他们个个都是登山能手。他的部下发现了一条可以攀登高克拉山脊的道路。奥朗则布下令攀登，并从他自己的军队中调出一队火枪手来支持他们的这一尝试。

傍晚时分，当双方的炮手都对当天的炮击感到筋疲力尽时，拉杰鲁普王公把他的步兵派往高克拉山上，他和他的骑兵则在前线转移敌人的注意力。1000 名士兵从沙纳瓦兹汗的防线里冲了出来与拉杰鲁普王公的军队短兵相接。

集中攻击沙纳瓦兹汗的防线

其他的帝国将领们之前被皇帝训斥过，现在看到敌人近在眼前，斗志又被激发出来。迪里尔汗和他的阿富汗人部队疾驰向前，插入敌军右翼的炮兵部队；谢赫·米尔把炮口转向右侧，支援在前线作战的迪里尔汗。右翼的沙伊斯塔汗、中军的炮兵和前锋的贾伊·辛格，都聚集到这里支持其进攻。与此同时，帝国军队左翼还对达拉军队的右翼发起了进攻。

现在，战斗全面展开了。大部分的帝国军队对敌人的左翼展开进攻。谢赫·米尔和迪里尔汗一起勇敢地攻破了沙纳瓦兹汗的防线。帝国军队的大炮以极快的速度不断开火，阻止敌人的其他部队离开自己的防线，阻止他们向左边平原上处境困难的友军伸出援手。因此，达拉的左翼部队只得到了紧靠着他们的防线的支持。战场的这一地区发生了最激烈的战斗。达拉的部下顽强地坚守在自己的防线上，帝国军队的将军们则使出浑身解数鼓励自己的士兵冲锋。炮弹和子弹从达拉的第二防线和第三防线不断飞出，纷纷落在帝国的进攻者身上。山丘和谷地都被一层厚厚的烟雾所笼罩。

顽强的战斗和残酷的屠杀

有一个传闻说达拉的炮兵被奥朗则布拿钱收买了，所以他们在战斗中放的是空炮弹。但是，他的火枪手一直以来都英勇战斗，对奥朗则布的军队造成了大量伤亡。然而，帝国军队的斗志并没有因为伤亡而消散。相反，战斗的激情使帝国军队热血沸腾；他们的骑兵迎着枪林弹雨向防线冲去。那些受伤坠马的人被马蹄踩得面目全非，但后面的骑兵不管不顾地向前冲，前赴后继。[①] 进攻持续了一个多小时，帝国军队的斗志丝毫不减。帝国军队像潮水一样，一浪接一浪地冲锋，最后他们把所有的敌人都

① Khafi Khan, ii. 70.

月光集市 1947 年印度　**摄影**

阿格拉红堡 **摄影**

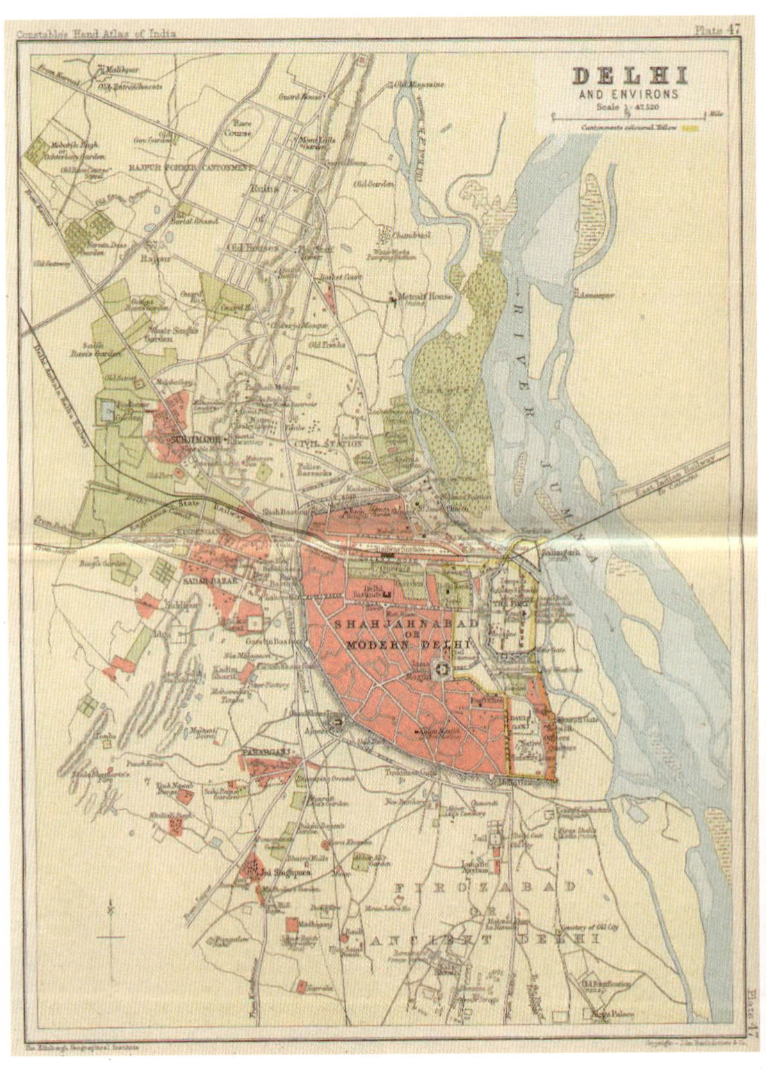

1911 年的老德里地图　**英属印度当局绘制**

长公主贾哈娜拉　**细密画**

库奇盐沼

J. v. Schley direx.

二公主罗莎娜拉

版画　18 世纪年代巴黎出版的《旅游通史》上所载

奥朗则布在朝堂上

细密画

1830 年奥兰加巴德 奥朗则布的宫殿废墟　**东印度公司职员所绘**

赶出了中央战场，把前线压到了敌军防线的边缘。现在到了一决胜负的时候，要么达拉的战线被攻破，要么帝国军队进攻失败而白白损失这么多人。

就在此时，拉杰鲁普所带领的帝国军队经过艰难的攀登，已经爬上了高克拉山，而敌军正在前线全神贯注地激烈战斗，没有注意到他们。他们把旗帜竖在山顶后，高喊了一声。于是，帝国军队满怀喜悦，感到胜券在握了。达拉的左翼军队因敌人突然出现在身后而感到绝望。他们万万没想到，敌人会跑到这种地方对他们当头一击，而他们事先却毫无防备。

谢赫·米尔被杀

狂喜的帝国军队更加猛烈地进攻，企图打破防线。但是，达拉的许多士兵仍然在绝望中以勇气进行抵抗。为了克服这最后的阻力，谢赫·米尔乘着大象冲锋，鼓舞士气。然而，就在这时，他被一颗子弹击中了胸膛。他感到自己的末日已经来临了。但是，在临终时，这位忠实的仆人想到的仍然是他的主人。他告诉亲信赛义德·哈希姆——跟他同乘一顶象轿，“我马上要死了。把我的腰抱紧，把我的头支起来，免得我的部下们一知道我死了，就斗志全无，放弃战斗。我看到了，我们的军队就快要打胜了，很快帝国军乐队就要奏响胜利的乐章了”[①]。

沙纳瓦兹汗的防线被突破

沙纳瓦兹汗防线的战斗是最激烈的，“炮火猛烈，敌人进行了最激烈的抵抗。谢赫·米尔被杀，迪里尔汗右手中了一支箭”。但战斗仍在继续。谢赫·米尔的无私奉献和迪里尔汗率领阿富汗人的勇敢战斗，为帝国军队在这一天的战斗赢得了胜利。帝国的旗帜被插在防线里。贾伊·辛格带着前锋，给进攻部队补充了新的力量。“敌人完全失去了信心，站不住脚了。”[②]

第三段防线终于被帝国军队瓦解了。然后，他们开始了对战败者的大规模杀戮。站在高处的沙纳瓦兹汗试图用口令和手势挽回士气、重整军心，这时，帝国军的一发炮弹袭来，他整

---

① Khafi Khan, ii. 71.

② *A. N.*, 323-324.

个人都被炸飞了。穆罕默德·谢里夫（达拉的军需官）被一箭射穿了腹部，他的另外两名将领穆罕默德·赫斯基（Muhammad Kheshgi）和阿布·巴奎尔（Abu Baqr）也被射杀。沙纳瓦兹的儿子西达特汗（Siadat Khan）也受了三四处伤。士兵们一哄而散，在夜色的掩护下逃跑了。

同时，夜色已笼罩了战场，这使任何将军都无法进行部署或指挥作战。谢赫·米尔的部下也一样，由于长官们纷纷战死，他们失去了控制，不再继续战斗，而是一哄而散，四处抢掠。落日余晖映照着一片骚动混乱的景象。"在夜幕下，刀剑乱舞，难以分辨对面是敌是友。两军战士，彼此厮杀，然后肩并肩地倒下去。"①

达拉阵地不保

但是，随着夜幕的渐渐降临，这场战役已经胜负见分晓了。不错，四个堡垒中只有一个被攻占，但这就够了。达拉的防线被打开了缺口。在他的右翼，由他儿子西皮尔·舒科指挥的防线遭到了敌人从背后的打击，已经无法维

① Kambu, 22a.

持。而突破了沙纳瓦兹防线的帝国军队，转向右包抄。于是，在达拉的右翼完整无缺的情况下，他的左翼战线却全部崩溃了。阿斯卡尔汗仍然顽强地坚守着他的右翼阵线，把帝国军队挡在外面。菲鲁兹·米瓦提的第二个堡垒也未被攻破，有大约6000人仍然在为达拉卖命。但是，他们的指挥官已经临阵脱逃了。①

达拉站在战场中央靠后的高地上，能观察到战役的每一个阶段。他一直通过后方的小路给己方压力较大的三支部队提供支援，还命令他身边的沙纳瓦兹汗回到自己所负责的防线指挥军队展开反击。

达拉的军队感到绝望

一直到日落时分，达拉都在努力坚持战斗，他始终为部下尽心，鼓舞士兵们坚守阵地。但是，沙纳瓦兹汗的防线被攻破了，高克拉山的控制权被夺走了，这粉碎了他所有的希望。他

① 根据上下文可知，阿斯卡尔汗和菲鲁兹·米瓦提仍在坚守阵地，此处的“指挥官”是单数词，应该指达拉。——译者注

的下属们已经心知肚明——再做进一步抵抗也是徒劳的。在这种情况下，有些人不想枉送性命，计划着如何逃跑。即使恳求他们继续留下来战斗，他们也充耳不闻。只有快点逃走才能保全性命，而夜幕下的黑暗和敌人进攻所造成的己方部队的分散与混乱，为他们提供了绝好的机会。①

因为担心会打败仗，达拉事先就把他的家眷和财宝用大象、骆驼和骡子装载好，安置在安娜萨加尔湖边。安娜萨加尔湖离战场只有5英里，在那里还部署了一支由对他忠心耿耿的太监率领的护送部队。

达拉脱逃

他原本打算逃跑时把这些带在身边，但是，当沙纳瓦兹汗的防线被攻破，获得胜利的敌军向达拉的阵地逼近时，他已经大难临头。所以，达拉一刻也不能耽搁了。在西皮尔·舒科和将军菲鲁兹·米瓦提的陪同下，仅有10~12人在其身后跟随，他慌不择路地向古吉拉特的方向

① Kambu，21b-22a.

逃去。恐惧和对未来的茫然促使他不顾一切地逃走，而无暇顾及他的家人。所以他既没有去原先指定的地点接他们，也没有传递对他们而言是救命稻草的口信。①

家眷们焦急地等待

在这个时候，这些女人的处境是最可怜的。从中午起，她们就一直提心吊胆，等待着打败仗的可怕消息和逃跑的命令。整个下午，大炮都在不远处的战场上不断轰鸣，随后，忽然又平静了一阵子。但是，在日落前大约两个小时，战斗突然变得异常激烈。地平线上硝烟滚滚，战场的喧嚣声比前两天还大，径直传到她们的耳中。有些可怕的事情正在发生。她们异常焦虑。但是，没有任何消息传来。在日落时分，大军溃败的最初迹象显露出来：士兵们开始成群地从战场上逃走；

① 据伊萨－达斯估计，奥朗则布的部队有5000人死亡，而达拉的部队有10000人死亡。死亡10000人，对于一支人数不到22000人的部队来说，实在是伤亡太惨重了。而且这是一条几乎坚不可摧的防线，其中有3/4没有被敌人攻破。双方共有115头战象阵亡（44a）。卡姆布说，在帝国军队攻破沙纳瓦兹汗的防线后，发生了一场大规模的屠杀。

有逃兵跑进了阿杰梅尔城；然后，达拉的军营陷入了混乱和嘈杂之中，士兵们开始哄抢物资。随后，人们看到胜利的帝国军队各部队挺进阿杰梅尔城，开始大肆杀戮抢劫。

在夜幕下从阿杰梅尔逃跑

她们一直在湖边苦等，可是达拉音信全无，痛苦的女眷们和焦急的宦官既没有等来信使，也没有接到达拉的命令。但是，这些迹象告诉她们，自己的猜测是八九不离十了：达拉已经一败涂地，逃之夭夭。他忠实的仆人用12头大象、一些骡子和骆驼把这些女眷们从这个危险的地方带离，从山脚和山谷之间的小路上逃走了。除了几个侍卫外，其余的人都逃跑了。[①]

达拉的财产被掠夺

阿杰梅尔城周围的乡村陷入了一片无法无天的掠夺之中。这两支军队的随行人员的物资不仅遭到了帝国军队的哄抢，还被数千名拉杰普特人抢掠。后者是在达拉的号召下聚集在阿

① *A. N.*, 325, 409, 410.

杰梅尔附近的，但是，由于贾斯万特的叛逃，他们没有加入达拉的队伍。这几天，他们像秃鹰一样盘旋在所垂涎的猎物的上空。这天晚上和第二天，他们逮到了机会。达拉的大部分财产和运货牲畜都被劫走了。他的那些载满了装着金币的口袋的骡子，正是那些被他指定护卫自己财宝的人牵走的！那些人是阿杰梅尔地区的拉杰普特人。他所有的营帐和基地都被胜利的帝国军队、随行者和投机者们洗劫一空，他们都在混乱和骚动中获利了。但是，达拉各部队的仓库物资和大部分的钱都是由拉杰普特人拿走的。

“我军缴获大量战利品，价值难以估计。”除了身上戴的珠宝和妇女们藏在头巾里的金币外，达拉什么也没拿走。受伤的士兵们从平原上的战场死里逃生，在山上哀号着。① 达拉的军队向胜利者屈服了。

达拉的军队屈服于奥朗则布

当夜色为这一天中可怕的屠杀景象降下帷

① *A.N.*，325，326，329，410；Khafi Khan，ii.73；Aqil Khan，88.

幕时，达拉逃跑了，他所有的将领（除了菲鲁兹·米瓦提之外）都没有与他一起逃跑，因为他们的财产和家人都在阿杰梅尔城。第二天，他们向获胜的奥朗则布投降，转而为他效忠。阿斯卡尔汗、赛义德·易卜拉欣、贾尼·贝格和其他负责达拉右翼军队的军官们，一直撑到晚上9点左右。当他们听到达拉逃跑的消息后，就在深夜时分向帝国军队投降，祈求被收留。他们还带上了受伤的穆罕默德·谢里夫，但是，尽管敌人颇具骑士风度地提供了治疗，但他还是死了。[①]

胜利后的奥朗则布

第二天上午（1659年3月15日），奥朗则布知道了事态的详细情况和取得胜利的全部过程。他对谢赫·米尔的牺牲表示了哀悼，他对这位忠心耿耿的部下的宗族同胞们——特别是赛义德·哈希姆——大加奖励，并命令将他在圣穆因丁·奇什蒂墓地（Saint Muinuddin

① *A.N.*，325，326；Aqil Khan，87，88；Kambu，22a；Khafi Khan，ii. 73，74.

Chishti）[1]的神圣围墙之内以最高规格的荣誉埋葬。奥朗则布把他的岳父沙纳瓦兹汗也埋在了这里。之前纳瓦兹汗在敌对的一方与他作战，依照卡菲汗的说法，就是故意求死，是为了逃避与他那充满敌意并且取得胜利的女婿见面，如果见面将是一种耻辱。相互敌对的两个将军在死后埋在了同一处地方——阿杰梅尔的圣人墓（Dargah）[2]。奥朗则布在胜利后的第二天亲自参拜了圣殿，向圣徒的遗体致敬，并且向圣徒墓布施了5000卢比，作为对这次胜利的感恩。然后，他派出了一支强大的军队，由贾伊·辛格和巴哈杜尔汗率领，去追击逃跑的达拉。[3]

① 又称“赤速梯”，是生活在12世纪中期到13世纪初的一个苏菲主义苦行僧，晚年来到印度传教，信徒甚多。——译者注

② 来自波斯语，意思是“门户”“门槛”，是伊斯兰圣徒的坟墓，上面修建有建筑物，作为礼拜场所。在我国西北地区被称为“拱北”。——译者注

③ *A. N.*, 330-332; Khafi Khan, ii. 72, 74; *Storta do Mogor*, i. 342.

第二十一章　达拉·舒科的结局

达拉的行军：抵达马尔塔

在阿杰梅尔的失败使达拉最后的希望破灭了，他和他的二儿子，以及菲鲁兹一起逃走了。他的家眷们也被忠心耿耿的太监玛寇冒险解救了出来。1659 年 3 月 14 日整夜以及第二天一整天，他们两拨人沿着不同的道路飞驰，最后（第 15 天）在阿杰梅尔西北 37 英里处的梅尔塔相遇。在这里，那些遭受不幸的可怜人，在经过 24 小时的仓促行军后，已经精疲力竭了。但敌人乘胜追击，在后面紧追不舍，绝不罢休。因此，就在那天晚上，可怜的皇子和他的家人不得不立即动身，像以前一样继续匆忙地行军赶路。[1]

在离开梅尔塔时，有 2000 名士兵跟随在达拉左右。当要打仗时，这些人会临阵脱逃，但他们并没有离开他，只是选择其他路线，静观其变——一些人远远跟在他的行军路线的左右，其中一部分人和他的大象一起朝东北方向（即向萨姆巴尔方向）移动。

向艾哈迈德讷格尔艰难跋涉

他们身后的追兵比他们晚了 6 天到达梅尔塔，但是关于他们到来的谣言早就已经传开了。在每一个休息的地方，不幸的皇子和他的追随者们都因为恐惧传言而被迫放弃休息，匆匆上路逃亡。他们每天走 30 英里或者更多一点，从 1659 年 3 月 6 日开始向南逃往古吉拉特，途经皮帕尔（Pipar）（3 月 6 日）和巴尔贡（Bargaon）。29 日，他们到达艾哈迈达巴德以北 48 英里处，希望在这座城市里找到一个避难所。他们感到痛苦不堪，在逃离战场的狂奔路

① 关于达拉的逃亡和帝国军队的追击，在贾伊·辛格的报告中有详细的描述。

途中，行李和帐篷都被他们丢弃了。现在，由于沿途缺少搬运工，他们不得不抛弃各种必需品，甚至是财物。这里酷热难耐，尘土令人窒息，小路成了一片沙地。库里部落是一个专业的强盗团伙，他们夜以继日地跟随在逃亡队伍的身后，看到谁掉队，就一拥而上，将其抢掠一空并杀害。

因为炎热和过度劳累，许多牲畜死去了。几天后，一位法国医生在达拉逃亡的路线上赶路，他经常在路边看到令人作呕的景象："死人、大象、牛、马和骆驼，还有可怜的达拉军队的残骸。"①

拉吉普坦纳与达拉对抗

与此同时，追兵已经找到了正确的道路，并且正在坚持不懈地搜寻他们的猎物。达拉逃亡的速度是如此之快，而他的部下又各寻其路，一片混乱，以至于在战斗结束后的三天里，谁也不知道达拉的情况和他的逃跑路线。

---

① Paris MS.，94b–95a；皮帕尔，在马瑞塔西南 35 英里处。巴尔贡，在宾马尔以南 22 英里处。

一开始，有谣言说他已逃向东北方向的萨姆哈尔（sambhar）。但是，当贾伊·辛格和巴哈杜尔汗所率领的追击部队到达梅尔塔时（3 月 20 日），他们就知道真相了。达拉如今已经走投无路了。如今的皇帝奥朗则布给焦特浦尔的王公写信，下令如果达拉进入他的领地，就立即将其逮捕。贾斯万特是在达拉离开马瓦尔三天后收到这封信的。但是，达拉立即收拾行囊，打点妥当，抵达宾马尔，然后转向古吉拉特方向，准备与贾伊·辛格交手。贾伊·辛格向达拉可能经过的所有道路方向上的王公和柴明达尔们寄出了信——南方的锡洛伊（Sirohi）和帕拉恩普尔（Palanpur），东南方向的代瓦拉（Daiwara），北方的卡提阿瓦和喀奇，还有下信德行省的柴明达尔们，以及古吉拉特的官员们。就这样，达拉四处碰壁，在哪里都有敌人警惕地等待着他，并随时准备抓住他。①

① Aqil Khan, 87; Paris MS., 95a-96b，97b, 108a. 宾马尔，北纬 23°，东经 72° 20′；锡洛伊，北纬 24° 53′，东经 72° 55′；帕拉恩普尔，北纬 24° 10′，东经 72° 30′；在乌代普尔以北 9 英里处有一个村庄。

达拉被拒绝进入艾哈迈德讷格尔

古吉拉特的文武官员决定效忠于奥朗则布。他们逮捕了赛义德·艾哈迈德·布哈里（Syed Ahmad Bukhari），他是达拉在艾哈迈达巴德留下的长官，占领了该城和附属要塞。达拉派出的探子从艾哈迈达巴德返回，带来了一个令人沮丧的消息：如果他试图进入这座城市，就会遭到迎头痛击。达拉是在离古吉拉特首府以北约 48 英里处的一处临时休息地得到这一答复的。当时，天刚蒙蒙亮，这群人意识到他们最后的避难希望已经破灭。“女人们惊慌地哭喊起来，引得每个人都跟着流下了眼泪。我们都惊恐万状，面面相觑，不知所措，不知该拿什么主意，也不知道时刻等待着我们的命运是什么。我们看到达拉拖着步子走了出来，面如死灰，一个接一个地对下属说话；不时地停下来，甚至问普通士兵有什么办法。他看到每个人的脸上都一片惊恐，于是他确信自己应该一个人逃走，不能让任何人跟着。”

达拉逃到了喀奇，他现在别无选择，只能

逃到那里。北面、东面和南面的道路都对他进行了封锁，只在西面开放了一条通往喀奇的小路。他认为这是命该如此，不幸使他完全失去了权力和影响力。无论他威胁还是恳求别人，都无法为照顾他生病的妻子的伯尼尔大夫弄到“一匹马、一头牛或一头骆驼”。达拉的随从已经减少到四五百骑兵，只剩下两头用来驮着金币和银币的大象。即使伯尼尔也不得不留了下来，因为根本没有交通工具。在这悲惨的处境中，达拉转向西到了库里地区（1659 年 3 月 29 日），库里酋长坎吉（Kanji）忠实地将他护送到喀奇的边界。在逃亡途中，他的故交苏拉特酋长古尔·穆罕默德带着 50 匹马和 200 名火枪手加入了他的队伍。从天之骄子沦落到“只剩下一件最破旧、最寒酸的袍子，一件薄薄的亚麻外衣和廉价的鞋子——还有一颗碎裂成两半的心，因为恐惧而不停地发抖。只剩下一匹马，一辆马车，五匹骆驼，还有其他几匹骆驼，他的随从减少到了几个人”，德里皇位的继承人穿过沼泽，来到了喀奇的首府普杰（Bhuj）。但是，他发现他以前的朋友和保护者变了；在此时，贾伊·辛格寄给岛上统治者的信“充满了希望和威胁”，敦促他们逮捕逃犯，向帝国效忠。达拉祈求在他的庇护下再躲藏一段时间，但是拉奥不敢得罪帝国的人，特别是听说他们的大军马上就要抵达后，就变得更加惊慌。然而，他还是把达拉窝藏了两天，然后护送他到岛的北部边界，达拉从那里越过大盐沼，到达信德行省南部的海岸边（从 5 月初，他的随从数量不断减少）。

在这里，达拉发现他已被那深谋远虑的对手困在了东北方向。奥朗则布派哈利卢拉汗驻守巴克卡尔，阻止达拉沿着印度河继续前进，并派人封锁了通往东方的贾萨尔米尔（Jasalmir）。贾伊·辛格还严令下信德行省的帝国官员保持警惕，随时抓捕达拉。

抵达信德的塞赫万城

穿越大盐沼后，达拉发现巴丁被库巴德汗（Qubad Khan）率领着 1000 人的帝国军队牢牢把守，于是他不得不放弃进入这个村庄。而他本来想在此地休整人马，让他们恢复精神，因为他们刚刚穿越了广袤的盐沼，历尽艰难困苦。但是，效忠于奥朗则布的地方官员，以及贾伊·辛格率领的大军，正从北方、东方和东南方朝他们的猎物步步逼近。只有一条逃亡之路仍然敞开着：达拉转向西北方向，越过印度河，在塞赫万休整过后，打算经由坎大哈逃往波斯。在印度河岸边，梅瓦特的费鲁兹对祖国的热爱之情，战胜了他对主人的忠贞之情；他离开了一败涂地的主人，投奔了奥朗则布。

贾伊·辛格率领的追兵

现在，让我们把目光转向追赶者。1659 年 3 月 20 日，贾伊·辛格到达梅尔塔，比达拉晚了 6 天。在那里，他得知了达拉真正的逃跑路线，并立即经贾洛尔（Jalor）和锡洛伊向南进发。在前往锡洛伊的路上，贾斯万特·辛格和他的私兵（3 月 31 日）加入了他的队伍，然后“为了不让达拉在艾哈迈达巴德有喘息之机”，帝国军队继续前进，“尽管缺水缺饲料，也缺少马匹和运输辎重的耕牛”，但每天前进速度高达 16 英里到 20 英里。4 月 5 日抵达西德普尔（Sidhpur）时，他们得知达拉被艾哈迈达巴德城拒之门外，并转向喀奇方向。在这之前，贾伊·辛格给北卡提阿瓦和喀奇的王公们写信，敦促他们截住达拉的道路并抓住他。现在他又给他们写信，让他们为皇帝效劳。而后，追击达拉的军队进入艾哈迈达巴德，进行休整。他们的痛苦不亚于达拉。这一年，古吉拉特行省遭遇大旱，这支两万人的庞大军队在行军时，耗尽了路上供应稀少的水源和饲料。在这年夏天，艰难的行军把军队里的牛马都累垮了。草料和粮食的价钱贵得吓人，甚至御谷（spiked millet）[①] 的价钱都高达一卢比。为了鼓舞士气并补充运输辎重的牲畜，军队向士兵们分发了比以往要多得多的现金作为军饷。为此，奥朗则布明智地从后方筹集了一笔钱。

贾伊·辛格挺进艾哈迈达巴德

从西德普尔到艾哈迈达巴德，由于“路旁和补给点都水源奇缺”，军队不得不分成三个部分，每个地点每天只经过1/3的部

① 分布于南亚和非洲的一种谷物，形状像狗尾巴草。——译者注

队。因此，他们在路上耽搁了一些时间，在1659年4月11日才到达艾哈迈达巴德。贾伊·辛格只在那里停留了大约一天的时间，从国库里向他的部队分发了2.5lakh的卢比，使他们能够有足够的水和草料供旅途之用。12日，他又出发了，转向西方，到达维拉姆加昂（Viramgaon）以西的帕特里地区，在那里得到了达拉去向的进一步消息后，向哈尔瓦德（Halwad）挺进，再通往喀奇。5月3日，他到达离哈尔瓦德6英里远的一个地方，在那里得知达拉已经越过大盐沼进入信德行省。①

进入喀奇

1659年5月13日，追击部队抵达喀奇的首府。在这个地方抓达拉，根本不用劳驾帝国军队，正如贾伊·辛格写的，他的信件和他逼近此

① Paris MS., 94b-101b. 贾洛尔，北纬25° 21′，东经72° 41′，宾马尔东北方向32英里处（*Indian Atlas*, 20S. E.）；西德普尔，北纬23° 55′，东经72° 27′，艾哈迈达巴德以北63英里处（21S.E.）；维拉姆加昂，北纬23° 7′，东经72° 7′，艾哈迈达巴德以西30英里处。帕提尔在维拉姆加昂以西18英里处。哈尔瓦德，北纬23° 1′，东经71° 15′。

地的方式已经完成了工作。拉奥拒绝在他的领地上窝藏皇帝的敌人，并亲自将他带离。在贾伊·辛格接近普杰（Bhuj）时，拉奥先派自己的儿子迎接这位帝国大将，然后亲自出城，为其接风洗尘（5 月 13 日），并郑重地给了他一张保证书，宣称达拉不在他的领土上。贾伊·辛格在这里停下脚步，想了解真相，于是很快从巴丁的莫卧儿官员那里得知，达拉已经到达了下信德地区。一支约 500 人的小分队立即被派往前方，辛格命令他们快速前进，越过大盐沼，而他带领主力部队在夜间缓慢前进。[①]

贾伊·辛格穿越大盐沼

军队在穿越大盐沼的过程中，经历了可怕的困难。喀奇的拉奥的态度突然变得不友好了，他拒绝为其提供穿越盐沼的向导；拉奥的一个孙子陪着贾伊·辛格赶路，但只陪同他们走到沼泽边上。在沼泽以南 6 英里处的一个临时休息地，他们找到了几口井。但是，士兵们用尽

① 当时是夏天，极其干旱炎热，莫卧儿军队选择在夜间行军，可能是因为夜间比较凉爽。——译者注

全力，也只打出了一点点混杂着泥沙的水，他们不得不用这些水来解渴。第二天，他们听说有三四口井在离他们的营地10英里远的地方。士兵们急忙去取这宝贵的水，但只有很少的一些人取到，而其余的人经过20英里的行军之后，最终无功而返。傍晚时分，军队到达了大盐沼南端的拉乌（Lauh）村［或称为卢巴（Luba）］，开始在夜间穿越沼泽。大盐沼宽70英里，在这片区域内找不到一滴可以喝的水，在北岸以北10英里的范围中也找不到。

军队因缺水而受苦受难

太阳落山时，军队一头扎进了这荒凉的旷野。午夜时，月亮会照亮他们的路，而没有月光的时候，火炬每隔一英里就会被点燃，来指引士兵们前进。没有一个骑兵或随从在这荒野中迷路。破晓两小时后，他们走完了沼泽，到达了北岸。一小时后，他们来到拉赫曼村，整支部队都跳进了一个蓄水池，所有人都渴得要命，走得筋疲力尽，所以看到水池就急急忙忙地冲了进去。不一会儿，由于塞满了满身尘土的人们，池水变成了泥浆。在饥渴的痛苦中，人们和牲畜都大声吵嚷着向村子的明渠走去，喝光了里面的臭水。“污水的滋味使他们痛苦不堪。”一直走到中午，他们才到达库拉比（Kulabi）的露营地，并得以休息。[①]

这段经历是最可怕的：军队急行军 80 英里，中间没有停下来，是在没有路的沼泽上跋涉，没有水用来解渴。马和骆驼因长途跋涉、缺少草料和水而筋疲力尽。当太阳越来越热时，它们不得不再走 8 英里没有水的路，才能到达合适的露营地点，结果它们在途中大批倒地而死。每一处休息地都有许多运输辎重的牛倒下，而再也没有站起来。对他们来说，这次行军的结果是灾难性的，在贾伊·辛格 4000 人的私人特遣队中，只有不到 1/4 的人还有马可骑。巴哈杜尔汗的部队同样损失惨重。后来皇帝做了一些补救，把 200 匹马给了前者，把 100 匹马给了后者。

军队陷入困境，牛马损失严重

就这样，贾伊·辛格完成了一项非凡的军

① Paris MS., 102b-103b, 109a-110a.

事壮举，但为此付出了沉重的代价。甚至在到达大盐沼之前，追击部队的困境就已经很明显了：除了长期以来严重的水荒之外，又增加了粮食缺乏的问题。有些地方，粮食甚至涨到了每赛尔一卢比的价格，即使以这种价格出售，也不够满足所有人的需要。“在其他地方根本买不到食物。”他的士兵大量地死亡，他的骆驼、马和其他用作运输之用的牲畜几乎都死光了。焦躁迫使他停止了前进，他在信德行省的进程缓慢，因为剩下的牛一天连 6 到 8 英里的路都走不了。[①] 他大约于 1659 年 5 月 18 日到达信德行省南部海岸，可能在拉希姆集市附近，在 5 月 29 日之前到达讷瑟尔布尔（Nasarpur）。然后，6 月 7 日才到达哈拉（Hala），6 月 11 日在该地附近横渡印度河。在这里，他得知达拉已经到达印度河西岸，进入塞赫万地区，并打算在马格福赛部落（Magfaasi tribe）的帮助下前往坎大哈。

贾伊·辛格的任务，如今算是完成了；敌人已经不在印度的土地上了。于是，他写信给皇

① Paris MS., 103b–104a, 106a, 108a; *A. N.*, 433.

帝，请求返回朝廷。“陛下在任命我担此职责时告诉我，要么俘获达拉，要么杀掉他，只要他没有逃出帝国国境，我就不应放手。但是，我实在没办法俘获或者杀掉达拉，尽管我能够忍受艰难险阻的路程，却从未想到过缺水、缺粮以及大多数部下无法无天、难以管束的问题。[①] 但是真主安排了一切，所以第三种情况已经发生了。现在，陛下的这个灾殃［敌人］已经逃之夭夭了。我恳请您的怜悯，鉴于军队的困境和运货牲畜的疲劳——这些牲畜已经筋疲力尽了，每天只能移动 6~8 英里。所以，我应该被召回朝廷。”

是贾伊·辛格故意放走了达拉吗？

按照曼努西的说法，贾伊·辛格故意放走达拉，让他逃到波斯，并故意在追捕中表现懈怠。这种怀疑是有理可据的，因为他是沙贾汗的老将军，而这些老将军们，无论是印度穆斯林还是拉杰普特人，都不愿意让沙贾汗的长子被捕。因为人人都知道，如果他们这样做，达拉肯定会被他那获胜的对手（即奥朗则布）杀

① Paris MS., 105a–106a; *A. N.*, 412.

掉。然而，我们在追捕他的过程中并没有发现什么懈怠之处，只是贾伊・辛格从西德普尔向艾哈迈达巴德进军，而不是向西转向卡提阿瓦，同时在穿越大盐沼到达锡威斯坦塞赫万附近的印度河左岸时，花费了太长时间。不过，第一种解释是他们需要从艾哈迈达巴德国库取钱，并事先向军队提供饮水和饲料，这要在经过卡提阿瓦和喀奇的无水游行之前进行。而关于第二个问题，令人信服的解释是部队已经山穷水尽，运输补给也已中断。贾伊・辛格给 皇帝的信中如此生动地描述了这一点。

为了返回北印度，贾伊・辛格缓慢地沿着印度河向珀格尔前进。大约在 6 月中旬，他得到一个令人惊讶的消息，达拉在当月 9 日被捕了，帝国的将领必须赶快带走这个囚犯。[①]

达拉的俾路支之旅

离开了希维斯坦（Siwistan）的达拉，一心要逃往坎大哈和波斯。在印度河沿岸的乡

① Paris MS.，108a；*A. N.*，414-415.

村，他遭到了坎迪部落[①]的袭击和掠夺，几乎毫无招架之力。他接下来拜访的马格瑟斯人（Maghasis）更好客一些；他们的首领米尔宰·马加希（Mirzai Maghasi）在家里迎接了这位皇室避难者，答应派人将他护送到坎大哈边境，但只派了12人。

但是，达拉的女眷们都反对离开印度，反对把自己的生命托付给俾路支人，或者把荣誉托付给波斯国王。他深爱的妻子娜迪拉·巴努·贝甘姆病得很重，从荒凉的博伦（Bolan）山口至坎大哈山丘的艰难跋涉，几乎要了她的命。夏季里，经过两个半月的穿越沙漠和盐碱地的漫长而可怕的旅程之后，他的同伴们也需要休息几天，以便进行更可怕的旅行。

最后一丝野心的闪光也是达拉在印度逗留的原因之一。在放弃争夺皇位之前，他想最后一搏。他计划接受任何友好的俾路支酋长的武装帮助，并占据珀格尔堡垒。该堡垒在忠于他的太监巴桑特的领导下，一直坚持反抗奥朗则布的部队，他将宝藏和妇女隐藏在岛屿要塞中，

① *A.N.*, 412.

然后从阿富汗南部进军，确保当地总督（此人曾经是他的亲信）支持他，最后集结一支新的军队，[①] 再次通过开伯尔山口进入印度，并怀着很大的希望来夺取德里的皇位。[②]

达达尔的酋长马立克·吉万

于是，达拉就这样改变了主意，他在附近找到一个酋长，希望此人为他提供服务，并为他的同行者提供安全的住所。他寄希望于一个名叫马立克·吉万（Malik Jiwan）的朋友，此人是一个鞑靼柴明达尔，领地在离波伦山口以东 9 英里远的地方。多年前，这位阿富汗酋长得罪了当局，被木尔坦总督用铁链锁着送到德里，沙贾汗在那里判处他被大象踩死。当时达拉深得父亲的欢心，正是春风得意之时，他的一个仆人对这个案子很有兴趣，并成功地从皇

① 阿富汗人有一句谚语，"信德的太阳足以把一个白人晒成黑人，足以烤熟一个鸡蛋"。山里的部落都说信德是"是一个十足的鬼地方"、"一片是非之地"。（Postans' s *Sindh*, 11, 14）

② *A. N.*, 412; Paris MS., 105a, 105b; Bernier, 94-96; Masum, 139 a; *Storia do Mogor*, i. 347; Khafi Khan（ii. 83）都佐证了伯尼尔的观点，即达拉还想重新夺回皇位。

帝那里讨到了恩赐赦免，让这个被判刑的人捡回一条命，恢复了自由。现在，他期待吉万报恩，并通知他自己要来，由吉万派来的仆人阿尤布（Ayub）带路，他到了鞑靼。酋长亲自在离要塞两英里的地方迎接他的贵客和恩公，把他带到自己家，向他表示敬意和关怀（大概是1659年6月6日）。

达拉妻子之死

在去达达尔的路上，一切不幸中最不幸的事情降临在达拉头上。娜迪拉·巴努患痢疾已经很长时间了，又因为与长子失散而心碎，因为吃不下药、缺乏休息而痛苦不堪。她是帕尔维兹皇子的女儿，阿克巴大帝的外孙女，父母双方都出身显赫。她又嫁给达拉，为他生下了三个儿子和一个女儿。达拉因失去了他同甘共苦的忠实伴侣和顾问而悲痛欲绝。“他眼中的世界变得黑暗了。他完全糊涂了，判断力和谨慎的态度都消失了。他的眼神哀痛如死。他因极度悲伤而变得虚弱无助。到处都是毁灭的景象，他失去理智，全然不顾自己的事情。”

达拉遣散了他的部下

达拉不顾儿子和随从的警告，怀着悲痛的心情，走进了吉万的府邸，“希望能在那里度过三天平静的时光，而不是立刻向波斯边境挺进”。妻子最后的愿望是将她的遗体埋在印度的土地上。于是，两天后，他把她的尸体送到了拉合尔，该地现在由他的亲信宦官卡瓦加·玛寇掌管。她被安葬在达拉的精神导师——著名的米安·米尔（Mian Mir）的墓地里。他派他最忠诚的军官居尔·穆罕默德和全部的70名士兵去护送棺材。这真是一个愚蠢透顶的行为。而且，由于对自己前途的完全绝望和漠不关心，他任凭同伴们在返回家园和投奔波斯人之间自由选择，这只能归咎于对自己前途的极度绝望和漠然。他说，没有人应该因为他的缘故而被迫流亡并陷入危险之中。就这样，现在没有一个忠诚的军官或勇敢的上尉，甚至普通的士兵为他留下。他变得毫无防备之力，完全依赖于东道主的忠诚。

达拉沦为吉万的阶下囚

他很快就明白了，一个阿富汗人的信仰或者感恩之心是战胜不了他的贪婪的。1659 年 6 月 9 日，当达拉开始向波伦山口进发的时候，奸诈的吉万带领人马包围了队伍，把他们统统抓住带回了村子，并打算献给莫卧儿帝国，好大捞一笔。面对这些沙漠里的“恶狼和强盗”，仍然追随达拉的少数宦官和仆人们，没有做出任何抵抗。达拉的第二个儿子西皮尔·舒科，勇敢地与他们搏斗，但是寡不敌众，最后被制服。他的双手被绑到背后，被拖回他们以前被招待时住的房子，现在这里是他们的监狱。①

达拉被巴哈杜尔汗俘虏

由于希望得到奥朗则布的奖赏，马立克·吉万的贪婪之心愈发膨胀，便派了信使火速

① 关于达拉被捕的情形，参见 Masum, 139b-142a; *A. N.*, 412-414, 419; Kambu, 22b-23a; Khafi Khan, ii. 83-84; *Storiai do Mogor*, 347-351; Bernier, 95-96 ; 而 Isar-das, 44b (meagre); Paris MS.,108a, 108b (只记载了日期)。

把抓捕的消息告诉了巴哈杜尔汗和贾伊·辛格，他们已经到了塞赫万附近的印度河东岸。但是，他们早已经从代理人卡齐·纳亚塔拉（Qazi Inayetullah）那里听说了这件事，加齐是他们派来鼓动珀格尔区的领主们反对达拉的。[①] 他们赶紧向那里赶去，把帐篷和行李丢在身后，在盛夏的酷热之中怒气冲冲地勉强行军。在珀格尔附近，他们越过了印度河，来到西岸（1659 年 6 月 20 日）。先头部队先去带俘虏们，而两个将军则缓慢地跟在后面。23 日，达拉、他的儿子和两个女儿被送到巴哈杜尔汗那里，然后帝国军队就掉头往回走了。落难的皇子因绝望而一言不发，他已经被灾难弄得晕头转向；现在，他任人摆布，同意了俘虏他的人所提出的一切要求。他们让他给太监巴桑特写了一封信，命令他把珀格尔要塞移交给帝国军队，并让达拉把自己的财产和家眷安置在那里作为失败的凭证，派太监玛寇去把他们带来。

① 加齐·锡德·纳亚塔拉是一名出生于古尔冈地区的宗教学者、伊斯兰教法专家。——译者注

达拉被押往德里

经过三个多月在沙漠和丛林中的追捕，受尽了夏季的酷暑和沙尘暴的折磨，最后这些追捕者终于抓到了达拉，他们小心翼翼地看守俘虏，并开始返回德里。1659 年 6 月 28 日，他们在珀格尔附近穿越印度河。8 月 23 日，他们越过“五水之地”（Land of Five Waters）注满了雨水的河流，小心翼翼地押送着俘虏来到德里城外。①

奥朗则布第一次收到达拉被捕的消息是在 7 月 2 日。他是从珀格尔的法特加勒（行省的下属军官）转交的马里克·吉万的信件中得知了他的对手倒台的消息。他当朝宣读了这封信。“但他把情绪控制得很好，以至于他不仅没有为此而喜形于色，也很少提及这次俘虏事件，更没有命令帝国乐队演奏胜利的音乐。”他克制情绪的真正原因是这则消息似乎

① Paris MS.，108b，107a，107b；*Haft Anjuman*，35b-36a（押解达拉到德里）。Paris MS.，2b-3a（奥朗则布传达给贾伊·辛格关于如何对待俘虏的指示），参见 *A. N.*，418，419，430。

好得令人难以置信。但是，7月15日，他收到了巴哈杜尔汗的急件，后者报告说他已经接管了俘虏，于是这件事就确凿无疑了。朝中一片欢喜，并下令“昭告天下，何人再敢揣测达拉行踪，怀有异心？”①

一到德里，可怜的皇子和他的儿子就被交给奥朗则布派来接管他们的仆人纳扎尔·贝格。皇帝命令在首都将俘虏游街示众，让百姓亲眼看到是达拉本人，而不是拿别人冒充俘虏。这样，将来就不会有假冒的达拉在各行省滋事，并赢得容易轻信的人的支持，以制造反对政府的骚乱了。

达拉在德里游街示众

1659年8月29日，达拉被游街示众。为了羞辱他，就让他坐在一个满身泥泞的小母象背上没有顶棚的象轿里。在旁边是他的二儿子，一个14岁的少年——西皮尔·舒科，在他们身后坐着狱卒纳扎尔·贝格。这个仆人的心因他的主人

---

① *A. N.*, 414-419; Masum, 142a; Kambu, 236; Khafi Khan, ii. 85.

所下达的残忍无情的命令而震颤发抖。这位昔日世界上最富有的帝国的继承人，昔日大莫卧儿人中最尊贵气派的天之骄子，现在却穿着一件用最粗糙的布料做成的衣服，在逃亡之路上变得脏污不堪。他戴着颜色灰暗的头巾，这种头巾只有最穷的人才会戴。他身上没有戴任何珠宝首饰。他的双脚被铁链锁着，虽然双手仍是自由的。在八月骄阳的暴晒下，他走过了他昔日辉煌时也曾走过的路程。在痛苦的屈辱中，他没有抬头，也没有往两边看，只是坐在那里，“像一根被压弯的嫩枝”。只有一次，他抬头看了一眼，那是因为一个可怜的乞丐从路边喊道：“噢，达拉！当你是大老爷的时候，你总是给我施舍；我知道你现在已经一无所有，没啥可以施舍了。”乞丐的话触动了这个囚徒，他把手抬到肩膀上，脱下外套，扔给那个乞丐。

公众对达拉的同情

奥朗则布本想让达拉在公众面前出洋相，结果却恰恰相反。市民们的怜悯之情压过了其他所有的感情。达拉平日里出手阔绰，在慈善事业上十分慷慨，因而受到较低阶层的欢迎，而现在，所有阶层的人都为他动容。伯尼尔是现场的目击者，他写道：

> 人山人海，熙熙攘攘，我放眼望去，到处能看到人们在悲伤地哭泣，用最感人的语言来哀悼达拉的命运……从每一个角落，我都听到刺耳痛苦的尖叫。男人、女人和孩子们痛哭失声，好像他们自己遇到了什么大灾难一样。

但是没有一个人能助达拉一臂之力，因为他被身穿铁甲的骑兵连队团团围住，后者手持明晃晃的刀剑，还有手持弓箭的弓手，弓上的箭已经准备就绪。这些军队由巴哈杜尔汗骑在大象上指挥，一起押送达拉游街。这支不光彩的队伍以这种方式通过拉合尔门进入了新城沙贾汗纳巴德（Shah Jahanabad），横穿全城，经过月光集市（Chandni Chawk）[①]和萨

① 月光集市是沙贾汗的长女贾哈娜拉公主主持开设的，据说因月光倒映在亚穆纳河水面上而得名，至今仍是德里最繁忙的集市之一。——译者注

杜拉汗（Sadullah Khan）的市场，从城堡旁路过，一直把达拉押送到老德里城的克吉达巴德（Khizirabad）郊区。在那里，达拉被安置在卡瓦斯普拉（Khawaspura）的宅邸中，被重兵把守，等待判决。[①]

达拉作为异端被判死刑

那天晚上，如何处置达拉成了皇帝私人议事厅的辩论主题。为了维护宗教和国家的利益，沙斯塔汗、穆罕默德·阿明汗、巴哈杜尔汗和多德汗纷纷要求处死达拉。二公主罗珊娜拉对达拉的不幸命运产生了关键影响。她疾言厉色，大吵大闹，把那些请求仁慈地对待达拉的人统统压制下去。而这些人原本在朝廷里就是少数，在这里，大多数的大臣都亦步亦趋，以他们首脑的意见来决定自己的意见。宗教学者从皇帝那里领取薪水，自然对其十分顺从，他们签署了一个法令，即达拉应该以不忠和背离伊斯兰

① *Storia do Mogor*, i. 354-355; Bernier, 98, 99 (an eye witness) *A.N.*, 431; Khafi Krum, ii. 86; Isar-das, 44b-45a.（关于达拉如何被游街示众）

教正统为罪行被判处死刑。“由于生活中的种种恶念干扰，达拉已背离正道，信仰动摇。因此，皇帝出于保护信仰和神圣法则的需要，也出于维护国家的原因，认为不应继续容忍这等威胁公共和平之人存在。”在奥朗则布统治时期，被公布的官方历史认为这种政治谋杀行为是正当的。

达拉请求宽恕却被驳回

达拉注定难逃厄运了。他的代理人想尽一切办法挽救他的性命，找了各色人等去调停，但都无济于事。[①] 达拉知道了他的命运，并向奥朗则布发出了最后的呼吁。他写道：“我那尊贵的兄弟和皇帝啊！我一点也不想当皇帝。祝你和你的子孙能够如此（做皇帝）。你一直处心积虑地要杀我，但那是不公正的。如果你赐我一所适合我居住的房子，并从我以前的女仆中留下一个来服侍我，那么，我将作为一个被赦宥的人过上隐居生活，永远为你祈祷

① *A. N.*, 432; Khafi Khan, ii. 87; Masum, 142b; Bernier, 100, 101; *Storia do Mogor*, i. 356.

(福分)。”

在请愿书页边的空白处，奥朗则布亲笔写道:“先前你是一个霸占者，如今又要当起诅咒者了。”[①] 对奥朗则布来说，达拉绝对不能被原谅。16 年以来，达拉一直是奥朗则布生活中的一个阴影：他夺走了弟弟的父爱；他扰乱奥朗则布的计划，还在朝廷中诽谤他；在奥朗则布担任木尔坦和德干总督时，沙贾汗的冷淡态度和不应有的责备，是因为他在沙贾汗的宝座背后施加秘密影响；达拉还公然与比贾普尔和高康达人勾结，在战争中反对奥朗则布；奥朗则布的所有敌人都能找到一个现成的守护神，那就是达拉；达拉的下属们以下犯上，侮辱和诽谤奥朗则布皇子，却没有受到主人的任何惩罚；他的儿子们垄断了沙贾汗所有的恩惠，让奥朗则布的儿子备受冷落。对于所有这些，奥朗则布都耐心甚至是卑躬屈膝地忍受了 16 年之久。现在他终于逮到了报仇的机会，而且他绝不是一个放弃这种机会的人。

① British Museum, Or. MS. Addl. 18881, f. 77a.

马立克·吉万被德里民众围攻

1659 年 8 月 30 日发生的暴动加速了达拉的死亡。在前一天的游行中，德里的民众注意到叛徒马立克·吉万在队伍里，但在强大的护卫军队面前，他们只能咒骂他，向他扔掷杂物，以此发泄他们的愤怒情绪。这个忘恩负义的混蛋和食言自肥的小人，被任命为 1000 骑兵的指挥官，以“巴克特亚尔汗”的名义升为贵族，作为他背叛达拉的奖赏。30 日，当他和他的阿富汗随从们进宫时，暴动发生了。在帝国军队中的一个贵族队长阿哈迪·海巴特（Ahadi Haibat）的煽动下，德里的民众、达拉的朋友，城里的恶棍、乞丐和其他亡命之徒，以及街巷里弄和集市上的工人们，对这帮阿富汗人进行围攻。他们很快就从辱骂升级到了用石子、土块和其他垃圾来砸这些叛徒，最后更是大胆地用棍子打他们。妇女们爬到街道两边的屋顶上，把灰土和垃圾撒在这群阿富汗人的头上，并且观看下面的男人们混战。吵闹打斗的声音非常大。吉万的一些随从被当场打死，一些随从被打伤；如果德里市的警卫首长没有带领人马前来援救的话，就没有一个阿富汗人能够逃出生天了。马立克·吉万刚刚被封为“汗”，这是他第一次以这个身份入朝觐见，这时却不得不灰溜溜地在盾牌墙的掩护下被带走了。[①]

奥朗则布的仆人把西皮尔·舒科从达拉处带走

鉴于此，奥朗则布即刻下令处决达拉，并将这项任务交给纳扎尔·贝格和其他一些仆人，由赛义夫汗监督。8 月 30 日傍晚，这些可怜的人进入了达拉的监狱，以便在执行死刑之前，将西皮尔·舒科与受害者分开。从他们丑恶的面容和冷酷的眼神中，达拉读出了他们的意图。他来到他们跟前跳了起来，双膝跪地，喊道：“你们是来杀我的！”他们只是假装奉命将西皮尔·舒科押送到另一个地方。这个男孩也跪在父亲身旁。纳扎尔恶狠狠地瞪了达拉一眼，叫他站起来。出于惊恐和绝望，西皮尔哭了起来，紧紧地抱着达拉的腿。父子俩紧紧地拥抱着，大声地哭喊

① 关于暴动，参见 Khafi Khan, ii. 86; *A.N.*, 432; Bonnier, 99。

着发泄悲痛的情绪。仆人们的语气变得更加凶狠，然后试图把男孩拖走。就在这时，达拉擦干了自己的眼泪，平静地请求让他和西比尔·舒科一起离开，请求仆人们把他的这一恳求带给他的弟弟[①]。但他们轻蔑地回答道："我们可不是送信儿的。今天，我们是奉旨当差。"然后，他们猛地一把将男孩从他父亲的怀里抢走，把他带到旁边的一个房间里，然后准备送达拉上路。

处死达拉

之前达拉就知道他的末日要到了，已经为最后的战斗做好了准备。他已经弄到了一把小刀，把它藏在枕头里。现在他撕开枕头，抓住刀子，刺向那个朝他走来要抓他的仆人。这把小刀扎进了那个倒霉鬼的身体，穿刺的力量是如此之大，以致它被卡在骨骼之间。[②]达拉用力拔刀，但没有拔出来。于是，他径直冲向他们，挥拳左右开弓。但是仆人们已经习惯了这种血腥的工作了，他们一起扑在他身上，牢牢抓住

① 指奥朗则布。——译者注

② 有可能是卡在肋骨之间。——译者注

他，把他压倒。在此期间，西皮尔·舒科一直在隔壁悲痛地喊叫，这声音一直传到他父亲的耳中。过了一分钟，房间里安静了下来，仆人们用匕首杀了达拉，这场搏斗以此告终。

达拉被埋葬

达拉的头被砍下来送到奥朗则布那里，这样他才能确定他的对手已经真的死了，而不是诈死或者由哪个替死鬼冒充。奥朗则布下令，把达拉的尸体放在一头大象背上，再次游街示众，然后埋在胡马雍墓圆顶下的一个墓穴里，没有按照传统规矩来清洗和整理尸体，也没有送葬的队伍。埋在那个墓穴里的除了他，还有他的两位叔祖父——阿克巴的两个小儿子。两个世纪之后，大莫卧儿王朝覆灭了，这次的场面更加血腥。[①]1857 年 9 月

① 杀害与埋葬达拉的过程，参见 Masum, 143b-145b（最生动的描述，我引述的即是这本）；Bernier, 102; Tavernier, i.354; *Storia do Mogor*, i.358; Kambu, 24a; *A.N.*, 432-433 ；Khafi Khan, ii. 87（都非常翔实）。关于奥朗则布对达拉的头颅进行侮辱的坊间流言，只是伯尼尔和曼努西可疑的说法，他们的说法并不可靠。而马苏姆说当达拉的头被拿到奥朗则布面前时，他说："在这个异教徒活着时，我就没有正眼瞧过他的嘴脸。所以，现在我也不想看。"（145b）

22日，距达拉·舒科的埋葬地点不远的地方，莫卧儿帝国末代皇帝的儿子和孙子，王子米尔扎·莫卧儿（Mirza Mughal）、米尔扎·古莱什·苏尔坦（Mirza Quraish Sultan）和米尔扎·阿布·巴赫特（Mirza Abu Bakht），其中一个已经被老皇帝选为继承人，也都被外国士兵无情地枪毙了。这是毫无原则和毫无怜悯之心的行为。而他们只能徒劳地抗辩自己是清白的，哭着要求当局调查他们过去的行为。[1] 帖木儿最后一批子孙的尸体，像牲畜的死尸一样被扔在警察局的露台上，暴露在公众的视线之中，就像当年的达拉一样。奥朗则布踩着兄弟们的尸体登上了皇位，后来他的子孙后代也被人屠戮。莫卧儿皇室覆宗绝嗣。

---

① “无耻的，不道德的……霍德森毫不畏惧，如果没人责备他的话……他谋杀了他们，这是对人类的冒犯。”霍姆斯（Holmes）的《印度兵变》（第四版），第372、377页。现在，作为雇佣兵的脾性在霍德森心里起了作用。从来没有发生过比这更残忍或更不必要的暴行……没有证据可以证实皇子们煽动了对欧洲人的屠杀行为。参见马勒森（Malleson）《印度兵变》（*Indian Mutiny*）第二卷，1879，第77、80页。在皇子们临死前，他们徒劳地请求霍德森在枪毙他们之前，至少调查一下他们的行为。

第二十二章 苏莱曼·舒科的结局

苏莱曼·舒科奉命与达拉会合

1658年5月初，对苏莱曼·舒科而言，胜利似乎唾手可得，他正考虑如何把舒贾的城墙从山岗上轰到河里去。这时，却收到了父亲的消息，要求他迅速回到自己身边，因为奥朗则布和穆拉德在马尔瓦击败了贾斯万特，并且正向阿格拉挺进。在贾伊·辛格的努力下，他们仓促地与舒贾讲和了，帝国的军队也很快撤军了。7月2日，当他到达阿拉哈巴德以西105英里的可拉时，信使带来了5天前他父亲在萨穆加尔被彻底击败的致命消息。他们还收到了沙贾汗给他们写的一封信，信中敦促他和他的军队赶快赶路，以便在德里与他的父亲会合。

达拉也写信给帝国军队的军官们，要求他们陪着自己的儿子。但是，他这样做也只是徒劳。达拉垮台的消息在他儿子的军队中引起了极大的骚动；墙倒众人推，士兵们要么不知所措，要么公开暴动反对长官；通往德里的路很漫长，很快就被奥朗则布的人马挡住了去路。苏莱曼·舒科该怎么办？年轻的皇子突然遭此大祸，于是找贾伊·辛格商量对策。这个拉杰普特将军建议他要么继续赶往德里，要么撤退到阿拉哈巴德，躲在城墙内，等待父亲的消息。就他自己而言，贾伊·辛格公开拒绝追随失败的一方，并将带着军队离开，投奔新的皇帝。

被帝国军队抛弃

倒霉的苏莱曼又等了一天，与下属进行了第二次磋商。阿富汗将军迪里尔汗建议他在阿拉哈巴德渡过恒河，去阿富汗的一个大殖民地，即自己的家乡沙贾汗布尔（Shahjahanpur），在那里召集一支由自己的族人组成的军队，暂时按兵不动，静观其变。只有这样，他才愿意陪着皇子。苏莱曼没有别的办法，只能听他的。因此，他下令从阿拉哈巴德撤退（6月4日）。但与此同时，贾伊·辛格已经说服了迪里尔汗，使其相信继续为达拉父子卖命是愚蠢之举；于是，这两位将军和他们的部队与苏莱曼分道扬镳。其他的帝国官员和许多新近入伍的士兵也是如此，他们的家就在沿途的乡村中。

撤退到阿拉哈巴德

留下来的只有6000人，不到苏莱曼原来军队总数的1/3。这支军队在他的保护者，忠诚的巴齐·贝格（Baqi Beg）的指挥下，陪同他回到阿拉哈巴德。虽然，他应该火速赶往父亲那里，但是他显然不着急行动。他在阿拉哈巴德待了一个星期用来散心，并且每天都和别人商量对策，考虑接下来该怎么打仗。他带着一大群美貌妻妾，还有“令人难以想象的家具和奢侈品”——金线织就的长袍、金银打成的椅子、珠宝、金盘、华丽的衣服，总之在他第一次出征之际，一位慈爱的父亲和一位溺爱他的祖父[①]

① 指沙贾汗和达拉。——译者注

能送给他的所有礼物都被他带在身边。而这些杂物阻碍了他的行军，他实在拿不动，却又不愿意将它们抛下。一些人建议他从阿拉哈巴德转移到巴特那，占领并统治这个地区，割据一方，自立为王。其他人建议他撤退到巴特纳，通过加入舒贾的阵营来增强实力，联手对付奥朗则布。

穿越达布到哈尔德瓦尔

但是，巴尔哈的赛义德家族在达拉亲信中的地位很高[①]，他们劝说苏莱曼绕过德里到恒河北侧，穿越他们的家乡——靠近纳吉纳（Nagina）和萨哈兰普尔（Saharanpur）的达布中部，然后在山脚下穿越恒河和亚穆纳河，最后抵达旁遮普的奥贾布（Oajab），走这条路线能够躲开奥朗则布在沿途的拦截。

这是苏莱曼·舒科所采取的最后方案。他把他在阿拉哈巴德要塞的剩余财产、沉重的行李、杂物和后宫侍从留在他父亲忠心耿耿的仆人——巴

① 赛义德家族，也称 Sayyids of Barha，是莫卧儿帝国的一个颇有军事政治影响力的家族。——译者注

尔哈的赛义德·卡希姆的城堡里，轻装前行，在6月14日穿过恒河，经过勒克瑙和莫拉达巴德，迅速奔向纳吉纳，并在那里掠夺了当地府库的20万卢比和一些人的私人财产。但是每天他的部队里都会有大量逃兵，在离开阿拉哈巴德时，追随他的6000人明显减少了。即使如今与他同行的人减少了，他也不可能越过恒河到达南岸。“每当渡船的船夫听到他进港的消息，就把船划到对岸。因此，他无法过河，只好沿着河向赫尔瓦尔（哈尔德瓦尔）方向走去，希望能在当地柴明达尔们的帮助下过河。”他在赫尔瓦尔对面的斯利那加（Srinagar）地区的昌迪停留了几天，并派军官巴瓦尼达斯（Bhawanidas）向斯利那加的王公寻求帮助。①

但是，在被迫等待的这几天里，他的去路被敌人完全封锁了，所以下一步行动也被迫取消。早在7月中旬，德里的奥朗则布就派遣沙斯塔汗带领一支军队前去赫尔瓦尔，以阻止苏莱曼·舒科渡过恒河。7月24日，他又派出一支分遣队，由沙赫·米尔和迪里尔汗率领，守卫

① *A.N.*，125，126, 148, 170–173; Masum, 148b–151a.

亚穆纳河南岸，阻止苏莱曼过河。[①]于是，年轻皇子的去路从南到西全都被封锁了，他和父亲以及旁遮普地区的联系也被切断了。

道路被奥朗则布的军队封锁

沙伊斯塔汗向恒河南岸进发的路程中，菲代汗（Fidai Khan）比他走得更快，后者是个非常有进取心的军官，被新皇帝给予的荣誉和恩赏所激励，于是他超过前者，先到了哈普尔（Hapur）东南方的普斯（Puth）渡口。苏莱曼从勒克瑙出发向西前进，如果要渡过恒河的话，此地是必经之地。他从库茂恩（Kumaun）王公的一封信中得知，渡过恒河要经过此地，而这位王公是斯利那加王公的敌人，不会帮助他们。于是，他朝北往赫尔瓦德尔尔走，以便找到其他王公帮助他过河。菲代汗快马加鞭，在一天之内赶了160英里的路，在下午就到了赫尔瓦德尔附近的河流南岸。而苏莱曼和他手下的几千人就在对岸，本来希望当天下午就能渡过这条河。在菲代汗的极速行军过

① *A. N.*, 148, 159–160; 126（汗－伊－道兰驰援阿拉哈巴德）; Aqil Khan, 71。

程中，仅有50名骑兵能够跟得上他的步伐。但是，他能虚张声势就已经足够了。一个可怕的传言在苏莱曼的人马中传播开来：南岸被帝国军队的先头部队所控制，而沙伊斯塔汗正带领主力部队向他们逼近。苏莱曼·舒科心里没了底，而不敢强行渡河。宝贵的时机转瞬即逝，苏莱曼不得不从恒河岸边转到斯利那加的群山之间，在那里寻找一个庇护所。他最忠心的部下是巴尔哈的赛义德家族，他们就分布在多阿布附近的撒姆巴尔（萨姆巴尔）周围，他们为家人的安全担忧，所以拒绝进入山区。

他最忠实的下属和各类事务的总管巴齐·贝格是巴达克沙尼（Badakhshani）。巴齐从小就为达拉当差，此刻突然死在了路上。在这样一位经验丰富、足智多谋的领导人去世后，苏莱曼的部队陷入了混乱。团队没了主心骨，人们乱成了一锅粥。“在如此忠实的追随者死后，苏艾曼感到极度的绝望和困惑。”一半以上的人离开了他，逃回了他们自己的家乡。他的兵力减少到2000人。[①]

① Masum, 152a; *A. N.*, 174.

在格尔瓦尔山区东躲西藏

苏莱曼感到十分绝望，只好前往旁遮普，想恳求斯利那加王公普里斯维·辛格（Prithwi Singh）怜悯自己，于是向他的领地进军。王公派人在边界处迎接他，并把他带入他们的领土。这个王公亲自出城迎接了4次，才迎回了这位落难的贵客。他亲自侍候苏莱曼，并向他提供了一个在斯利那加的避难所，条件是除了他的家人和几个仆人随行之外，他的军队、马匹和大象都要被遣散，因为这个王公的领地很穷，道路也很糟糕，负担不起这些累赘。

如果这个可怜的恳求者同意这个条件的话，那将会失去自己的力量而完全依赖于这个陌生的主人——斯利那加王公。在答应之前，他犹豫了一下。他花了一个星期的时间来考虑和磋商，但是他已经走投无路，别无他法了。通往印度的道路实际上已经关闭了。在哈尔德瓦尔、萨姆巴尔，以及多阿布中部，敌人的大军严阵以待，只等他自投罗网。第四支部队正在向阿拉哈巴德进发，同时，奥朗则布的军队也进入了旁遮普。如果苏莱曼不管不顾，一头冲向平原，只会跌入死亡的深渊。

改变主意

最后他决定接受王公的条件。他的臣仆中有人要离开他，却在路上被王公的人拦住，不让他们到山里去。于是，这些人转而劝苏莱曼不要把他的性命托付给山里的人，而是返回阿拉哈巴德。为了佐证这个提议，他们给他看了一封伪造的信，说是被他父亲降职的阿拉哈巴德司令官写的，信中说舒贾率领一支庞大的军队到了那里。苏莱曼因此改变了主意，感谢了王公的盛情款待，给了他一些礼物，然后返回纳吉纳。这时，心志不坚的人都逃跑了，最后只留下了700人。

被随从掠夺和抛弃

当苏莱曼·舒科意识到那些不忠实的顾问们的真正动机时，便感到了绝望。于是，他决定返回斯利那加。但是，他的麻烦才刚刚开始。第二天，当他走向群山时，“各部队和营帐的所有人手——卫兵、骆驼手和驯象夫——都逃跑了。他的下属从700人减少到200人”。他的侍从和交通工具的数量都大大减少，所以他不可能再给他的妻妾丫鬟们提供交通工具了。敌人已经离他们很近了，不能再浪费时间了。于是，他决定把他的女人分给任何愿意娶她们的人。一听到这样的提议，这些“贞洁娇弱的贵妇”就“忧心忡忡，满脸悲伤，撕扯着头发，捶胸顿足地痛哭起来”。但是，她们未能躲过这不幸的遭遇。一些女人被交给了她们的新主人，还有许多女人被抛弃了，他的妻妾里只有地位最高的那几个还忠实地陪着皇子，她们骑着几头小象跟在他身后。

带着17名随从进入格尔瓦尔

队伍现在减少到200人，他们匆匆忙忙地逃跑，每天都要走很远的路，不敢停下来，因为敌人离他们很近。在苏莱曼离开纳吉纳仅仅18小时后，帝国军队的一个扎吉达尔（jagirdar）——卡西姆汗到了纳吉纳，在得知逃亡者的路线后，他马上启程进行追捕，片刻都没有耽搁。帝国军队逼近的消息和他们匆匆忙忙的逃跑，很快就瓦解了苏莱曼·舒科的队伍；他手下的大多数人都抛弃了他。最后，他的妻子、几位姬妾、同母兄弟穆罕默德沙，还有剩下的 17 个随从和他一起来到格尔瓦尔山区（Grurhwal hills）的入口处。斯利那加王公答应庇护这个落难者，尽管这种好客行为肯定会为自己带来危险和损失。

王公对他那出身高贵的客人十分关心，态度友好。他修复了祖先留下来的那些破旧的宫殿，把苏莱曼安置在里面，日日夜夜妥善照顾。他把这样一位皇子的到来看作天赐的恩典，因为在他之前，从未遇到过这样的事情。王公甚至把自己的女儿嫁给了苏莱曼，想要把他家的血脉与德里皇室的血脉融合在一起。①

苏莱曼在他那蛮荒而安全的住所待了一年。他一定会为失去舒适的文明生活而叹息吧？他失去了父亲宫廷里的奢华之物，以及他作为一个得势皇孙的权力和财富。据马苏姆说，他的顾问出的歪主意——或者更有可能的

① Masum, 153b,156a.

是，他自己不安分的野心，怂恿他从山里冲出来，对平原上的莫卧儿村庄进行掠夺，希望重新树立他的权威，并把他父亲的老部下从附近召集起来。这次远征的唯一结果是，那些背信弃义的追随者掠夺了他所有的财物，然后，他又变得身无分文，只得灰溜溜地回到格尔瓦尔山区。[①]

奥朗则布入侵格尔瓦尔以使苏莱曼投降

奥朗则布警告斯利那加王公，如果不想看到他的宫殿被轰成废墟，就乖乖地交出逃犯。普里斯维·辛格想耍滑头，便撒谎说苏莱曼是在临近山区的一个地区躲藏，而不是在格尔瓦尔找到了庇护所。但是，这没有使奥朗则布上当。1659 年 7 月 27 日，奥朗则布派贾姆穆的拉杰鲁普王公带领一支帝国军队到山里去，以半说服半威胁的方式对付普里斯维·辛格，迫使他交

① 《阿拉姆吉尔本纪》第 175 页中，把王公返回平原和背弃自己所庇护的苏莱曼的行为归因于他的部下纷纷投奔加瓦尔。这比马苏姆的《舒贾王的历史》第 154a~155a 页的说法更为可信。

出逃犯。普里斯维王公在好客精神的熏陶中与诱惑、恐惧做斗争，足足纠结了一年半的时间。到了1660年年底，奥朗则布战胜了所有的对手，可以腾出手来对付苏莱曼·舒科了。在这一年，帝国军队调遣了炮兵和火枪兵部队，在10月就把先头部队派往拉杰鲁普。[①]

与格尔瓦尔王公的主管及继承人暗中勾结

但是，在格尔瓦尔山区作战，必定既耗费时间又难以取得成果。因此，奥朗则布不打算从外部解决问题了。奥朗则布对普里斯维·辛格的主管很感兴趣，与其私下勾结，并承诺如果他将苏莱曼作为俘虏献给自己，就让他取代他原来的主人做斯利那加王公。这个主管被野心所腐蚀，于是给皇子送去了有毒的药物。苏莱曼将其在一只猫身上做实验，然后得知这是可以致人亡命的毒药。苏莱曼连忙把这个阴谋告诉了普里斯维·辛格王公，后者义愤填膺，怒气冲冲地把这个倒霉的主管砍成了碎块。[②]

---

① *A. N.*, 421, 589; Masum, 156b–157b.

② Masum, 157b–159b.

奥朗则布随后召来了贾伊·辛格。在他所有与印度教王公有关的阴谋诡计里，这个家伙都是他的顾问。贾伊·辛格以拉杰普特酋长的身份向普里斯维·辛格表达了自己极度悲伤的心情，他说拒不交出逃犯，一定会招致莫卧儿帝国的报复，而普里斯维作为一个印度教统治者，即将就被莫卧儿帝国毁灭了，放弃苏莱曼是其求得自保的唯一手段。格尔瓦尔王公年事已高，他实在不愿意承担出卖客人的罪过和耻辱。但他的儿子兼继承人梅迪尼·辛格（Medini Singh）比他更为精明世故，因而希望得到德里方面奖赏和回报的愿望战胜了他的顾虑。而且，他们父子俩也害怕失去自己的王国，因为奥朗则布已经在煽动邻近的公国，以及与他们敌对的王公入侵，进而吞并格尔瓦尔了。况且，三名入侵格尔瓦尔的莫卧儿将军已经占领了一部分领土，并建立了前哨基地对王公强烈施压。[①]

① 也许阻断他的臣民进入平原的道路。

苏莱曼被俘并被交给奥朗则布

因此，梅迪尼·辛格决定违逆父命，把苏莱曼·舒科交给莫卧儿帝国。贾伊·辛格得到了梅迪尼服从帝国命令的恭顺答复。1660 年 12 月 12 日，奥朗则布派贾伊·辛格的儿子库马尔·拉姆·辛格前往山脚下，把俘虏带走。苏莱曼听到这个消息后，试图越过高山逃到拉达克。但是格尔瓦尔的军队追上了他，他试图反抗，但因实力悬殊而失败了。实力相差太大了，他的同胞兄弟和其他的一些同伴被杀害，他自己也在徒劳地争取自由的反抗过程中受了伤。12 月 27 日，他被押往平原，移交给拉姆·辛格。1661 年 1 月 2 日，他被带到德里的萨林加尔要塞。

苏莱曼·舒科与奥朗则布的会面

1661 年 1 月 5 日，沦为阶下囚的苏莱曼·舒科被带到了德里皇宫的私人议事厅，与他那可怕的叔叔会面。他年轻、英俊的外表以及显赫的名声，吸引了朝臣，甚至后宫女性对他命运的深切关注。他是沙贾汗最年长、最受宠爱的孙子，原本未来的某一天，他会在幸运之星的照耀下登上德里的宝座，坐在皇宫大殿的中央。而如今，他却被镣铐加身，即将背负着秘而不宣的巨大耻辱默默地死去。看着这位不幸的年轻人，许多朝臣流下了眼泪……后宫的女眷们……躲在格子栅栏后面，也纷纷为之动容。奥朗则布装出一副很和善的样子跟他说话，以消解他被判死刑的恐惧："你大可放心；你不会受到伤害，而会得到善待。真主是伟大的，你应当坚信。你的父亲达拉不能免于子死，仅仅因为他沦落成一个卡菲勒，作为毫无信仰之人而生活。"

苏莱曼把右手放到胸前，做了一个"色兰"的姿势，这是表示感激的意思。[①] 然后他非常镇定地对皇帝说，如果要让他喝"泼斯塔"，倒不如马上处死他。而奥朗则布郑重地许下诺言，并用响亮的声音保证，他绝对不用喝毒药，而

① 色兰（salam），也称"萨拉姆"，是穆斯林的问候语 As-salamu alaykum 的缩写，如果用手势表示，在印度是把右手放到胸前。——译者注

且大可以放心。[①]

泼斯塔，是一种有毒的饮料，由罂粟花在水中浸泡一个晚上制成。这种药水一般给关在瓜廖尔监狱里受惩罚的王公贵族喝。出于谨慎，皇帝往往不敢直接砍掉他们的脑袋，而是选择毒死他们。每天早上，一大杯这样的饮料就会被拿给他们，如果他们不喝，就不给他们吃任何东西。这些药水会使不幸的受害者日渐消瘦、衰弱无力和愚钝，最后变得麻木、失去知觉而死去。

苏莱曼·舒科在瓜廖尔监狱被毒死

然而，苏莱曼·舒科承担的恐惧远远超过了死亡本身，这是因为奥朗则布对他的惩罚违背了自己的“郑重承诺”。1661 年 1 月 15 日，俘虏被送到了瓜廖尔监狱，他被命令喝下加满罂粟的饮料。在这个阴郁的国家监狱里，倒霉的皇子又苟延残喘了一年。最后，在 1662 年 5 月，“在看守的努力下，他被送到了另一个世

① 伯尼尔目睹了这一切（第 105~106 页）；*Staria do Mogor*, i. 380。

界”。他的事业和前途在最初时一片辉煌，到30岁时却被完全断送了。在瓜廖尔山上，他和另一个皇子做了邻居，后者也是奥朗则布野心的牺牲品。这位就是他的叔叔穆拉德·巴赫什，他和苏莱曼·舒科都被草草地下葬，在这简陋的墓地里被埋在一起。①

① Kamub, 24b; Isar-das, 41b; Bernier, 107; *Storia do Mogor*, i. 80; *A. N.*, 603; Inayetullah's Ahkam-i-Alamgiri, 286b, 302b.

第二十三章　追击舒贾及比哈尔的战争

米尔·朱木拉追击舒贾

获胜后，奥朗则布穿过舒贾的营地［在卡吉瓦（Khajwah）村的蓄水池附近］，在蓄水池的另一侧扎营度过了一夜。在当天下午，为了不让敌人有喘息之机，一支由马哈穆德王公率领的追击部队，前去追赶他们。[①] 他的所有财产，包括马匹、衣服和武器，都是帝国的账库给的，因为他的全部财产都在早上由贾斯万特带走了。不久之后，米尔·朱木拉担任联合总司令，带兵前去增援，此时追击部队的人数增加到30000人。

① *Alamgirnamah*, 265-269; Aqil Khan, 91.

舒贾的反击

试图窃据皇位的伪王舒贾从致命的战场上逃走了，他骑马狂奔了 30 英里，然后停下来稍作休息，使疲惫的身体和低落的精神得到恢复。出逃了 4 天之后，他越过恒河，在阿拉哈巴德对面的尤西（Jusi）扎营。阿拉哈巴德的司令官当着他的面关闭了要塞的大门，并邀请帝国军队前来接收要塞（这是 1659 年 1 月 12 日所发生的事）①。

逃往巴哈杜尔普尔

在到达贝拿勒斯以东的巴哈杜尔普尔（Bahadurpur）后，舒贾停留了几天，修补了原先营地周围的城墙和战壕，并计划与追击部队在此对抗。即使发生最坏的情况，他也可以乘着停泊在附近的船只撤退。他让人从丘纳尔运来了 7 门大炮，安在城墙上。②而穆罕默德·苏

① *Alamgirnamah*, 285-286; Masum, 105b.

② *Alamgirnamah*, 492-493.

尔坦[①]却没有船，也无法穿过巴哈杜尔普尔附近宽阔的恒河。于是他向上游走去，准备在阿拉哈巴德附近渡河，然后经过凯里（Kheri）和昆蒂特（Kuntit）两地，向丘纳尔赶去。

逃往巴特那

这件事还与奥朗则布麾下的另一名军官费代汗从戈勒克布尔（Gorakhpur）向北行进，逼近巴特那的消息有关。这个消息惊动了在巴特纳的舒贾。1659 年 2 月 10 日，舒贾匆匆忙忙地躲到贾法尔汗的郊区庄园，[②]在这里，他让自己的儿子扎伊努丁和老迈的退役将军祖尔菲卡尔汗·卡拉曼鲁（Zuliqar Khan Qaramanlu）的女儿结了婚[③]，浪费了自己的一些宝贵时间，并希望以此来弥补他巨大的财产损失。与此同时，在 19 日，敌人又到达离城不到 20 英里的地方，于是，舒贾不得不火速逃往蒙格埃尔。穆罕默

① 奥朗则布的儿子。——译者注

② Aqil Khan, 91, 92 ; *Alamgirnamah*, 493.

③ 卡拉曼努家族，源于土库曼斯坦，是波斯的名门望族。而且，波斯移民往往在莫卧儿帝国享有崇高的地位，例如舒贾和奥朗则布等人的母亲慕塔芝的家族就来自波斯，奥朗则布的正妻也是波斯王族之后。——译者注

德·苏尔坦大约在22日赶到巴特那，也就是舒贾离开巴特那的第二天。[①]

逃往蒙格埃尔

舒贾在蒙格埃尔停留了更长的时间（从2月19日到3月6日）。这里的地形条件有利于防御西方入侵者。蒙格埃尔城坐落在一个狭窄的平原上，宽度仅为2英里，西面是恒河，东面是卡拉格布尔山。从巴特那到孟加拉，沿着平原走是最方便的道路。如果这条路被阻塞，入侵者就必须绕远路穿过桑塔尔大区（Santal Parganahs）和比尔宾的荒凉山丘和丛林，穿过远离恒河及人口稠密的城市，在穆尔希达巴德附近再次渡河。

前路被阻

阿富汗人在统治时期，在蒙格埃尔城前修建了一堵城墙和一条护城河，从山丘一直延伸到恒河河边，用以保卫该城。去年，在与苏莱曼·舒科作战的时候，舒贾已经修复了这些

① Aqil Khan，92.

旧防御工事，沿着城墙每隔30码筑起一座棱堡，并将沟渠与河流连接起来。现在，他用船运来了大炮，安在城墙上，而护城河由他的士兵牢牢把守。卡尔格普尔（Khargpur）的柴明达尔——巴鲁兹（Bahroz），负责守卫苏比里山（soutberi hills），在那里有一条通往拉杰马哈尔的艰险的道路。[①]

米尔·朱木拉穿越山区时迷路

1659年3月初，米尔·朱木拉来到蒙格埃尔，发现主要道路被封锁了，他没有浪费时间攻城，而是收买了巴鲁兹王公。在这个王公的指引下，帝国军队穿过卡尔格普尔的山丘和丛林，绕过蒙格埃尔，直接对舒贾的后方构成威胁。[②]舒贾一听说巴罗斯开了小差，而敌人出其不意地从他后方出现，于是在3月6日从蒙格埃尔逃走。这时，米尔·朱木拉已经到了蒙格埃尔以东40英里处的琵雅拉普尔（Pialapur），

① *Alamgirnamah*, 493-494.

② Alamgirnamah, 494-495; Aqil Khan, 92; Masum, 113b. 卡尔格普尔在蒙格埃尔以北。

听到舒贾弃城而逃的消息，他就把一部分军队留给穆罕默德指挥，而他自己匆匆忙忙地向西赶到蒙格埃尔，[①] 来夺取此地，并代表皇帝任命该地的行政长官。

舒贾在萨希布甘杰

在萨希布甘杰（Sahibganj），[②] 舒贾又停留了15天（3月10日到3月24日），他修建了一条从河流到南山的城墙，把有大道穿过的狭窄平原围了起来。他看到米尔·朱木拉从琵雅拉普尔向西进军后，误以为帝国军队已经厌倦了翻山越岭的行军方式，现在要沿着恒河南岸平原追击

① 印度铁路（E.I.R.）沿线的皮尔波蒂站（Pir Pointy Station）以南4英里处有一个叫琵雅拉普尔的地方，位于乔尔贡格以东11英里处，芒普（Munpr）以东65英里以外。在伦内尔的地图是这样集中显示的，正好符合描述中的文字。但是，琵雅拉普尔的形式常常被认为是抄书人抄错了地名“塔拉杜尔”。蒙格埃尔地区有第二个琵雅拉普尔，它靠近一座小山（*Pioneer*, 3 Jan. 1912,p.2）但我在地图集中没有找到它。

② *Alamgirnamah*, 493 中给出“潘古马提（Pangumati），距离蒙格埃尔大约33 考斯，距离拉杰马哈尔大约15 考斯”（阿奎勒汗，92, Teliagarhi）。这个地方无疑是在东印度铁路环线萨希布甘杰站以南半英里的拉尔迈（Lalmai）（*Indian Atlas*,sh.112）。它位于特利亚加里特（Teliagarht）和西科瑞加利之间。

他。因此，他希望在萨希布甘杰的城墙前阻击他们。他的右面受到河流的保护，他的左面是绵延不绝的拉杰马哈尔山脉，从恒河到比尔宾（亦译作“比尔班”）向南延伸了很远。为了防止帝国军队绕道而行，再次绕过山头从其背后出击，他派他的追随者、比尔宾和查特纳加尔（Chatnagar）的柴明达尔——米尔·伊斯法迪亚尔·马穆里负责此事，防备敌人从南面发动出其不意的袭击。

米尔·朱木拉绕道穿过比尔宾

但是，帝国军队的金钱攻势又一次发挥作用了。就像在蒙格埃尔一样，米尔·朱木拉也通过收买当地的柴明达尔来赢得比尔宾，在后者的土地上买到了一条安全通道。巴鲁兹王公为他们做向导、提供粮食和草料，在蒙格埃尔东南的山丘上行军了12天之后，帝国军队从丛林中走出，[①]进入比尔宾的柴明达尔的领地，于1659年3月28日通过该地区的主要城市苏里。

① *Alamgirnamah*, 496，497; Aqil Khan, 92。

关于奥朗则布倒台的谣传

就在这时，一条奇怪的消息浇灭了帝国军队热情的火焰，削弱了奥朗则布军队的力量。他们听说达拉·舒科的势力在古吉拉特又有所增长，连皇帝也急忙赶到古吉拉特进行抵挡。

1659年3月13日，两军在阿杰梅尔附近交锋；达拉的力量被永远地摧毁了，他被帝国军队追赶，只能仓皇无助地逃走。但是谣言一贯是谎言滋长的土壤，当它飘到了琵雅拉普尔的莫卧儿军那里，就变成了奥朗则布已经在阿杰梅尔战役中被击溃，并逃到德干行省，放弃了之前获得的一切。由于传播距离较远，灾难的严重程度被放大了，人们口口相传，添油加醋，越来越夸大危险。全军陷入恐慌和混乱之中。米尔·朱木拉的迂回攻击，被属下们怀疑不是攻击舒贾的后方，而是一个秘密计划，即取道焦达讷格布尔高原和奥里萨邦的陌生路线，与穆罕默德·苏尔坦一起逃往德干！

拉杰普特特遣部队极度震惊

拉杰普特特遣部队尤其显得心烦意乱。他

们是高种姓的印度教徒，却不得不在未来几个月的时间里，在未经开垦的荒野中吃喝，忍受难以言喻的艰难困苦。而在遥远的印度西部，他们的家园暴露在胜利的奥朗则布面前。之前，贾伊·辛格曾抛弃了达拉的儿子苏莱曼·舒科，并把贾斯万特·辛格争取到了奥朗则布的阵营。因此，怒火中烧的达拉会不会摧毁他们在斋浦尔的房子作为报复呢？之前穿过群山的行军已经够糟了，但他们面临的前景却更加糟糕。即使这次行军能顺利地完成，在他们到达德干时，也不能期待什么了。难道要加入战败者溃不成军的队伍，而永远被流放在外，与逃亡的奥朗则布一起四处流浪！对于他们来说，最好的办法是穿过巴特纳和阿拉哈巴德向西折返，与达拉讲和，或者至少及时赶往拉吉普塔纳，保卫他们的家园。

拉杰普特人抛下米尔·朱木拉，自行回乡

拉杰普特人仔细考虑了这个问题，慢慢地做出决定。离开琵雅拉普尔几天后，在皇子每天出发和下马的时候，他们就像其他军官一样不再

伺候他了。然后，1659年3月26日，在前进了一整天之后，他们并没有驻扎在为他们划定的营地，而是使各部队所有的拉杰普特人聚集在一起，在营地后面占据了一个位置。第二天，他们带着帐篷和行李，跟随在主力部队后面。3月30日，在离比尔宾有两站路的地方，拉杰普特特遣队中约4000人当了逃兵，他们掉头返回阿格拉。[①] 米尔·朱木拉没有花时间去劝阻他们，甚至也没有惩罚他们开小差，而是坚定地朝着既定目标前进。他身边还有大约25000名骑兵，[②] 是舒贾军队的两倍。[③] 如果他想切断敌人通往达卡的退路，那么对他来说每一刻都是宝贵的。

舒贾撤退到丹达

舒贾听说帝国军队已经打开了通往比尔宾的

① *Alamgirnamah*, 497-498. Aqil Khan, 93 给出了拉杰普特人兵变的动机。Masum, 115b, 116a 则对此语焉不详。

② 据阿奎勒汗估计，拉杰普特特遣队有4000名士兵。而马苏姆估计"大约有1万名或1.2万名骑兵"，这是由距离和谣言造成的夸大其词。所有的拉杰普特人都没有回来，除了王公因陀罗的于无拿之外，他依然忠心耿耿地留在前线。阿奎勒汗说，两名穆斯林军官也一同当了逃兵。

③ 马苏姆认为舒贾的部队不超过6000人。

门户，于是匆忙从萨希布甘杰撤离，继而赶往拉杰马哈尔（大约在1659年3月27日）。但是，现在恒河西岸的任何地方都找不到安全的托身之地了。因此，离开拉杰马哈尔后，他计划在道加奇附近渡河（在该镇以南几英里的地方），将他的家人和军队转移到丹达的古尔城堡（Fort of Gaur），并凭借自己强大的船队的力量，让战争持续下去。而米尔·朱木拉麾下只有陆军，根本无法与其正面对抗。

阿拉瓦尔迪汗密谋背叛

但是，舒贾的军队正酝酿着叛乱。帝国军队步步紧逼，使舒贾失去了最后翻盘的机会；他们已经到达距其阵地30英里远的贝尔加塔（Belghata）。如果舒贾那些摇摆不定的下属们想要逃跑，那么走不了多远就可以投奔帝国军队。现在，忠诚于舒贾意味着在两个悲惨的道路之间做选择，一个是被占有绝对优势的帝国军队屠杀，另一个是做流亡者，自愿逃到野蛮的阿拉干人生活的土地上。①“他的

① 阿拉瓦尔迪汗的事情参见*Alamgirnamah*, 21, 422, 499-501; Masum, 114a-115b。阿奎勒汗在其著作的第94页也提到了这点，但是记述得很少。

许多忠诚的老下属”现在正密谋背叛他。不满者的领袖是阿拉瓦尔迪汗，他在沙贾汗统治的最后几年中一直统治比哈尔，并在巴特纳加入了舒贾的军队，当时是1657年，舒贾刚刚自行称帝。舒贾曾把他提升为首相，称他为汗·巴艾（意为我的贵族兄弟），最近还封他为“皇家总理”。

米尔·朱木拉察觉到阴谋

密谋者们的计划是等舒贾上船后，他们留在拉杰马哈尔，当舒贾要过河时，他们就溜到帝国军队的营地里。舒贾的确去了道加奇的渡口（1659年4月1日），但那天晚上，一场暴风雨阻止了他上船，他不得不返回离河5英里的帐篷。密谋者没有预见这一延误情况。他们的计划泄露了。舒贾在深夜听到风声后，表现得异常迅速和果断。他把两名军官留在拉杰马哈尔，去监督、保护那些跟随他的人和运输的辎重。

第二天早上（4月2日），他从帐篷出发，向市区纵马疾驰，走了大约10英里后，在郊区的花园里下了车。他大发雷霆，不停地对下属军官大喊大叫，让他们把阿拉瓦尔迪汗带来。他接二连三地派人过去。与此同时，阿拉瓦尔迪汗正让家臣守卫着宅院，防止可能出现的任何袭击。舒贾的臣仆接二连三地赶来，统统聚集在他的房子周围，等候皇子的命令，准备攻打这座住宅。看到这种阵势，阿拉瓦尔迪汗失去了信心，而他的党羽也都被吓倒了。因此，当米尔扎·萨拉朱丁·穆罕默德·贾布里（Mirza Sarajuddin Muhammad Jabri）前来接他时，他很快就同意离开这里，陪迪万去见王子。①

叛乱主谋被斩首

阿拉瓦尔迪汗和他的小儿子赛弗拉

① 官方史书指控舒贾以虚假的安全承诺诱骗阿拉瓦尔迪汗从家中出来，然后背信弃义地处决了他。（《阿拉姆吉尔本纪》，第500页）。但《舒贾王的历史》不支持这一指控。书中记载，米尔扎·萨拉丁·穆罕默德（Mirza Sarajuddin Muhammad）是皇子的一个高级下属，主动提出带阿拉瓦尔迪汗去找舒贾，在后者面前坦白了所有的事情。阿拉瓦尔迪汗别无选择，只好带着一两个参与阴谋的同伙前去（115a）。在当时的情况下，我认为他的说法更有可能属实。因为，阿拉瓦尔迪汗即使拒捕，也没有逃跑的机会。

（Saifullah）被带给城外的舒贾皇子。他们立即被皇子的亲兵抓住，并被戴上手铐绑在一头大象上。随后舒贾回到了城里，他们在宫殿门口则被斩首示众。另外两个参与了阴谋的军官也遭遇了同样的命运。

米尔·朱木拉占领拉杰马哈尔

4 月 4 日，在拉杰马哈尔度过 3 天后，舒贾在道加奇渡过了恒河，在对岸的巴达尔布尔扎营，由博塔拉（Botilla）守卫着前方。而帝国军队离开比尔宾之后，希望在穆尔斯希达巴德渡过恒河，并封锁舒贾逃往老巢孟加拉达卡的撤退路线。①

他们听说舒贾撤出拉杰马哈尔后，便立即向北猛冲，意图夺取那个小镇。4 月 13 日，祖尔菲卡尔汗领导的前锋部队进入该地区，并在此建立政府。舒贾的 4000 名士兵在道加奇没有找到船只，只好无助地返回拉杰马哈尔，向帝国军队投降。这样，从拉杰马哈尔到胡格利

---

① *Bdgotia* in Rennell, Sh.2, 位于金吉布尔（Jangipur）以西 2 英里，盖瑞阿（Gheria）战场以南 4 英里处。

（hughli），这个国家在恒河以西的所有领土，舒贾都失去了控制权。[①]

恒河从阿拉哈巴德往东流了几百英里后，在西科瑞加利（Sikrigali）突然向右转，向南流去，在离巴格旺戈拉（Bhagwangola）80 英里的地方，再转向东流。这段河流的东岸是迈达地区，这里有古尔城的废墟[②]，西岸是拉杰马哈尔，南岸则是穆尔斯希达巴德地区。

战场

河流的上游，如丘纳尔、贝拿勒斯、蒙格埃尔和迪利阿加希（Teliagarhi）地区的土壤比较坚硬，这限制了河的流向。但是流过西科瑞加利之后，它开始流经土壤疏松的土地，于是可以自由地改变河流流向，并且分出许多支流。因此，在西面的拉杰马哈尔山区和东面的马尔达地区的巴林德高地之间的恒河谷地，被无数条蜿蜒细长的小溪暗流、沙子沉积的干涸河床，

① *Alamgirnamah*，501, 344；Aqil Khan, 94。

② 古尔（Gur）古城，兴起于 9 世纪的印度古城，后来由于外敌入侵和瘟疫爆发，在 15~16 世纪被逐渐废弃，成为丛林中的一片废墟。——译者注

以及恒河和马哈南达河的多条支流分割得支离破碎。这里“行道如涉水”，极难通行。在这一地区的北部，恒河的干流汇聚了源自下库希的许多支流，在东面融汇了卡林迪河、马哈南达河（马尔达河），以及其他的一些支流。在南面苏提的不远处，有一条蜿蜒曲折的小河，被称为帕吉勒提河（Bhagirathi River），意思是“圣恒河”，它是恒河的源头之一，流经穆尔希达巴德、纳迪亚和加尔各答后汇入大海。但是这一地区的主要河流是恒河的支流博多河，它沿拉吉－沙希（Raj-shahi）地区向东流去，水量极其丰富。[①]

水道纵横

在雨季，河谷地区的大部分土地都会被洪水淹没。雨季结束了，洪水就会退去，只在地表留下纵横交错的无数的水道和湖泊。只有少

① 帕吉勒提河是印度的河流，位于北阿坎德邦，是恒河的西源，源自根戈德里冰川，河道全长 205 千米，流域面积 6921 平方千米，平均流量每秒 257.78 立方米。帕吉勒提河流至特赫里加瓦尔县南部的德沃普拉耶格，与东源阿勒格嫩达河汇集后，被称为恒河。——译者注

数的河道是常年性河流，其他的都是先变浑浊，然后变干涸，形成松软泥泞的泥潭和沼泽地。只有在夏天最热的时候，它们才会变成一片坚实的土地，但是，相对于去年，地面的形态却改变了。这个过程年复一年地重复着，使地面产生了奇妙的变化。

舒贾的水师

舒贾的队伍简直溃不成军。他从哈吉瓦带回大约10000人。其中有些人当了逃兵，还有许多人因莫卧儿军队占领了拉杰马哈尔而被阻截。[①]在地面上，舒贾如果和帝国军队交锋，连一个小时都抵挡不了。但他拥有一批由欧洲人和混血枪手组成的大型火枪队。他占了地利之便，这一地带水道纵横，如果在这里作战，孟加拉人有显著的优势，而他的敌人缺乏这种优势，因而受制于地形，寸步难行。孟加拉邦是水泽之国，其总督能够获得大笔财政拨款，用

① 阿奎勒汗，第95页。关于舒贾被迫放弃拉杰马哈尔城的情况，参见Masum，116b，126a。

来组建一支“水师”（原文为波斯语）[1]，在河流上巡逻，运送军官和部队，并抵御索尼迪普和吉大港的海盗。莫卧儿人是众所周知的差劲水手。他们擅长在马上打仗，在船上则无能为力。深渊对他们来说是未知的恐怖，即使只是坐船航行，也是一桩苦差事，他们只有咬紧牙关，屏息静气地期待着结束，直至回到坚实的土地上。

米尔·朱木拉的困境

米尔·朱木拉的军队是一支纯粹的陆军。他自己没有带来一艘船，也没有弄到孟加拉人的任何船只，因为舒贾预料到他要向民间征集船只，所以事先抢走并凿沉了这一地区的所有私人船只。一方面，由于缺乏水运工具，米尔·朱木拉被限制在西岸，无法到河对岸进攻敌人，也无法进攻舒贾的老巢达卡，因为有许多河流阻挡了他前进的路。另一方面，舒贾可以把他的火炮和士兵装载在他的船上，在从拉杰马哈

① 塔里什（Talish）的《延续》（*Continuation*）、科尔的《旅行与航行》均有提及。

尔到苏提的整个莫卧儿军队前线上任意使用这股极其灵活的力量。但是他的军队力量太弱了，不能在陆地上对如此强大的敌人发动进攻。孟加拉人有一个鳄鱼与老虎决斗的故事，可以恰如其分地形容战争的这个阶段。

战争战略

以米尔扎·贾恩·贝格为首的将军们召开了一次军事会议之后，舒贾决定撤离恒河西岸，将他的大本营和家人迁往丹达（西面是恒河的一条蜿蜒曲折的支流，在那里他能够以恒河为依托进行防御），以应对帝国军队的进一步行动，把敌人拖上几个月，利用这宝贵的时间来重整部队，恢复力量。[①] 最后，由于帝国军队援兵的到来，对于舒贾来说，通往奥德（Oudh）、阿拉哈巴德和比哈尔邦的道路都被封锁了。拉杰马哈尔和恒河以西的领土，都落入了帝国军队手中。

两军的阵地

舒贾以丹达城为基础在河流东岸布防，对

① Masum, 116a, 116b.

岸就是莫卧儿帝国军队的前线，其阵线从西岸的拉杰马哈尔一直延伸到苏提。在西岸，米尔·朱木拉组织了纠察部队，巡查每一艘船和每一条道路，防止那些被舒贾抛弃在拉杰马哈尔的士兵回到对岸。占领了拉杰马哈尔之后（1659 年 4 月 13 日），他的第一个目标是得到船只，因为如果没有船只，就会寸步难行。经过两星期坚持不懈的努力，米尔·朱木拉成功地从远处或者偏僻的地方，包括费俄索斯（Feosos）、卡鲁阿斯（khaluahs）和鲁德夫德拉斯（Rdhwdras）等地弄到了一些船只。[①]

米尔·朱木拉的第一个计策

在拉杰马哈尔以南 13 英里的道加奇，米尔·朱木拉发起了第一次大胆而又出其不意的进攻。其阵地前的河流中有一个河心岛，可以作为通往河流对岸的中转站。舒贾派去的一支小分队已经占领了它，并开始巩固力量和竖起

① 塔里什的印度游记中曾提到，大约在拉杰马哈尔以南 13 英里处，再往南 14 英里，有个“道加奇”城，但并不是历史上的那个道加奇。而杜纳普尔老城在如今杜纳普尔（Dunapur）的东北角。

炮台，以便与他们的船队协同配合，对帝国军队的营地进行侵扰。米尔·朱木拉决意要从他们手中夺走这个小岛。在他的精心安排和亲自监督下，午夜后几艘船进行了几次悄然无声的航行，把祖尔菲卡尔汗和其他一些高级军官，以及他们率领的3000名士兵运送到岛上，其中包括22名炮兵和几门火炮。早晨，他们到达敌人的驻地，但敌人已带着船只逃走了。帝国军队占领了被敌人放弃的阵地，仓皇地驻守在这里。第二天，他们击退了舒贾的整个船队，击沉了一些船只。一部分敌军从该岛的一端登陆，试图挖掘战壕。在塔吉·尼亚兹（Taj Niazi）的指挥下，一支勇敢的阿富汗人队伍在经过了残酷血腥的战斗之后将敌军赶出该岛。两天后，敌军联合部队试图再次夺回该岛，但是失败了，帝国主义者安然无恙地控制着他们所占领的哨所。①

舒贾保持警觉

但是，他们的好运也到此结束了。舒贾吸取教训，变得警惕起来。他的船队每天都在河上巡

① *Alamgirnamah*, 501-503.

航，与西岸的莫卧儿人交火，他的军队也带着枪炮来到道加奇的河对岸，不停地向驻扎在道加奇的帝国军队开火。米尔·朱木拉手中只有六艘船，面对如此强大和警惕的敌人，用这么少的船只载着自己的军队过河，或者出其不意地发动进攻，在对岸的某一点登陆，都是毫无希望的。

莫卧儿军队在右岸部署

于是，米尔·朱木拉另作安排，等待时机。帝国军队分布在整个西海岸；穆罕默德·穆拉德·贝格在最北端的拉杰马哈尔负责指挥。而穆罕默德·苏尔坦与祖尔菲卡尔汗、伊斯拉姆汗、费代汗和大部分军队，仍然驻守在道加奇以南13英里处来应对舒贾。在往南大约8英里的杜纳普尔，由阿里·库利汗驻守，米尔·朱木拉亲自率领六七千人驻守在帝国军队阵线最南端的苏提，即拉杰马哈尔以南28英里处。[①]

米尔·朱木拉的第二个计策

在这里，米尔·朱木拉征集了大约100艘

① *Alamgirnamah*, 503-504.

各种各样的船，每天都在密切观察，希望有机会在对岸登陆。敌人在对面架起了一个由八门大炮组成的高炮台，对他在河边的随从和运输队造成了极大的伤害。一天晚上，一支由十艘船组成的先头部队被敌军发现并击退。第二天，这一尝试又重复了一遍，帝国军队的这次尝试因为大胆而成功了。在正午的烈日下，突然狂风大作，敌人无法进行防御[①]，于是米尔·朱木拉把20名帝国士兵和他自己的一些随从派了过去。在风的帮助下，他们迅速地渡过河流，占据了炮台，把钉子钉进那两门最大的大炮的炮管里，运走了另外六门炮，而他们则没有受到任何损失。这一壮举使敌人胆战心惊。舒贾的将军努鲁尔·哈桑（Nurul Hasan）是负责安保工作的，他也因管理上存在漏洞而被撤职。[②]

但是米尔·朱木拉很快就体会到了命运的变幻无常。在前两次成功的鼓舞下，他计划尝试一次更大的冒险。但这一次，舒贾处于戒备

① 根据上下文，风向是从帝国军队的方向吹向对岸的，所以舒贾的船队无法向相反的方向航行，无法进行水面防御。——译者注

② *Alamgirnamah*, 505.

状态。能干和忠诚的军官比哈尔的赛义德·阿拉姆，此时带领精锐部队在此处指挥。他像以前一样把战壕和炮台都设在河边，但把部队和凶猛的战象巧妙地埋伏在前线后面。米尔·朱木拉不仅没有预先做好准备，在那里侦察和确定敌人的兵力（正如马苏姆所说），而且犯了一个致命的错误——大意轻敌。但是，他注定要得到教训，这也让他在接下来的战役中变得极为谨慎甚至犹豫。

米尔·朱木拉的第三个计策

1659 年 5 月 3 日凌晨，米尔·朱木拉派出了两三艘船作为先头部队渡河到对岸，伊赫塔玛姆汗（Ihtamam Khan）和一些人登陆攻击敌人的战壕，并把他们赶了出去，在那里插上了帝国的旗帜。此时，他们中了赛义德·阿拉姆的埋伏，后者向这一小队人发起进攻，而他们在刚占领的堡垒中英勇地自卫。有些船正忙着靠岸，有些船还没到岸边，敌人就突然出现了，这些船只能灰心丧气地原路返回，只在对岸剩下了六艘船。敌人变得更加大胆，开始离开土岗去攻击那些小船，并牵着两头大象一起前进。帝国军队对此感到困惑。这些人大都是骑兵，而且他们的马还没有被运上岸，即使有少数几匹被运上岸的马，也不能在松软的沙地上飞奔，因为敌人的几艘快艇包围了他们，一场混乱的水战又开始了。在这场水战中扎巴尔达斯汗（Zabardast Khan）虽然受伤了，却冲破了敌人的包围圈，杀出了一条血路。伊赫塔玛姆汗的兄弟和侄子们正在另一艘船上，并试图上岸帮助他。这时，另一股力量十分强悍的敌人，带着一头狂怒的大象［一头名叫高卡（Kokah）的著名斗象］向他们扑来。它用长牙刺穿了沙巴兹汗，击沉了两三艘船，还杀了两名校官。在普通士兵中，许多人淹死或被杀，而受伤者则被俘虏。

帝国军队惨败

赛义德·阿拉姆在处理完船只后，转身对付伊塔曼汗，后者被困在土岗上。伊塔曼汗战死沙场，他手下的人投降了。“帝国军队中的精英就这样惨死了，其中有500人被俘虏，其中的一些人后来被舒贾下令处死。”[①]与此同时，米尔·朱木拉却无可奈何地在西岸眼看着他的部队全军覆没。他一边命令一边恳求从对岸逃回来的船返回同伴那里进行援助；但是后者士气低落，不能再对付孟加拉舰队了。这场灾难使他胜利的事业黯然失色，他失去了众多的精锐士兵，还让河对岸的敌军士气大增，使其有了欢欣鼓舞的理由。之后，帝国军队的一次遭遇令其几近瘫痪。如果没有朱木拉的非凡勇气、沉着冷静和对下属的牢牢控制，所有的一切都将是灾难性的。1659 年 6 月 8 日深夜，在苏提的营地里，他得知了一个令人震惊的消息：穆罕默德·苏尔坦逃离了道拉奇的驻地，投奔舒贾去了！

穆罕默德·苏尔坦的不满

在米尔·朱木拉的领导下，穆罕默德·苏尔坦很久以前就已经不耐烦了。他年轻气盛，不愿意让米尔·朱木拉对他指手画脚。他是卡

① *Alamgirnamah*, 506-509；Masum, 118a-119b；Aqil khan, 95。

吉瓦战役中的英雄，在帝国军队的其他部队都被打得落花流水时，他率领的部队却挺到了最后，还击退了敌人的进攻。难道他不比他父亲，甚至是被他亲手俘虏的受人爱戴的祖父更配得上当皇帝吗？对他而言，除了这些雄心壮志之外，还有一个更温柔的爱情之梦。多年前，当沙贾汗皇帝在喀布尔设立宫廷时，奥朗则布皇子和舒贾皇子向他告别，前往被指定的省份。他们一起向阿格拉走去。出于对大哥达拉的共同嫉妒，他们发誓要在父亲去世后联合起来反对他，于是他们在阿格拉互相款待了一个星期，让年轻的穆罕默德·苏尔坦与舒贾的小女儿古鲁克·巴努（Gulrukh Banu）[①]订婚，从而让他们的誓言变得更牢不可破。[②]

穆罕默德·苏尔坦与舒贾密谋

后来，父辈间的争端打破了他们成年后的婚姻。舒贾的仆人和代理人不断向穆罕默德报告莫卧儿王朝的情况，提出要帮他夺取皇位，

① 意为“有着玫瑰色脸颊的名门淑女”。——译者注

② Aqil Khan, 10，11。

并把女儿嫁给他。对一个年轻人来说，这种诱惑太大了，况且，他对他的父亲和父亲的知己米尔·朱木拉已心生怨恨。

叛逃

于是，在一个黑漆漆的雨夜（1659 年 6 月 8 日），他带着五个心腹仆人、一些金币和珠宝，从道加奇的驻地溜了出来，搭着一艘小船到了对岸舒贾的营地。在那里，他受到了欢迎，和他的未婚妻结了婚，并被他的岳父任命为首席指挥官和顾问。[1]

米尔·朱木拉安抚和控制军队

此时，帝国营区被笼罩在恐慌混乱的气氛中。消息从一个帐篷传到另一个帐篷。但是，帝国军队中天生的统帅——苏提的米尔·朱木拉把自己的人马牢牢地控制在手中。第二天早晨，他乘飞机前往位于道加奇的营地时，向这支群

---

① 穆罕默德·苏尔坦的征战历程，参见 *Alamgirnamah*, 511，406，407；Khafi Khan, ii.91；Masum, 120b-124a；Aqli Khan, 96, 97。

龙无首的军队大声疾呼，为他们带来了勇气和希望，也恢复了军队的秩序。他召开了一次军事会议，让其他所有的将军都同意服从他，把他当作唯一的首脑。就这样，通过他的努力，军队安然无恙地渡过了这场风暴；“它只损失了一个人——穆罕默德·苏尔坦”，正如阿奎勒汗夸口的那样。

行动因大雨而暂停

到了1659年6月中旬，孟加拉邦开始下暴雨，这使他们中断了行动，而不得不躲在军营里。米尔·朱木拉和大约15000人在穆尔斯希达巴德的住处安顿下来，这里是“一片高地，而且储存有大量物资”。祖尔菲卡尔汗和其他一些军官留在拉杰马哈尔。很明显，在道加奇、杜纳普尔和苏提的军营哨所都被洪水冲毁了。[①]

穆罕默德的叛逃产生了巨大的影响。他于5月3日的逃跑对帝国军队的士气造成了巨大打击，使之几近瘫痪。奥朗则布皇帝听到这个

① *Alamgirnamah*, 512.

消息后大惊失色，他亲自率领一支强大的军队，离开首都，前往阿拉哈巴德，以便在局势进一步恶化之前未雨绸缪，防止孟加拉军队向西推进。与之相反，舒贾和他的部下则感到很高兴，因为在这场战争中，他们是第一次占据了主动地位。他们的敌军被洪水分割成两部分，中间隔着60英里，几乎没有通行的道路。他们只需从祖尔菲卡尔汗手中夺回拉杰马哈尔，然后向南进攻米尔·朱木拉。他们进行了大胆的一击，粉碎了祖尔菲卡尔汗的部队，以惊人的速度轻松地实现了这两个目标中的第一个。

拉杰马哈尔被洪水包围

大雨把拉杰马哈城的郊区变成了一片沼泽，只有靠近小山的西北角才露出地面。虽然定期有船开往城里，但敌军的舰队封锁了水路，米尔·朱木拉原本承诺从穆尔斯希达巴德通过水路运送的补给品则无法送达城里。哈尔昌德（Harchand）是拉杰马哈尔以西的马吉瓦（Majwah）山区的王公，他收受了舒贾送来的钱财，停止向城中运送补给，并抢劫每个冒险用牲畜把粮食运到拉杰马哈尔的商人。“一粒粮食都没有被送到城里的军队手中，他们被缺少饮水和缺少（固体）食物的状况所削弱。”“粮食短缺到了极点。谷物价格贵比黄金。粗糙的红米和木豆卖到了每9赛尔价值1卢比的价格。”[①]由于饥饿难忍，许多人吃下了有毒的杂草。因为饥荒、马匹和用于运输的牲畜的损失，城中的帝国军队已经是穷途末路。他们的将军之间的争吵使情况更加糟糕。

拉杰马哈尔被舒贾收复

首先，舒贾的舰队司令谢赫·阿巴斯（Shaikh Abbas）占领了拉杰马哈尔以南5公里的名叫帕图拉（Paturah）的丘陵地带。[②]

以该地带为基础，他开始用船队对被洪水包围的拉杰马哈尔城进行不断地侵扰。然后，在1659年8月22日，舒贾的船队突然袭击了拉杰马哈尔。帝国军队的司令祖尔菲卡尔汗因

① 红米和木豆，都是热带地区种植的杂粮品种，口感比较粗糙。——译者注

② 帕图拉在拉杰马哈尔以南5英里处。（*Indian Atlas*，sh. 112）

病重不能骑马。只有因陀罗的于无拿王公勇敢地率领军队抗击入侵者。但是，其他的帝国军官动摇了。他们举行了一次军事会议，但是没有达成一致意见。相反，他们互相争吵，在夜间逃出穆尔斯希达巴德，并从他们所有的据地撤出——河岸边和高地上的城市（群山的一个支脉），在拉杰马哈尔的旧城和新城之间的主要营地，以及从山区到新城的大道。他们所有的财产都落入了舒贾之手，舒贾在之前的战役中所受的损失都在恒河西岸的这一次战争中补了回来。[①]

雨后觉醒

雨季逐渐过去了，但是帝国军队仍旧一筹莫展。舒贾现在的实力已经大大增强，他带领着一支8000人的队伍从拉杰马哈尔向米尔·朱木拉逼近，后者正在穆尔斯希达巴德。在离穆尔斯希达巴德8英里远的一条深水渠上，米尔·朱木拉架起了两座桥，并加强防御。

---

① *Alamgirnamah*, 516-519; Masum, 125a, 125b; Aqil Khan, 98. 最后两个文献给出了关于城市地形的罕见描述。

现在的战争景象与一个世纪后英格兰人和孟加拉行省总督米尔·卡西姆之间最后较量的情况是一样的。贝尔加塔在格里亚战场以南4英里处，道加奇与乌德瓦努拉之间也是同样的距离。①

舒贾挺进穆尔斯希达巴德

1659年12月6日，舒贾逼近米尔·朱木拉，与之正面交锋。在经过几天的炮击和小规模战斗之后，他于12月15日以全部兵力袭击了右边的桥，并占领了桥头。在这场艰难的较量中，双方都损失惨重。帝国军队英勇的指挥官伊卡塔斯汗（Ekkataz Khan）被杀，其他人逃到自己所控制的水渠一边，并把船桥烧毁，以防止敌人乘胜追击。当这场战斗正在激烈进行时，米尔·朱木拉从左边的桥越过水渠，从舒贾的后方迂回进攻。

① 指布克萨尔战役（Battle of Buxar），是英国东印度公司与孟加拉大公米尔·卡西姆之间的战争，于1764年10月22日爆发，这场战役是在比哈尔邦境内的一个小镇布克萨尔进行的，该镇位于巴特那以西约130公里（81英里）的恒河岸边，战役以英国东印度公司取得决定性胜利而告终。——译者注

盖瑞阿战役

在盖瑞阿村附近的帕吉勒提河河岸，米尔·朱木拉追击敌人的后方。后来，在这里又发生了另外两次令人难忘的战斗——1740年阿里瓦迪汗（Aliwardi Khan）战胜了大公（纳瓦布）萨尔法拉斯汗，1763年英国人击溃了大公米尔·卡西姆的军队。米尔·朱木拉本来能对敌军进行痛击，但是敌军的主力部队一接到命令就把火炮对准了他，对帝国军队形成了强力压制。很明显，先前帝国军队的兵力锐减，现在实力已经不如舒贾了。

疲惫

莫卧儿的宫廷历史学家试图为米尔·朱木拉找理由开脱，据他们说，由于军官们违抗了朱木拉的命令，所以不同的师因分散得太远而不能钳制敌人。太阳落山时，朱木拉被炮火打得一无所获，只得返回营地。两天后，舒贾再次进攻帝国军队，用他们威力巨大的大炮造成了一些破坏。[①]

米尔·朱木拉撤退

在这时，米尔·朱木拉的处境变得非常艰难。他从阿拉哈巴德出发通过陆路只运来了一些轻型火器，而舒贾可以乘着船，把他的大炮从船上搬上搬下，他还从胡格利、塔姆卢克（Tamluk）和诺阿卡利（Noakhali）的欧洲人那里招募了许多优秀的炮手。

米尔·朱木拉没有浪费更多的人员和弹药，悄悄地退往穆尔斯希达巴德，因为他每天都盼望着帝国援军在另一个方向的进攻，这将会使舒贾逃回自己的大本营。舒贾因击退敌人而欢欣鼓舞，对自己后方的危险却一无所知。他紧跟着莫卧儿军队，沿着同一方向前进，在帕吉

---

① *Alamgirnamah*, 519 525; Masum, 131a–133b. 而阿奎勒汗在著作的第 99~103 页讲述了一个与其他两个文献相矛盾的故事。他说，米尔·朱木拉推测舒贾在盖瑞阿村，如果他勇敢地发动一次夜间袭击，就可以抓住他。但是，舒贾在早上逃跑了。关于这个说法，我不太明白，它看起来不合常理，虽然有亲历者阿奎勒汗的见证。但它与官方史书的记载相矛盾。马苏姆则称，舒贾有把握击败米尔·朱木拉。

勒提河的对岸、穆尔斯希达巴德以北 12 英里处的纳希普尔与其隔河相望，并准备横渡河流，切断帝国军队与最后一个重要城镇的联系。

多德汗对西菲加的威胁

奥朗则布一向是富有远见的，这次向孟加拉进军也不例外，他命令比哈尔的苏巴达尔多德汗沿着恒河北岸向丹达挺进，并与南岸的米尔·朱木拉协同配合。[①] 之前，舒贾因全力追击米尔·朱木拉的部队，而导致后方空虚。奥朗则布此时如果进攻舒贾的大本营，就能获得出其不意的效果，并可以使部下米尔·朱木拉摆脱困境。1659 年 5 月 13 日，多德汗从比哈尔出发，但是正逢雨季，比哈尔北部的许多河流泛滥，导致了交通的不便。并且，敌人的船队和河岸边的战壕分布十分密集，这使他完全滞留在巴加尔布尔对面的卡齐 - 科瑞阿（Qazi-Keria）。12 月初，雨季结束，他继续前进，强行穿越库什，消灭了一支由比哈尔的赛义

① 前文曾提及，丹达是舒贾的大本营，他把家人和财产悉数安置在此城。——译者注

德·塔吉丁（Syed Tajuddin）贾迈勒·古里（Jamal Ghori）和哈瓦贾赫·米什基（Khwajah Mishki）率领的敌军，扫平了前进的道路，向马尔达全力进军（12月20日）。

舒贾从纳什普尔撤退

1659年12月26日晚上，舒贾在纳什普尔（Nashipur）听到了这个令人沮丧的消息，于是立即向苏提进攻，打算横渡恒河，赶回大本营丹达。①

米尔·朱木拉追击

这是米尔·朱木拉一直盼望发生的事。他立刻追击舒贾。12月27日上午9点，他在一条几近干涸、两边变成沼泽地的水道旁追上了敌军。在进行了一场毫无效果的火炮炮击之后，12月28日凌晨3点，舒贾逃离了阵地。他的火炮、物资、7枚火箭和130万卢比的钱币，统统落入了米尔·朱木拉手中。日出后，米尔·朱木拉越过水道，继续追赶。这一天的入夜时分，他在离敌

① *Alamgirnamah*, 513, 514, 524-536; Masum, 134a.

人原先的阵地 8 英里远的法塔赫布尔停了下来。第二天早上（12 月 28 日），他继续前进，在苏提附近的奇尔马里乌帕齐拉追上了敌人。

散兵部队

在四五天的交火中，双方士兵一整天都面对面，虽然每天都有零星的冲突发生，但是没有发生全面的近距离战斗。这时，努鲁尔·哈桑投靠了帝国军队。1660 年 1 月 1 日晚上，舒贾向北逃到杜纳普尔，然后又慌不择路地逃到道加奇，尽管由于路况不佳、水道纵横和桥梁损毁而耽误了不少时间，但米尔·朱木拉依旧紧随其后。由于快速行军，米尔·朱木拉不得不抛下重炮，轻装上路，所以当敌人逃到道加奇的水道对岸，再掉头面对帝国军队的时候，他的部下纷纷缩了回去，不敢往前冲面对舒贾的大炮。因此，他从恒河左侧向拉杰马哈尔前进（1 月 2 日），而舒贾在恒河的右边与他齐头并进。现在，舒贾陷入了糟糕的两难处境：河对岸有这样麻烦的敌人，他怎么渡过恒河呢？如果他先过河，群龙无首，他的军队肯定会一哄而散；如果先把军队运过去，他肯定会被敌人抓住。所以他在自己的营地周围挖了一条深深的壕沟，连着河道，形成一个半圆形，再架一圈大炮，然后在恒河上搭了一个船桥，之后再让军队过河。（1月9日）

米尔·朱木拉收复拉杰马哈尔

第二天早上，米尔·朱木拉在道加奇听到这个消息，便派出一支分遣队占领拉杰马哈尔，并打开通往蒙格埃尔的沿河道路，而这条道路之前被敌人封锁了。1660年1月下旬，帝国军队收复了拉杰马哈尔。现在，在恒河以西，舒贾又失去了全部领土，只剩下在恒河岸边的这些军队。[①]

① 《阿拉姆吉尔本纪》第526~532页，马苏姆著作第134页a栏的记载非常完整。而阿基勒的著作第101~103页本来也是讲同样的内容，但是我所使用的抄本里，这几页丢失了。

第二十四章 舒贾的结局

米尔·朱木拉巩固战果

帝国军队很快做好了攻入恒河东岸的准备。一切事态的发展都十分迅速。达乌德汗现在已经到达恒河左岸，在拉杰马哈尔以北 6 英里处。皇帝派迪里尔汗率领一支由 2500 名阿富汗人组成的队伍去增援他。[①] 援军越过恒河（1660 年 1 月 9 日）在卡达姆塔利（Kadamtali）的渡口与多德汗会合。米尔·朱木拉率领另一支部队进军，他也获得了价值对等的帮助——朝廷给了他 170 万卢比的军费。[②]

---

① Khafi Khan, ii. 93.

② *Alamgirnamah*, 533-534.

米尔·朱木拉的新作战计划

米尔·朱木拉在前一年企图越过恒河，向东北方向的丹达进军，也就是从西南方向进攻舒贾。这是一个糟糕的计划，因为需要在敌人眼皮子底下横渡一条大河和许多小河，并且敌军有一支武装到牙齿的强大舰队，而米尔·朱木拉一条船都没有。所以，这个计划取消了。而他今年的战略计划却是非常新颖的，他要从相反的方向，即东北方向进攻敌人。他要绕过敌人的阵地，在拉杰马哈尔城外 10 英里处横渡恒河，在阿克巴普尔（Akbarpur）附近与多德汗会合［在西格里盖（Sikrigai）正东方向］，通过马哈纳达（Mahanada）浅滩上的明渠直通梅达（Maidah），然后急转向南，越过马哈纳达，从东方猛扑向丹达，从而将舒贾完全包围在他的网中。他一直在卡林迪河边的战壕前架起人墙，用假动作欺骗敌人。

舒贾的处境

舒贾的阵地是一条长长的线，从西北延伸

到东南，从萨姆达尔（拉杰马哈尔对面）到他在丹达的基地（古尔古城废墟的西南方向）。他的司令部设在这条线中间的乔吉－米尔达普尔（Chauki-Mirdadpur）。从东北到马尔达还有一支防御部队，但是力量薄弱。因此，米尔·朱木拉的计划是绕着这条线画出一个弧形，从拉杰马哈尔北部经马尔达到丹达或达尔蒂普尔（Tartipur）。正是数量上的巨大优势（是敌人的5倍）使他能够对恒河西岸保持控制的同时进行大规模的调兵转向。

米尔·朱木拉在桑达的基础

莫卧儿将军首先在西科瑞加利到苏提的沿途部署军队，以保卫右岸，防止去年敌人对他们的打击重演。接着，在多德汗从巴特纳带来的160艘船的帮助下，把部队分为三个部分，在拉杰马哈尔以北约9英里处的卡达姆塔利渡过恒河（1660年1月15日至1660年2月7日），并与达乌德汗联手。但是，直到2月29日，拉杰马哈尔以东桑达的大查尔岛仍然是他的大本营。帝国军队的两位将军现在是合作者，[①] 他们一边牵制舒贾的力量，一边向马尔达进军。

故事的其余部分很快就讲完了。舒贾沿着卡林迪河和马哈纳达进行了顽强的抵抗。但他从一开始在实力上就已经输了。帝国军队之所以迟迟未能取胜，只是因为他们没有船，又被茂密的丛林和无数的水道挡住了去路，他们伤亡的唯一原因就是溺水。帝国军队的敌人太少了，他们无法在开阔的平原上与其决战，也没有发生比较激烈的战斗。在此期间发生的进攻和反击的细节，对有心学兵法的学生而言，既无趣味，也无教育意义。只提一下概要就足够了。

米尔·朱木拉挺进马拉达

沿着默哈嫩达河，围绕着卡林迪（Kalindi），舒贾建了一堵墙和两道防御工事，试图封锁米尔·朱木拉到丹达的道路。但后者发动了一次佯攻，并带领主力部队从敌人的侧翼转向北方，安全地越过恒河最东边的支流和默哈嫩达

① *Alamgirnamah*, 534-536; Aqil Khan, 103; Masum, 134b。

河。于是，舒贾急忙向默哈嫩达河东岸的马拉达派出一支部队（1660 年 2 月 8 日）。①

穆罕默德·苏尔坦离开舒贾

舒贾现在面临灭亡。他的西面是莫卧儿大军的前线，从拉杰马哈尔到苏提，而在北面，莫卧儿军队占领了从桑达到马哈南达的所有地点；现在，还另有一支部队向南移动，把他围在东面，最终将切断他往南方唯一的退路。就在这时，穆罕默德·苏尔坦背弃了他，偷偷溜回道加奇的莫卧儿营地，就像他离开时一样（1660 年 2 月 8 日）。② 这个倒霉的年轻人马上被控制起来，被重兵押送到他那冷酷无情的父亲那里，注定要在瓜廖尔监狱的囚室里度过余生。就在他死前的两年，他获得了有限的自由，并被转移到萨利姆加尔（德里）监狱。

米尔·朱木拉的最后准备

1660 年 2 月 29 日，米尔·朱木拉终于

---

① *Alamgirnamah*, 537-541; Masum, 135a-135b.

② *Alamgirnamah*, 542，544, 546; Khafi Khan, ii. 99，100.

离开桑达（Samdah），于3月6日到达马尔达。在离马尔达几英里的一个名叫马赫穆达巴德（Mahmudabad）的地方，他花了一个月的时间，为最后的进攻积极做准备。“他放弃了休息和娱乐，夜以继日地工作，以对付舒贾，并防止战争被拖到雨季到来时。”因为这意味着又要损失一年。[①] 在河下游不远的地方就是博拉哈特（Bholahat）渡口。[②] 迪里尔汗率领的一支部队在那里守住阵地。在它下游4英里处有一片浅滩河床，敌人没有很好地防御此处。水面很浅，但是只有一条狭长地带是浅滩，两边的河水都非常深。

马尔塔南达的灾难性前兆

1660年4月5日凌晨3时，米尔·朱木拉离开马赫穆达巴德，在路途中与迪里尔汗的部队会师，走了10英里之后，在破晓时分走到了那个浅滩。敌军被打得措手不及，他们只在此

① *Alamgirnamah*, 547，548.

② *Alamgirnamah*（544, 545，547）把这个名字拼成巴格拉哈特（Baglaghat），而更准确的拼法应该是博拉哈特。（*Indian Atlas*, sh.119; Renneil, sh.16）

地部署了一支小部队，在河对岸安排了一些火炮。帝国军队毫不拖延，开始涉水过河。指挥官们先把大象赶进水里，然后骑兵们冲了进去。“士兵们从左右两边冲进河里，前前后后，成群结队地涌向对岸。”突然，所有的号令都消失了；许多人掉头回岸，以躲避敌人从对岸发射的密集的炮火子弹。顿时，如此多的人和牲畜陷入混乱之中，水花四溅，河沙翻起，标志着浅滩边界的两行木棍被纷纷打掉，军队找不到正确的路线。火药的烟雾使天空变得昏暗，许多人失足踩进了深水区。对骑着全副武装的战马的骑兵来说，游泳是不可能的。1000 多名勇敢的士兵被淹死了，其中有一个英勇的阿富汗青年，[①]是指挥官迪里尔汗的儿子法蒂赫（Fatih），淹死时年仅 20 岁。[②]

即使是如此沉重的代价，也是值得付出

① 这是《阿拉姆吉尔本纪》中估计的人数（559）。马苏姆则估计约 2000 人，阿奎勒汗估计有近 3000 人。

② 这一悲剧，在 Masum，161a，161b；Khah Khan，ii. 94–97；*Alamgirnamah*，548–551；Aqil Khan，104 中都提到了，相当可信。

的。[①] 这是战役中关键性的一步。现在，一切都结束了。经过数小时的战斗，他的士兵在岸上挖出战壕，架起了火炮。赛义德·阿拉姆和布兰德·阿克塔率领的增援部队到达时已经太晚了，他们看到莫卧儿帝国军队已经大获全胜，于是迅速撤离。皇子心烦意乱地赶回丹达。而赛义德·阿拉姆向身在乔吉－米尔达普尔的舒贾送去了这个令人沮丧的消息。

舒贾的战斗

现在，帝国军队出现在默哈嫩达河的右岸，他们占据了11英里的道路和帕吉勒提河的狭窄地带，舒贾前往丹达的退路即将被截断。舒贾必须尽快撤回丹达，如果他不希望被奥塔完全

① 然而，严重的人员损失拖累了米尔·朱木拉。他不能就这样把死者扔在水里不管，因此，他不得不在“为捞取溺水者的尸体而排干河水”中度过一整天，再把他们安葬。否则，他可以在涉水后立即冲向丹达，在4月5日就能攻占舒贾的首都。而此时舒贾还在米尔达普尔，对米尔·朱木拉在渡口的行动一无所知。然后舒贾会被他抓住，押送到德里，而不是在4月6日逃到达卡。因此，在这个关键时刻，失去了罪恶的一天，就改变了舒贾皇子的命运，并把奥朗则布从杀戮另一个兄弟的罪恶中解救出来。

包围，唯一的退路就是从南方切断。他被这一消息弄得晕头转向，急忙与米尔扎·扬·拜格商议，后者提出了在这一事件中唯一可能的建议。“你在这里不要紧抓不放，马上逃跑，免得被抓住。”因此，傍晚时分，他从乔吉－米尔达普尔匆匆地赶回丹达。[①]

来自丹达

随着舒贾的兵败和逃跑，出现了一系列灾难性和悲剧性的场景。舒贾在凌晨时分到达丹达，（1660 年 4 月 6 日）在城外的一个花园下了马，并立即走向内宅，命令他的妻妾立刻动身离开，“甚至不等她们换衣服”。[②] 舒贾耗费了很大的力气和心神，把珠宝装进两艘结实的格拉布帆船里[③]，又在府库里挑选了一番，装了两艘船，然后运走了。就这样，他永远地离开了丹达。下午 4 点，他在河边上船，其他人还

---

① Masum, 162a.

② Masum, 162a. 马苏姆写到这里便戛然而止，没有写完后续内容。对于本章的剩余部分，我们能参考的唯一权威资料就是《阿拉姆吉尔本纪》了。

③ ghurab，印度洋沿海的一种帆船，与同时代欧洲帆船的设计有差异。——译者注

包括他的两个小儿子——布兰德·阿克塔尔和扎伊努丁·阿布丁，他的顾问米拉·扬·赛义德·阿拉姆（Miraa Jan Syed Alam）、赛义德·库利·乌兹别克（Syed Quli Uzbak）和米尔扎·贝格，一些士兵、仆人和太监，共计300人，还有他的60个女眷。这就是他统治三个省时的唯一残余的力量，也是他凭此两度争夺德里皇位的庞大军队的残余力量！其他的军官和仆人，要么已经不幸死去了，要么就自寻出路去了。[①]

米尔·朱木拉挺进丹达

1660年4月6日，对米尔·朱木拉来说是非常繁忙的一天。早上，他向丹达进军，但在路上突然向左转，切断了舒贾到恒河边的塔尔提普尔的路。他轻装上阵，缴获了400艘载满敌军物资的轻装船队，并留下一支看管它们的部队，然后亲自带着400名骑兵，火速赶往丹达，并于午夜时分抵达。

① *Alamgirnamah*, 552.

恢复丹达的秩序

米尔·朱木拉来得很及时。整整一天中，丹达呈现了一片恐怖和混乱的景象。士兵们被主人抛弃了，于是四处乱窜，抢掠舒贾无人看守的财物。比如，这些强盗抢劫了 6 头大象和 12 头骆驼，当时这些牲畜正被宦官桑达尔（舒贾的财产保管人）带到岸边，要带上船。皇子的一些骏马也被强盗们抢走了。"人们成群结队地乱窜。一片混乱。每个人都抢走了他能抓到手的东西。"但在第二天（1660 年 4 月 7 日），米尔·朱木拉为丹达恢复了秩序，他为政府找到了他所能够发现的所有财产，并且努力寻访，以追回各路兵匪掠走的财物。舒贾留在城中的女眷都得到了照顾，侍卫在府邸周围站岗，原来的太监和内官照常伺候。[①]

舒贾的惨重损失

舒贾踏上了逃亡之路，他所带走的一切都渐渐保不住了。他的船只满负重荷，沿河顺流

① *Alamgirnamah*, 552-553.

而下，匆匆而去。而他的两艘载着财宝的帆船在达尔蒂普尔被俘获，他船队中的另外30艘船（船上有许多官兵）在希尔普尔（Shirpur）和哈扎拉提（Hazrahati）被俘。他的仆人们不想再对一个兵败如山倒的人保持忠诚了，如果继续追随舒贾，他们就要永远与自己的家人分离。于是，他们屈服于胜利者（1660年4月9日），并被帝国方面亲切地接纳，为皇帝服务。其中的两人，炮兵的米尔·穆尔塔扎和舰队的伊本·侯赛因[①]，后来在阿萨姆战争和吉大港战争中获得了荣誉。[②]

在花了12天的时间解决丹达的事务并为被征服的地区组建了一个新政府之后，米尔·朱木拉离开了丹达，到了塔拉普尔（4月19日）。到达之后的第二天，从那里经陆路去了达卡（Dacca）。[③]

① 《阿拉姆吉尔本纪》第554页记载，伊本·侯赛因是炮兵部队的指挥官。但在谢哈布丁·塔里什的作品中，他被反复描述为纳瓦拉的骑兵军官。显然，他在加入莫卧儿军队后改了行。

② 《阿拉姆吉尔本纪》，第554页。

③ 《阿拉姆吉尔本纪》，第555页。

舒贾从达卡反击

1660 年 4 月 12 日，舒贾来到达卡，这时的他已经身败名裂了。但这里对他来说不是避难所。当地的柴明达尔们都反对他，他的实力变得非常弱，以致无法忍受也无法对付他们，更不能对抗米尔·朱木拉，而后者正率军火速向他逼近。他已经向阿拉干的强盗之王求助，但还没有得到答复。然而，帝国军队的逼近让他没有别的选择。5 月 6 日，他向东部的首都告别，和他的家人以及几个忠心耿耿的贵族和仆人从达卡向往南 8 英里的达帕（Dhapa）走去。第二天，他到了斯利普尔（可能是塞兰坡）。每走一段路，都有大量的士兵和船夫弃他而去，甚至连他的老仆人和重要下属们也抛弃了他们的主人。5 月 8 日，离开斯利普尔（Sripur）后不久，他遇到了吉大港总督，后者奉阿拉干王的命令带着 51 艘小舟和单桅帆船（jalbas）来接他。

未能占领巴鲁阿城堡

1660 年 5 月 9 日早晨，舒贾从拉希德

（Lakhideh）的帕尔加姆（Parganmh）出发，在离巴鲁阿（Bhalua）8 英里的地方停了下来，[1] 费尽心机地邀请指挥官来拜访他，然后背信弃义地将指挥官囚禁起来，以确保巴鲁阿城堡能为他所用。但是被他派去送劝降信的一队人马，到了城下就受到驻军的攻击，而全被俘虏了。

阿拉干人

1660 年 5 月 11 日，一位莫卧儿将军带着另外三艘船从吉大港来到这里。他看到舒贾的力量已经无可挽回地崩溃了，财产也没了，所以他反对向巴鲁阿要塞发动进攻。失势的皇子和他的野蛮人盟友爆发了公开的争吵。他们直截了当地告诉舒贾："我们的大王命令我们在战斗中帮助你，如果你有任何成功的机会，或拥有一个自己的堡垒。但你连巴鲁阿也拿不下！所以，你最好马上坐我们的船去阿拉干，否则我们就不管你了，我们要打道回府了。"舒贾的痛苦之杯现在被斟满了。他放弃了所有的希望，

① 伦内尔在自己的书中，把达帕称为"达佩卡－克勒拉"（Daapeka Kella），斯利普尔是今天的塞兰坡。

并下定决心接受前一种可怕的选择，前往阿拉干。①

马格人引发的恐慌和憎恶

这个消息在他的家人和追随者中引起了恐慌。吉大港的阿拉干人以水上打劫为生，在东孟加拉邦河流上为非作歹，这无人不知无人不晓。由于他们的长期蹂躏，在诺阿卡利和巴卡尔甘吉（Baqarganj）的整个地区，人口锐减，最后变成一片荒地。直到 1780 年伦内尔绘制地图时仍无人居住。他们那大胆的攻击方式、凶残的手段、粗俗的外表、野蛮的举止，以及不信宗教、没有种姓、吃不洁的动物——所有这些都使东孟加拉人、印度教徒和穆斯林感到恐怖和憎恶。在历史上，这种排斥情绪，只有匈奴入侵罗马帝国和哥萨克在莱比锡战役之后袭击法国时可以与之相提并论。他们对被海盗掳掠为奴的恐惧因神秘的海盗之国充满了未知的

① 关于舒贾在印度逗留的最后一个月的情况，我们唯一可参考的权威资料是《阿拉姆吉尔本纪》第 556~561 页。在塔里什的《延续》中有一些其他的细节。

危险而加剧，这个国家被认为是充满瘟疫的丛林繁盛之地[①]，是被危险的海洋与所有文明的土地所隔开的土地。[②]

舒贾对奥朗则布的恐惧

而现在舒贾要去那里！但对他来说，就算这样，也比落到奥朗则布的手中要好些。父亲和两个兄弟的命运使他打消了投降的念头。他的父亲沙贾汗是最慈祥的父亲，却在他曾经作为“万王之王”而统治的城堡里被囚禁着，由于年事已高而形容憔悴。开明而有成就的王储达拉·舒科被戴上镣铐带到德里，在街上游行，满身都是羞辱的标志，然后在一场可笑的审判之后，被仆人们杀害了。勇敢慷慨的穆拉德·巴赫什已被监禁起来，而他曾经对奥朗则布鼎力相助，是奥朗则布“生死与共的亲兄弟”！年轻英俊的苏莱曼·舒科则被一路追杀，最终逃

① 孟加拉沿海生长着大片红树林，气候湿热，多瘴气，且位于恒河下游，污物汇集到此处入海，在印度教文化里被称为“黑水”，有许多恐怖传说。——译者注

② 关于孟加拉的阿拉干人，参见塔里什的《延续》，我将其翻译成英语，题名为《肆虐吉大港的海盗》，于1897年6月发表。

到了积雪满坡的深山里。

舒贾逃离印度

不！就算是在最蛮荒的异乡土地上死去，也比达拉或穆拉德的结局更好，他们的结局才是最残酷的死法。再见了印度，以及它所有的财富、欢乐和文化——如果奥朗则布要做皇帝的话。舒贾很快就下定了决心。其他人可能会留下来，但印度不再是他们的家了。

逃往阿拉干

所以，1660 年 5 月 12 日，舒贾终于离开了他统治了 20 年的省份和生活了 43 年的国家，和他的家人以及不到 40 个追随者乘船前往阿拉干。史书中有关于这些人的零星记载，他们直到最后都是忠诚的。在赛义德·阿拉姆手下，有 10 人出身于巴尔哈的赛义德家族，还有 12 人是赛义德·库里·乌萨克手下的莫卧儿人，[①] 其余的都是仆人。巴尔哈的赛义德家族，在莫卧

---

① *Alamgirnamah*, 561; Khafi Khan, ii. 110.

儿皇帝的征途中拥有世袭的荣誉地位。[①] 与此相对应的是，赛义德家族的人也准备在主人遭遇不幸和危险的时候施以援手。

在我们追寻了这么久的关于舒贾的历史里，这位早已死去的皇子的最后岁月疑云重重。1671 年，阿迈勒·萨利赫在作品中写道："到那时为止，之后就再也没有人知道舒贾在阿拉干的命运了。他究竟在什么国家，正在做什么，或者他是否已经被送进了死亡的国度，我们都不得而知。"[②]60 年后，哈菲汗在著作中提到了舒贾，但是他知道的也不多。[③] 他说："在阿拉干，舒贾所有的痕迹都消失了——（在印度）没有一个人知道他的踪迹。"除了许多中间人传来的模糊的谣言外，什么也没有。多年以后，有人传言说舒贾到了波斯。而盗匪们冒用他的儿子布尔朗·阿赫塔的名头，出现在印度的另一个地方。其中一个人直到 1699 年才在阿拉哈巴德附近被捕。1669 年，在穆朗（Murang）附近，

① Irvine's *Army of the Indian Mughals*, p. 225.

② Khafi Khan, ii.109.

③ Khafi Khan, ii.109.

一个假的舒贾带领一批人起事。而1674年，又有人假冒舒贾出现在优素福赛城（Yusufxai）。[①]

在此之前，为了消除这种不确定性，奥朗则布希望孟加拉的新总督米尔·朱木拉在征服阿萨姆人后，能带领一支军队进入阿拉干，如果可能的话，把舒贾的家人带回来。当沙伊斯塔汗——米尔·朱木拉的继任者——征服了吉大港时（1666），如果他有所收获，肯定会被记载在官方史书中。那些能够自由出入阿拉干的欧洲商人很可能得到最确切的消息。我相信，舒贾命运的真相就在他们的记载中。

舒贾的宿命

我们从这一渠道了解到，“在阿拉干、莫卧儿和帕特纳的许多居民都倾向于他。于是，他谋划着要杀了阿拉干王，夺取他的王国，然后再次反攻，挥师收复孟加拉。阿拉干王听说了这个阴谋，于是计划杀死舒贾。舒贾和其他几个人逃进了丛林。追赶着这位可怜的皇子……

① *Masir-i-Alamgiri*, pp. 405，84. Orme's *Fragments*，p. 50.

把他碎尸万段”。这个故事是根据一个名叫詹·塔克（Jan Tak）的荷兰商人汇报给奥朗则布的消息写成的。荷兰工厂的官方记录首先指出，1661 年 2 月 7 日，当舒贾的房子被阿拉干人包围时，他放火烧了房子，并带着家人和追随者逃往蒂佩拉（Tipperah）。但他们还是采取了不同的观点和主张，“虽然无法确定，但事实是，他是在第一次与阿拉干人交手时被杀的，他的部下隐瞒了这一事实，并散布了他逃入丛林的假消息”。[①]

① *Storia do Mogor*, i. 374–376 中的正文以及脚注。

第二十五章 奥朗则布的登基大典

在印度所有穆斯林统治者的加冕典礼中，奥朗则布的加冕礼无疑是最盛大的。的确，沙贾汗是大莫卧儿人中最伟大的一位。但是当他在 1628 年登上王位的时候，他还没有拥有孔雀王座，也没有得到科依诺尔大钻石。他在阿格拉和德里的那些用洁白无瑕的大理石辅以五彩斑斓的石头造就的宫殿也尚未建成，而这些宫殿至今仍让我们敬仰不已。但上述之物在奥朗则布的登基典礼上一应俱全，大放异彩。①

另一个情况使沙贾汗之子奥朗则布的加冕更为煊赫。他在登基前的一年里，曾与他的对

① 这些描述是基于 *A.N.*,347-349, 351-354，362-370，388-398, 405；Khafi Khan, ii. 76-80, 86-88 的记载。

手展开了一系列艰苦卓绝的战役，并获得胜利，凭此成为印度无可争议的君王。在他的三个兄弟中，穆拉德·巴赫什已经成为他的阶下囚，舒贾在卡吉瓦被击败，达拉在阿杰梅尔被打败，后两人都踏上了漂泊的逃亡之路。伴随着这些辉煌胜利的加冕典礼，自然而然地把东方式登基典礼的盛大排场与罗马式庆功仪式的庄严壮丽结合在一起。

穆斯林加冕仪式的特点

在穆斯林的加冕礼中，最重要的仪式是皇位继承人坐上宝座，这一仪式的阿拉伯名字叫“贾鲁斯”（Jalus），意思是“坐下”。国家不需要为此大肆铺张。不用像古代犹太人和印度教徒那样，把圣油或香膏涂在王位继承人的前额上，也不像基督徒那样，把皇冠戴在王位继承人的头上。穆斯林君主身穿长袍，头戴布巾，登上宝座，钻石和珠宝在头巾上闪闪发光；头巾顶端插着点缀了珍珠的鹭羽；他不会戴欧洲自古以来所熟悉的那种皇冠。然而，波斯君主的皇冠却有较窄的底部和较宽的锯齿形顶端。

如果穆斯林新君主的名字和头衔没有在布道坛上公开宣布（呼图白），他的名字没有被铸在货币上的话，那么其登基典礼就是不完整的。必须提及的是，在大多数情况下，穆斯林新君主登基后的头衔与他作为皇子时的头衔是不同的。另外，他将封赏贵族和文武百官，颁赐给他们职位、头衔和钱财等。大量的金钱被布施给学者、圣人和乞丐。在夜晚，庆祝活动将会以音乐、舞蹈和张灯结彩的方式来收尾。①

宫廷占星家认为,1659年6月5日（星期日）是最吉祥的日子，于是他们做好了准备，让奥朗则布在那天登基。一年前，他已经在德里登上皇位，但那时他太忙了，没有时间举行一个盛大的加冕典礼。1658年7月21日，他只举行了一个仓促而简略的仪式。所有的欢庆和喜悦都被留给了此刻。

① 用金银作为砝码来称量君主的体重，然后将金银施舍出去，是印度的一个传统。我们的莫卧儿皇帝们都采纳这个做法，甚至正统的奥朗则布也认可这种做法。每年都要过两次生日，太阳历和月亮历都是君主的生日，但这并不是加冕庆典的一部分。

穿越街道的大游行

1659年5月12日，在赢得了卡吉瓦和阿杰梅尔的光荣胜利之后，皇帝的大军耀武扬威地进入德里，尽管在街上游行并不是穆斯林加冕庆典的必要组成部分。清早，他们列队从德里郊区的克吉达巴德出发，皇帝从战争中返回德里时，曾在这里安营扎寨。走在队伍前列的是乐队，他们奏起了震耳欲聋的音乐，皮鼓、铃鼓、大铜鼓、铜管乐器和号角同时轰鸣。接着是一长列大象，它们被金银装饰得富丽堂皇，它们的象衣是绣花天鹅绒和金线布做成的，镶满了光彩夺目的宝石，大象身上挂满了金铃铛，用银链垂落下来。每头大象背上都驮着一个帝国卫兵，卫兵手持长杆，杆上挂着闪闪发光的球形旗标，就像土耳其皇室的标志物那样。随后，走在队伍前列的是一队精挑细选的马匹，都是波斯和阿拉伯血统的马，马鞍上装饰着黄金，马笼头上镶嵌着珠宝；马后是温驯的母象和单峰骆驼。然后是由火枪手和炮兵组成的密集的步兵纵队，他们携带着寒光闪闪的刺刀，列队前进。在他们身后的一大群贵族和官员的簇拥下，走来了一头皇家马厩里最高大的象，象背上绑着一个金色的宝座，在它的背上坐着所有人注视的焦点，其目之所及的一切事物的无可争议的主宰和征服者——印度大皇帝奥朗则布·阿拉姆吉尔·加齐。

奥朗则布的仪容

几个月前，奥朗则布就已经40岁了。尽管长年四处征战，但他没有陷入混沌庸碌的精神状态，而这种状态下的骄奢淫逸、自我放纵的生活，是许多东方王公的常态。他的身材有些单薄，很瘦但是高且匀称。他的脸长而不圆，已经不像年轻时那样丰润了，但是还没有鹰钩鼻子和突出的下巴、凹陷的脸颊、下垂的眉毛和长长的灰胡子，还不像30年后来自欧洲的旅行者拜谒他的宫廷时看到的那样。在那宽阔、尚未长出皱纹的额头下面，一双冷酷锐利的眼睛闪着寒光，没有任何恐惧和危险能打破那双眼睛里的镇静，而软弱和怜悯的情感也不会使它变得柔和。

在他的左右和身后，大军有条不紊地前进，丝毫不乱。市民们用惊讶的目光注视着这些精锐士兵，他们久经战阵，曾击败了比贾普尔和高康大王国；他们深入敌方，在舒贾和达拉的盘踞之地附近将他们击败，占领了阿格拉城堡，并囚禁了老皇帝沙贾汗。

当游行队伍保持前进时，金银币不停地从象背上洒向围观的人群。按照命令，帝国议会将穿过老德里城的巴扎[①]前进，进入利蒂奥勒门旁边的皇宫。然后全体人员下马：皇帝在公共和私人议事大厅坐了一会儿。贵族们把大笔的钱上贡给他，用于慈善事业，以消除他的罪孽。最后，他退到后宫休息。

公共议事厅的装饰

为确保加冕典礼顺利进行，两个议事大厅的装饰进度很快。亚洲最富有的帝国的君主在三代人的时间里积累的所有奇珍异宝，以及从国内外最绝妙的能工巧匠手中买到的罕见之物，

---

① 巴扎（Bazaur），也写作 Bazaar，波斯语，是进行商品买卖的市场、街道。——译者注

支撑起一场令人眼花缭乱的仪式。

公共议事厅大殿的天花板和40根柱子都覆盖着来自波斯的金边绣花天鹅绒和金银线织成的布，还有来自古吉拉特的织花锦缎。每一个拱门上都悬挂着珠宝、珐琅或纯金质地的闪闪发光的小球，用金链子吊着。在大厅中央有一个用金栏杆围起来的空间。在钻石、红宝石和黄宝石交相辉映的光泽中，矗立着孔雀王座，它是东方世界的一大奇迹。在它上面，是一个昂贵无比的皇家华盖，由4根镶有宝石的细长柱子支撑着。它的边角处用一串串珍贵的珍珠链子系着，而不是用普通的绳子系着。宝座的两旁有两把宝伞，伞上缀着垂下来的珍珠穗子。宝座的左右两边分别摆放着两个金色的卧榻，卧面是珐琅质地。在它的后方放着一个金质长凳，上面陈列着皇室的武器——镶有宝石的刀剑、圆盾、三角盾和长矛。大殿正前方的庭院中，由绣花天鹅绒做成的遮阳篷高高地挂在银杆上，遮挡着阳光，四周也都是类似的檐篷。地面铺着五彩斑斓的昂贵地毯。大厅的外围是用银栏杆围起来的。在庭院里有第二道银栏杆，两道围栏之间形成一个内部围栏，而最外面的栅栏是红色的木头。在两翼搭起高高的楼阁，上面铺满了明亮的覆盖物。公共议事厅的门和墙壁上挂满了绣花天鹅绒、织花丝绒、欧洲屏风，以及来自土耳其和中国的金色织物。大厅庭院的银围栏旁边的观众席是贵族们以得体的方式自行布置的，主要供他们休息。

根据前文所述，读者可能已经猜到私人议事厅（Diwan-i'khas）的装饰风格了。

奥朗则布登上皇位

占星家宣布，日出后再过 3 小时 15 分是吉祥的时刻。宫廷中所有人的心情都受到占星家的影响，而后者的眼睛则紧盯着他们的水钟和沙漏。最后，他们发出了信号，那珍贵的时刻终于到来了。皇帝身穿盛装站在屏风后面，随后便走进公共议事厅，登上了宝座。皇家乐队立刻演奏起欢快的音乐，乐声响彻云霄。乐师和舞女们开始载歌载舞。

一位口若悬河的唱诗人登上高高的敏拜尔

（mimbar）[①]，用清晰而响亮的声音念着呼图白，公开宣布皇帝的名字和头衔，开头是赞美真主和先知，接着念出历代先皇的名字。每一个这样的名字从他的口中念出时，他都会被赏一件新的荣誉长袍。当他读到皇帝的头衔时，他得到了金袍和现金作为奖赏。以皇帝的名义盛满了金币银币和珍珠宝石的盘子，被拿给聚在一起的朝臣。这些朝臣拿取一些财宝，作为好运的象征。

朝臣们双手按住前额，低头下拜，高呼："当代哈里发万岁！"皇帝赏给他们每人一件荣誉长袍（khilat）。[②]皇家侍从们用多孔瓶子把香味扑鼻的香水洒向人群，把槟榔碎叶洒向人群。空气中弥漫着花香、麝香和龙涎香的芳香[③]。燃

---

① 即敏拜尔，"讲坛"的意思，是伊斯兰教在清真寺中使用的一种宗教设施，多为木质且装饰豪华。通常由宗教首领在敏拜尔上向信徒们讲解古兰经中的内容。——译者注

② 来自波斯语，是一种宽松的丝绸或棉布长袍，是中亚、巴基斯坦和印度北部常见的男女服装，各地的风格不同。历史上，做工精美的卡拉特被统治者用作奖赏之物，象征着荣誉。——译者注

③ 原文为 Ittar，印度语读音为"伊塔尔"，是取自天然植物的精油，在印度莫卧儿贵族中盛行，一般是玫瑰香或茉莉香。——译者注

烧着的沉香木和其他熏香的烟雾使气氛变得活跃起来。

奥朗则布发行的新货币

那天又有新的钱币被铸造出来。当年，沙贾汗在硬币上刻下了穆斯林的信条“伊里玛”[①]（Kialimah），但是虔诚的奥朗则布不愿这么做，他唯恐异教徒的触摸会玷污圣书！所以，他在硬币的一面刻着波斯语的对句：

钱币像明月一样，闪耀在大地之上，
它由奥朗则布铸造，他是世界之王！

背面印有铸币之城的名称、统治开始之年和以花押字体书写的皇帝全名：阿卜勒·穆扎法尔·穆希乌丁·穆罕默德·奥朗则布·巴哈杜尔·阿拉姆吉尔·帕迪沙·加齐（Abul Muzaffar Muhiuddin Muhammad Aurangjsib Bahadur Alamgir Padi- shah Ghasi）。

① 伊斯兰教在南亚的一种理论，将一个人的宗教信仰分为6层，各有对应的箴言，大多取自圣训。——译者注

宫中的皇室

正式致函所有的行省和城市，用来宣告他光荣地登基了。就这样，奥朗则布在公共议事厅度过了 2 小时 48 分钟，然后退回后宫，在那里，另一个“朝廷”在等待着他。公主、贵妇和其他名门淑女，“像一群飞蛾围绕着皇家聚会的烛光飞舞”，她们的职责是祝贺皇帝，献上溢美之词，而当皇帝赏给她们钱财时，她们要奉上大把的金银珠宝，洒在他面前，作为回礼。奥朗则布的二姐罗莎娜拉·贝格姆，曾在皇位继承战争中给予他大力帮助，在沙贾汗的宫廷中为他的利益奔走，与支持达拉·舒科的大姐贾哈娜拉相对抗，如今她得到了 50 万卢比的现金和财物作为回报。而奥朗则布的 4 个女儿分别得到了 40 万卢比、20 万卢比、16 万卢比和 15 万卢比的赏金。

之后，皇帝退回私人议事厅，只有少数人得到殊荣，在这里有一席之地。他分别赐予他的 4 个儿子 30 万卢比、20 万卢比、20 万卢比和 10 万卢比。给贵族、官员、诗人和音乐家也各赐厚礼。他在这里待了 48 分钟。

诗人们绞尽脑汁地写诗，诗中的字母数目加在一起要等于他的即位日期。其中写得最好的那个人会得到丰厚的奖励，他的诗也将流传后世。

奥朗则布的新法令

罗马执政官宣布他们将严格遵守法律，而莫卧儿的皇帝则相反，他们经常改变既定的惯例。例如，奥朗则布恢复了在所有公共事务中使用伊斯兰历法的做法，废除了庆祝波斯新年（nauroz）的活动，而这个活动是阿克巴向伊朗的什叶派异端学来的[①]。他命令公共道德检察官来查处酗酒和其他为伊斯兰教所谴责的恶习，最后，他废除了许多土地税以及对谷物征收的过境税和检查税。

第二天和之后的几个星期里，庆祝活动持续进行。贵族、官员、朝臣和世袭的王公们赠送了适合这一盛典的礼物，而他们收到的回赠的礼品往往包括头衔、荣誉长袍、军衔晋升以及现金和

① 奥朗则布和莫卧儿帝国的主流信仰是伊斯兰教逊尼派，认为什叶派是异端。——译者注

其他实物，例如大象、长剑、刀、笔盒、珍珠项链、饰有宝石和鹭羽的腰带和其他装饰品。

夜晚，亚穆纳河两岸灯火通明。“河面繁华胜花园。”贵族们在船上铺着木板，并依次点亮了灯。当他们在河上来回走动时，坐在甲板上的乐队奏出了悦耳的音乐。无数人站在堤岸上，饱览这壮观的景象。

但最壮观的是皇家炮兵部队在 1659 年 6 月 24 日进行的表演，这是因为炮兵部队中有应用火炮威力的专家，而且存有大量的炮弹。部队把火炮拉到了正对着皇宫私人议事厅的河对岸。宫殿俯瞰着河流，而皇帝站在大殿东侧的阳台上观看表演。

7 月初，当达拉被捕的消息传来，皇帝及其朝臣们的兴致变得更高了。加冕庆典持续了两个多月，最后在 8 月 19 日结束。奥朗则布的统治，在所有官方文件中都从伊斯兰历 1068 年开斋节（Ramzan）[①] 的第一天（1658 年 5 月 23 日）开始算起，因为他的第二次，也是正式的加冕典礼是在 1069 年的这个月举行的。

① 也称斋月，是伊斯兰历 9 月。——译者注

参考书目

波斯语文献

A. 官方年鉴

1.《谦逊明君》(*Tuzuk-i-Fahamgiri*)，由赛义德·艾哈迈德撰写(1863~1864)，贾汉吉尔皇帝的传记(Elliot, vi. 251-283)由普赖斯(Price)和安德森(Anderson)出版了两部不同版本的译本，罗杰斯(Rogers)和贝弗里奇则出版了赛义德·艾哈迈德另一本书的译本(for the O.T.Fund, New Senes)。我偶尔会提到格拉德温(Gladwin)的《印度史》(加尔各答，1788)，根据“真正的波斯语手稿”翔实地描述了贾汉吉尔的统治。(Elliot, vi. 277)

2.《皇帝本纪》(*Padishahnamah*)，由阿

卜杜勒·哈米德·拉赫瑞所著，印刷书目为印度丛书，两卷集。第一卷分为两部分，每页两栏，在我的注释中以 I.A. 和 I.B. 标出。它涵盖了沙贾汗统治的前 20 年，是按照阿布·法德（Abul Fad）的《阿克巴本纪》（*Akbarnamah*）的模式写成的。（Elliot, vii.3）在本书中引述为“Abdul Hamid”或者“Fad”。

3.《皇帝本纪》（*Padishahnamah*），由穆罕默德·沃里斯（Muhammad Waris）著，是哈米德作品的延续。它涵盖了沙贾汗统治的第三个十年（Elliot, vii. 121）。我用的是库达·巴赫什图书馆收藏的抄本，它曾被 F. 格拉德温、富勒少校（Major Fuller）和刘易斯·达科斯塔（Lewis DaCosta）收藏。

4.《仁爱的圣人》（*Aml-i-Salih*），由穆罕默德·萨利赫·卡姆布（Muhammad Salih Kambu）著，介绍了包括沙贾汗统治时期和皇位继承战争时期的 31 年的历史。（Elliot, vii.123）作者是沙贾汗的追随者。他能参考国家文件并以宫廷编年史的风格和方法撰写。这是沃里斯的历史的延续。但是，沙贾汗病倒后，他显然无法继续查阅国家文件，从这一刻起，他的叙述就开始缺乏充实性和准确性，要么缺乏细节，要么用陈词滥调和道德说教来敷衍了事。它以一种杂乱无章的方式对沙贾汗之死进行了叙述。这在本书引述时作为简写部分。

5.《阿拉姆吉尔本纪》(*Alamgirnamah*)，由米尔扎·穆罕默德·卡齐姆(Mirza Muhammad Kazim)所著（“印度丛书”系列），讲述了奥朗则布统治的第一个十年。由奥朗则布皇帝亲自编订和修改。书中充满了不加掩饰的吹捧和对奥朗则布所有暴力镇压行为的认同。(Elliot, vii. 174)

6.《阿拉姆吉尔之路》(*Masir-i-Alamgiri*)，由穆罕默德·萨奇·穆斯塔德汗(Muhammad Saqi Mustaid Khan)所著（“印度丛书”系列）。

这本书是在奥朗则布死后才写的，但依据的是官方文件。(Elliot，vii.181)它把51年的历史浓缩为短短541页的篇幅，而像《阿拉姆吉尔本纪》这样讲述十年历史的宫廷编年史却需要1107页的篇幅。我怀疑，这本书佚失了一部分，而且一些年份所发生的事件被记录在了其他年份中。可惜，我没有见过这本书的善本。

B. 私人历史

7. 阿奎勒汗·拉兹是奥朗则布的一位老下属，其生平见于《肩负正道》第二卷第821页（*Masir-ul-umara*，ii. 821），他写了一段很简短的历史，标题分别为《以君主之名》（*Aarnamah*）、《真相》、《阿拉姆吉尔其人》（*Halat-ul-Alamgir*）和《奥朗则布本纪》（*Aurangnamah*），叙述开始于1657年对比贾普尔的入侵，结束于米尔·朱木拉的死亡。作者保持独立的写作立场，在某些情况下还会写出令主人不喜欢的言辞。他的文笔很生硬，词汇匮乏，书中包含的内容实在少得可怜，虽然其价值是毋庸置疑的。我用的是孟加拉亚洲学会图书馆D部第239号文献（A.S.B.MS.D. 239），有时与藏在库达·巴赫什图书馆的版本进行比较。在兰普尔图书馆也有好几份副本。（参见Rieu，265，792）

8.《舒贾王的历史》（*Tarikh-i-Shah*

Shujai），在 1660 年由米尔·穆罕默德·马苏姆（Mir Muhammad Masum）——舒贾的一位老部下——写的。（参见 Elliot, vii. 198 和该书的其他章节）马苏姆的妻弟穆罕默德·赛义德似乎是达拉之子西皮尔·舒科的会计，还曾为穆罕默德·苏尔坦（奥朗则布的长子）服务。因此，作者把三个王位竞争对手阵营的不同版本的事件叙述都告诉了我们。但他在孟加拉生活和写作，在那里只有关于德里事务的歪曲的谣言传到他的耳朵里。因此，关于孟加拉以外的地方的叙述，他并不总是可靠的，而且在某些细节上也许并不准确。但是他提到了许多在别处找不到的和被谎言掩盖的事实。对于舒贾的所作所为，他是我们唯一的权威，也是一个非常重要的权威。在许多细节上，他和曼努西惊人地一致，显然他们两人都采纳了相同的信息来源。这本书写到了舒贾飞速赶往达卡返回丹达时便戛然而止。我使用了印度公共图书馆中的第 533 号文献（Ethe，340），而库达·巴赫什图书馆有一个更完善的版本。

9.《往事拾珍》（*Muntakhab-ul-Lubab*），

穆罕默德·哈希姆·卡菲汗（Muhammad Hashim Khafi Khan）著（“印度丛书”系列），是从巴布尔到穆罕默德沙统治的第14年（1733）间的莫卧儿王朝的历史。卡菲汗的父亲是穆拉德·巴赫什手下的一名军官，他可能与几个当事人有亲戚关系，还曾在苏拉特担任海关官员，他对他们大加赞扬。1694年，卡菲汗在孟买处理与英国大使馆有关的活动。他所著的历史被认为过于简略，主要篇幅放在奥朗则布统治中期。此后，他根据自己所了解的事情写文章，对思想贫乏的《阿拉姆吉尔之路》补充了许多偏颇之处。他仔细地咨询了许多早期事件中的幸存者，并仔细地调查了他所获得的信息。他深思熟虑的风格，对社会状况的描述，以及他特有的性格，使他的作品免受宫廷规矩的束缚，同时他还专门讲述有关德干事务的情况。但在我看来，卡菲汗在某些地方似乎为了文学效果而增添了一些未经考证的内容。（Elliot, vii. 207）

10.《胜览录》（*Nuskha-i-Dilkasha*），作者是比姆森，他出生在布尔汉普尔的一个贵族家庭，是拉格汗丹的儿子，他父亲的兄弟是巴格旺达斯，他们的姓氏是迪阿那特·拉伊（Dianat Rai），他是德干行省的迪万。因此，作者与莫卧儿帝国德干行省的高层官员都非常熟悉，无论是印度教徒还是穆斯林。他一生中的大部分时间都担任达拉在邦德拉的亲信——长官达尔帕特·拉奥的经纪人。在奥朗则布于德干的战争中，这位长官带领一支队伍作战，通常担任努斯拉特·江的副手。比姆森曾经从德里到科摩林角（Cape Comorin）旅行[①]，并留下了关于他所到之处的简洁而有趣的记录，此外，他还写了许多自己的独到见解，并对这个时代的风俗习惯和政权特色进行了大量的描述和评价。他的书对于历史学家特别是对于研究德干事务来说是最重要的资料之一。乔纳森·斯科特（Jonathan Scott）曾草草地节译了它的一篇英语译文，题名为《一个莫卧儿官员的随想》，被收录在自己写的《德干的历史》中（英格兰什鲁斯伯里，1794）。我使用的是印度公共图书馆所藏的原抄本，它叙述了高康达王国的沦陷

① 科摩林角位于印度半岛的最南端，三面环海。——译者注

（第 1~208 页）。然后使用的是大英博物馆的抄本（Or.23）和对开本（94b-174a）。从 1656 年奥朗则布对海达拉巴德的袭击开始，到卡姆·巴赫什（Kam Bakhsh）的死亡结束。

11. 伊萨 - 达斯（Isar-das），是古吉拉特省拉坦地区的一个纳加尔（Nagar）王公，他写了一本名为《阿拉姆吉尔书信集》（*Fatuhat-i-Alamgiri*）的书。他首先是谢赫 - 乌尔 - 伊斯拉姆（Shaikh-ul-Islam）酋长卡齐·阿卜杜勒·瓦哈布（Qazi Abdul Wahhab）的儿子的手下，后来又成为古吉拉特的莫卧儿总督的手下，负责焦特浦尔区的事务。虽然像马苏姆一样，他有时记录的北印度的事情并不准确，因为他身处遥远的省份，只听到一些被歪曲的流言，然而，对于拉杰普塔纳和马尔瓦发生的许多事件，他是提供第一手资料的权威。这本书涵盖了从伊斯兰历 1057 年至 1098 年所发生的事件，但没有试图对任何一年的所有事件逐一进行叙述。它其中的一些章节被损毁了。这本书的扉页题词上写着“作为梅塔·伊萨 - 达斯（Mehta Isri-das）的纪念”。这是否意味着它是在伊萨－达斯死后借他人之手将其回忆编辑成册，尚不得而知。大英博物馆 Add 部的第 23884 号文献是目前已知唯一存世的抄本。

C. 删减版文献（价值不大）

12. 伊纳耶特汗（Inayet Khan）的《以王者之名》（*Shahahanamah*, Elliot, vii. 73），在库达·巴赫什图书馆有一个很完善的抄本。

13.《主君良言录》（*Tazkirat-us-Salatin-i-Chaghtaiat*，Elliot, viii. 17）同样为库达·巴赫什图书馆收藏。

14.《阿拉姆时代》（*Mirat-i-Alam*，Elliot, vii. 145）也叙述了奥朗则布的登基。词句几乎与《阿拉姆吉尔本纪》如出一辙。有可能是这个缘故：兰普尔图书馆有两个抄本，可能是相同的出处，或为 18 世纪所作。

15.《印度的口述编年史》（*Lab-ut-Tawarikh-i-Hind*）由布林达班－达斯（Brindaban-das）所写，（第 306 页）他是达拉之子迪万巴阿拉·马伊的儿子（A.S.B.MS.D.265），其叙述真实可信。（Elliot, vii. i68）

16.《阿拉姆吉尔书信集》(*Adab-i-Alamgiri*) 现藏于库达·巴赫什图书馆（MS.f. 213a-259b），叙述了从沙贾汗统治时代到皇位继承战争的31年历史，有选择性地讲述历史、裁剪事实（根据《阿拉姆吉尔本纪》等文献可知）。而且，偶尔添加一两行来源不明的信息。

D. 专著

17.《告知后人》(*Lataif-ul-Akhbar*)，由巴迪-乌兹-扎曼·拉布德汗（Badi-uz-zaman Rashid Khan）撰写，详细介绍了达拉率军围攻坎大哈的情况。（参见 Ethe, No. 331; Rieu, i. 264）

18. *Fathiyya-i-ibriyya* 由沙布·乌德丁·塔里什（Shihab- uddin · Talish）所著，（Elliot, vii.199）主要描述了米尔·朱木拉进军库奇比哈尔和阿萨姆的事件，布洛赫南（Blochniann）在1872年的《亚洲学会杂志》(*Journal of the Asiatic Society*，缩写J.A.S.B.）上发表过这一文献的摘要。我已经在4个版本的基础上整理出了波斯语文本——布洛赫南摘录本和库达·巴赫什图书馆里的3个抄本（其中一本的抄写者是伊希瑟南－乌德－丁（Ihtisham-ud-din）。《延续》（Bodleian，589；Sachau and Ethe No. 240）叙述了孟加拉的历史，从米尔·朱木拉的死亡到沙伊斯塔汗征服吉大港的过程。1906 年和 1907 年，我在《亚洲学会杂志》上发表了《延续》三个部分的内容和译文。《延续》的部分篇章可以在纳瓦布·阿比迪斯·萨拉姆汗（Nawab Abdis Salam Khan）的藏书图书馆中找到，在印度图书馆 MS. 1572（Ethe，344）中也能找到。

19.《西瓦吉的时代》（*Tarikh-i-ShivaJi*）（I.O. L.Ms.1957, Ethe No. 485, cf. Rieu，i. 327）是一部缺少批判性的历史著作，从马拉塔王权的兴起一直延续到桑巴吉（Sambhaji）[①]的即位。（第 307 页）该书叙述了各种通俗故事，也以马拉塔的视角叙述了许多重要事件。显然是一些印度教徒从马拉地语关于西瓦吉史料那里得到启发而把该书翻译成波斯语。我已经在 1907 年的《现代评论》上发表了它的英文译文。这本书的波斯语书写很不纯正，文章中充斥着梵语词。

① 马拉塔帝国第二任统治者，西瓦吉的儿子，1689 年死于奥朗则布之手。——译者注

20.《全能正道》（*Masir-ul-umara*），是一本莫卧儿王朝贵族的传记辞典，（“印度丛书”系列）3 卷本（Elliot, viii. 187）。从 1742 年到 1779 年，在现有的和权威性的历史记载和信件的基础上完成，书中注明了 30 个来源（i.4-5）。书中的叙述与出处存有冲突的地方，不能采纳。但它的主要价值在于它所提到的许多特殊的轶事，以及它对这个时代的生活方式所产生的影响。显然，作者遵循了许多留存在他们那个时代的真正的传统，而如今对我们而言，有些传统已经失传了。

21.《阿拉姆吉尔准则》（*Ahkam-i-Alamgiri*）由尼木查家族的哈米德 - 乌德 - 丁汗以残缺不全的资料写成。我将这本书翻译成英文，并以《奥朗则布轶事集》的名称发表，译文带有评论和注释。我所使用的抄本如下：欧文先生藏本（他的私人图书馆第 252 号和第 340 号），兰普尔图书馆的纳瓦布 · 阿布迪斯 · 萨拉姆汗的两个抄本，以及 I.O.L. MS. 3388，所有的这些抄本都不完整。这本书的其他部分尚待发现。里面有很多关于奥朗则布、他的儿子和军官的轶事，以及他对请愿书的回复，通常用尖刻的语气写成。

E. 波斯的史书（坎大哈之围）

22.《阿巴斯大帝本纪》（*Tarikh-i-Shah Abbas Sani*），由米尔扎·塔希尔·瓦希德（Mirza Tahir Wahid）著。（穆拉·弗鲁兹图书馆，Rehatsek 条目，IV. 27 and Pers. 92）

23.《阿巴斯二世本纪》（两卷本）（*Tarikh-i-Alamara-i-Abbasi*），藏于穆拉·菲鲁兹图书馆，由瑞哈茨克译成英文。[①]

24.《英杰录》（*Zubdat-ut-Tawarikh*），由穆罕默德·阿夫扎尔·侯赛因（Md. Afzal Husain）著（库达·巴赫什图书馆藏）。

又及，《王者阿巴斯的征程》（*Ruqat-i-Shah- Abbas Sani*）（我的藏书）也曾引用。

① 爱德华·瑞哈茨克（Edward Rehatsek）1819 年出生于奥地利帝国境内的伊洛克（Ilok），1891 年在英属印度的孟买去世。他是一个著名的东方学家，翻译了许多东方学著作，在《亚洲学会杂志》上发表了大量文章。——译者注

F. 德干的历史

25.《苏丹近闻录》(*Basatin-i-salatin*) 是比贾普尔王国的一部历史，由米尔扎·易卜拉欣·祖拜里 (Mirza Ibrahim Zubairi) 写成 (Ethe，455)。写于 1824 年，基于比较可靠的、原始的资料来源。我使用过瓦曼·达斯·巴苏少校收藏的版本。库达·巴赫什图书馆也有一个非常好的抄本。

26.《编年史》(*Tarikh-i-Haft-Kursi*)(比贾普尔王国)，印度公共图书馆第 3051 号文献 (Ethe，454)。

27.《阿里·阿迪尔沙二世本纪》(*Tarikh-i-Ali Adil Shah Ⅱ*) 由赛义德·努尔提拉 (Syed Nurtillah) 所写，完成于 1667 年。I.O.L.3052 (Ethe，452)。

28.《库特布往事记》(*Qutb-numa-i-Alam*) 由赛义德·穆罕默德·米尔·阿布·图拉布 (Syed Muliammad Mir Abu Turab) 所作，完成于 1806 年。一部很好的包括“库特布沙和其他人的可靠史实”的高康达王国史。I.O.L.No.2428，(Ethe，465)，本书不同部分的标题和作者名称有误差。因此编号 26 ~ 28 的内容，在本书头两卷中没有来得及使用。

G. 朝廷公告

29.《宫廷消息编》(*Akhbarat-i-Darbar-i-Muala*，简称“R.A.S.MS.”) 由一些已经褪色的小纸片组成，每张纸上都简要地记录了宫廷里一天内发生的事情。皇帝的行程、上朝的时间、任命、为皇帝呈递或下达请愿的人、赠送给皇帝的礼物和皇帝赐给别人的礼物、收到的物资和下达给别人的命令（第 309 页）。在奥朗则布统治期间记录的纸张保存了下来：第 3 年、第 4 年、第 8 年、第 15 年、第 17 年、第 20~22 年（从 1 张到 61 张不等）、第 36~40 年和第 42~49 年。在这 6 年中（第 38 年、第 43~48 年），有记录的天数在 200 天以上，第 39 年有 101 张，其他年份则不到 71 张。也有关于穆罕默德·阿扎姆沙的简报[①]（在奥朗则

① 穆罕默德·阿扎姆沙是奥朗则布的长子，是指定的皇位继承人。在奥朗则布去世后不久，被他的弟弟——后来的巴哈杜尔沙一世击败和杀害。——译者注

布统治时期的第46~49年，271张）和巴哈杜尔沙在位时期的两年（4张记录纸）。

H. 信件

我们把奥朗则布的信件分为两种。(a) 这些信件都是由他的秘书收集整理的三本汇编，内容完整，来源可靠。(b) 在他去世很久之后，从他过去的各种文件中挑选的合集，这些集子的编纂都是相当随意的，只是把信件混在一起，几乎没有哪两本集子在信件数量和归纳安排上是一致的。部分原因是在编辑发表了他们的正文之后，后来的抄写者在抄本的篇末留下了空白，而许多抄本在18世纪的印度流通时，在空白处插入了奥朗则布的其他书信。使用这一类文件的第二个困难是，某个信件在两个不同的集子里出现，在遣词造句上往往差异很大，因此必须将其视为两种不同的文献。这两个文献中哪一个是奥朗则布原来的意思，哪一个是后来的说法，已很难确定。(c) 两个不完整的辑录本，与所有其他抄本都不同。(d) 就请愿书所写的短命令，如以上第21号所给出的。(e)

编入了其他作品中的许多信件。

（a）16.《阿拉姆吉尔书信集》是1650年至1658年由奥朗则布写的所有书信集编成的书信集，他的秘书阿卜杜勒·帕特后来成为帝国宰相，号为卡比尔汗，1659年6月退休，1662年5月去世。在这里，奥朗则布的最后一封信，是在囚禁了沙贾汗大约两个月后写给他的。

这卷书信还包括：（1）阿卜杜勒代表自己或根据主人的命令所写的若干信件；（2）安巴拉的萨迪克收集的由穆罕默德·阿克巴[①]的秘书所写的信件，以及一部关于皇位继承战争的历史，1704年编成。（参见 Elliot, vii.205 或 Ricu on Br. Mus. Or.177）我使用了库达·巴赫什所藏的版本，该抄本曾藏于威廉港学院（Port William College）。

其中的一些信件被收录在另外两个书信集中，以及哈菲汗的著作中。通过对沃里斯和卡姆布的深入研究，我考证了大部分提到收件人

① 奥朗则布的三儿子在第三卷中将被提到，他联合拉杰普特人发动叛乱反对奥朗则布，并在失败后逃往波斯。——译者注

的信件的日期。

30.《阿拉姆吉尔简述》(*Ahkam-i-Alamgiri*)，由伊纳维图拉汗(Inavetullah Khan)所编纂，他是奥朗则布最后一个秘书，也是最受欣赏的秘书。这卷书中没有完整的信件，而只有皇帝口授给秘书要点的摘要，以便将这些要点写进信中。因此，它们的内容并不是简单明了的，通常会记录收信人是谁。这些内容指向奥朗则布统治的最后十年。我使用了兰普尔图书馆的一个较完善的副本，曾属于德里皇宫图书馆，由库达·巴赫什(库达·巴赫什图书馆)收集，是18世纪一个整洁的抄本。已没有其他抄本存在，它是已知的唯一一本。

31.《良言录》(*Kalimat-i-Tayyibat*)是一些重要内容的摘要，包括在正式信函中引用的韵文和阿拉伯文片段。与第30号文件有相同的人物和日期，但被称呼的人通常不具名，而且由于过分简略，内容往往含混不清。1719年由纳亚塔拉编纂。我曾使用孟加拉亚洲学会图书馆F部第27号文献(A.S.B.MS.F.27)，它可能是藏于德里皇宫图书馆的一部旧版善本，并将其与印度公共图书馆第 1761 号文献（I.O.L.1761）和第 1594 号文献（从 F 部 52a 到最后）进行了比较，发现其中的一些信件在其他藏书中也有收录。

（b）32.《律令之铭刻》（*Raqaim-i-Karaim*），由赛义德·阿什拉夫汗（Syed Ashraf Khan）和米尔·穆罕默德·侯赛因（Mir Md. Husaini）编纂。包括（但不限于）奥朗则布给编纂者的父亲米尔·阿卜杜勒·卡里姆（Mir Abdul Karim）的信。（Br.Mus. Addl. 26, 239）

第 33 号和第 34 号文献分别是《旨意、行动与意识》（*Dastur-ul-aml-i-Agahi*）和《皇帝阿拉姆吉尔密令》（*Rumuz-wa-Isharahha-i-Alamgiri*），这分别是奥朗则布回复阿亚·马伊（Aya Mai）王公和斋普尔的财政主管西瓦伊·贾伊·辛格（Siwai Jai Singh）的两个信件集，分别在 1738 年和 1742 年编成。（Elliot, vii.203-206）这个版本上有“拉姆斯”的名字和“Addl.18881”的藏书标记，藏于大英博物馆 Addl 部第 26240 号，与另一本名为《晚年的阿拉姆吉尔》的书大同小异，后者的石刻印本在勒克瑙和坎普尔等地的市场上都可以买到——这些市面上的印本版式略有差异，且或多或少地增添了一些信件。这本书已经被四次译成英语，比如大不列颠博物馆 addl 部的 26239 号文献，还有藏于 I.O.L 的题名为“拉奎姆”（Raqaim）的 3021 号、3388 号和 1594 号（f.1-50b）文献。这些全都是石刻印本，都有不同程度的增删修改。印度图书馆中的 3301 号跟 3021 号大体相同，但是也有很多不同和补充。印度公共图书馆第 1761 号跟不列颠博物馆 Addl 部的 26239 号大体相同。欧文的第 344 号和第 350 号藏书，尽管题名均为“拉姆斯”，但在内容和结构上大相径庭。这两本书中的大多数信件（特别是 344 号），在《晚年的奥朗则布》和印度图书馆 1344 号中可以找到。但也有大量补充，其中许多来自《良言录》（*Kalimat-i-Tayyibat*），（特别是 350 号藏书）还有一些我尚未追查到来源。欧文的 350 号藏书 37a-43b 中有许多故事、警句，其中许多都可以在《晚年的奥朗则布》、印度图书馆第 1344 号和 *K-i-T.*、印度图书馆第 370 号、f.56b-80a 中找到。我主要参考了欧文第

350 号藏书的内容，还有印度图书馆第 1344 号文献作为补充。剑桥大学图书馆 Addl. 第 420 号（布朗的目录，编号为 CXVIl）几乎与欧文的第 344 号藏书完全相同，另外还编入了一些欧文第 350 号藏书里出现的信件。

因此，我们可以将市场上卖的《晚年的阿拉姆吉尔》作为这类书的一个典型代表。另一类书的典型代表是印度图书馆 1344 号（与印度图书馆 3337 号差别不大），它照搬了《晚年的阿拉姆吉尔》的很多词句，但是进行了修改，并提供了许多在《晚年的阿拉姆吉尔》中找不到的信件，主要取自其他文献，少数来自《阿拉姆吉尔书信集》。

（C）35.《奥朗则布言传集》（*Kalimat-i-Aurangzib*,I.O.L.MS.3301, f. 33a-60b），该文献的开头不完整。包含了皇帝最后几年的信件，这在任何其他已知的收藏中都找不到。其中少数信件可以在纳亚塔拉的《阿拉姆吉尔的准则》里找到，但是我尚未发现这两个文本之间有什么联系。这个文献是很有价值的。

36. 兰普尔图书馆新目录的 Insha 第 109 页有

一名为《言辞与实践》（*Kalimat-i-Tayyibat*）的文献，但与孟加拉亚洲学会图书馆的文献记载得不完全一致。或者说，除了序言之外，全都不一样！它包括204张非常小的纸。前两封信在上文第35号文献里就出现过了。从我所做的粗略的研究来看，我觉得这出自纳亚塔拉的《阿拉姆吉尔的准则》。这个文献以一封奥朗则布给小阿克巴的信和小阿克巴嘲讽式的回答结束（都是有删节的）。这些信大概是最后才加上去的。其中，结论是突兀的，也没有正规的书末结语[①]。

37. 巴黎国立图书馆。波斯语补编目第476号文献（Blochet目录第704号），f.lb-13a，奥朗则布答复贾伊·辛格的信，可在《七个论坛》（*Haft Anjuman*）中读到。

38. 两组关于税收的法令。藏于柏林皇家图书馆，Pertsch目录。我曾把它翻译成英文，1906年发表在《亚洲学会杂志》上。我曾经错误地认为这些译文是独一无二的。事实上并非如此，“十仆人”（Rasik-das）法令可以在Bib.

① 原文是“khatimah”，在乌尔都语中是“结语”的意思，在波斯语中是“把它结束”的意思。——译者注

Nat.Sup.476 和 I.O. 图书馆找到。穆罕默德·哈希姆的法令也被诺埃尔·佩顿（Noel Paton）翻译后放在他的《亚洲君主制的原则》（*Principles of Asiatic Monarchies*）里发表，在《波斯人读者》第二卷里也曾发表（加尔各答学校图书协会，1836）。

奥朗则布与父亲沙贾汗和大姐贾哈娜拉的通信由卡姆布和阿奎勒汗进一步阐释，在《律法阶梯》和孟加拉亚洲学会图书馆的文献中予以重述。

39. 在奥朗则布的小儿子穆罕默德·阿克巴发动叛乱后，奥朗则布写给他的信，参见《西瓦吉书信》（R.A.S.MS.71），该书还包含三封奥朗则布分别写给三个马拉塔将军的信。

40.《五月吉庆》（*Zahur-ul-insha*），勒克瑙的石刻本。

41.《以波斯文书写》（*Insha-i- Farsi*）（A.S.B. MS.F.56），除其他内容之外，还包括小阿克巴给奥朗则布的信，辛哈吉给奥朗则布的信（均在第 39 号文献中提到），穆罕默德沙给尼扎穆勒姆的关于纳迪尔沙入侵的信，奥朗则布给穆罕默德·

亚尔汗（Md. Yar Khan）的信，奥朗则布给阿拉姆沙一世的信，沙贾汗被困在阿格拉城堡期间写给奥朗则布的信，苏拉特的莫卧儿收税官写给普拉塔普·拉奥·古贾尔（Pratap Rao Gujar）的信，奥朗则布写给阿多尼（Adoni）的西迪·马萨德（Siddi Masaud）的信，沙贾汗在儿子们向德干进军时写的信，奥朗则布的回信，鲁特夫拉汗（Lutfullah Khan）在莫卧儿帝国庇护之下写给米尔·朱木拉的信。

42.奥朗则布的一些法令①也曾被翻译整理后在《亚洲学会杂志》上发表。

43.在《御前见闻录》（*Riyaz-us-salatin*）和印度图书馆3021号文件中，我们可以看到奥朗则布就私人贸易写给阿齐姆–乌什–尚（Azim-ush-shan）的谴责信。

在印度图书馆549号（50a，50b）文件和其他档案中也能找到奥朗则布的零散信件。

其他历史人物的书信

44.《每周纪事》（*Haft Anjuman*）的抄本

① farman，印地语，意思是“法令”。——译者注

现在分为三部分，第一部分由贝拿勒斯的巴布·施阿姆·苏达尔·拉尔（Babu Shyam Sundar Lal）和他的兄弟们收藏，第二部分和第三部分都在巴黎图书馆。文献的许多纸张因之前未能妥善保存而遭到严重破坏。乌代·拉吉是鲁斯塔姆汗·德卡尼的秘书，后来成为米尔扎·拉贾·贾伊·辛格的秘书。他在死前皈依了伊斯兰教，改名为塔拉·亚尔（Tala Yar）。他写的信被他的儿子收集在一本书里，分为七章。

第一部分：

（1）鲁斯塔姆汗写给沙贾汗的信，f.76-266。

（2）阿杰梅尔战役后，在追捕达拉期间，贾伊·辛格写给奥朗则布的信，f.26b-37a。

（3）在德干地区对西瓦吉的势力和比贾普尔王国进行征伐的过程中，贾伊·辛格写给奥朗则布的信，F.37a-94b。

（4）鲁斯塔姆汗写给沙贾汗诸位皇子的信，f.94b-125a。

（5）a.沙贾汗统治期间，鲁斯塔姆汗写给莫卧儿贵族的信，f. 125a-135b。

b. 奥朗则布统治期间，贾伊·辛格写给莫卧儿贵族的信。

c. 贾伊·辛格写给德干贵族和官员的信。.

d. 贾伊·辛格致萨达特汗、库特布沙以及其他从德干两个苏丹国叛逃、转投莫卧儿的候补官员的信。f. 135b-165a 收录了 b、c、d 的所有内容。

e. 贾伊·辛格致德干苏丹使节的信，f.165a-174a。

f. 在沙贾汗统治时期，鲁斯塔姆汗写的关于某些杂事的信件；在奥朗则布统治时期，拉吉·辛格写的关于某些杂事的信件，f.174a-187a；在奥朗则布统治时期，贾伊·辛格给他的儿子拉姆·辛格和代理人吉达尔·拉伊（Girdhar Lai）等人的私人信件，参见 f.187a-204b。

g. 乌代·拉吉为自己和他人写的书信，f.204b-243a。

37 号文献中贾伊·辛格的一些信件，也可在《律法阶梯》（*Faiyaz-ul-qawanin*）里看到。

45.《律法阶梯》被勒克瑙的纳瓦布·阿

里·侯赛因汗·巴哈杜尔（Nawab Ali Husain Khan Bahadur of Lucknow）收藏，是一部266页的抄本，每页有17行，收录了大量的历史信件。其中一些摘自官方年鉴和其他早期资料。装订为三本，称作《达夫塔斯》（*daftars*）[①]：（i）国王和皇子的信；（ii）贵族写给国王和皇子的信；（iii）杂项信件。写信人有阿克巴大帝、贾汗吉尔皇帝、沙贾汗皇帝（25封信）、奥朗则布皇帝、贾哈娜拉公主、达拉·舒科太子（8封）、舒贾（6封）、穆拉德·巴赫什（47封）、贾法尔汗写给奥朗则布的信（9封）、波斯国王塔赫玛斯普一世（Shahs Tahmasp）、波斯国王阿巴斯一世、波斯国王阿巴斯二世、阿迪尔沙、库特布沙、贾伊·辛格和其他人。穆拉德皇子的其他信件，藏于兰普尔图书馆（Insha，168），而欧文藏书也收藏了一些信，列为第371号，我已抄录了完整的副本，并在书中予以引用。

46.欧文的第257号文件是一份6页的文献，收录了鲁特夫拉汗写给奥朗则布的信，他是宰

① 波斯语原文的意思是“册子”“本子”。——译者注

相萨杜拉汗的儿子。

47.《西瓦吉书信》(*Khatut-i-Shivaji*)(R.A.S. MS.71)，除了奥朗则布写给小阿克巴和三个马拉塔将军的信外，还包括：在普兰达尔被围困之前，西瓦吉写给奥朗则布部下的信，西瓦吉写给奥朗则布的信，普拉塔普·拉奥·古贾尔写给苏拉特军官的信，还有阿拉姆沙的信，纳姆达尔汗（Namdar Khan）的信，迪里尔汗的信（都是给西瓦吉的），小阿克巴给奥朗则布的信（这些信的用词最为尖刻），给桑巴吉和卡维·库勒什的信等。

48. 印度公共图书馆第2678号文件，F部第72~128页（I.O.L.2678，f.72-128）各种各样的信件，奥朗则布用几种不同的语气，写得很潦草。

49. I.O.L.150（Ethe,370），在苏拉特监狱的英国人写的信件，他们因涉嫌参与抢劫“非凡宝藏”（Ganji-Sawai）号船而被监禁，还有1695~1696年的其他信件。①

① “非凡宝藏”号，是属于奥朗则布的皇家贸易船，在1695年从也门航行到印度苏拉特的过程中，被以亨利·艾弗里（Henry Every）为首的英国海盗洗劫。——译者注

50.《点睛之笔》(Insha-i-Raushan-Kalam),由穆希·布帕特·拉伊(Munshi Bhupat Rai)所著。在奥朗则布统治时期,他是拉丹达兹汗(Radandaz Khan)的下属,后者是来自白斯瓦拉(Baiswara)的福吉达尔[①]。根据欧文的第417号文件第63页、第417页。由埃利奥特(Elliott)[②]在他的《乌纳奥编年史》(*Chroniclet of Oonao*)中予以引用。

51.《哈桑见闻》(*Muraqat-i-Hassan*),1655年至1667年在孟加拉和奥里萨邦服役的军官马乌拉纳·阿布勒·哈桑写于1669年,重点描写了塔尔比亚特汗(Tarbiyat Khan)在奥里萨邦任副总督期间的事情。(兰普尔图书馆,Insha,182)

52.《要略杂项信件集》(*Majmua-i-munshat-wa-ghaira*),包括在奥朗则布统治时期,比达尔·巴克特(Bidar Bakht)与穆克里斯汗(Mukhlis

① 福吉达尔是莫卧儿帝国和南亚其他穆斯林王国统治者为驻军指挥官颁发的头衔。——译者注

② 查尔斯·阿尔弗雷德·埃利奥特,英属印度官员,英国人。毕业于剑桥大学,曾为东印度殖民公司职员,长期在印度工作。——译者注

Khan）、鲁乌勒塔汗（Ruhultah Khan），以及其他关系密切的军官的往来信件。（兰普尔图书馆，Insha 部第 176 号）

53. 大英博物馆 Addl 部 6600 号文件，收录有阿卜杜拉·库特布沙给沙贾汗、达拉、舒贾、奥朗则布和阿迪尔沙的信，以及奥朗则布写给他的回信。这些文件可能对本书第十章和第十四章很有用处，但我还没有得到它的抄本。

54. 大英博物馆 Sloane 部第 3582 号文件第 101~124 页，载有关于卡纳塔克到伊斯兰历 1102 年的信件和官方文件。其中大部分属于奥朗则布时代。

55.《明君阿巴斯之言》（*Ruqat-i-Shah Abbas Sani*），是我在勒克瑙的市场上偶然发现的一份文件，包括一些信件，内容涉及坎大哈被围的情况，波斯人在皇位继承战争期间与穆拉德·巴赫什和德干的苏丹们的密谋，在达拉逃亡途中写给他的信，祝贺奥朗则布登基的信，以及奥朗则布在西瓦吉战争失败后威胁他的信（由塔尔比亚特汗送去），波斯人在信中要求他下台，并威胁他要发兵攻打印度。

英语文献

1. 托德所著的《拉贾斯坦》[①]，我引用了由巴布·阿姆比卡·查兰·乌克勒（Babu Ambika Charan Ukil）在加尔各答出版的版本，该书分两卷。

2.《印度帝国地名录》（*The Imperial Gazetteer of India*），威廉·威尔逊·亨特爵士（Sir William Wilson Hunter）著，克拉伦登出版社（Clarendon Press）出版。

3. 关于欧洲旅行者在印度的见闻，主要参见科尔（Kerr）的《航行与旅行》（*Voyages and Travels*）。

其他英语文献 略

译者补充

《关于印度地图的记忆》（*Memoir of a Map of Hindoostan*），詹姆斯·伦内尔（James Rennell）著，第一版于1788年出版。

---

① 意为《王公的国度》。——译者注

译名对照表

A

Adab-i-Alamgiri	《阿拉姆吉尔书信集》
Abdarah	阿布达拉
Abdul Aziz	阿卜杜勒·阿齐兹
Abdul Aziz Khan Naqshbandi	阿卜杜勒·阿齐兹汗·纳克什班迪
Abdul Hamid Lahori	阿卜杜勒·哈米德·拉赫瑞
Abdul Munim	阿卜杜勒·穆尼姆
Abdur Rahman Khan	阿卜杜尔·拉赫曼汗
Abu Baqr	阿布·巴奎尔
Abul Fad	阿布·法德
Abul Fauz Nasiruddin Muhammad Timur III Alexander II Shah Shuja Bahadur Ghazi	阿布·法鲁斯·纳萨鲁丁·穆罕默德·帖木儿三世·亚历山大二世·沙舒贾·巴哈杜尔·加齐
Abul Fazl	阿布·法兹尔
Abul Muzaffar Muhiuddin Muhammad Aurangjsib Bahadur Alamgir Padi-shah Ghasi	阿卜勒·穆扎法尔·穆希乌丁·穆罕默德·奥朗则布·巴哈杜尔·阿拉姆吉尔·帕迪沙·加齐
Abul Path	阿布·帕特

Abyssinian	阿比西尼亚人
Adil Shah	阿迪尔沙
Adoni	阿多尼
Afzal Khan Ji	阿富扎勒汗・吉
Ah Mardan Khan	艾赫・马尔丹汗
ahadis	皇家骑兵
Ahadi Haibat	阿哈迪・海巴特
Ahmad Said	艾哈迈德・赛义德
Aimaks	艾马克人
Aiwanj	埃万吉
Ajanta	阿旃陀
Ajmer/Ajmir	阿杰梅尔
Akbar	阿克巴
Akbarpur	阿克巴普尔
Akram Khan	阿克拉姆汗
Alam	阿拉姆
Alamans	阿拉曼人
Alamgirnamah	《阿拉姆吉尔本纪》
Alawardi Khan	阿拉瓦尔迪汗
Ali Adil Shah II	阿里・阿迪尔沙二世
Ali Mardan Khan	阿里・马丹汗
Ali Naqi	阿里・纳奇
Ali Qabi	阿里・卡比
Aliwardi Khan	阿里瓦迪汗
Aliabad	阿利亚巴德
Allahabad	阿拉哈巴德省
Allah Yar	阿拉・亚尔
Amal-Salih	《仁爱的圣人》
Amar Singh Chandrawat	阿马尔・辛格・昌德拉瓦特

Amir-ul-umara	《统帅之路》
Anand Mahal	阿南德宫
Andarab	安达拉布
Anderson	安德森
Andkhui	安德胡伊
Ankot	安科特
Antigone	安提戈涅
Aq Rabat	阿克拉巴特
Aqcha	奥科查
Aqilmand Khan	阿奇勒曼德汗
Aqil Khan Razi	阿奎勒汗・拉兹
Ardstan	阿德斯坦
Arghandab	阿尔甘达卜河
Arif	阿里夫
Arracanese	阿拉干人
Arsul	阿苏尔
Arcot	阿尔乔特
Arjun Singh Gaur	阿琼・辛格・高尔
Asadullah Bukhari	阿萨杜拉・布哈里
Asalat Khan	阿萨拉特汗
Ashta	阿斯塔
Asir	阿西尔
Asirgarh	阿西尔加尔
Askar Khan	阿斯卡尔汗
Askaran Kirtiwant	阿斯卡然・基尔万特
Attock	阿托克
Ausa	奥萨
Ausa mahal	奥萨土邦
Aurangabadi Mahal	奥兰加巴迪・玛哈尔
Ayub	阿尤布

Azam Khan	阿扎姆汗
Azim-ush-shan	阿齐姆－乌什－尚

B

Baba Wali	“巴巴·瓦里”门
Babu Ambika Charan Ukil	巴布·阿姆比卡·查兰·乌克勒
Babu Shyam Sundar Lal	巴布·施阿姆·苏达尔·拉尔
Badakhshani	巴达克沙尼
Badakhshan	巴达赫尚
Badar Hamid	巴达尔·哈米德
Badshah Mahal	巴德夏希清真寺
Badin	巴丁
Badr-Un-Nissa	芭德尔－恩－妮萨
Baglaghat	巴格拉哈特
Baglana	巴格拉纳
Baharji	巴哈尔吉
Bahadur Khan	巴哈杜尔汗
Bahadurpur	巴哈杜尔普尔
Bahadur Shah I	巴哈杜尔沙一世
Bahlol Khan	巴赫洛尔汗
Bahmani Sultan	巴赫曼尼苏丹国
Bahroz	巴鲁兹
Bairam Shah	拜拉姆沙
Bais	笆伊
Baijipura	笆伊吉普拉
Baiswara	白斯瓦拉
Bajgah	巴吉噶
Bajra	巴吉拉

Balaghat	巴拉加特
Balapur	巴拉普尔
Balkh	巴尔赫
Balkhab River	巴尔赫河
Balladurpur	巴拉度普尔
Baluchpur	俾路支普尔
Bamian	巴米安
Bangalore	班加罗尔
Bangash	班加什
Banswara road	班斯瓦拉路
Baqarganj	巴卡尔甘吉
Baqi Beg	巴齐・贝格
Barhamdeo	巴哈姆德奥
Bargaon	巴尔贡
Bari Sahiba	芭莉・萨伊巴
Bari	巴日
Barid Shahi dynasty	巴里德・沙希王朝
Barqandazes	护甲火绳枪兵
Barmandal	巴曼德尔
Basant	巴桑特
Basharat	巴沙拉特
Battle of Aliwal	阿里瓦尔战役
Battlefield of Sobroan	索拉翁战役战场
Battle of Buxar	布克萨尔战役
bazaur/bazaar	巴扎，意为“市场”
Bednur	贝德努尔
Beg Ughli	贝格・乌格利
Begam	贝甘姆
Bek Shahar	贝克・沙哈尔

Bela	比拉
Belchiragh	贝尔齐拉赫
Belghata	贝尔加塔
Benathora	贝纳托拉
Benares	贝拿勒斯
Berar	贝拉尔
Betul	贝图尔
Bhadaur	巴道尔
Bhadauriyah	巴达利亚
Bhagirathi River	帕吉勒提河
Bhagwangola	巴格旺戈拉
Bhakkar	珀格尔
Bhalki	巴哈奇
Bhalua	巴鲁阿
Bhandara	班达拉
Bharat Singh	巴拉特·辛格
Bhati	巴蒂
Bhawanidas	巴瓦尼达斯
Bhagwant Singh Hada	巴格万特·辛格·哈达
Bhera	佩拉
Bhimsen	比姆森
Bhimsen Burhanpuri	比姆森·布尔汉普里
Bhinmal	宾马尔
Bhima	比马
Bhim Singh Gaur	毕姆·辛格·高尔
Bhor-ghat	波尔隘口
Bhojbal	博吉巴勒
Bholahat	博拉哈特
Bhuj	普杰

Bias River	比亚斯河
Bidar	比德尔
Bidar Bakht	比达尔・巴克特
Bihari Mal	巴哈马・马勒
Bijaygarh	布加嘎
Bijapur	比贾普尔
Bikanir	比卡内尔
Bist	比斯特
Bir	比尔
Blochniann	布洛赫南
Blucher	布吕歇尔
Bolan	博伦
Botilla	博塔拉
Brahui	布拉灰人
Brindaban-das	布林达班－达斯
Bukhara	布哈拉汗国
Buland Akhtar	阿克塔尔殿下
Buland-i-qbal	太子殿下
Bundi	本迪
Burhanpur	布尔汉普尔
Burhanuddin	伯汉努丁
Bundela	邦德拉
Bundela infantry	邦德拉步兵
Buni	布尼
Buxari artillerymen	布萨里炮兵
Buland Bakht	“布兰德巴赫特”年

C

Cape Comorin	科摩林角
General Carmac	卡尔梅克将军

Chakna	恰坎
Chalukya	遮娄其王朝
Chambal River	昌巴尔河
Chamargunda	查马尔古达
Chamar Tikri	查马・蒂克利
Champanir	钱帕尼尔
Champat Rao	查姆帕特・拉奥
Chand Bibi	昌德・比比
Chanda	钱达
Chandni Chawk	月光集市
Chandor	尚多尔
Chandrabhan	钱德拉巴
Chandragiri	钱德拉吉里
Chardarya	查达尔亚
Charhar Chashma	查尔哈尔・查什马
Charikar	恰里卡尔
Chauki-Mirdadpur	乔吉－米尔达普尔
Chatnagar	查特纳加尔
Chhabila Ram	查哈比拉・拉姆
Chhatra Sal Hada	查特拉・萨尔・哈达
Chicacole	奇卡科尔
Chilka lake	吉尔卡湖
Chindwara	钦德瓦拉
Chidgupa	切丘帕
Chincholy	钦乔利
Chinoor	奇诺尔
Chotiali	乔蒂亚利
Chroniclet of Oonao	《乌纳奥编年史》
Chunar	丘纳尔

Churnarayanah	焦纳拉尔纳
Clarendon Press	克拉伦登出版社
Cochin-China	南圻，又称交趾支那，即越南南部地区的前称
Continuation	《延续》
Coryat	科亚特
coupdemain	闪电突袭
Cuddapah	丘德达帕
Cutch	喀奇

D

Daapeka Kella	达佩卡·克勒拉
Dadar	达达尔
Dacca	达卡
Daiwara	代瓦拉
Dal pat Rao	达尔·帕特·拉奥
Damayanti	达玛扬蒂
Danda-Rajpuri	丹达－拉吉普日
Dandan-Shikan	丹丹－石坎
darbar/durbar	议事大会
Dargah	圣人墓
Darhars	达哈斯
Darya Khan	达亚汗
Darvish Beg Qaqshal	达维什·贝格·卡卡沙尔
Datia	达提亚
Daud Khan	多德汗
Daulat Khan	道拉特汗
Daulatabad	道拉塔巴德
Dawar	达瓦尔
Dayal Singh Jhala	达亚尔·辛格·贾拉

Dayaldas Jhala	达亚尔达斯・贾拉
Devi Singh	提毗・辛格
Dehas River	德哈斯河
Deh–i–Tajikan	德－伊－塔基坎
Deogarh	代奥格尔
Dera Ismail Khan	德拉・伊斯梅尔汗
Derah–i–Gaz	德拉－伊－加兹
Derajat	德拉贾特
Dhapa	达帕
Dhar	达尔
Dharmat	达尔马特
Dharur	塔鲁尔
Dianat Khan Khafi	迪安纳特汗・哈菲
Dianat Rai	迪阿那特・拉伊
Dilawwar	迪拉瓦尔
Dilir Khan Ruhela	迪里尔汗・鲁赫拉
Dilras Banu	迪勒拉・巴努
Dilruba	迪尔鲁巴
Dipalpur	迪帕尔普尔
Diwan	财政大臣、部长、主管
Diwan–i'khas	私人议事厅
Diwan–i–Makhfi	《隐者之集》
do–aspa	杜－阿斯帕，领有两匹马的精锐骑兵
Dohad	多哈德
Dolhpur	多尔普尔
Dost Beg	多斯拜格
Dowson	道森
Dubinchand	杜宾昌德

Dunapur	杜纳普尔

E

Edward Rehatsek	爱德华·瑞哈茨克
Ekkataz Khan	伊卡塔斯汗
Eldred Pottinger	埃尔德里德·波廷格
Elichpur	艾利斯博尔
Ellichpur	艾利奇普尔
Elliott	埃利奥特
Ellore	埃洛拉
Empire of Vijaynagar	毗奢耶那伽罗帝国

F

Fakhar Khan	法哈尔汗
Faizabad	法扎巴德
Faqirs	法基尔
Faqir Sarmad	法基尔·沙玛德
Farah	法拉
Farman	法令（印地语）
Fardapu	法达浦
Fatehpur District	费特普尔区
Fatih	法蒂赫
Fatehabad	法特哈巴德
Fatihabad	法提哈巴德
Faujdar	法特加勒
Fauji Bashi	法吉·巴什
Fazil Khan	法兹尔汗
Feosos	费俄索斯
Fidai Khan	菲代汗
Firuz Jang	菲鲁兹·江
Firuz Miwati	菲鲁兹·米瓦提
Florin	弗洛林

Fort of Gaur	古尔城堡

G

Gaharwar	嘉哈瓦
Gahlots	格洛人
Gajapati dynasty	加贾帕提王朝
Gajmati	加吉马提
Gambhira	甘布拉
Ganges River	恒河
Ganjam	甘贾姆
Garh Namuna	纳姆纳城堡
Garh Mandla	门德拉城堡
Garh Sarang	萨朗城堡
Garhwal hills	格尔瓦尔山区
Gaurs	高尔人
Gaz	加兹
Ghari	嘎里
Ghazi	加齐，神圣战士
Ghazni	加兹尼
Ghazniyak	加兹尼亚克
Ghatmata	加特马塔
Gheria	盖瑞阿
Ghorband	戈尔班德
Ghori	古尔
Girishk	吉里什克
Gladwin	格拉德温
Godavari	戈达瓦里
Golkonda	高康达
Gond	冈德
Gondwana	冈德瓦纳
Gorakhpur	戈勒克布尔

Govardhan	格瓦丹
Govindwal	古文德瓦尔
Grant of Thobal	西奥巴尔的格兰特
Greater Rann	大盐沼
Green Bungalow	翠晶宫
Grurhwal hills	格尔瓦尔山区
Gulrukh Banu	古鲁克・巴努
Gwalior	瓜廖尔

H

Hadas	哈达人
Hadidad Khan	哈迪达德汗
Haibatpur Pati	海巴特普尔・帕提
Haibak	海巴克
Haidara	海达拉
Haidarabad	海得拉巴
Hira Bai Zainahadi	希拉・笆伊・泽娜哈迪
Hissar	最后防线
Haji Khan Baluch	哈吉汗・俾路支
Haji Muhammad Zahid	哈吉・穆罕默德・扎希德
Hakluyt	哈克卢伊特
Hakim Mumana	哈基姆・穆马纳
Hala	哈拉
Halwad	哈尔瓦德
Hall of Public Audience	公共议事厅
Hamid-ud-din Khan Nimchah	哈米德－乌德－丁・汗・尼木查
Handia	罕迪亚
Haniji	哈尼吉
Hapur	哈普尔
Harchand	哈尔昌德

Hardwar	哈德瓦尔
Hasan Kheshgi	哈桑·赫斯基
hawdas/howdah	象轿
Hazrahati	哈扎拉提
Hazarahs	哈扎拉人
Hazrat-ji	阁下，“行使法律之人”
Helmand	赫尔曼德河
henabandi	痕那班底
Henry Every	亨利·艾弗里
Herat	赫拉特
hillfort of Mandu	曼杜山堡
Hindu Kush	兴都库什山
Holmes	霍姆斯
Hot	霍特人
Howorth	霍沃斯
Hughli	胡格利
Hun	“浑”
Husain Sagar tank	侯赛因·萨加尔水库
Husain Shah	侯赛因沙
Hushdar Khan	胡什达尔汗
Husian Mirza	侯赛因·米尔扎

I

Ibrahim Bichittar Khan	易卜拉欣·比奇塔尔汗
Iftikhar Khan	伊夫蒂哈尔汗
Ihtamam Khan	伊赫塔玛姆汗
Ihtisham-ud-din	伊希瑟南－乌德－丁
Ikhlas Khan	伊克拉斯汗
Ikkeri	伊克克里
Ilok	伊洛克

Imadpur	伊马德普尔
Inavetullah Khan	伊纳维图拉汗
Indapur	因达普尔
Indian Mutiny	《印度兵变》
Indradyumna	因陀罗的于无拿
Indrayani	印德拉雅尼
Indur	因度尔
Isa Beg	伊萨·贝格
Isar-das	伊萨－达斯
Isfahan	伊斯法罕
Islam Khan Mashhadi	伊斯拉姆汗·马沙迪
Isfandiar Beg	伊斯法迪亚尔·贝格
Ismail Hut	伊斯梅尔·胡特
Izid Bakhsh	伊兹德·巴赫什
Izzat Khan	伊萨特汗

J

Jafar Nahmardi	贾法尔·纳马尔迪
Jafar Khan	贾法尔汗
Jagirs	扎吉尔，意为“采邑”
Jagirdar	扎吉达尔，意为扎吉尔封地的持有者
Jahanara	贾哈娜拉
Jaipur	斋浦尔
Jalalabad	贾拉拉巴德
jalbas	单桅帆船
Jalal Khan	贾拉尔汗
Jalalpur	贾拉尔普尔
Jalor	贾洛尔
Jalus	贾鲁斯

Jama Masjid	“主麻清真寺”，阿拉伯语音译，意为“星期五清真寺”，星期五是穆斯林的公共休息日，被称为“主麻日”，他们往往在这天成群结队地去清真寺礼拜
Jamal Ghori	贾迈勒·古里
James Rennell	詹姆斯·伦内尔
Jamnu hills	贾姆努山
Jamrud	贾鲁德
Jan Tak	詹·塔克
Jangipur	金吉布尔
Jani Beg	贾尼·贝格
Jarib	调查
Jasalmir	贾萨尔米尔
Jaswant	贾斯万特
Jat	贾特
Jawar	贾瓦尔
Jernier	杰尼尔
Jhabua	贾布阿
Jhalor	杰哈洛尔
Jinji	金吉
Jitwara	吉特瓦拉
Jodhpur	焦特浦尔
John Milton	约翰·弥尔顿
Jonathan Scott	乔纳森·斯科特
Jumada al-Thani	朱马达·阿萨尼
Jumna	朱木拿河
Jusi	尤西
Jukia	犹基雅

K

Kabin	彩礼
Kabul	喀布尔
Kabuli gate	喀布里门
Kachraud	卡利奇罗德
Kadamtali	卡达姆塔利
Kahmard	卡马德
Kahra	卡拉
Kakrala	卡克拉拉
Kalachuris	卡拉丘里王朝
Kaliant	卡利昂
Kalindi	卡林迪
Kaliani	卡利安尼
Kalna River	卡尔纳河
Kaluini	卡鲁伊尼
Kam Bakhsh	卡姆·巴赫什
Kambam	卡姆巴姆
Kamrup	卡玛鲁普
Kamur Ram Singh	库马尔·拉姆·辛格
Kan	坎
Kanarese	卡纳达人
Kanauj	卡瑙季
Kangra Hills	坎格拉山区
Kanji	坎吉
Karan-pura	卡兰－普拉
Karnatak	卡纳塔克
Kartalab Khan	卡塔拉布汗
Kashi	卡什
Katanjihar/Katanjhiri	卡塔吉哈尔

Kathiawar	卡提阿瓦
Kathis	卡西斯人
Kaveri	卡维里
Kavi Kulesh	卡维・库勒什
Kavi Raj	卡维・拉杰
Kech Makran	克赫・莫克兰
Kerr	科尔
Kesari Singh	凯塞里・辛格
Khaluahs	卡鲁阿斯
Khalilullah Khan	哈利卢拉汗
Khajwah	卡吉瓦
Khafi Khan	哈菲汗
Khaluahs	卡鲁阿斯
Khan Muhammad	汗・穆罕默德
Khande Rai	坎德莱
Khandesh	坎德什
Khanjar Khan	罕贾尔汗
Khan-i-Dauran	汗－伊－道兰
Khan-i-khanan	汗－伊－坎南
Khan-i-Zaman	汗－伊－扎曼
Khargpur	卡尔格普尔
Khatimah	结语（波斯语、乌尔都语）
Kheloji Bhonsla	克洛基・邦斯拉
Khwajah Khizir	“克瓦贾赫・克赫兹尔”门
Khwajah Mishk	哈瓦贾赫・米什克
Khwajah Zaid Road	克瓦贾赫・扎伊德路
Khawas	私人随从
Khawas Khan	卡瓦斯汗
Khawajah Qutbuddin	卡哈瓦加・库特布丁

Kheri	凯里
Khilat	荣誉长袍，译为卡拉特
Khirki	克利克，意为“通往南方之窗”
Khizirabad	克吉达巴德
Khiziri gate	希泽里门
Khosht	霍斯特
Khuda Bakhsh	库达・巴赫什
Khulm	霍勒姆
Khurasan	呼罗珊
Khurda	库尔达
Khushab	胡沙布
Khutba	呼图白
Khwarizm	花剌子模
Khwajah Sadiq	科瓦贾・萨迪克
Khawaspura	卡瓦斯普拉
Kialimah	伊里玛（伊斯兰教箴言）
Kipchak Pass	钦察关
Kirthar	基尔塔尔山
Kishan Deh Khurd	基尚・德赫・科哈尔德
Kishangarh	吉申格尔
Krishna River	克里希纳河
Kohat	科哈特
Kohinur	科依诺尔钻石
Kokah	高卡
Konkan	康坎
Kondhana	康达纳
Korah	可拉

Kos	考斯（计量单位，大约三公里）
Kotah	科塔
Kotwal	科特瓦尔，意为“首席警官”
Krishna Rao	克里希纳·拉奥
Krishnaji Bhaskar	克里希纳吉·巴斯卡尔
Krore	克若（计量单位）
Kthhgi	卡克提
Kulabi	库拉比
Kukia	库基亚
Kulbarga	库尔巴加
Kulis	库里斯人
Kumar Ram Singh	库马尔·拉姆·辛格
Kumaun	库茂恩
Kumbha	卡姆哈
Kuntit	昆蒂特
Kuraishi	库雷希
Kurnool	卡努尔
Kushan Pass	贵霜关
Kushk-i-Nakhud	库什克－伊－纳胡德

L

Lakah	拉卡
lake of Qatluq	卡图克湖
Lakhi	拉基
Lakhideh	拉希德
Lakhs	十万
Lal-das	拉尔－达斯
Lalitaditya	拉利达迪蒂亚
Lalmai	拉尔迈
Lalnuth	拉纳特

Land of Five Waters	五水之地
Larkhanah	拉尔卡纳
Las	拉斯
Lashkar-Khez	暴徒聚集之地（印地语）
Lauhgaon	劳高
Lawsoniainermis	指甲花
Leiah	莱亚
Lokbavan	罗科万巴
Luba	卢巴
Lutfullah Khan	鲁特夫拉汗

M

Madhu Singh Hada	曼杜·辛格·哈达
Madras	马德拉斯（金奈）
Magfaasi tribe	马格福赛部落
Magh	马格人
Maghasis	马格瑟斯人
Mahabat Khan	马哈巴特汗
Mahadeo	马哈德奥
Mahals	玛哈尔
Muhammad Raza	穆罕默德·拉扎
Mahanada	马哈纳达
Maharana	马哈拉那
Mahesh das Gaur	马赫什·达斯·高尔
Maharajah	马哈拉贾，“摩诃罗阇”
Mahesh-das	马赫什·达斯
Mahmudabad	马赫穆达巴德
Mahuli	马胡里
Maidah	梅达
Major Fuller	富勒少校

Maimana	迈马纳
Maiwand valley	迈万德山谷
Makran	莫克兰
Majwah	马吉瓦
Maladah	马拉达
Malik Ambar	马立克·安巴尔
Malik Husain	马立克·侯赛因
Malik Jiwan Bakhtyar	马立克·吉万·巴克特亚尔
Malleson	马勒森
Maloji	马罗基
Maltananda	马尔塔南达
Maluji	马鲁吉
Malwa	马尔瓦
Man Singh	曼·辛格
Mandalpur	曼达普尔
Mandavi	曼达维
Mandesor	曼德索
Mandla	门德拉
Mandlesa	曼德拉萨
Mandu	曼杜
Mandu Fort	曼杜要塞
Mandur	曼杜尔
Manikdrug	曼尼克德
Manillas	马尼拉
Mankera	曼克拉
Manjira river	曼吉拉河
Mansabdar	曼萨卜达尔
Mansabs	军阶
Manucci	曼努西
Maqul	玛寇

Maratha	马拉塔
Marita	马瑞塔
Maruwwajuddin	马鲁瓦尤丁，波斯语，意为“匡扶社稷，拯救国家之人”
Marwar	马瓦尔
Mashhad	马什哈德
Mashuri	“马什迪”门
Masir-i-Alamgiri	《阿拉姆吉尔之路》
Masium	马苏姆
Masulipatam	默苏利铂德姆
Mathura	马图拉
Maund	芒德，印度的重量单位，约为 40 公斤
Mehta Isridas	梅塔·伊萨德斯
Mewar	梅瓦尔
Mecca gate	“麦加”门
Medini Singh	梅迪尼·辛格
Md. Afzal Husain	穆罕默德·阿夫扎尔·侯赛因
Mia Khan	米阿汗
Mian Mir	米安·米尔
Michael Postan	迈克尔·波斯坦
Mihrab Khan	米拉布汗
Mihr-Un-Nissa	敏尔－恩－妮萨
Mimbar	敏拜尔
Minaji Bhonsla	米纳吉·邦斯拉
Mir Abdul Karim	米尔·阿卜杜勒·卡里姆
Mir Ahmad	米尔·艾哈迈德
Mir Chakar Rind	米尔·查卡尔·林德

Mir Isfandiar Mamuri	米尔·伊斯法迪亚尔·马穆里
Mir Khail	米尔·卡里
Mir Khalil	米尔·卡里尔
Mir Jafar	米尔·贾法尔
Mir Jumla	米尔·朱木拉
Mir Md Husaini	米尔·穆罕默德·侯赛因
Mir Muhammad Masum	米尔·穆罕默德·马苏姆
Mir Salih	米尔·萨利赫
mir tuzak	元帅
Mirza Abu Bakht	米尔扎·阿布·巴赫特
Mirza Ibrahim Zubairi	米尔扎·易卜拉欣·祖拜里
Mirza Kamran	米扎·卡姆兰
Mirza Jan Berg	米尔扎·江·贝格
Miraa Jan Syed Alam	米拉·江·赛义德·阿拉姆
Mirza Mughal	米尔扎·莫卧儿
Mirza Muhammad Kazim	米尔扎·穆罕默德·卡齐姆
Mirza Muzaffar Husain	米尔扎·穆扎法尔·侯赛因
Mirza Quraish Sultan	米尔扎·古莱什·苏尔坦
Mirza Rustam	米尔扎·鲁斯塔姆
Mirza Sarajuddin Muhammad Jabri	米尔扎·萨拉朱丁·穆罕默德·贾布里
Mirza Tahir Wahid	米尔扎·塔希尔·瓦希德
Mirzai Maghasi	米尔宰·马加希
Mirzas	米尔扎家族
Modasa	莫达萨
Mohan Singh Hada	莫罕·辛格·哈达
Mokim Singh	莫吉姆汗
Mungir/Monghyr	蒙格埃尔

Mubarak of Babri	巴布里的穆巴拉克
Muhammad Adil Shah	穆罕默德·阿迪尔沙
Muhammad Akbar	穆罕默德·阿克巴
Muhammad Amin	穆罕默德·阿明
Muhammad Azam	穆罕默德·阿扎姆
Muhammad Beg	穆罕默德·贝格
Muhammad Kheshgi	穆罕默德·赫斯基
Muhammad Mumin	穆罕默德·穆明
Muhammad Muazzam	穆罕默德穆·阿扎姆
Muhammad Murad Bakhsh	穆罕默德·穆拉德·巴赫什
Muhammad Raza	穆罕默德·拉扎
Muhammad Salih	穆罕默德·萨利赫
Muhammad Salih Tarkan	穆罕默德·萨利赫·塔尔坎
Muhammad Said	穆罕默德·萨义德
Muhammad Shah	穆罕默德沙
Muhammad Sultan	穆罕默德·苏尔坦
Muhammad Tahir Khurasani	穆罕默德·塔赫尔·胡拉萨尼
Muhammad Salih Kambu	穆罕默德·萨利赫·卡姆布
Muhammad Saqi Mustaid Khan	穆罕默德·萨奇·穆斯塔德汗
Muhammad Tughlaq	穆罕默德·图格鲁克
Muhammad Waris	穆罕默德·沃里斯
Mukarram Khan	穆卡拉姆汗
Mukhtar Khan	穆赫塔尔汗
Mukhlis Khan	穆克里斯汗
Mukhlispur	穆克里斯普尔
Mukund Singh Hada	穆昆德·辛格·哈达
Mulher	莫勒合
Mulla Ahmad	穆拉·艾哈迈德

Mulla Shah	穆拉沙
Mulla Ahmad Natia	穆拉・艾哈迈德・纳提亚
Multafat Khan	穆塔法特汗
Multan	木尔坦
Mumanpur	穆曼普尔
Mundla	蒙德拉
Munis-ul-avwah	穆尼斯－乌尔－阿瓦
Munpr	芒普
Muqaddam	村长
Murad Kam Safawi	穆拉德・卡姆・萨法维
Murad Bakhsh	穆拉德・巴赫什
Murshid Parast Khan Fatih Jang	穆尔希德・帕斯特・汗・法蒂赫・江
Muranjan	穆兰詹
Murang	穆朗
Murshid Quli	穆尔希德・库利
Murshid Quli Khan	穆尔希德・库利汗
Murtaza Quli Khan	穆尔塔扎・库利汗
Murtaza Khan	穆尔塔扎汗
Musa River	穆萨河
Musahib Beg	穆萨希卜・贝格
Mysore	迈索尔

N

Nadir Shah	纳迪尔沙
Nadira Banu	娜迪拉・巴努
Nagina	纳吉纳
Nagpur	那格浦尔
Naharab	纳哈拉布
Nahir-dil	纳希尔－迪尔

Nahmardi	纳哈马迪
Najabat Khan	纳贾巴特汗
Najaf Quli	纳杰夫・库利
Naldrug	纳尔德鲁格
Namdar Khan	纳姆达尔汗
Nanaj	拿拿吉
Nander	楠德尔
Nandurbar	楠杜巴尔
Narin	纳林
Narmada	讷尔默达河
Nasarpur	讷瑟尔布尔
Nashipur	纳什普尔
Nasiri Khan	纳西里汗
nauroz	波斯新年
Nawab Abdis Salam Khan	纳瓦布・阿布迪斯・萨拉姆汗
Nawab Ali Husain Khan, Bahadur of Lucknow	纳瓦布・阿里・侯赛因汗，勒克瑙的巴哈杜尔
Nawanagar	纳瓦讷格尔
Nazar Muhammad	纳扎尔・穆罕默德
Nellore	内洛尔
Nilang	尼朗
Nilgau	蓝牛羚
Nirmal	尼尔马尔
Niurlis	舞娘（尼乌利斯）
Nizam	尼扎姆，当地土邦君主称号
Nizam Shahi Konkan	尼扎姆・沙希・康坎
Nohani	诺哈尼
Noakhali	诺阿卡利

Noel Paton	诺埃尔·佩顿
Nur Jahan	努尔·贾汉
Nur-manzil	努尔-曼西尔
Nuruddin	努尔丁
Nurul Hasan	努鲁尔·哈桑
Nusrat Jang	努斯拉特·江

O

Oajab	奥贾布
Oedipus	俄狄浦斯
Orissa	奥里萨邦
Oudh	奥德
Oxus	奥克苏斯

P

Padak	帕达克，意为“吊坠”
Padishah Ghaziy	帕迪沙·加齐
Padishah-ji	陛下
Padishah Begam	帕迪沙·贝甘姆
Padishahnamah	《皇帝本纪》
Painghat	潘哈特，意为“低地”
Painganga	潘干噶
Palanpur	帕拉恩普尔
Panch Mahal	潘奇玛哈尔
pandits	梵学家
Pangumati	潘古马提
Panjab	旁遮普
Panjshir River	潘杰希尔河
Parenda	伯伦达
Parenda Fort	伯伦达堡垒
Pargana	帕尔加纳

Parganmh	帕尔加姆
Parner	帕尔纳
Parsuji	帕尔苏吉
Parthian	帕提亚
Parviz	帕尔维兹
Parwan	帕尔旺
Pashai	帕沙伊
Pathri	帕特里
Pathan	帕坦人 / 普什图人
Paturah	帕图拉
Patna	帕特纳
pettah	小镇
Pegu	勃固
Pennakonda	彭纳孔达
Penner river	本内尔河
Peshawar	白沙瓦
Pialapur	琵雅拉普尔
Pipar	皮帕尔
Pirji Borah	比尔吉 · 波拉
Pir Pointy Station	皮尔波蒂站
Pishin	皮辛
Pondicherry	本地治里
Poona	浦那
Pratap Shah	普拉塔普沙
Prahar	普拉哈尔 / 波罗诃哩，一个普拉哈尔相当于三个小时
Pratap Rao Gujar	普拉塔普 · 拉奥 · 古贾尔
Principles of Asiatic Monarchies	《亚洲君主制的原则》

Prithwi Singh	普里斯维·辛格
Puni	普尼
Puna	普纳
purdil Khan	普迪尔汗
Purchas	珀奇斯
Puth	普斯

Q

Qarn	谷仓
Qabil Khan	卡比尔汗
Qadiri	坎迪力
Qafsh	卡夫什
Qalat-i-Ghilzai	盖拉特－伊－吉尔扎伊
Qalich Khan	卡利奇汗
Qalmaq	卡尔马克
Qandahar	钱达哈
Qara	卡拉
Qasim Khan	卡西姆汗
Qasur	卡苏尔
Qazi-Keria	卡齐·科瑞阿
Qara Kotal	卡拉·库塔勒
Qazi Abdul Wahhab	卡齐·阿卜杜勒·瓦哈布
Qazi Inayetullah	卡齐·纳亚塔拉
Qazi Muhammad Hashim	卡齐·穆罕默德·哈希姆
Qazi Nizama	卡齐·尼扎玛
Qiladar	奎拉达，城镇封建堡垒的总督，集军政大权于一身
Qipchaq Khan	齐普查克汗
Qorth	古尔特
Qubad Khan	库巴德汗

Quli Khan	库利汗
Qunduz	昆都士
Qutbuddin Khan	库特布丁汗
Qutluq Muhammad	库特鲁克·穆罕默德

R

Rabia-ud-daurani	这个时代的春晖
Radandaz Khan	拉丹达兹汗
Raghunath Panth	拉格哈纳斯·潘斯
Rahim-ki-Bazar	拉希姆集市
Rahmat-un-nissa	拉玛特-恩-妮萨
Raipur	赖普尔
Rai Singh Sisodia	拉伊·辛格·西琐迪阿
Raisin	莱辛
Rai-i-raian Chancellor	大法官
Rajah Bithaldas	比萨尔达斯王公
Rajah Devi Singh	提毗·辛格王公
Rajah Jai Singh	贾伊·辛格王公
Rajah Jagat Singh	贾加特·辛格王公
Rajah Rajrup	拉杰鲁普王公
Rajah Rai Singh Sisodia	拉伊·辛格·西琐迪阿王公
Rajah Sujan Singh	苏扬·辛格王公
Rajauri	拉乔里
Rajmahal	拉杰马哈尔
Rajputana	拉吉普坦纳
Rajputana desert	拉吉普塔纳沙漠
Raj-shahi	拉吉-沙希
Raju	拉朱
Rajwara	拉吉瓦拉
Rao Chhatra Sal	拉奥·查特拉·萨尔

Rao Karan	拉奥·卡兰
Ram	拉姆
Rama Rao	拉玛·拉奥
Ramgir	拉姆吉尔
Ramnagar	拉姆纳加尔
Ramzan	斋月
Rana Gharrib-das	那·吉勒布－达斯
Randaulah Khan	兰道拉汗
Rampur	兰普尔
Raqaim	拉奎姆
Raqba	拉奎达，意为“将标出的土地记录下来”
Rashid Khan	拉希德汗
Ratan Singh Rathor	拉坦·辛格·拉瑟尔
Rathor	拉瑟尔
Ratnai	拉特奈
Raushan-qalam	劳珊－卡尔姆
Rdhwdras	鲁德夫德拉斯
Richard Steel	理查德·斯蒂尔
Rieu	里奥
rocket-throwers	火箭投掷手
Rogers	罗杰斯
Rohri	罗赫里
Rohtas	罗塔斯
Rudba	卢德巴
Rupar	鲁帕尔
Rupbas	拉普巴斯
Ruhultah Khan	鲁乌勒塔汗
Rustam Khan Deccani	鲁斯塔姆汗·德卡尼

Rustam of the Age	当代的鲁斯塔姆
Rustaq	鲁斯塔克
Rutlam	鲁特拉姆

S

Sadiq of Ambala	安巴拉的萨迪克
Sadullah Khan	萨杜拉汗
Saf Shikan Khan	萨夫・希坎汗
Safiuddin Ardbeli	萨菲丁・阿德贝里
Saharanpur	萨哈兰普尔
Sahibabad	萨希卜阿巴德
Sahibganj	萨希布甘杰
Said Khan Bahadur Zafar Jang	萨义德汗・巴哈杜尔・扎法尔・江
Saif Khan	赛义夫汗
Saifullah	赛弗拉
Saint Muinuddin Chishti	圣穆因丁・奇什蒂基地
Sakkar	萨卡尔
Saler	萨勒尔
Salimgarh Fort	萨林加尔城堡
Salsette	萨尔塞特
Sambhaji	桑巴吉
Sambhar	萨姆哈尔
Samdah	桑达
Sami Ghat	萨米・盖特
Samugarh	萨穆加尔
Sang Hissar	尚希萨
Sanjar Beg	桑贾尔・贝格
Santal Parganahs	桑塔尔大区
Sarab	塞赖卜

Sarhind 沙尔亨德

Sarfaraz Khan 萨尔法拉斯汗

Sarsati Bai 萨拉斯瓦蒂·白

Satlej River 萨特累季河

Satpura 萨特普拉

Sata Hala 萨塔·哈拉

Sattarah 萨夫特拉，印地语中意为“十七”

Sazawwar Khan 萨扎瓦尔汗

Scimitar 大马士革刀

Scythian militia 斯泰基民兵

Seer 塞尔，印度计量单位，约为一公斤

seh–aspa 赛–阿斯帕，意为“领有三匹马的精锐骑兵”

Sehra 塞拉，印度男子婚礼时所戴的装饰物

Seoni 塞奥尼

Serai 行商旅店

Shadi Uzbak 萨迪·乌兹别克

Shah 国王（波斯语）

Shah Abbas the Great 阿巴斯大帝

Shah Alam 沙阿拉姆

Shah Beg Khan 沙贝格汗

Shah Mir 沙米尔

Shah Jahanabad 沙贾汗纳巴德

Shah Nawaz Khan 沙纳瓦兹汗

Shah Tahmasp 沙塔玛斯普

Shahbaz 沙巴兹汗

Shahganj 沙甘杰

Shahan-shah	万王之王
Shahjahanpur	沙贾汗布尔
Shahji Bhonsle	沙吉·邦斯勒
Shahpur	萨普尔湖
Shahs Tahmasp	塔赫玛斯普一世
Shaikh Abbas	谢赫·阿巴斯
Shaikh Abul Fath	谢赫·阿卜杜勒·法特赫
Shaikh Abdul Mani	谢赫·阿卜杜勒·曼尼
Shaikh Mir	谢赫·米尔
Shaikhs Muhibullah	沙赫斯·米尔布拉
Shaikh Muinuddin Chishti	谢赫·穆瓦鲁丁·基什提
Shaikh-ul-Islam	谢赫－乌尔－伊斯拉姆
Shaikh Wali	谢赫·瓦利
Shaikh Wali Farmuli	谢赫·瓦利·法尔穆利
Shaikh Zarif	谢赫·扎里夫
Shaikhabad	沙克阿巴德
Shaista Khan	沙斯塔汗
Shalimar	夏利马尔花园
Shamusudin	沙姆苏丁
Shekhwati	谢克瓦蒂
Shfija	西菲加
Shir Haji	外层土工
Shibur	施波尔
Shihab-ud-din Talish	沙布·乌德丁·塔里什
Shirgarh	谢尔格尔
Shir Haji	谢尔·哈吉
Shirpur	希尔普尔
Shivaji	西瓦吉
Shivaram Gaur	西瓦拉姆·高尔

Sholapur	索拉普
Shuja	舒贾
Siadat Khan	西达特汗
Sibi	锡比
Siddi Marjan	西迪·马尔扬
Siddi Masaud	西迪·马萨德
Siddi Miftah	西迪·米福塔赫
Sidhpur	西德普尔
Sikandra	斯坎德拉
Sikka	西克卡
Sikrigai	西格里盖
Sikrigali	西科瑞加利
Simroha	西姆哈拉
Sind Sagar Doab	辛德·萨加尔·达布
Sinhagarh	辛哈加尔
Sipihr Shikoh	西皮尔·舒科
Sir William Wilson Hunter	威廉·威尔逊·亨特爵士
Sira	西拉
Sirohi	锡洛伊
Sitarganj	西塔尔甘杰
Siwai Jai Singh	西瓦伊·贾伊·辛格
Siwistan	希维斯坦
Sivaram	西瓦拉姆
Somdev	山德夫
Sophy dynasty	萨非王朝
Soron	索龙
soutberi hills	苏比里山
spiked millet	御谷
Srinagar Rajah	斯利那加王公
Srinivas	斯利尼瓦斯

Sripat	斯瑞帕特
Sripur	斯利普尔
Sri Ranga	斯里·朗加
Subahdar	总督
Subhan Quli	苏巴汗·库利
Subh-Karan	苏布里－卡兰
Surkhab	索尔赫阿卜
Surkhab River	索尔赫阿卜河
Sujan Singh	苏扬·辛格
Sujan Singh Sisoda	苏扬·辛格·西琐迪阿
Sultan Husain Mirza	苏尔坦·侯赛因·米尔扎
Sultan Niaz Khan	苏尔坦·尼亚斯汗
Sultanpur	苏尔坦普尔
Surat	苏拉特
Syed Abdul Qadir Jilani	赛义德·阿卜杜尔·卡迪尔·吉拉尼
Syed Abdul Wahhab	赛义德·阿卜杜勒·瓦哈布
Syed Abdul Wahhab Khandeshi	赛义德·阿卜杜勒·瓦哈布·坎德什
Syed Abdur Razzaq	赛义德·阿卜杜尔·拉扎克
Syed Ahmad Bukhari	赛义德·艾哈迈德·布哈里
Syed Alam	赛义德·阿拉姆
Syed Ashraf Khan	赛义德·阿什拉夫汗
Syed Bahir Khan	赛义德·巴希尔汗
Syed Dilawwar Khan	赛义德·迪拉瓦尔汗
Syed Gisu Daraz	赛义德·吉苏·德拉兹
Syed Ghairat Khan	赛义德·盖拉特汗
Syed Hedaitullah	赛义德·海达亚图拉
Syed Ibrahim	赛义德·易卜拉欣

Syed Ismail Bukhari	赛义德·伊斯梅尔·布哈里
Syed Muliammad Mir Abu Turab	赛义德·穆罕默德·米尔·阿布·图拉布
Syed Nurtillah	赛义德·努尔提拉
Syeds of Barha	巴尔哈地区的赛义德家族
Syed Qasim	赛义德·卡西姆
Syed Quli	赛义德·库利
Syed Quli Uzbak	赛义德·库利·乌兹别克
Syed Shah Mir	赛义德·沙米尔
Syed Tajuddin	赛义德·塔吉丁
Syed Tayyib	赛义德·塔伊布

T

tahajjud	夜间拜
Tahawwur Khan	塔哈乌尔汗
Tahir Khan	塔希尔汗
Tahmasp	塔赫玛斯普
takht-i-rawan	抬轿
Tala Yar	塔拉·亚尔
Taj Niazi	塔吉·尼亚兹
Taliqan	塔卢坎
Talish	塔里什
Talmud	塔木德
Talwan	塔尔万
Tamluk	塔姆卢克
Tanda	坦达
Tanjore	坦焦尔
Tapti river	达布蒂河
Taqarrub Khan	塔卡鲁布汗
Taqavvi	塔卡维，意为“贷款”

Tarbiyat Khan	塔尔比亚特汗
Tarnak	塔尔纳克人
Tarmiz	铁尔梅兹
Tartipur	达尔蒂普尔
Tavernier	塔维尔尼尔
Tatta	塔塔
Teliagarhi	迪利阿加希
Teliagarht	特利亚加里特
Telingana	特林甘纳
Thal-Chotiali	塔尔－乔蒂亚利
the fort of Daulatabad	道拉塔巴德要塞
Timurabad	帖木儿巴德
Tirupati	蒂鲁帕蒂
Tjjjain	提加尼
Tipperah	蒂佩拉
Todar Mai	托达尔·麦
Torna	托纳
Towraj	陶腊吉
Trans-oxiana	河中地区（奥克索斯－阿姆河沿岸地区）
Trimbak	特里姆巴克
Turks	突厥人 / 土耳其人
Tul	图尔
Tuljapur	图尔贾普尔

U

Uch	乌杰
Udgir	乌德吉尔
Udipuri Mahal	乌迪普瑞·玛哈尔
Ujjain	乌贾因

Ujjain	邬阇衍那
Upanishads	《奥义书》
Uzbaks	乌兹别克人

V

Vailuar	瓦鲁阿
Veda	吠陀
Vellore	韦洛尔
Virabhadra Nayak	威尔班德拉·纳亚克
Viramgaon	维拉姆加昂
Visakhapatnam	维沙卡帕特南
Visapur	维撒普尔

W

Waisqaran	“怀斯古兰”门
Wainganga	韦恩根格
Walida	瓦利达，意为“母亲”
Wangi	旺吉
Wardha	瓦尔达
Western Ghats	西高止山脉
Waterloo	滑铁卢
Wazir Khan	瓦齐尔汗

X

Y

Yahya Khan	叶海亚汗
Yaminuddaula	亚米努达拉
Yandarak	杨达拉克
Yanki Ariq	杨克亚力克
Yar-i-wafadar	忠诚之友
Yulbugha	雅布噶
Yule	尤尔

Yusufxai 优素福赛城

Z

Zabardast Khan 扎巴尔达斯汗

Zafar Khan 扎法尔汗

Zainuddin 扎伊努丁，16 世纪著名的伊斯兰法学家、苏菲派圣徒、作家

Zakat 天课

Zamin Dawar 柴明·达瓦尔堡垒

Zeb-Un-Nissa 泽布－恩－妮萨

Zinat-Un-Nissa 泽娜特－恩－妮萨

Zinat-ul-masajid 泽娜特清真寺

Zohak 佐哈克

Zuliqar Khan Qaramanlu 祖尔菲卡尔汗·卡拉曼鲁

图书在版编目（CIP）数据

皇位之争. 奥朗则布和他的时代 I ：上下册 / (印)
贾杜纳斯 · 萨卡尔（Jadunath Sarkar）著；孙力舟，李
珂译. -- 北京：社会科学文献出版社，2019.8
书名原文: History of Aurangzib
ISBN 978-7-5201-4456-8

I . ①皇… II . ①贾… ②孙… ③李… III . ①奥朗则
布(Auranzeb 1658-1707) - 生平事迹 IV.
①K833.517=41

中国版本图书馆CIP数据核字（2019）第040819号

皇位之争：奥朗则布和他的时代 I（上下册）

著　　者 / [印]贾杜纳斯 · 萨卡尔（Jadunath Sarkar）
译　　者 / 孙力舟　李　珂

出 版 人 / 谢寿光
责任编辑 / 周方茹
文稿编辑 / 肖世伟　韩宜儒

出　　版 / 社会科学文献出版社 · 联合出版中心（010）59367151
地址：北京市北三环中路甲29号院华龙大厦　邮编：100029
网址：www.ssap.com.cn
发　　行 / 市场营销中心（010）59367081　59367083
印　　装 / 北京盛通印刷股份有限公司

规　　格 / 开　本：889mm×1194mm　1/32
印　张：27.625　插　页：1　字　数：364千字
版　　次 / 2019年8月第1版　2019年8月第1次印刷
书　　号 / ISBN 978-7-5201-4456-8
定　　价 / 99.00元（上下册）

本书如有印装质量问题，请与读者服务中心（010-59367028）联系